BNE-Strukturen gemeinsam gestalten

Erziehungswissenschaft und Weltgesellschaft

herausgegeben von

Gregor Lang-Wojtasik (Weingarten)
Helmuth Hartmeyer (Wien)

Band 13

Andreas Keil, Miriam Kuckuck, Mira Faßbender (Hrsg.)

BNE-Strukturen gemeinsam gestalten

Fachdidaktische Perspektiven und Forschungen zu Bildung für nachhaltige Entwicklung in der Lehrkräftebildung

Waxmann 2020
Münster • New York

Oe
BNE

Gefördert vom

Ministerium für Umwelt, Landwirtschaft,
Natur- und Verbraucherschutz
des Landes Nordrhein-Westfalen

Bibliografische Informationen der Deutschen Nationalbibliothek
Die Deutsche Nationalbibliothek verzeichnet diese Publikation in der Deutschen Nationalbibliografie; detaillierte bibliografische Daten sind im Internet über http://dnb.dnb.de abrufbar.

Erziehungswissenschaft und Weltgesellschaft, Bd. 13

ISSN 1867-5891
Print-ISBN 978-3-8309-4158-3
E-Book-ISBN 978-8309-9158-8
DOI: https://doi.org/10.31244/9783830991588

Steinfurter Straße 555, 48159 Münster

www.waxmann.com
info@waxmann.com

Umschlaggestaltung: Pleßmann Design, Ascheberg
Satz: MTS. Satz & Layout, Münster
Druck: CPI Books GmbH, Leck

Gedruckt auf alterungsbeständigem Papier,
säurefrei gemäß ISO 9706

MIX
Papier aus verantwortungsvollen Quellen
FSC
www.fsc.org
FSC® C083411

Printed in Germany

Inhalt

I Einführung

II BNE in der Lehrkräftebildung – fachliche Perspektiven

IV Ausblick

I
Einführung

BNE-Strukturen in der Lehrkräftebildung – eine Einführung

Andreas Keil, Miriam Kuckuck und Mira Faßbender

Bereits seit mehreren Jahrzehnten wird in Gesellschaft und Politik angesichts der Belastungen durch tiefgreifende sozial-ökologische Problemlagen über die Verankerung von nachhaltigen Entwicklungen und entsprechenden Transformationen diskutiert. „Denn die große Frage des 21. Jahrhunderts besteht darin, wie sich offene und freie Gesellschaften mit möglichst vielen individuellen Entfaltungsmöglichkeiten auch unter den Bedingungen globaler planetarer Grenzen gestalten lassen" (Schneidewind, 2017, S. 101). Eine bedeutende Erkenntnis dieser langjährigen Diskussionen ist, dass mit einer Bildung für nachhaltige Entwicklung (BNE) nicht nur ein Verständnis für die komplexen Zusammenhänge der Probleme zu vermitteln ist, sondern dass BNE auch zu einer Bereitschaft der Lösung und zur Gestaltung der Zukunft befähigen kann. So hat die Kultusministerkonferenz (KMK) und die Deutsche UNESCO-Kommission (DUK) bereits im Jahr 2007 mit folgendem BNE-Verständnis eine Förderung ebendieser Bildungskonzeption empfohlen:

> „Mit BNE wird eine Vision von Bildung und Erziehung formuliert, die allen Menschen helfen soll, die Welt, in der sie leben, besser zu verstehen und im Sinne der Nachhaltigkeit zu verändern. Dies gilt speziell für das Verständnis der Komplexität des Zusammenhangs zwischen Globalisierung, wirtschaftlicher Entwicklung, Konsum, Umweltbelastungen, Bevölkerungsentwicklung, Gesundheit und sozialen Verhältnissen." (KMK & UNESCO, 2007)

Zur Vertiefung dieser Zusammenhänge sei verwiesen auf die Zusammenfassung der vielfältigen Hintergründe, Entwicklungen und Erkenntnisse zur Bildungskonzeption BNE auf der deutschen Homepage (https://www.bne-portal.de) des UNESCO-Weltaktionsprogramms BNE, das bis 2030 mit dem Folgeprogramm „ESD for 2030" fortgesetzt wird und mit dem ab 2020 verstärkt die globalen Nachhaltigkeitsziele (SDGs) berücksichtigt werden sollen. Zudem wird eine strukturelle Etablierung von BNE in allen Bildungsbereichen angestrebt und somit wird die Lehrkräftebildung an Hochschulen als besonders relevant angesehen. Dementsprechend wird auch in Nordrhein-Westfalen versucht, BNE-Strukturen zu etablieren. So sind als Ausgangspunkt für die Entstehung eines Hochschulnetzwerks zu BNE in der Lehrkräftebildung in NRW die Bemühungen des Landesumweltministeriums zu nennen, die in der „Landesstrategie Bildung für nachhaltige Entwicklung – Zukunft Lernen NRW (2016–2020)" zum Handlungsfeld „Lehramtsausbildung" formuliert wurden:

> „Gemeinsame Fachtagungen interessierter lehramtsausbildender Hochschulen (Zentren für Lehrerbildung und Zentren für schulpraktische Lehrerbildung) und BNE-interessierter Schulen in NRW zu Möglichkeiten der Implementierung von BNE – u. a. anhand bestehender erfolgreicher Beispiele – werden durchgeführt. Hierüber sollen sich Netzwerke des gemeinsamen Austausches und der Weiterentwicklung fachlicher Praxis etablieren." (Ministerium für Klimaschutz, Umwelt, Landwirtschaft, Natur- und Verbraucherschutz des Landes Nordrhein-Westfalen, 2016, S. 36)

Diese Strategie des Ministeriums aufgreifend entwickelte sich eine intensive Zusammenarbeit der zuständigen Abteilung des Umweltministeriums mit dem Institut für Geographie und Sachunterricht der Bergischen Universität Wuppertal. Mit dem Ziel der Vernetzung und Stärkung der BNE-Lehrkräftebildung in NRW wurde als erstes gemeinsames Vorhaben die Durchführung der Fachtagung „BNE-Strukturen gemeinsam gestalten" am 7./8. März 2019 realisiert. Die erfolgreiche Tagung war grundlegend für die Entstehung des vorliegenden Bandes, denn die Referierenden wie Teilnehmenden waren offen aufgefordert, sich als Autorinnen und Autoren mit ihren BNE-Kenntnissen einzubringen, so dass der Band in diesem Sinne auch als „Verhandlungsband" zu bezeichnen ist. Zudem ist die Tagung als Auftakt für die Konstituierung eines Netzwerks zu BNE in der Lehrkräftebildung in NRW zu sehen, denn seit der Durchführung der Tagung und in der Zeit der gemeinsamen Erstellung des Verhandlungsbandes ist die Netzwerkbildung erfolgreich vorangeschritten, wie der Beitrag von Hilger und Keil am Ende des Bandes im Detail zeigt.[1]

Die Bemühung um die Vernetzung von Aktivitäten zu BNE in der Lehrkräftebildung ab dem Jahr 2018 sind erforderlich, da sich bis dahin der Grad der Verankerung von BNE in der Lehrkräftebildung in NRW als schwach ausgeprägt, diffus und nicht vernetzt beschreiben ließ (s. Beitrag Birke et al. in diesem Band). Die Notwendigkeit der Steigerung der Relevanz von BNE in der Lehrkräftebildung durch die angestrebte Vernetzung von BNE-Akteurinnen und Akteuren der Lehrkräftebildung ist aber nicht nur in der Landesstrategie BNE

---

1 Dem Ministerium für Umwelt, Landwirtschaft, Natur- und Verbraucherschutz NRW (MULNV NRW) sei an dieser Stelle ausdrücklich für die konzeptionelle Unterstützung und finanzielle Förderung dieser Aktivitäten gedankt, ohne die die Vernetzung der Arbeit zu BNE in der Lehrkräftebildung in NRW und auch die Herausgabe dieses Bandes nicht möglich gewesen wäre.

Nordrhein-Westfalens festgehalten, sondern auch mit der internationalen und nationalen Diskussion zum Weltaktionsprogramm BNE (s. Deutsche UNESCO-Kommission, 2014) und dem Nationalen Aktionsplans BNE (s. Nationale Plattform Bildung für nachhaltige Entwicklung & Bundesministerium für Bildung und Forschung, 2017) zu begründen. Hier wird die besondere Bedeutung von Lehrkräften als potenzielle „Change Agents" für die Vermittlung von BNE und die Umsetzung einer zukunftsorientierten nachhaltigen Entwicklung sowie die daraus resultierende Forderung einer strukturellen Verankerung von BNE in der Lehrkräftebildung hervorgehoben (s. beispielsweise ebd., S. 29ff.).

Die Erfassung der bisherigen Aktivitäten zu BNE in der Lehrkräftebildung in NRW im Sinne einer Etablierung von BNE-Strukturen stellt somit auch die inhaltliche Rahmung der mit diesem Band zusammengefügten Beiträge dar. Nach dieser Einführung folgt ein Text von CORNELIA GRÄSEL („Bildung für nachhaltige Entwicklung" – Wie implementiert man dieses Konzept in die Lehrerbildung?). Mit diesem Beitrag wird auf aktuelle Entwicklungen in BNE und der Lehrkräftebildung eingegangen, es wird das Bestreben angesprochen, BNE stärker strukturell in die Lehrkräftebildung zu integrieren, es werden aber auch ausdrücklich Gefahren der Implementierung von BNE in der Lehrkräftebildung diskutiert.

Darauf folgen im ersten Hauptkapitel Beiträge zu BNE in der Lehrkräftebildung aus *verschiedenen fachlichen Perspektiven*:

Mit dem Beitrag von ANDREAS KEIL (BNE und Lehrkräftebildung Geographie – ein Fachlichkeitskonzept in Wuppertal) wird dargestellt, dass auch in der Geographie, dem schulischen „Kernfach" der BNE, in der Lehrkräftebildung die Bildungskonzeption BNE nicht hinreichend strukturell verankert ist. Es wird ein Fachlichkeitskonzept für die Lehrkräftebildung Geographie in Wuppertal vorgestellt, mit dem die Zusammenhänge zwischen dem fachwissenschaftlichen Mensch-Umwelt-System, der fachdidaktischen BNE sowie den Erkenntnissen der Transformationsforschung erfasst werden können. Die Perspektiven der strukturellen Etablierung eines solchen Fachlichkeitskonzepts werden schließlich aufgezeigt.

Der Beitrag von ANNALIESA HILGER, URSULA STEFFEN, MIRA FASSBENDER, NICOLAS MEINTZ, MATTHIAS SCHAARWÄCHTER und ANDREAS KEIL („Lehrkräfte gestalten Zukunft" – Auf dem Weg zu einer kohärenten Lehrkräftebildung im Geographiestudium) beschreibt die Fortführung und Implementierung des im vorherigen Beitrag dargestellten Fachlichkeitskonzeptes in Wuppertal. Im Zuge dessen entstand das Modell „Lehrkräfte gestalten Zukunft", welches einerseits die BNE-Lehre im Geographiestudium in Wuppertal abbildet und zugleich Perspektiven, inhaltliche Zugänge und Kompetenzen für zukünftige Lehrkräfte formuliert. Das Modell fungiert dabei als Diskussionsgrundlage für einen institutsweiten Austausch- und Verständigungsprozess (mit Studierenden und Dozierenden), um die geographische Lehrkräftebildung in Wuppertal kohärent auszurichten. Infolge des prozessualen Charakters wird das Modell kontinuierlich weiterentwickelt und optimiert.

Um Verbraucherbildung und BNE geht es im Beitrag von Ricarda Biebricher-Sondermann und Petra Maier (Verbraucherbildung als Teil einer BNE in der Lehrkräftebildung. Kompetent und nachhaltig durch den Angebotsdschungel: Lehrkräfte sind wichtige Impulsgeber). Kinder und Jugendliche werden immer früher zu jungen Verbraucherinnen und Verbrauchern. Auch in der Schule müssen sie auf diese Herausforderungen vorbereitet werden, damit sie ihr Konsumverhalten mit Blick auf die natürliche und soziale Umwelt reflektieren können. Dieser Auftrag stellt neue Ansprüche an Lehrkräfte und ihre Ausbildung. Der Beitrag benennt wesentliche strukturelle Anforderungen und Ziele der Kompetenzentwicklung in der Lehrkräftebildung, um die Verankerung einer umfassenden und fachübergreifenden Verbraucherbildung im Sinne einer BNE in Schulen zu ermöglichen.

Rebecca Grandrath und Claudia Bohrmann-Linde (Chemiedidaktik als BNE-Multiplikator – Arbeitskreispraktika zur Erprobung von Schulversuchen und deren Reflexion hinsichtlich des BNE-Bezugs) stellen die BNE-Aktivitäten ihres Arbeitskreises vor. Unabhängig vom Standort ist der Arbeitskreis Bohrmann-Linde bestrebt, BNE in Lehramtsstudiengänge mit Schnittmengen zur Didaktik der Chemie zu implementieren. In diesem Beitrag werden das Format sowie Eindrücke und Ergebnisse eines Arbeitskreispraktikums für Lehramtsstudierende für das Fach Chemie an Gymnasien vorgestellt. Inhalt dieses Praktikums war es, Schulversuche für den Chemieunterricht praktisch im Labor zu erproben und explizit hinsichtlich des BNE-Bezuges zu reflektieren. Dieses Praktikumsformat wurde im Sommer 2018 an der Eberhard-Karls-Universität Tübingen durchgeführt. Während die Studierenden im Rahmen des Praktikums einen Fundus unmittelbar einsetzbarer Schulversuche mit BNE-Bezug erarbeitet haben, ergaben sich für den Arbeitskreis wertvolle Impulse, wie sich BNE in weitere (Wuppertaler) Lehrformate einweben lässt.

Miriam Kuckuck und Claudia Henrichwark („Inklusive, gerechte und hochwertige Bildung gewährleisten" – Transformation durch Studierende des Grundschullehramtes bewirken) stellen mit ihrem Erfahrungsbericht ein Lehr-Forschungsprojekt zum Themenbereich Inklusion und Integration von Kindern mit Migrationshintergrund und/oder sonderpädagogischem Förderbedarf vor. Die Studierenden des Lehramtes Grundschule mit dem Fach Sachunterricht werden durch ein angeleitetes Forschungsprojekt für Themen einer hochwertigen Bildung (SDG 4) sensibilisiert, indem sie zu Freundschaftsnetzwerken in Schulklassen forschen und dadurch ihre eigenen Selbstwirksamkeitsvorstellungen reflektieren.

Der Artikel von Wilhelm Trampe (Berufs- und Wirtschaftspädagogik für eine nachhaltige Entwicklung) widmet sich der Frage, welchen Beitrag die Berufs- und Wirtschaftspädagogik (BWP) zur Gestaltung einer nachhaltig orientierten Wirtschaft und Arbeitswelt leisten kann. Diese erkenntnisleitende Fragestellung verlangt zunächst auch ein Nachdenken über die Funktionen der BWP in ihrem wissenschaftlichen Selbstverständnis, wenn es um die strukturelle Verankerung der Nachhaltigkeitsidee im Gegenstandsbereich der Disziplin gehen soll. Nach einer knappen Bestandsaufnahme der derzeitigen Zugänge zum Thema Nachhaltigkeit, die sich im Wesentlichen auf fachdidaktische Ansätze innerhalb bestimmter beruflicher Fachrichtungen konzentriert, wird auf der Basis des Leitbildes der nachhaltigen Entwicklung – als komplexe Transformationsidee – der Gegenstandsbereich der BWP entsprechend ausgeweitet, wobei die Idee der Transdisziplinarität eine zentrale Rolle spielt. Die Vorstellung eines Konzepts zur Konkretisierung dieses neuen Ansatzes innerhalb der universitären Lehre rundet den Beitrag ab.

Karl-Heinz Otto, Leif Mönter und Alexander Siegmund („Das Unbeherrschbare vermeiden und das Unvermeidbare beherrschen". Konzept zur Förderung der Bewertung von Klimafolgen und Anpassungsstrategien in städtischen Räumen im Sinne des entdeckenden und forschenden Lernens) stellen das Projekt „Klimawandel findet Stadt" vor, welches die Förderung der Auseinandersetzung mit und die Bewertung von Klimafolgen und Anpassungsstrategien im urbanen Raum durch Lernende anstrebt. Dabei wird Schülerinnen und Schülern in verschiedenen Räumen – dem Beobachtungs-, dem Labor- und dem Handlungsraum – ein entdeckendes und forschendes Lernen ermöglicht. Angehende Lehrerinnen und Lehrer können das Projekt durch die Einbindung der zweiten Phase der Lehrkräfteausbildung kennenlernen, aber auch erste Erfahrungen damit sammeln.

Annette Kroschewski und Simone Opel (Zur Rolle von BNE in der universitären Lehrkräftebildung in den Fächern Informatik und Englisch) zeigen erfahrungsbasiert am Beispiel der Fächer Informatik und Englisch auf, welche Rolle BNE auch in Fächern, die in der neuen BNE-Leitlinie des Landes NRW, die 2019 erschienen ist, nicht genannt werden, in der Lehrkräftebildung spielen kann. Dabei werden diverse Möglichkeiten aufgezeigt, wie BNE in Lehrveranstaltungen in diesen unterschiedlichen Fächern, an verschiedenen Standorten, mit unterschiedlichen Perspektiven, Zugängen und Umsetzungsmöglichkeiten, aber mit dem gleichen Anliegen integriert werden kann.

Der Beitrag von Miriam Kuckuck und Anne-Kathrin Lindau (Wirklichkeit oder Wunschdenken? – BNE im Geographieunterricht – Studierende forschen in der Schulpraxis) behandelt die zentrale Aufgabe, BNE in die schulische Praxis zu überführen, wobei der Lehrkräftebildung eine wichtige Rolle zukommt. Sie beziehen sich auf eine Analyse zur Implementierung von BNE in der schulischen Praxis, die durch Lehramtsstudierende der weiterführenden Schulen für das BNE-affine Unterrichtsfach Geographie durchgeführt wurde. Im Rahmen eines Schulpraktikums beobachteten Lehramtsstudierende höheren Semesters die Umsetzung von BNE im Geographieunterricht. Gleichzeitig untersuchten sie den Unterricht, indem sie den Forschungsprozess mit der Bildung von Hypothesen, standardisierter Erhebung und Auswertung von Daten durchliefen. Das Studienprojekt zeigt exemplarisch, wie Studierende für BNE in der Unterrichtspraxis und gleichzeitig für Unterrichtsforschung durch ein eigenes Projekt sensibilisiert werden können.

Andreas Stockey (BNE in der Sekundarstufe II – Entwicklung, Erprobung und Transfer am Oberstufen-Kolleg Bielefeld) stellt drei verschiedene Aspekte der Arbeit im Bereich BNE am Oberstufen-Kolleg Bielefeld, Versuchsschule des Landes Nordrhein-Westfalen, vor. Es werden (a) in einer Übersicht die Kernelemente des Curriculums des Biologie-Naturwissenschafts-Kurses im Profil „Tomorrowland – Wie wollen wir leben?" mit dem Schwerpunkt BNE, das sich aus den drei Grundkursen Biologie-Naturwissenschaften, Englisch und Ethik-Theologie zusammensetzt, (b) beispielhaft ein exemplarisch ausgewähltes Unterrichtsmodul aus dem Curriculum als Best-Practice-Beispiel zum Thema „Risiko-Erfassung, -Bewertung und –Steuerung in der Umwelt-Toxikologie" sowie (c) ein Fortbildungskonzept für die Transferbemühungen am Oberstufen-Kolleg Bielefeld im Bereich der Naturwissenschaften beschrieben.

Im zweiten Hauptkapitel des Bandes werden Forschungsprojekte und -ergebnisse zu BNE in der Lehrkräftebildung in fünf Beiträgen dargestellt:

Jonas Birke, Frederik Bub, Anne-Kathrin Lindau und Andreas Keil (BNE in der Lehrkräftebildung – Umfragen in Nordrhein-Westfalen und Sachsen-Anhalt) thematisieren den Status quo der Implementierung von BNE in der Lehrkräftebildung an Hochschulen in den Bundesländern Nordrhein-Westfalen und Sachsen-Anhalt. Zu diesem Zweck wurden Online-Erhebungen in beiden Untersuchungsräumen durchgeführt, die den übergeordneten Fragestellungen nachgingen, welche BNE-Aktivitäten existieren, ob eine Bündelung von BNE-Aktivitäten möglich bzw. notwendig ist und welche Hemmnisse und Anknüpfungspunkte sich für BNE in der Lehrkräftebildung identifizieren lassen. Diesbezüglich können hier erstmals Ergebnisse aufgezeigt werden, die daran anknüpfend im Hinblick auf den Stellenwert von BNE sowie den sich daraus ergebenden Handlungsbedarf bezüglich der zukünftigen Implementierung in den Untersuchungsräumen diskutiert werden.

Ingrid Hemmer, Christoph Koch, Péter Bagoly-Simó, Marie Döpke, Ina Limmer, Armin Lude und Mark Ullrich (Hochschuldidaktische Fortbildungen und Indikatorenentwicklung. Zwei Ansätze zur Förderung der BNE-Implementierung in die Lehrkräftebildung) stellen zwei Forschungsprojekte zur Förderung einer BNE-Implementierung in der Lehrkräfteausbildung vor. Sie beziehen sich dabei auf das Projekt FOLE-BNE zu BNE-Fortbildungen für Hochschuldozierende und Seminarlehrkräfte sowie auf das Projekt E-I-BNE[8], in dem an einer Messung der Fortschritte einer schulischen BNE-Implementierung unter Einbezug der Lehrkräftebildung gearbeitet wird.

Gesine Hellberg-Rode und Gabriele Schrüfer (Professionalisierung für BNE in der Lehrkräftebildung) thematisieren aktuelle politische Rahmenvorgaben zur Implementierung von BNE in die Lehrkräftebildung und Konzepte zur spezifischen Kompetenzentwicklung von Lehrkräften. Im Hinblick auf grundlegende professionelle Handlungskompetenzen, über die Lehrkräfte zur Umsetzung von BNE verfügen sollten, werden die Ergebnisse einer Expertenbefragung vorgestellt.

Stefan Baumann und Kai Niebert (Vorstellungen von Studierenden zur Bedeutung von Nachhaltigkeit im Geographieunterricht. Zur Analyse von Präkonzepten als Ausgangspunkt für die Konzeption einer auf Nachhaltigkeit ausgerichteten Didaktikveranstaltung) analysieren in ihrem Artikel Präkonzepte als Ausgangspunkt für die Konzeption einer auf Nachhaltigkeit ausgerichteten Didaktikveranstaltung: Welche Vorstellungen verbinden Studierende mit den Konzepten nachhaltige Entwicklung und BNE? Die Studie liefert Antworten auf die Fragen, in welchen Themen im Geographieunterricht sich die Studierenden vorstellen können, BNE umzusetzen, und welche Kompetenzen und didaktische Prinzipien einer BNE ihnen dabei wichtig sind. Als Ergebnis werden Schlüsse gezogen, worauf bei der Konzeption von Lehrveranstaltungen zu BNE geachtet werden muss, damit künftiger Geographieunterricht tatsächlich mit Nachhaltigkeit gerahmt wird.

Mira Fassbender (Lehramtsstudierende BNE erleben lassen. Eigene Projekterlebnisse mit Nachhaltigkeits- und Methodenbezug im fachwissenschaftlichen Geographiestudium zur Förderung schulischer und universitärer BNE) stellt Ergebnisse aus einem projektorientierten Seminarkonzept für Lehramtsstudierende im Fach Geographie vor. Basierend auf der im Rahmen einer Dissertation durchgeführten zyklischen Weiterentwicklung des Seminarkonzepts unter Einbezug von Studierendenrückmeldungen aus Reflexionssitzungen und der begleitenden Untersuchung des Konzepts mittels Leitfadeninterviews, der

Analyse schriftlicher Projektreflexionen sowie fragebogengestützten Vor- und Nachbefragungen von Studierenden werden das Seminarkonzept sowie Erkenntnisse zur interdisziplinären Arbeit und der Zusammenarbeit mit (außer-) universitären Partnerinnen und Partnern vorgestellt. Abschließend wird diskutiert, welche Chancen eigene Projekterfahrungen im Studium zur Förderung schulischer projektorientierter BNE bieten.

Abgeschlossen wird der Band mit einem Beitrag von Annaliesa Hilger und Andreas Keil (Auf dem Weg zu einem Hochschulnetzwerk zu BNE in der Lehrkräftebildung in NRW) zu Hintergründen und Entwicklungsschritten des angestoßenen Prozesses zur Etablierung eines Hochschulnetzwerkes zu BNE in der Lehrkräftebildung in NRW. Ziel dieser Vernetzung ist es, die Vermittlung von BNE-Kompetenzen an (zukünftige) Lehrkräfte in NRW zu stärken, wofür bislang in NRW eine systematische Vernetzung zwischen Fachleuten aus dem Bereich der Lehrkräftebildung und speziell Hochschullehrenden fehlte. Der Beitrag erläutert Erkenntnisse der Netzwerkforschung, verortet das Netzwerk in der Landschaft der BNE-Hochschulnetzwerke und schildert konzeptionelle Überlegungen zur Netzwerkarchitektur. Letztere ist geprägt von dem Gedanken, dass ein erfolgreiches Netzwerk an den Arbeitsalltag, den Bedarfen und den Interessen der Mitglieder ausgerichtet ist, womit ein gemeinsamer Vernetzungsprozess erforderlich wird. Der Beitrag endet mit einer Diskussion der Perspektiven des Hochschulnetzwerks.

Insgesamt hat die Entstehung dieses Sammelbandes den Austausch des BNE-Hochschulnetzwerks NRW unterstützt. Das vorliegende Buch dokumentiert den Status quo im Jahr 2019, indem sowohl Erfahrungsberichte zu BNE in den Fächern der Lehrkräftebildung als auch BNE-Forschungsergebnisse zusammengestellt wurden. Die Einbeziehung von Forschenden aus Sachsen-Anhalt (Lindau), Bayern (Hemmer et al.), Baden-Württemberg (Siegmund, Lude) und der Schweiz (Baumann & Niebert) dokumentiert den engen Austausch mit anderen BNE-Standorten und BNE-Hochschulnetzwerken.

Neben dem Austausch des BNE-Hochschulnetzwerks NRW existiert seit 2019 auch eine Leitlinie BNE in NRW, die als Beitrag des Landes NRW zur schulischen Umsetzung des Nationalen Aktionsplans BNE zu verstehen ist und eine Orientierung für die systematische Implementation von BNE in den Unterricht bietet (MSW, 2019, S. 11). In dieser vom Ministerium für Schule und Bildung herausgegebenen Leitlinie werden insgesamt zehn BNE-affine Fächer und Lernbereiche angesprochen, die in unterschiedlichen Schulformen und -stufen zu kompetenzorientierten BNE-Lernsituationen anregen sollen (ebd., S. 27). Der Beitrag der Lehrkräftebildung in fünf dieser genannten Fächer wird im vorliegenden Buch vorgestellt (Sachunterricht, Erdkunde, Politik und Wirtschaft,

Chemie und Biologie) sowie zusätzlich die Möglichkeit der Umsetzung von BNE in den Fächern Informatik und Englisch (s. Tab. 1).

Tab. 1: Übersicht über die Beiträge in diesem Buch in Anlehnung an die Leitlinie BNE des Landes NRW

Beiträge aus Lernbereichen und Fächern zu BNE in diesem Verhandlungsband (kursiv sind die Fächer dargestellt, die nicht in der Leitlinie zu BNE in NRW aufgeführt sind)	
Sachunterricht	• Miriam Kuckuck, Claudia Henrichwark: „Inklusive, gerechte und hochwertige Bildung gewährleisten" – Transformation durch Studierende des Grundschullehramts bewirken.
Erdkunde/ Geographie	• Andreas Keil: BNE und Lehrkräftebildung Geographie – ein Fachlichkeitskonzept in Wuppertal. • Annaliesa Hilger, Ursula Steffen, Mira Faßbender, Nicolas Meintz, Matthias Schaarwächter, Andreas Keil: „Lehrkräfte gestalten Zukunft" – Auf dem Weg zu einer kohärenten Lehrkräftebildung im Geographiestudium. • Karl-Heinz Otto, Leif Mönter, Alexander Siegmund: „Das Unbeherrschbare vermeiden und das Unvermeidbare beherrschen". Konzept zur Förderung der Bewertung von Klimafolgen und Anpassungsstrategien in städtischen Räumen im Sinne des entdeckenden und forschenden Lernens. • Miriam Kuckuck, Anne-Kathrin Lindau: Wirklichkeit oder Wunschdenken? BNE im Geographieunterricht – Studierende forschen in der Schulpraxis. • Stefan Baumann, Kai Niebert: Vorstellungen von Studierenden zur Bedeutung von Nachhaltigkeit im Geographieunterricht. Zur Analyse von Präkonzepten als Ausgangspunkt für die Konzeption einer auf Nachhaltigkeit ausgerichteten Didaktikveranstaltung. • Mira Faßbender: Lehramtsstudierende BNE erleben lassen. Eigene Projekterlebnisse mit Nachhaltigkeits- und Methodenbezug im fachwissenschaftlichen Geographiestudium zur Förderung schulischer und universitärer BNE.
Politik und Wirtschaft	• Ricarda Biebricher-Sondermann, Petra Maier: Verbraucherbildung als Teil einer BNE in der Lehrkräfteausbildung. Kompetent und nachhaltig durch den Angebotsdschungel. Lehrkräfte sind wichtige Impulsgeber. • Wilhelm Trampe: Berufs- und Wirtschaftspädagogik für eine nachhaltige Entwicklung.
Chemie	• Rebecca Grandrath, Claudia Bohrmann-Linde: Chemiedidaktik als BNE-Multiplikator – Arbeitskreispraktika zur Erprobung von Schulversuchen und deren Reflexion hinsichtlich des BNE-Bezugs.

Beiträge aus Lernbereichen und Fächern zu BNE in diesem Verhandlungsband (kursiv sind die Fächer dargestellt, die nicht in der Leitlinie zu BNE in NRW aufgeführt sind)	
Biologie	• Andreas Stockey: BNE in der Sekundarstufe II – Entwicklung, Erprobung, Transfer am Oberstufen-Kolleg Bielefeld.
Englisch & Informatik	• Annette Kroschewski, Simone Opel: Zur Rolle von BNE in der universitären Lehrkräfteausbildung in den Fächern Informatik und Englisch.
Weitere fachübergreifende Beiträge zu BNE in diesem Verhandlungsband	
	• Jonas Birke, Frederik Bub, Anne-Kathrin Lindau, Andreas Keil: BNE in der Lehrkräftebildung – Umfragen in Nordrhein-Westfalen und Sachsen-Anhalt. • Ingrid Hemmer, Christoph Koch, Péter Bagoly-Simó, Marie Döpke, Ina Limmer, Armin Lude, Mark Ullrich: Hochschuldidaktische Fortbildungen und Indikatorenentwicklung. Zwei Ansätze zur Förderung der BNE-Implementierung in die Lehrkräfteausbildung. • Gesine Hellberg-Rode, Gabriele Schrüfer: Professionalisierung für BNE in der Lehrkräftebildung. • Cornelia Gräsel: „Bildung für nachhaltige Entwicklung“ – Wie implementiert man dieses Konzept in die Lehrerbildung?

In dieser Einführung ist zudem die Anbindung an die Reihe „Erziehungswissenschaft und Weltgesellschaft“ zu erläutern. Die Beiträge des vorliegenden Bandes eint eine fach- und hochschuldidaktische Perspektive auf die Bildungskonzeption BNE, die ja auch im Orientierungsrahmen für den Lernbereich Globale Entwicklung Berücksichtigung findet (KMK, BMZ & Engagement Global, 2016). Da somit die erziehungswissenschaftlichen Diskurse zum Globalen Lernen in diesem Verhandlungsband zu BNE in der Lehrkräftebildung nicht explizit behandelt werden, sei an dieser Stelle zumindest kurz auf einzelne relevante Aspekte mit entsprechenden Literaturhinweisen verwiesen: Übergeordnete Hintergründe zur pädagogischen Konzeption des Globalen Lernens finden sich beispielsweise bei Scheunpflug und Schröck (2002), Seitz (2002) oder Lang-Wojtasik und Klemm (2017). Die in diesem Zusammenhang entstandenen europäischen Ausrichtungen des Globalen Lernens sind u. a. in O'Loughlin und Wegimont (2003) und in Hartmeyer und Wegimont (2016) dargestellt. Theoretische Hintergründe zu Kompetenzen des Global Teachers legt Lang-Wojtasik (2014) vor und neue Perspektiven zur Bedeutung von Bildung für aktuelle Transformationsprozesse zeigen Lang-Wojtasik und Erichsen-Morgenstern (2019) sowie Lang-Wojtasik (2019) auf.

Abschließend sei erwähnt, dass neben den Autorinnen und Autoren zahlreiche weitere Personen die Entstehung dieses Buches ermöglicht und unterstützt haben. Zu danken ist insbesondere Marlies Dieckmann und Jiska Troppenz aus dem Referat ‚Bildung für nachhaltige Entwicklung, Umweltbildung, BNE-Agentur' des MULNV NRW für den seit 2018 kontinuierlich geführten intensiven Austausch zu diesem Band und übergeordnet zum Hochschulnetzwerk für BNE in der Lehrkräftebildung in NRW. Insgesamt ist dem wissenschaftlichen Beirat und sämtlichen Mitgliedern des BNE-Hochschulnetzwerks für die Zusammenarbeit zu danken, die auch Voraussetzung für die Entstehung dieses Bandes war. Nicht zuletzt sei den Kolleginnen und Kollegen der AG-BNE sowie den studentischen Hilfskräften am Institut für Geographie und Sachunterricht der Bergischen Universität Wuppertal gedankt, die sich mit großem Engagement beim Aufbau des BNE-Hochschulnetzwerks sowie bei der Entstehung dieses Buches eingebracht haben.

Literatur

Deutsche UNESCO-Kommission (DUK) (Hrsg.) (2014). *UNESCO Roadmap zur Umsetzung des Weltaktionsprogramms „Bildung für nachhaltige Entwicklung"*. Bonn.

Hartmeyer, H. & Wegimont, L. (Hrsg.). (2016). *Global Education in Europe revisited. Strategies and Structures. Policy, Practice and Challenges*. Münster: Waxmann.

KMK, BMZ & Engagement Global – Kulturministerkonferenz, Bundesministerium für Wirtschaftliche Zusammenarbeit und Entwicklung & Engagement Global (Hrsg.) (2016). *Orientierungsrahmen für den Lernbereich Globale Entwicklung im Rahmen einer Bildung für nachhaltige Entwicklung* (2. Aufl.). Berlin.

Kultusministerkonferenz (KMK) & Deutsche UNESCO-Kommission (DUK) (2007). *Empfehlungen der Ständigen Konferenz der Kultusminister der Länder in der Bundesrepublik Deutschland (KMK) und der Deutschen UNESCO-Kommission (DUK) vom 15.06.2007 zur „Bildung für nachhaltige Entwicklung in der Schule"*. URL: https://www.kmk.org/fileadmin/Dateien/veroeffentlichungen_beschluesse/2007/2007_06_15_Bildung_f_nachh_Entwicklung.pdf (29.11.2019).

Lang-Wojtasik, G. (2014). Global Teacher für die Weltgesellschaft!? Theoretische Überlegungen zu den Kompetenzen von Lehrkräften, um Globales Lernen kompetenzorientiert zu unterrichten. *Zeitschrift für internationale Bildungsforschung und Entwicklungspädagogik*, 37 (3), 4–9.

Lang-Wojtasik, G. (Hrsg.) (2019). *Bildung für eine Welt in Transformation. Global Citizenship Education als Chance für die Weltgesellschaft*. Opladen/Berlin/Toronto.

Lang-Wojtasik, G. & Erichsen-Morgenstern, R. M. (2019). Transformation als Herausforderung. Globales Lernen als lebenslanger Bildungsauftrag für alle. In W. Leal Filho (Hrsg.), *Aktuelle Ansätze zur Umsetzung der UN Nachhaltigkeitsziele* (S. 251–270). Wiesbaden.

Lang-Wojtasik, G. & Klemm, U. (Hrsg.) (2017). *Handlexikon Globales Lernen* (2. Aufl.). Ulm.

Ministerium für Klimaschutz, Umwelt, Landwirtschaft, Natur- Und Verbraucherschutz NRW (MKULNV NRW) (Hrsg.) (2016). *Landesstrategie Bildung für nachhaltige Entwicklung – Zukunft Lernen NRW (2016–2020).* Düsseldorf.

Ministerium für Schule und Bildung NRW (2019). *Leitlinie Bildung für nachhaltige Entwicklung.* URL: https://www.schulministerium.nrw.de/docs/Schulsystem/Unterricht/BNE/Kontext/Leitlinie_BNE.pdf (06.12.2019).

Nationale Plattform Bildung für nachhaltige Entwicklung & Bundesministerium für Bildung und Forschung (BMBF) (Hrsg.) (2017). *Nationaler Aktionsplan Bildung für nachhaltige Entwicklung.* Berlin.

O'Loughlin, E. & Wegimont, L. (2003). Maastricht Global Education Declaration: A European strategy framework for improving and increasing global education in Europe to the year 2015. In E. O'Loughlin & L. Wegimont (Hrsg.), *Global Education in Europe to 2015. Strategy, policies, and perspectives. Outcomes and Papers of the Europe-wide Global Education Congress Maastricht, The Netherlands, 15–17 November 2002* (S. 147–150). Lissabon.

Scheunpflug, A. & Schröck, N. (2002). *Globales Lernen. Einführung in eine pädagogische Konzeption zur entwicklungsbezogenen Bildung* (2. Aufl.). Stuttgart.

Schneidewind, U. (2017). Einfacher gut leben. Suffizienz und Postwachstum. In Bund für Umwelt und Naturschutz Deutschland (BUND) (Hrsg.), *Zukunftsfähiges Deutschland. Wann, wenn nicht jetzt? – Politische Ökologie 148*. München: oekom, 98–103.

Seitz, K. (2002). *Bildung in der Weltgesellschaft. Gesellschaftstheoretische Grundlagen Globalen Lernens.* Frankfurt.

„Bildung für nachhaltige Entwicklung“ – Wie implementiert man dieses Konzept in die Lehrerbildung?

Cornelia Gräsel

1. Einleitung und Überblick

Die Tagung, aus der der vorliegende Tagungsband entstanden ist, fand – organisiert von Andreas Keil vom Institut für Geographie und Sachunterricht– an der Bergischen Universität Wuppertal statt. Das soll Anlass sein einleitend als Kontextinformationen etwas über die Lehrerbildung und Bildung für nachhaltige Entwicklung (BNE) an der Universität zu berichten. Dabei wird erkennbar: In beiden Feldern gibt es in Wuppertal wichtige Entwicklungen, allerdings ist die Schnittmenge zwischen ihnen relativ klein. Bildung für nachhaltige Entwicklung und Lehrerbildung weisen beide aktuell eine dynamische Entwicklung auf – aber eben recht unabhängig voneinander. Eine Forderung, die daher auf der Tagung in verschiedenen Beiträgen formuliert wurde, war eine stärkere Implementation von Bildung für nachhaltige Entwicklung in die Lehrerbildung. Diese Forderung wird auch in diesem Beitrag erhoben. Allerdings wird vor drei Gefahren gewarnt: (1) der Überfrachtung der universitären Phase der Lehrerbildung, (2) die Implementierung von BNE als unverbindliche Querschnittaufgabe und (3) die Verschiebung gesellschaftlicher Probleme und deren Lösung auf den Bildungsbereich, insbesondere auf die Lehrerbildung.

2. Bildung für nachhaltige Entwicklung und Lehrerbildung an der Bergischen Universität Wuppertal

Die Stadt Wuppertal ist allen, die sich mit Nachhaltigkeit befassen, vor allem wegen des Wuppertal Instituts vertraut. Bereits 1996 wurde u. a. von Mitarbeitenden des Wuppertal Instituts das Buch „Zukunftsfähiges Deutschland“ verfasst, das ein Standardwerk der Nachhaltigkeit wurde und vor allem durch die in ihm dargestellten Leitbilder die Diskussion um einen nachhaltigen Lebensstil prägten (BUND & Misereor, 1996). Seit dieser Zeit hat sich das Konzept der Nachhaltigkeit im Sinne der Zukunftsfähigkeit unter Berücksichtigung der intergenerationellen Gerechtigkeit durchgesetzt: Menschen sollen heute sowie in Zukunft unter Nutzung ähnlicher Ressourcen leben und ihre Bedürfnisse unter Berücksichtigung dieser Ressourcen entfalten. Auch in aktuellen Schriften befasst sich das Wuppertal Institut mit Transformationsprozessen zu einer nachhaltigen Entwicklung (z. B. Schneidewind, 2018). Zu einer entsprechenden Transformation gehört natürlich die Gestaltung von Bildungsprozessen, und das Wuppertal Institut hat sich auch mit diesem Thema immer wieder befasst (z. B. Stengel, Liedtke, Baedeker & Welfens, 2008).

Zwischen dem Wuppertal Institut und der Universität Wuppertal bestehen seit vielen Jahren und in verschiedenen Bereichen intensive und produktive Kooperationsbeziehungen. Die enge Kooperation ist auch dem Profil der Universität geschuldet, die sich vor ca. 10 Jahren ein Leitbild mit verschiedenen Profillinien gegeben hat, wovon eine „Umwelt, Engineering und Sicherheit" ist. Besonders aktiv in der Forschung zu Nachhaltigkeit sind verschiedene Ingenieurwissenschaften, die sich z. B. mit nachhaltigem Bauen, der Energiewende oder nachhaltigem Verkehr befassen. Daneben bildet Nachhaltigkeit auch in den Sozialwissenschaften ein zunehmend wichtiges Thema: 2013 wurde das Interdisziplinäre Zentrum für Transformationsforschung und Nachhaltigkeit – TransZent gegründet, das besonders eng mit dem Wuppertal Institut zusammenarbeitet (Behrens & Keil, 2019). Das zentrale Thema ist die Transformation der Region und in der Gestaltung dieses Wandels werden auch Bildungsinstitutionen sowie Konzepte für Bildung für nachhaltige Entwicklung berücksichtigt.

Der *Lehrerausbildung*[1] kommt an der Bergischen Universität Wuppertal eine besondere Bedeutung zu: Rund 40% der Studierenden streben einen Abschluss an, der den Zugang für ein Lehramt an Schulen erlaubt. Dabei werden Studiengänge für alle Schularten bzw. Lehramtstypen angeboten, neben einer Qualifizierung für allgemeinbildende Schulen auch für das Berufskolleg und – erst seit einigen Jahren – für die Sonderpädagogik. Die Universität bietet für angehende Lehrpersonen zudem ein breites Angebot an Fächerkombinationen, fast alle Fächer wurden in den letzten Jahren so ausgebaut, dass das gymnasiale Lehramt abgedeckt werden kann. Nicht nur in quantitativer, auch in qualitativer Hinsicht haben sich die Lehramtsstudiengänge an unserer Universität deutlich entwickelt. Als eine der ersten Hochschulen wurde bereits 2010 eine School of Education eingerichtet, die aus zwei Institutionen besteht: Zum einen beinhaltet sie mit dem Gemeinsamen Studienausschuss (GSA) ein starkes Gremium, das mit Vertreterinnen und Vertretern aus allen Fakultäten alle Belange der Lehrerbildung

1 In NRW ist ohne Berücksichtigung von gendergerechter Sprache noch immer von „Lehrerausbildung" die Rede (vgl. https://www.schulministerium.nrw.de/docs/Recht/LAusbildung/index.html, 09.12.2019); das entsprechende Gesetz heißt „Lehreraubildungsgesetz" (LABG). Dies wird für den vorliegenden Text übernommen.

ordnet und organisiert. Zum anderen ist das Institut für Bildungsforschung (IfB) als fakultätsäquivalente Einrichtung Teil der School of Education (Gräsel, 2011). Das IfB verantwortet in der Lehre die bildungswissenschaftlichen und sonderpädagogischen Anteile aller Lehramtsstudiengänge; in der Forschung liegt sein Schwerpunkt auf der empirischen Schul- und Unterrichtsforschung. Seit Beginn an beteiligt sich die Universität an der „Qualitätsoffensive Lehrerbildung", jenem Förderprogramm, mit dem Bund und Länder Hochschulen unterstützen, die überzeugende Konzepte zur Verbesserung ihrer Lehrerbildung vorgelegt haben (siehe Abschnitt 2). Die Universität Wuppertal bearbeitet das Thema „Kohärenz in der Lehrerbildung" (KOLBI), also die zentrale Frage, wie die einzelnen curricularen Elemente der verschiedenen Teilstudiengänge besser aufeinander bezogen werden. Ein Teil der Projekte befasst sich z. B. mit der Frage, wie das Praxissemester so in das Studium integriert werden kann, dass es an die Inhalte fachdidaktischer und bildungswissenschaftlicher Lehrveranstaltungen besser anknüpft und zum Kompetenzerwerb der angehenden Lehrpersonen beiträgt (Degeling, Franken, Freund, Greiten, Neuhaus & Schellbach-Zell, 2019).

Betrachtet man nun die Schnittmenge zwischen den innovativen Ansätzen in der Lehrerbildung und der Bildung für nachhaltige Entwicklung an der Universität Wuppertal, dann fällt diese relativ schmal aus. Andreas Keil hat sich im Rahmen eines Projektes zur Fachlichkeit der Lehramtsausbildung mit BNE im Fach Geographie befasst (Keil, 2018) und im Rahmen der Biologiedidaktik werden Nachhaltigkeitsthemen bearbeitet. Und auch wenn die Recherche zu diesem Artikel möglicherweise etwas übersehen hat: Von einer systematischen Implementation von BNE in den Curricula der Lehramtsausbildung, die Fachwissenschaften, Fachdidaktiken und Bildungswissenschaften umfasst, kann keine Rede sein.

3. Aktuelle Entwicklungen in BNE und der Lehrerbildung

Die kleine Schnittmenge zwischen BNE und Lehrerbildung trotz dynamischer Entwicklungen in beiden Bereichen lässt sich nicht nur in Wuppertal finden.

Bildung für nachhaltige Entwicklung ist eine Thematik, die sowohl in der Bildungsforschung als auch in der Bildungspolitik eher ein Nischendasein führt (Gräsel, 2018). Nicht zuletzt durch die internationalen Leistungsstudien wird in beiden Feldern vorrangig thematisiert, wie das Bildungssystem unter der Fragestellung optimiert werden kann, wie die Schülerinnen und Schüler insbesondere in den Grundfähigkeiten (Lesekompetenz, Mathematik und Naturwissenschaften) gefördert werden können. Die Entwicklungen im Bereich Bildung für nachhaltige Entwicklung, z. B. die Verabschiedung des UNESCO-Weltaktionsprogramms (2015–2019; UNESCO, 2014), ist zwar Akteurinnen und Akteuren der BNE bekannt – aber kaum darüber hinaus. Mit diesem Weltaktionsprogramm wurde die Agenda 2030 mit den 17 Ziele für nachhaltige Entwicklung (Sustainable Development Goals – SDGs) in Bildungsmaßnahmen übersetzt. Eine qualitativ hochwertige Bildung wird dabei als wichtige Bedingung gesehen, die die Verfolgung aller SDGs positiv beeinflusst. Zudem werden Ziele für eine Bildung für nachhaltige Entwicklung formuliert. So sollen alle Lernenden Kompetenzen erwerben, die für die Förderung nachhaltiger Entwicklung wichtig sind, z.B. zu nachhaltigen Lebensweisen, zu Menschenrechten oder zu Geschlechtergerechtigkeit. Um zu einer Entwicklung der Gesellschaft in Richtung Nachhaltigkeit beitragen zu können, enthält BNE den Anspruch, systemisches und vorausschauendes Denken und die Voraussetzungen zu gesellschaftlicher Partizipation zu fördern. In Deutschland wurde dazu das Konzept der „Gestaltungskompetenz“ geprägt (de Haan, 2008), das in der zurückliegenden Phase der Welt-Dekade für BNE (2005–2014) in zahlreichen Projekten konkretisiert und realisiert wurde. Im Anschluss an die Dekade wurde in Deutschland zur Umsetzung von BNE eine „nationale Plattform“ gegründet, die einen Nationalen Aktionsplan mit 130 Einzelzielen und ca. 350 Maßnahmen entwickelte (Nationale Plattform Bildung für nachhaltige Entwicklung, 2017).

Betrachtet man diesen Nationalen Aktionsplan (2017), dann findet sich dort auch die Umsetzung von BNE als ein Ziel. Dort heißt es (S. 30): „Die Länder und die für die Lehrkräftebildung zuständigen Einrichtungen setzen sich für die Verankerung von BNE in der Aus- und Fortbildung von Lehrkräften ein und setzen diese länderspezifisch im Rahmen ihrer Möglichkeiten um (z.B. durch die Rahmen- und Zielvorgaben, Fortbildungskonzepte und -initiativen, Schaffung von Anreizsystemen). In der Konkretisierung (ebd.) wird u.a. davon gesprochen, dass BNE eine „fachliche und pädagogische Orientierung in der Lehrkräfteausbildung“ in allen Fächern sein sollte und dass dem Thema bei der Gestaltung von Fortbildungen ein größerer Raum gegeben werden sollte.

Es stellt sich aber die Frage, ob diese – ohnehin nicht sehr konkreten und umfassenden – Ziele des Nationalen Aktionsplans BNE von den Akteurinnen und Akteuren der Lehrerbildung überhaupt wahrgenommen bzw. umgesetzt werden. Meine These ist, dass die Lehrerbildung derzeit stark in Bewegung ist, aber an Themen und Optimierungen arbeitet, die von BNE unabhängig sind.

Eines der zentralen Ergebnisse der Bildungsforschung ist die große Bedeutung, die Lehrpersonen für erfolgreiche Lehr-Lernprozesse an Schulen zukommt (z.B. Baumert & Kunter, 2006; Hattie, 2012). Vor allen Dingen die professionellen Kompetenzen von Lehrpersonen, also ihr Wissen und Können in den Bereichen Fachwissenschaften, Fachdidaktiken und Bildungswissenschaften sind zentral dafür, mit welcher Qualität sie unterrichten und wie sie dementsprechend den Kompetenzerwerb ihrer Schülerinnen und Schüler unterstützen. Beispielsweise sind hohe fachwissenschaftlich-fachdidaktische Kompetenzen eine wichtige Voraussetzung dafür, dass Lehrende Unterricht mit einem hohen Ausmaß an kognitiver Aktivierung anbieten können, der wiederum eine wichtige Voraussetzung für den Lernerfolg der Schülerinnen und Schüler darstellt. Nicht nur aufgrund dieser Ergebnisse der Bildungsforschung befindet sich die Lehrerbildung in Deutschland derzeit in einem dynamischen Reformprozess; seit Beginn des Jahrhunderts wurden und werden immer wieder Defizite formuliert, die die Lehrerbildung aufweist (ein zentraler Ausgangspunkt für diese Kritik: Terhart, 2000). Ein Kernkritikpunkt ist die mangelnde Kohärenz der Studiengänge in dem Sinne, dass fachwissenschaftliche, fachdidaktische und bildungswissenschaftliche Studienanteile „nebeneinander“ her vermittelt werden. Aus der Sicht der Lernenden kann auf dieses kompartmentalisierte Wissen bei der Bearbeitung praktischer Problemstellungen schlecht zurückgegriffen werden. Daraus geht das Phänomen hervor, dass in der Praxis häufig nicht wissenschaftlich geprüftes Wissen zur Anwendung kommt, sondern mehr oder wenig gut begründete tradierte Praktiken.

Ein zweiter Kernkritikpunkt betrifft die unzureichende Einbindung von Praktika in die Studiengänge. Das bedeutet nicht nur zu wenige Praktika, sondern auch eine schlechte Integration der praktischen Phasen in den akademischen Kompetenzerwerb. Schließlich wurden die Universitäten dafür kritisiert, dass die Lehrerbildung trotz häufig hoher Absolventenzahlen nur randständig beachtet wird und Studierende der Lehrerbildung häufig zwischen den Anforderungen verschiedener Fächer und Fakultäten nur wenig in ihrer berufsbezogenen Professionalisierung unterstützt werden. Diese strukturellen Defizite waren an vielen Hochschulen der Anlass dafür, Zentren für Lehrerbildung oder Schools of Education zu gründen, die für die Lehrerbildung verantwortlich sind und die verschiedenen Beteiligten vernetzen. Die Gründung von Zentren für Lehrerbildung ist nur eine Maßnahme, die realisiert wurde, um die Lehrerbildung zu verbessern. Nicht zuletzt durch den Impuls der „Qualitätsoffensive Lehrerbildung“ werden an vielen Universitäten und Hochschulen Curricula im Sinne einer besseren Vernetzung und Professionsorientierung überarbeitet. Schließlich bemühen sich viele Universitäten, sich besser mit den weiteren Phasen der Lehrerbildung abzustimmen, insbesondere mit den Institutionen, die das Referendariat bzw. den Vorbereitungsdienst verantworten. Betrachtet man die Projekte und bisher vorgelegten Ergebnisse der Qualitätsoffensive, lässt sich an einzelnen Stellen durchaus ein Bezug zu Themen der BNE finden. Generell dominieren aber andere Entwicklungen, neben den bereits genannten sind das die Digitalisierung des Lernens an Schulen, die Umsetzung von Inklusion und die damit einhergehenden notwendigen Veränderungen sowie die Steigerung der Attraktivität für den Lehrerberuf, insbesondere für den beruflichen Bereich.

Angesichts dieser beider parallel verlaufender Entwicklungen – der BNE sowie der Lehrerbildung – lässt sich also der Appell der Tagung durchaus bestätigen: Es wäre wünschenswert, wenn BNE stärker in die derzeitige Reform der Lehrerbildung implementiert werden könnte. Lehrpersonen kommt eine entscheidende Funktion zu, wie BNE in Schulen thematisiert wird und was Schülerinnen und Schüler in Bezug auf dieses zukunftsrelevante Thema lernen.

4. Gefahren der Implementierung von BNE in der Lehrerbildung

Auch wenn aus meiner Perspektive unterstützt werden kann, dass BNE in der Lehrerbildung systematischer integriert werden sollte, sollte dies mit Bedacht und unter Berücksichtigung möglicher Nebenwirkungen erfolgen. Im Folgenden werden drei Aspekte formuliert, die bei einer Implementation von BNE m. E. Beachtung finden müssen – die Formulierung erfolgt in Form von drei Gefahren, die bei einer derartigen Implementation auftreten können.

Gefahr 1: Überfrachtung der ersten Phase der Lehrerbildung

Das Bildungssystem insgesamt muss sich laufend auf neue Herausforderungen einstellen, die durch gesellschaftliche Anforderungen und Entwicklungen an es herangetragen werden. Derzeit sind beispielsweise (erneut) die Digitalisierung von Bildung sowie die gestiegene Heterogenität der Lernvoraussetzungen von Schülerinnen und Schülern wichtige Diskussionsthemen – und auch BNE gehört zu diesen Themen, die Innovationen erfordern. Bei all diesen Themen wird regelmäßig die Forderung erhoben, sie auch in der ersten Phase der Lehrerausbildung angemessen zu berücksichtigen. Es ist allerdings zu bedenken, dass zu einem Lehramtsstudium mindestens zwei Fachwissenschaften, die zugehörigen Fachdidaktiken, die Bildungswissenschaften sowie mehrere Praxisphasen gehören. Themen, die für alle Studierenden von Belang und unabhängig vom Fach sind, können nur in den Bildungswissenschaften implementiert werden. Diese haben in allen Bundesländern einen vergleichsweise geringen Stundenanteil – und durch die KMK geregelte Vorgaben, die auf der Höhe des sich rasant entwickelnden Forschungsstandes in die universitäre Lehre integriert werden müssen (Kultusministerkonferenz, 2004, revidierte Fassung von 2019). In einzelnen fachbezogenen Curricula sind die Spielräume ebenso gering: Hier muss in kondensierter Form das gesamte wissenschaftliche Fachwissen inklusive der Fachdidaktiken vermittelt werden. Kurz: Für alle Inhalte, die aufgrund gesellschaftlicher Entwicklungen in die Curricula integriert werden müssen – etwa BNE –, müssen andere weichen. Dies ist angesichts des in allen Disziplinen zu beobachtenden schnellen Wissenszuwachses ein Problem. Es muss aber auch nicht alles in die erste Phase der Lehrerbildung integriert werden. Wie in anderen Professionen auch könnte man für den Lehrberuf eine stärkere Differenzierung unter der Frage vornehmen: Was muss in die universitäre Phase, was kann im Referendariat berücksichtigt werden und welche Kompetenzentwicklung ist schließlich durch ein – möglichst strukturiertes und qualitativ hochwertiges – Fortbildungssystem zu unterstützen?

Gefahr 2: BNE als unverbindliche Querschnittaufgabe

In der BNE Diskussion wird immer wieder betont, dass die entsprechenden Kompetenzen disziplinübergreifend in allen curricularen Vorgaben Eingang finden sollten. Auch für die universitäre Lehrerbildung gibt es diese Forderung: Alle Fächer und Disziplinen sollen sich daran beteiligen. Abgesehen davon, dass dies wegen der Überladung des Curriculums nur schwer möglich ist (siehe Gefahr 1), birgt der disziplinübergreifende Ansatz die Gefahr der Verantwortungsdiffusion. Für die vielbeschworenen Querschnittaufgaben, die (vermeintlich) überall von Bedeutung sind, besteht die Gefahr, dass sich keiner konkret verantwortlich fühlt und es tatsächlich implementiert. Gerade in einem Studium mit komplexen Strukturen und vielen Beteiligten besteht diese Gefahr, weil die Lehrenden in aller Regel nur wenig Einblick haben, was in den anderen Modulen bzw. Fächern gelehrt wird.

Gefahr 3: Gesellschaftliche Probleme können nicht durch eine Veränderung der Lehrerbildung gelöst werden

Gerade in pädagogischen Feldern – in wissenschaftlichen ebenso wie in praktischen – besteht ein übergroßer Optimismus in Hinblick auf die Veränderungsmöglichkeiten alleine durch Bildung. Damit verbunden lässt sich häufig eine Art Verschiebung finden: Gesellschaftliche Probleme, die politisches Handeln erfordern würden, werden gleichsam in den Bereich der Bildung verlagert – in der Hoffnung sie würden in diesem Feld gelöst werden. Wenn die CO_2-Ziele von Ländern nicht erreicht werden, dann ist dies aber keine Schwäche des Bildungssystems, die noch mehr BNE in allen Bereichen erfordert, sondern fehlender politischer Wille. Selbstverständlich sind Bildungsmaßnahmen auch im Bereich nachhaltige Entwicklung von großer Bedeutung: Sie können Problembewusstsein wecken, komplexes Denken fördern, Wissen vermitteln und auch politische oder gesellschaftliche Einstellungen verändern. Aber sie ersetzen oder korrigieren keine politischen (Fehl-)Entscheidungen.

In diesem Sinne hoffe ich, dass diese Tagung dazu beitragen konnte, Diskussionen über die Möglichkeiten und Grenzen der Implementation von BNE in die Lehrerbildung anzuregen.

Literatur

Baumert, J. & Kunter, M. (2006). Stichwort: Professionelle Kompetenz von Lehrkräften. *Zeitschrift für Erziehungswissenschaft*, 9(4), 469–520. https://doi.org/10.1007/s11618-006-0165-2

Behrens, M. & Keil, A. (2019). Wuppertal – städtische Transformation auf der Maßstabsebene des Quartiers. In O. Niermann, O. Schnur & M. Drilling (Hrsg.), *Ökonomie im Quartier* (S. 191–215). Springer VS: Wiesbaden. https://doi.org/10.1007/978-3-658-23446-1_11

BUND & Misereor (1996). *Zukunftsfähiges Deutschland. Ein Beitrag zu einer global nachhaltigen Entwicklung*. Springer VS: Wiesbaden. https://doi.org/10.1007/978-3-0348-6070-3

de Haan, G. (2008). Gestaltungskompetenz als Kompetenzkonzept der Bildung für nachhaltige Entwicklung. In I. Bormann & G. de Haan (Hrsg.), *Kompetenzen der Bildung für nachhaltige Entwicklung* (S. 23–43). Springer VS: Wiesbaden. https://doi.org/10.1007/978-3-531-90832-8_4

Degeling, M., Franken, N., Freund, S., Greiten, S., Neuhaus, D. & Schellbach-Zell, J. (2019). *Herausforderung Kohärenz: Praxisphasen in der universitären Lehrerbildung. Bildungswissenschaftliche und fachdidaktische Perspektiven*. Klinkhardt: Bad Heilbrunn.

Gräsel, C. (2011). Die School of Education der Bergischen Universität Wuppertal. *Erziehungswissenschaft*, 22(43), 57–60.

Gräsel, C. (2018). Umweltbildung – Bildung für nachhaltige Entwicklung. In R. Tippelt & B. Schmidt-Hertha (Hrsg.), *Handbuch Bildungsforschung* (S. 1093–1109). Springer VS: Wiesbaden. https://doi.org/10.1007/978-3-531-19981-8_48

Hattie, J. (2012). *Visible learning for teachers: Maximizing impact on learning*. Routledge: London. https://doi.org/10.4324/9780203181522

Keil, A. (2018*). Bildung für nachhaltige Entwicklung, Mensch-Umwelt-System und Transformationsforschung – eine Abhandlung zur Fachlichkeit in der Lehramtsausbildung Geographie*. Wuppertal: Bergische Universität Wuppertal

http://elpub.bib.uni-wuppertal.de/servlets/DerivateServlet/Derivate-8222/vg1801_keil.pdf, (09.12.19)

Kultusministerkonferenz (2004, revidierte Fassung von 2019). *Standard für die Lehrerbildung – Bildungswissenschaften*. KMK: Berlin, Bonn.https://www.kmk.org/

fileadmin/Dateien/veroeffentlichungen_beschluesse/2004/2004_12_16-Standards-Lehrerbildung-Bildungswissenschaften.pdf. (11.12.19)

Nationale Plattform Bildung für nachhaltige Entwicklung (2017) (Hrsg.). *Nationaler Aktionsplan Bildung für nachhaltige Entwicklung*. Bundesministerium für Bildung und Forschung: Berlin.

Schneidewind, U. (2018). *Die große Transformation: eine Einführung in die Kunst gesellschaftlichen Wandels*. S. Fischer Verlag: Berlin.

Stengel, O., Liedtke, C., Baedeker, C. & Welfens, M. J. (2008). Theorie und Praxis eines Bildungskonzepts für eine nachhaltige Entwicklung. *Umweltpsychologie, 12*(2), 29–42.

Terhart, E. (Hrsg.). (2000). *Perspektiven der Lehrerbildung in Deutschland: Abschlussbericht der von der Kultusministerkonferenz eingesetzten Kommission*. Beltz: Weinheim.

UNESCO (2014). *UNESCO – Roadmap zur Umsetzung des Weltaktionsprogramms „Bildung für nachhaltige Entwicklung“*. https://www.bne-portal.de/sites/default/files/_2015_Roadmap_deutsch_0.pdf (10.12.19).

II
BNE in der Lehrkräftebildung – fachliche Perspektiven

BNE und Lehrkräftebildung Geographie – ein Fachlichkeitskonzept in Wuppertal

Andreas Keil

1. Einführung

Der mit dem vorliegenden Beitrag darzustellende Zusammenhang von Bildung für nachhaltige Entwicklung (BNE) und geographischer Lehrkräftebildung könnte als nicht neu[1] und als bereits geklärt bewertet werden, denn BNE ist eine langjährig entwickelte Bildungskonzeption und die Geographie ist in der (schulischen) Praxis als BNE-„Kernfach" (DGfG, 2010, S. 6) anerkannt. Dementsprechend könnte davon ausgegangen werden, dass BNE insbesondere im Fach Geographie einen bedeutenden Bestandteil der Lehrkräftebildung ausmacht. In der Realität der Lehrkräftebildung wird aber deutlich, dass hier die Zusammenhänge von BNE auch im Fach Geographie nach wie vor nicht eindeutig theoretisch analysiert und praktisch umgesetzt sind und dass zwar fachliche Expertise vorliegt und Chancen insbesondere für die geographische Lehrkräftebildung erkennbar sind, dass aber durchaus noch Entwicklungsbedarf existiert (Hemmer, 2016/Brock, 2018). Ausgehend von dieser Situation, dass auch im Fach Geographie die Bildungskonzeption BNE in der Lehrkräftebildung nicht hinreichend strukturell verankert ist, wurde am Institut für Geographie und Sachunterricht der Bergischen Universität Wuppertal ein Projekt[2] durchgeführt, mit dem der folgenden Fragestellung nachgegangen wurde: Wie können mit einem geographischen Lehrkräftestudium die Zusammenhänge zwischen geographischem Mensch-Umwelt-System (M-U-S) und fachdidaktischer Bildung für nachhaltige Entwicklung (BNE) sowie die Erkenntnisse der Transformationsforschung erfasst werden? Als Ergebnis der Bearbeitung dieser Fragestellung wurde ein

---

1 Beispielsweise hat der Autor zusammen mit Habrich bereits im Jahr 2001 aus der damaligen Perspektive der Umweltbildung und der sich neu entwickelnden BNE einen Aufsatz (s. Habrich & Keil, 2001) zum Sammelband zu „Bildung für nachhaltige Entwicklung als Herausforderung für die Lehrerausbildung" (Henze & Lob, 2001) vorgelegt.

2 Das Projekt am Institut für Geographie und Sachunterricht (Keil, 2018) wurde über das übergeordnete Projekt „Fachdidaktik und Fachwissenschaften" im Förderrahmen „Fachlichkeit in der Lehrerbildung" an der Bergischen Universität Wuppertal mit Mitteln des Landes Nordrhein-Westfalen gefördert.

Fachlichkeitskonzept für die universitäre Bildung von angehenden Geographielehrkräften aller Schulstufen in Wuppertal vorgelegt. Mit dieser Konzeption kann die Weiterentwicklung der Lehrangebote und der Studienordnungen der Geographielehrkräftebildung an der Bergischen Universität Wuppertal Richtung BNE und Mensch-Umwelt-Forschung angestrebt werden. Zudem soll das Fachlichkeitskonzept dazu beitragen, dass sich Studierende ein fundiertes, fokussiertes Verständnis für ihr Studienfach Geographie sowie ein persönliches BNE-Professionswissen für ihre Tätigkeit als zukünftige Lehrkräfte erschließen. Hintergründe, mögliche Ausgestaltungen und Perspektiven dieses Fachlichkeitskonzepts sollen mit dem vorliegenden Beitrag vorgestellt werden.

2. Hintergründe eines Fachlichkeitskonzepts für die Lehrkräftebildung Geographie in Wuppertal

2.1 Fachlichkeit in der Lehrkräftebildung

Aus den aktuellen Diskussionen um Fachlichkeit seien hier zwei Aspekte kurz genannt. Zum einen zeigen eigene Erfahrungen und einzelne Hinweise in der Literatur (Uhlenwinkel, 2013), dass Geographielehramtsstudierende nicht selten übergeordnete Leitvorstellungen des Fachs nicht benennen können. Offenbar sind die Teilbereiche des Fachs und die Anforderungen eines vielperspektivischen Lehrkräftestudiums so differenziert und kleinteilig organisiert, dass für die Vermittlung von Fachstrukturen und -zusammenhängen wenig Platz bleibt. Zum anderen wird in der Folge der letzten großen Bildungsreform auch in der Fachdidaktik Geographie diskutiert, dass „die stärkere Fokussierung auf allgemeine Kompetenzen auf Kosten des Fachwissens" (Bagoly-Simo & Hemmer I., 2016, S. 62) gehe. Mit dem zu entwickelnden Fachlichkeitskonzept werden diese beiden Aspekte mit einem umfassenden, dem übergeordneten Wuppertaler Projektrahmen „Fachlichkeit in der Lehrerbildung" entsprechenden Fachlichkeitsverständnis aufgegriffen: „Lehrerbildende Fachlichkeit umfasst ein Meta-Verständnis des Fachs, seiner Entwicklung, seiner Struktur, seiner Wissensbestände und seiner Methoden, das in ihm implizite oder explizite Bildungsverständnis und seinen Bildungsanspruch" (Heinen, 2016, 1). Ein Fachlichkeitskonzept soll also den „bildenden Kern" (ebd.) des Fachs Geographie für die Lehrkräftebildung erfassen. Dies kann mit einer Fokussierung auf Zusammenhänge von M-U-S, Transformationsforschung und BNE aus Sicht des Autors sehr gut gelingen.

2.2 Mensch-Umwelt-System, Transformationsforschung und BNE in der Lehrkräftebildung

Eine solche geographische Fachlichkeit setzt sich aus drei Bestandteilen zusammen, dem fachwissenschaftlich begründeten *Mensch-Umwelt-System, den Forschungserkenntnissen zur Transformation* und der *Bildungskonzeption BNE*. Das Mensch-Umwelt-System ist im Zeitalter der Globalisierung und der Postmoderne geprägt durch das komplexe Verhältnis von Natur und Kultur, das mit der interdisziplinär ausgerichteten Geographie (naturwissenschaftliche Physische Geographie *und* gesellschaftswissenschaftliche Humangeographie) passend analysiert werden kann und mit der eine entsprechende Systemkompetenz vermittelt werden kann. So konnten die Teildisziplinen des Fachs Geographie bereits seit den 1990er-Jahren eine umfassende Expertise zu aktuellen globalen Entwicklungen (beispielsweise Umgang mit Naturgütern, Klimawandel, Naturgefahren, Migration und Integration, Urbanisierung, Armut) aufbauen, so dass das „Mensch-Umwelt-System" ausdrücklich als zentrales Basiskonzept der Bildungsstandards Geographie (DGfG, 2017, S. 11) festgelegt wurde und von Fögele das „Nachhaltigkeitsviereck" als weiteres Basiskonzept der Geographie benannt wurde (ebd., 2016, S. 73).

Die Prägung der Natur durch den Menschen seit dem Zeitalter der Industrialisierung kann als große Transformation des 19. und 20. Jahrhunderts angesehen werden (Ehlers, 2008, S. 229ff.) und so wird dieses Erdzeitalter auch als „Anthropozän" (ebd., S. 229, s.a. Crutzen, 2002) bezeichnet. Die notwendige Bewältigung der Problemlagen des 21. Jahrhunderts fordert eine weitere Transformation heraus, nun in Richtung nachhaltige Entwicklung und Postwachstum. Dementsprechend hat sich eine Transformationsforschung etabliert, deren Erkenntnisinteresse sich übergeordnet mit Schneidewind zusammenfassen lässt: „[...] die große Frage des 21. Jahrhunderts besteht darin, wie sich offene und freie Gesellschaften mit möglichst vielen individuellen Entfaltungsmöglichkeiten auch unter den Bedingungen globaler planetarer Grenzen gestalten lassen" (ebd., 2017, S. 101). Als aktuelle, relevante und innovative Analyse der Zukunftsfähigkeit des Lebens auf dem Planeten Erde kann somit die Transformationsforschung als wichtiger Bestandteil eines Fachlichkeitskonzepts angesehen werden, denn mit deren Erkenntnissen können in der geographischen Lehrkräftebildung Transformationskompetenzen vermittelt werden, die dazu befähigen, Probleme der nachhaltigen Entwicklung und deren systemischen Zusammenhänge zu verstehen und entsprechende Lösungsstrategien bewerten und gemeinsam anwenden zu können.

Als fachdidaktischer Bestandteil eines Fachlichkeitskonzepts für die Lehrkräftebildung kann die Bildungskonzeption BNE benannt werden. Ab den

1970er/80er-Jahren wurde die Umwelterziehung und dann die Umweltbildung immer bedeutender für das Fach Geographie, mit Bezug zu Klafkis „epochaltypischen Schlüsselproblemen" (ebd., 1996, S. 56ff.) wurden die Umweltfrage und der Umgang mit globaler Gerechtigkeit zu wichtigen Kategorien für das Fach. Kroß benannte „Die Erde bewahren" (ebd., 1996) als Leitvorstellung der Geographiedidaktik und seit den 2000er-Jahren besteht das Leitbild der Nachhaltigen Entwicklung als geographiedidaktischer Schwerpunkt (Schrüfer & Schockemöhle, 2012, S. 107). Dementsprechend wurde das Schulfach Geographie zu einem Kernfach der BNE: „Bedingt durch seine Inhalte und Funktionen ist das Unterrichtsfach Geographie einer Bildung für nachhaltige Entwicklung [...] besonders verpflichtet" (DGfG, 2017, S. 7). Übergeordnet sind in den Nachbarstaaten Schweiz (s. beispielsweise Baumann et al., 2013) und Österreich (KOM-BiNE, s. beispielsweise Rauch et al., 2008) sowie in Deutschland (LeNa-Netzwerk, s. beispielsweise Stoltenberg/Holz, 2017) und in einzelnen Bundesländern entsprechende BNE-Konzeptentwicklungen und BNE-Implementierungen (beispielsweise Baden-Württemberg) festzustellen. Doch eine strukturelle Integration von BNE in die Lehrkräftebildung des Fachs Geographie (und der anderen Fächer) blieb weitgehend aus, auch wenn es hierzu politisch-normative Vorgaben gab und gibt, die dies entsprechend einfordern.

2.3 Vorgaben für die Lehrkräftebildung

In den aktualisierten KMK-Richtlinien zur Lehrkräftebildung (KMK, 2019) sind „Mensch-Umwelt-Wechselwirkungen im Raum" und „Bildung für nachhaltige Entwicklung" explizit vorgegebene geographische bzw. geographiedidaktische Studieninhalte des Lehramtsstudiums (ebd., S. 30f.). Während das Thema Nachhaltigkeit auch noch als Studieninhalt der Fächer Technik, Wirtschaft, Biologie, Chemie und bei den Beruflichen Fachrichtungen in den Bereichen Wirtschaft und Verwaltung, Gesundheit, Ernährung und Hauswirtschaft angegeben wird, kommt BNE in den KMK-Richtlinien ausschließlich in der Liste der geographiedidaktischen Inhalte vor.

Im KMK-Orientierungsrahmen für den Lernbereich Globale Entwicklung wird wiederum die große Bedeutung des Schulfachs Geographie für BNE hervorgehoben (KMK, 2016, S. 225), zudem wird hier mit einem spezifischen Kapitel (Kap. 6) die Relevanz der Lehrkräftebildung für BNE normativ hervorgehoben und es werden Akteure und Standorte vorgestellt und Anforderungen an die Lehrkräftebildung benannt. Dort wird auch auf die Erklärung der Hochschulrektorenkonferenz zur Einbindung von BNE in die Universitäten hingewiesen. In diesem Dokument heißt es: „Die Hochschulen sind aufgerufen, diese Ansätze weiter zu vertiefen, um Bildung für nachhaltige Entwicklung zu einem konstitutiven Element in allen Bereichen ihrer Tätigkeit zu entwickeln" (HRK/DUK, 2010, S. 3).

Normativ wird auch in der Agenda 2030 (UN, 2015), dem Weltaktionsprogramm BNE (DUK, 2014), dem Nationalen Aktionsplan BNE (Nationale Plattform Bildung für nachhaltige Entwicklung, 2017) und dem Mannheimer Appell („Lernen die Welt zu verändern", DUK, 2019) die Bedeutung der Lehrkräftebildung für die Befähigung zu einem fairen Miteinander in Gesellschaften und zu einem nachhaltigen Umgang mit Naturressourcen hervorgehoben.

Schließlich sei in diesem Teilkapitel zu Vorgaben für die Lehrkräftebildung im Zusammenhang mit BNE noch auf die seit der letzten Bildungsreform herausgestellte Bedeutung des Professionswissens verwiesen, mit dem die besonderen kognitiven und persönlichen Fähigkeiten von Lehrkräften angesprochen werden (s. beispielsweise Bromme, 1992/2014, Baumert/Kunter, 2006). Auch hierauf wird bei der Vorstellung des Wuppertaler Fachlichkeitskonzepts noch genauer eingegangen (s. u.).

2.4 Status quo der Umsetzung von BNE in der Lehrkräftebildung

Neben diesen Vorgaben, Empfehlungen und der allgemeinen Einsicht, dass die strukturelle Verankerung von BNE in der Lehrkräftebildung insgesamt und im Fach Geographie im Speziellen notwendig und wichtig ist, zeigen sich aber auch Hindernisse für eine stärkere Etablierung einer BNE-Lehrkräftebildung. Allgemein wird beklagt, dass die Ansprüche an die Lehrkräftebildung durch Aspekte wie Digitalisierung, Internationalisierung, Inklusion oder Praxis- und Kompetenzorientierung immer umfassender werden. Hinzu kommt die fachliche Vielfalt der zahlreichen natur- und gesellschaftswissenschaftlichen Teildisziplinen der Geographie. Die Folge ist, dass BNE als nur schwer zu integrierende, weitere Aufgabe und nicht als verbindende konzeptionelle Rahmung angesehen wird und somit auch in der Lehrkräftebildung Geographie, trotz der genannten Potenziale und Vorgaben, als noch nicht etabliert zu bezeichnen ist. Keil (2018) konnte mit einer explorativen Dokumentenanalyse zum Status quo der Lehrkräfteausbildung Geographie an deutschen Hochschulen festhalten, dass zwar in zahlreichen Studiengangsdokumentationen die Mensch-Umwelt-Thematik integriert ist, BNE aber nur selten vorkommt. Explizit benannte BNE- oder Mensch-Umwelt-Studienmodule kommen fast gar nicht vor, lediglich einzelne Standorte haben neue Studiengänge ausdrücklich in Richtung Mensch-Umwelt und BNE implementiert. Brock, die nicht nur das Fach Geographie, sondern die Dokumente von insgesamt acht Fächern an 15 Standorten der Lehrkräftebildung untersucht hat, kommt zu einem ähnlichen Ergebnis: „[…] BNE [wird nur in Einzelfällen; A. K.] innerhalb der zentralen Dokumente für die LehrerInnenbildung aufgegriffen“ (ebd., 2018, S. 111). Und auch mit dem Beitrag von Birke et al. in diesem Band (s. u.) kann ein Defizit in der expliziten Verortung von BNE in den Fächern der Lehrkräftebildung aufgezeigt werden. Mit einem Zitat von Barth (2016, S. 53) kann resümierend festgehalten werden, „dass die Verankerung von BNE in der Lehramtsausbildung immer noch in den Anfängen steckt und in den einzelnen Ländern und Hochschulen sehr unterschiedlich vorangetrieben wird“.

3. Ausgestaltung des Fachlichkeitskonzepts in Wuppertal

Anknüpfend an die zuvor dargestellten Hintergründe wurde für die Lehrkräftebildung im Fach Geographie an der Bergischen Universität Wuppertal ein Fachlichkeitskonzept erstellt (s. Abb.1).

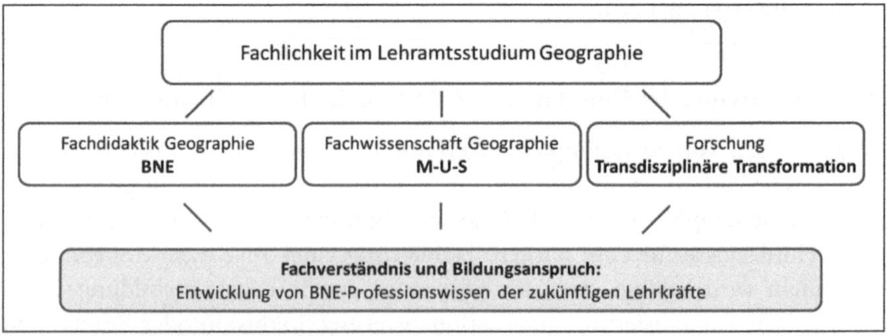

Abb. 1: Fachlichkeit in der Geographielehrkräftebildung in Wuppertal (nach Keil 2018)

Das Konzept umfasst die Bereiche *BNE, Mensch-Umwelt-System* und *Transformationsforschung*, denn diese werden als prägend für eine in Richtung Zukunftsfähigkeit und Nachhaltige Entwicklung ausgerichtete geographische Fachlichkeit angesehen und können kohärent in einem Lehrkräftestudium ausgeführt werden. Das Konzept stellt eine fachliche Rahmung dar, mit der das *Fachverständnis* und der *Bildungsanspruch* der Geographie eindeutig dargelegt sowie passende Kompetenzen vermittelt werden können. Im Folgenden werden einzelne konzeptionelle Überlegungen, erste strukturelle Umsetzungen und Perspektiven des Fachlichkeitskonzepts für das Lehrkräftestudium Geographie an der Bergischen Universität Wuppertal vorgestellt.[3]

3 Eine ausführliche Darstellung ist in Keil (2018) zu finden.

3.1 Konzeptionelle Überlegungen

Mit einer Orientierung am Fachlichkeitskonzept kann die Komplexität der Bildungskonzeption BNE, des Mensch-Umwelt-Systems und der Forschung zur Transformation stringent und kohärent im Wuppertaler Geographielehrkräftestudium erfasst werden. Diese inhaltlichen Fokussierungen sollten mit den Studierenden zu Beginn und im Verlauf des Studiums ebenso diskutiert werden wie die Zielsetzung des Fachlichkeitskonzepts, also die Vermittlung eines geographischen Fachverständnisses und eines BNE-Professionswissens bei den Lehramtsstudierenden.

Im Sinne des Fachlichkeitskonzepts gilt es für den Bereich *Fachdidaktik Geographie/BNE* zunächst, mit den Studierenden die Entwicklung und die Strukturen und Konzepte der Geographiedidaktik als Rahmung für die fachdidaktischen Zugänge zur BNE zu erarbeiten und damit zu verdeutlichen, dass BNE *eine* aktuelle Bildungskonzeption ist, mit der viele relevante fachdidaktische Hintergründe erschlossen werden können, beispielsweise geographiedidaktische Themen wie Medien- und Methodeneinsatz, Kompetenzorientierung oder Umgang mit inhaltlicher Komplexität. Zudem sollen die Studierenden die Möglichkeiten des Bildungskonzepts BNE in der Schulpraxis kennenlernen, indem sie sich im Rahmen von Lehrveranstaltungen auch an BNE-Schulprojekten beteiligen können. Insgesamt wird mit dieser fachdidaktischen Ausbildung die Förderung der Lehrkompetenzen der zukünftigen Lehrerinnen und Lehrer für diese spezifischen Bereiche angestrebt, also beispielsweise die Fähigkeit, die eigene Position und die zukünftige Rolle als Lehrkraft zu reflektieren oder die Fähigkeit der Gestaltung von BNE-Lernprozessen auf der Grundlage von eigenen fachlichen und fachdidaktischen Kenntnissen.[4]

Die interdisziplinär ausgerichtete und sich aus zahlreichen Teildisziplinen zusammensetzende Geographie ist fachlich so komplex, dass für ein Lehrkräftestudium eine Fokussierung auf das *Mensch-Umwelt-System* (s. o., Kap. 2.2) besonders schlüssig ist. Dementsprechend sieht das Fachlichkeitskonzept vor, dass die Studierenden in theoretischen und praktischen Studienzusammenhängen ein entsprechendes geographisches Fachwissen zum Mensch-Umwelt-System erwerben können, indem diese fachlichen Hintergründe einer anthropogenen Überformung der natürlichen Geosphären durch ein oder mehrere Module in die Studienordnung des Wuppertaler Geographielehramtsstudiums integriert sein sollten. Da diese fachlichen Zusammenhänge sehr umfassend sind und zu-

4 Zu Hintergründen von entsprechenden Kompetenzmodellen und einer Theorie und Empirie geleiteten Weiterentwicklung des Fachlichkeitskonzepts an der Bergischen Universität Wuppertal s. den Beitrag Hilger et al. im vorliegenden Band.

gleich zahlreiche spezifische Fragestellungen und aktuelle Entwicklungen (beispielsweise im Zusammenhang mit den SDGs der Agenda 2030) relevant sind und mit Studierenden bearbeitet werden könnten, sollte ein über die verpflichtenden Studieninhalte hinausgehendes Studienangebot vorgehalten werden. Insofern wird mit dem Fachlichkeitskonzept die Entwicklung eines kohärent fachwissenschaftlich und fachdidaktisch ausgerichteten, fakultativ zu erwerbenden BNE-Zertifikats empfohlen.[5]

Mit dem dritten Baustein des Fachlichkeitskonzepts wird angestrebt, Forschungsergebnisse und Praxisbezüge der *Transformationsforschung* in das Studium der zukünftigen Geographielehrkräfte einzubeziehen. Dies bietet sich in Wuppertal an, da die Transformation zu einer Nachhaltigen Entwicklung seit über 20 Jahren Forschungsgegenstand des Wuppertal Instituts ist, das eng mit der Bergischen Universität zusammenarbeitet. Es sollen Hintergründe und Erkenntnisse der Transformationsforschung (s. beispielsweise Schneidewind, 2018, Behrens & Keil, 2018) sowie einer transformativen Bildung (s. beispielsweise Singer-Brodowski, 2016, Schneidewind & Singer Brodowski, 2014) erschlossen, aber auch Praxisprojekte durchgeführt werden (s. u. Kap. 3.2). Übergeordnet kann in diesem Bereich die Entwicklung von Schlüsselkompetenzen der Nachhaltigkeit (Systemkompetenz, antizipatorische Kompetenz, strategische Kompetenz, normative Kompetenz und kommunikative Kompetenz, s. Wiek et al., 2011) angestrebt werden.[6] Insgesamt wird intendiert, dass sich mit einer Umsetzung des Fachlichkeitskonzepts für die Studierenden die Kohärenz zwischen den Angeboten zur Transformationsforschung, zur Bildungskonzeption BNE und zum Mensch-Umwelt-System erschließt.

Wie zu Beginn des Beitrags betont wird mit dem Fachlichkeitskonzept angestrebt, dass sich die Studierenden ein fundiertes *Fachverständnis* für ihr Studienfach erschließen. In diesem Sinne sollen mit dem Fachlichkeitskonzept wie aufgezeigt die geographischen Basiskonzepte Mensch-Umwelt-System und

---

5 Im Rahmen der „Qualitätsoffensive Lehrerbildung" wird an der Universität Koblenz-Landau das Zertifikat „Bildung – Transformation – Nachhaltigkeit" interdisziplinär entwickelt und für Lehramtsstudierende aller Fächer angeboten (Risch et al., 2017). Auch in Wuppertal liegen erste Erfahrungen mit dem Angebot eines Nachhaltigkeitszertifikats vor (durch das Zentrum für Transformationsforschung). Diese Bemühungen dokumentieren im Sinne der komplexen Fachlichkeit der Zusammenhänge von BNE, Mensch-Umwelt-System und Transformationsforschung die Chancen eines zusätzlichen Studienangebots.

6 Auch für den Bereich der Transformationsforschung könnte das Angebot eines zusätzlich zu erwerbenden BNE-Zertifikats hilfreich sein, alle wünschenswerten Inhalte behandeln zu können.

Nachhaltigkeitsviereck sowie die fachdidaktischen Hintergründe der Bildungskonzeption BNE und die Erkenntnisse der Transformationsforschung fokussiert werden. Und mit der Orientierung an nachhaltiger Entwicklung und einer entsprechend sich etablierenden Transformation wird mit dem Fachlichkeitskonzept auch der *Bildungsanspruch* des Fachs Geographie deutlich herausgestellt. Das Fachlichkeitskonzept soll somit die Erschließung von BNE-Lehrkompetenzen in den Bereichen Wissen – Bewerten – Handeln ermöglichen,[7] so dass die Studierenden des Fachs Geographie dazu befähigt werden, BNE- und Transformationsprozesse initiieren und mitgestalten zu können. Insgesamt sollen sich die Studierenden also ein *BNE-Professionswissen* erschließen, mit dem sie als zukünftige Lehrkräfte über ein grundlegendes fachliches, fachdidaktisches und pädagogisches Wissen verfügen (Shulman, 1987, 1986). Oder um es mit Meyer (2007, S. 127) zu umschreiben, es soll „eine Identität sowohl mit dem Schulfach Geographie als auch als angehende Lehrkraft in diesem Fach" aufgebaut werden.

3.2 Strukturelle Umsetzung

Diese konzeptionellen Überlegungen zu BNE, Mensch-Umwelt-System und Transformationsforschung können mit den bestehenden Studienordnungen der Geographielehrkräftebildung in Wuppertal aufgegriffen werden bzw. können zu deren Weiterentwicklung genutzt werden (s. Abb. 2).

Der Überblick in Abbildung 2 ist in chronologisch angeordnete Phasen der Lehrkräftebildung eingeteilt wie sie von Hemmer M. & Uphues (2011) für die Lehrkräfteprofessionalisierung vorgelegt wurden, also vom Einstieg in das Lehramtsstudium („Standortbestimmung" (ebd., S. 32)) bis zur langjährigen Lehrtätigkeit („Weiterbildung" (ebd., S. 40)). In der rechten Spalte ist nicht das vollständige Angebot der Wuppertaler Geographiestudiengänge dargestellt, sondern die Bereiche, die als Anknüpfungspunkte zur Umsetzung des Fachlichkeitskonzepts genutzt werden könnten bzw. am Ende der Spalte solche, die sich zukünftig dazu entwickeln könnten.

Im Sinne des Fachlichkeitskonzepts gilt es zu Beginn des Studiums (Standortbestimmung) für die Studierenden ihren Studiengang und auch das Fachlichkeitsverständnis des Geographielehramtsstudiums in Wuppertal in einer

7 Hier sei darauf verwiesen, dass eine Zusammenstellung der von verschiedenen Autoren vorgelegten BNE-Lehrkompetenzen in einer offenen Liste für das Geographielehrkräftestudium passend zu diesen drei übergeordneten Kategorien (Wissen-Bewerten-Handeln) bei Keil (2018: 96) zu finden ist und dass diese Kategorien im Modell „Lehrkräfte gestalten Zukunft" (s. Beitrag Hilger et al. im vorliegenden Band) grundlegend genutzt werden.

Konzeptionelle und curriculare Schlussfolgerungen	
Phase (nach HEMMER & UPHUES, 2011)	**Anknüpfungspunkte des Fachlichkeitskonzepts in den Studienordnungen der Geographielehrkräftebildung in Wuppertal**
Standortbestimmung (seit WS 18/19)	• Einführung **Fachlichkeitskonzept** (Veranstaltung „Sichtweisen der Geographie") • **Reflexion** der eigenen Rolle („Einf. Did. der Geographie") • Sammelmappe (Studienleistung)
Grundlegung (seit WS 18/19)	• **Hintergründe BNE** (Modul „Didaktik der Geographie", Veranstaltung „Außerschulische Lernorte") • **Hintergründe des Mensch-Umwelt-Systems** (Modul „Mensch-Umwelt-System", Veranstaltungen „Anthropogene Umweltbeeinflussung lokal", „Anthropogene Umweltbeeinflussung global") • **Einbindung von Praxiselementen** (Modul „Interdisziplinäres Projekt", bereits seit WS 11/12)
Vertiefung (ab dem WS 19/20)	• **Vertiefung von BNE- und Transformationskompetenzen** durch Praxiselement „Kooperationsprojekt Schule-Universität" • **Vertiefung von M-U-S-Kompetenzen** Veranstaltung „Vertiefung Mensch-Umwelt-System"
Spezialisierung (seit dem WS 18/19 bzw. zukünftig)	• Forschungsfrage im Praxissemester (mit Bezug zu BNE, M-U-S oder Transformationsforschung) • Forschungsprojekt (mit Bezug zu BNE, M-U-S oder Transformationsforschung) • Abschlussarbeit (mit Bezug zu BNE, M-U-S oder Transformationsforschung) • Abschließende Selbstreflexion • BNE-Zertifikat • Ringvorlesung • ... Übergang ins Referendariat ... • ... Neue BNE-Kooperationen und Netzwerke ...
Weiterbildung (zukünftig)	• ... BNE-Fortbildungskonzeption ...

Abb. 2: Potenzielle strukturelle Umsetzungen in der Lehrkräftebildung im Fach Geographie in Wuppertal (eig. Darstellung)[8]

einführenden Veranstaltung (Sichtweisen der Geographie) kennenzulernen. Außerdem soll das persönliche Verhältnis zum Studium und zum Studienziel reflektiert werden (Einf. Did. der Geographie). Die Bedeutung der Reflexion der persönlichen Lernprozesse für das folgende Geographiestudium und auch das Fachlichkeitskonzept wird durch die erstmalige Erstellung einer Sammelmappe verdeutlicht, die kontinuierlich bis zum letzten Studiensemester geführt werden soll.[9]

8 An dieser Stelle kann als Hintergrundinformation zur Geographielehrkräftebildung in Wuppertal noch hervorgehoben werden, dass es sich um ein kleines Institut mit drei Professuren handelt (Geographie und ihre Didaktik – Schwerpunkt Sozialgeographie/Allgemeine Geographie – Schwerpunkt Mensch-Umwelt-System/Didaktik des Sachunterrichts), das ausschließlich Angebote für die Lehrkräftebildung vorhält (KombiBA Geographie sowie Master of Education (Profile G, HRGe, GymGes)), was eine kohärente Abstimmung von fachwissenschaftlichen und fachdidaktischen Überlegungen ermöglicht. Im Jahr 2018 wurde der KombiBA-Studiengang reakkreditiert, im Jahr 2019 der MEd-Studiengang.

9 Damit findet eine Orientierung an Hemmer, M. & Uphues (2011, S. 30) statt, die, vergleichbar mit der hier zu erstellenden Sammelmappe, die Erstellung eines „studienbegleitenden Portfolios" (ebd.) für das Geographielehrkräftestudium empfehlen.

Mit den Veranstaltungen in der Phase der „Grundlegung“ (ebd., S. 32) können dann fachdidaktische Hintergründe zu BNE und fachliche Hintergründe des Mensch-Umwelt-Systems aufgegriffen werden (s. Abb. 2). Gemeinsam bieten die Dozierenden (der Physischen – und der Humangeographie, des Sachunterrichts und der Fachdidaktiken) die Veranstaltungen des Moduls Interdisziplinäres Projekt an. Mit der Qualitätsoffensive Lehramtsausbildung konnte dieses Modul weiter optimiert werden und die Studierenden führen in ihrem BA-Studium drei verschiedene interdisziplinäre Projekte je nach Möglichkeit auch im Austausch oder in Zusammenarbeit mit Schulen oder außerschulischen Akteuren zu Nachhaltigkeits- und Transformationsthemen, aber auch zur entsprechenden Fachdidaktik durch.[10] Hier kommt es also im Sinne des Fachlichkeitskonzepts zur intendierten Einbeziehung von Praxiselementen ins Studium.

In der „Vertiefungsphase“,[11] also ab dem Eintritt in den Master of Education ist die Vertiefung der Kenntnisse und Kompetenzen zu BNE und Mensch-Umwelt-System strukturell durch zwei Veranstaltungen verankert (s. Abb. 2). So wird auch im Master ein Praxisprojekt zur Zusammenarbeit der Studierenden mit Schulen durchgeführt.

In den nachfolgenden Phasen der Spezialisierung und der Weiterbildung sind noch nicht alle Elemente strukturell in den Curricula verankert, sondern sind eher perspektivisch als Anknüpfungspunkte des Fachlichkeitskonzepts zu sehen.

3.3 Weitere Perspektiven

So wird es in mehrfacher Hinsicht die Möglichkeit der thematischen Spezialisierung zu BNE, Mensch-Umwelt-System oder Transformationsforschung im Bereich von Forschungsbestandteilen des Masterstudiums (Forschungsfrage zum Praxissemester, im Forschungsprojekt und/oder in der Abschlussarbeit, s. Abb. 2) geben. Die Verortung einer abschließenden Selbstreflexion, die die zu Beginn des Studiums angestoßene Erstellung einer BNE-Sammelmappe aufgreift, ist vorgesehen, aber noch nicht im Detail operationalisiert.

Aufgrund der inhaltlichen und konzeptionellen Dichte der Themenzusammenhänge BNE, Mensch-Umwelt-System und Transformationsforschung stellen studienbegleitende Leistungen und zusätzliche Angebote wie ein BNE-Zertifikat (s. o.) und eine BNE-Ringvorlesung zukünftig anzugehende Desiderate dar.

---

10 S. hierzu den Beitrag von Faßbender in diesem Band.

11 Im idealtypischen Modell von Hemmer & Uphues auch als „Professionalisierung“ (ebd., S. 34) bezeichnet.

Wichtig zu erwähnen ist, dass durch den angestoßenen Aufbau eines BNE-Netzwerks in der Lehrkräftebildung in NRW[12] die Punkte *Aufbau von BNE-Kooperationen, BNE im Zusammenhang mit den Übergängen der Lehrkräfteausbildung* (1.–3. Phase) und *Entwicklung von BNE-Fortbildungskonzepten* zukünftig gemeinsam organisiert und entwickelt werden.

Ein weiterer wichtiger Aspekt des Fachlichkeitskonzepts bzw. ein Potenzial des Konzepts liegt in der Weiter- und Neuentwicklung von Lehrveranstaltungen. Mit Bezug zu den didaktischen Hintergründen und Ansprüchen dieser Fachlichkeit soll ein kontinuierlicher Austauschprozess zu den Lehrerfahrungen der Dozierenden, den Rückmeldungen und Evaluierungen der Studierenden und zu neuen Kooperationen erfolgen, mit dem eine Weiterentwicklung der Veranstaltungen in dem offenen Feld der Möglichkeit der Hochschuldidaktik angestrebt werden kann (s. Abb. 3). So ist die Bandbreite der unterschiedlichen *Veranstaltungsformen* recht groß und reicht von der klassischen *Vorlesung* und Übung über *Seminare* hin zu den besonderen Möglichkeiten der geographischen *Exkursion.* Hierzu wurde an der Bergischen Universität Wuppertal im Optionalbereich mit der Veranstaltung „Außerschulisches Lehren und Lernen auf Exkursionen“ die Möglichkeit für alle Lehramtsstudierenden eingerichtet, sich die Theorie der Exkursionsdidaktik (s. hierzu beispielsweise Ohl & Neeb, 2012 und Dickel & Glasze, 2009) und die Praxis der Exkursionsdurchführung zu erschließen. Hervorgehoben wurde weiter oben auch schon die Einbeziehung von Praxiselementen durch die *Interdisziplinären Projekte.* Potenziell kann die BNE-, M-U-S- und Transformationsfokussierte Fachlichkeit auch zum Forschungsschwerpunkt im *Praxissemester*, im *Forschungsprojekt* und in der *Abschlussarbeit* der Studierenden in ihrem auf Spezialisierung ausgerichteten Master of Education werden (s. o.). Hier sind als übergeordnete Themenschwerpunkte die Bereiche Nachhaltige Entwicklung und BNE, BNE und Schule, Geographiedidaktik und BNE, Geographielehrkräftestudium/-studierende und BNE, Transformationsforschung und Mensch-Umwelt-Forschung zu nennen, mit denen zahlreiche Forschungsfragestellungen zu erschließen sind. Auch bei der Entwicklung von *BNE-Fortbildungen* für Lehrerinnen und Lehrer liegen schon fundierte Erfahrungen beispielsweise aus Baden-Württemberg (s. Beule & Seybold, 2015) und theoretisch-konzeptionelle Umsetzungen (Fögele, 2016, Fögele & Mehren, 2015) vor, die zukünftig auch bei der Entwicklung von BNE-Fortbildungen für NRW in einer vernetzten Struktur berücksichtigt werden können (s. o.). Schließlich sind die Potenziale von *BNE-Universitätsprojekten* im Sinne einer übergeordneten Strategie der Verankerung von Themen der nachhaltigen Entwicklung und Zukunftsfähigkeit im Hochschulleben aller Gruppen (Studierende, Dozierende,

12 S. hierzu den Beitrag von Hilger & Keil in diesem Band.

nicht wissenschaftliche Abteilungen) zu nennen, auch hierzu liegen Erfahrungen von einzelnen Hochschulen und Hochschulnetzwerken (s. beispielsweise Hoch-N, Netzwerk Hochschule und Nachhaltigkeit Bayern) vor, die zukünftig eigene Entwicklungen inspirieren könnten.

Veranstaltungsformen	BNE-Kompetenzen	Didaktische Prinzipien	Methoden	Medien
• Vorlesung/Übung • Seminar • Interdisziplinäres Projekt • Exkursion • Begleitung Praxissemester • Forschungsprojekt • BNE-Zertifikat • Fortbildungen • BNE-Universitätsprojekte • ...	• Systemkompetenz • Professionswissen: fachliche, fachdidaktische, pädagogische und persönliche Kompetenzen zur BNE-Fachlichkeit • ...	• Systemorientierung • Handlungsorientierung • Problemorientierung • Kooperationsorientierung • Interdisziplinarität • Teilnehmerinnen- und Teilnehmerorientierung • ...	• Projekt • Planspiel/Rollenspiel/ Zukunftswerkstatt • Neue Denk- und Lernmethoden der Geographie • Forschungsmethoden • Sammelmappe • ...	• Digitale Medien in der Lehrkräftebildung, in der BNE und in der Lehrkräftebildung Geographie • Klassische Medien • BNE-Schulbuchanalyse • ...

Abb. 3: Weiter- und Neuentwicklung von Lehrveranstaltungen (eig. Darstellung)

Die genannten Veranstaltungsformate sollen im Sinne des Fachlichkeitskonzepts dazu genutzt werden, den Studierenden grundlegende *BNE-Kompetenzen* (Nachhaltigkeitskompetenzen sowie BNE-Lehrkompetenzen) im Sinne eines fundierten *Professionswissens* zu vermitteln.[13] Aus der Perspektive des Fachs Geographie und der fachlichen Bedeutung des Mensch-Umwelt-Systems ist hier insbesondere die Vermittlung von *Systemkompetenz* hervorzuheben. Zudem sind verschiedene *didaktische Prinzipien* für den BNE-Bildungsprozess im Lehrkräftestudium sehr relevant und so sind die Prinzipien der *System-, Handlungs-, Problem- und Kooperationsorientierung* sowie die *Interdisziplinarität* spezifisch einsetzbar. Außerdem gilt es, in BNE-Bildungszusammenhängen die Bedürfnisse, Einstellungen und Kenntnisse der Teilnehmenden zu berücksichtigen.

Schließlich können anknüpfend an das Fachlichkeitskonzept bei der Weiterentwicklung von Lehrveranstaltungen neue Erkenntnisse der Methoden- und Medienwahl berücksichtigt und den zukünftigen Lehrkräften vermittelt werden, beispielsweise zur Bewertung der Potenziale des Einsatzes von neuen Methoden und digitalen Medien (s. Abb. 3).

13 S. zur Professionalisierung für BNE in der Lehrkräftebildung auch den Beitrag von Hellberg-Rode & Schrüfer in diesem Band.

4. Fachlichkeitskonzept: Zusammenfassung und Ausblick

Abschließend sei auf die Relevanz der hier dargestellten Zusammenhänge der Fachlichkeitskonzeption hingewiesen. Nicht nur in politisch-normativen Vorgaben wird die Bedeutung von BNE, Mensch-Umwelt-System und Transformationsforschung hervorgehoben. Bedauerlicherweise ist es mittlerweile so weit gekommen, dass vor allem die immer deutlicher werdende Belastung durch vom Menschen verursachte Problemlagen (beispielsweise Klimawandel) den Ernst der Lage aufzeigen. In diesem Zusammenhang wird der zunehmende gesellschaftliche Diskurs zu Themen der Nachhaltigkeit vor allem durch die in ihrer Zukunft betroffene junge Generation (Schülerinnen und Schüler, Studierende) geprägt. Insofern ist hier das Fach Geographie mit seinem bereits seit den 1990er-Jahren etablierten Leitbild einer Nachhaltigen Entwicklung besonders gefordert.

Dabei ist festzuhalten, dass in der schulischen Bildung das Fach Geographie als Kernfach einer BNE anerkannt ist (s. beispielsweise Keil, 2019), doch bei der Etablierung von BNE in der Lehrkräftebildung sind auch im Fach Geographie nach wie vor Defizite zu beklagen. Hinzu kommt, dass Lehramtsstudierende des Fachs Geographie nicht immer ein fundiertes Verständnis des Fachs, seiner Werte und seiner Inhalte zeigen. Insofern wird mit dem vorliegenden Beitrag die Etablierung eines Fachlichkeitskonzepts in der Lehrkräftebildung Geographie in Wuppertal empfohlen. Die Möglichkeiten eines solchen Fachlichkeitskonzepts wurden hier dargestellt und es kann festgehalten werden, dass mit einer entsprechenden strukturellen Umsetzung sowie einer Weiterentwicklung von Lehrveranstaltungen für die geographische Lehrkräftebildung in Wuppertal ein nachvollziehbar fokussiertes Fachlichkeitsangebot empfohlen wird, mit dem sich die Studierenden ein fundiertes Verständnis des Fachs Geographie sowie ihrer zukünftigen Rolle als Geographielehrerin und -lehrer im Zusammenhang mit nachhaltigen Entwicklungen, BNE und Zukunftsfähigkeit erarbeiten können und sich somit auch den besonderen „Bildungswert“ (Meyer 2007) des Fachs erschließen.

Ausblickend ist festzuhalten, dass diese Fachlichkeitskonzeption als Ausgangspunkt für die Diskussion einer kooperativen und reflektierten Umsetzung nutzbar war (innerhalb des Instituts, der Hochschule und der landesweit entstehenden Strukturen). So wurde daran anknüpfend am Institut für Geographie und Sachunterricht der Bergischen Universität Wuppertal eine Arbeitsgruppe BNE gegründet, deren Vorgehen im nachfolgenden gesonderten Beitrag[14] vorge-

14 S. hierzu den Beitrag von Hilger et al. im vorliegenden Band.

stellt wird. Letztlich ging von dieser Arbeitsgruppe dann auch ein Anstoß für die Vernetzung der BNE-Lehrkräftebildung in NRW aus.[15]

Literatur

Bagoly-Simó, P. & Hemmer, I. (2016). Geographiedidaktische Forschung – quo vadis? Ergebnisse einer Expertendiskussion. *Zeitschrift für Geographiedidaktik, 44(3)*, 55–64.

Barth, M. (2016). Bildung für nachhaltige Entwicklung in der Lehramtsausbildung: Erfolgreiche Ansätze und notwendige Schritte. In M. K. W. Schweer (Hrsg.), *Bildung für nachhaltige Entwicklung in pädagogischen Handlungsfeldern. Grundlagen, Verankerung und Methodik in ausgewählten Lehr-Lern-Kontexten. – Psychologie und Gesellschaft Band 15* (S. 49–60). Frankfurt am Main, Bern, Bruxelles, New York, Oxford, Warszawa, Wien: PL Academic Research.

Baumann, S. et al. (Hrsg.) (2013). *Didaktische Grundlagen zur Bildung für Nachhaltige Entwicklung in der Lehrerinnen- und Lehrerbildung*. Zürich: COHEP.

Baumert, J. & Kunter, M. (2006). Stichwort: Professionelle Kompetenz von Lehrkräften. *Zeitschrift für Erziehungswissenschaften 9(4)*, 469–520. https://doi.org/10.1007/s11618-006-0165-2

Behrens, M. & Keil, A. (2018). Wuppertal – Städtische Transformation auf der Maßstabsebene des Quartiers. In M. Drilling, O. Niermann & O. Schnur (Hrsg.), Ökonomie im Quartier – von der sozialräumlichen Intervention zur Postwachstumsgesellschaft? – Quartiersforschung (S. 191–215). Berlin: Springer. https://doi.org/10.1007/978-3-658-23446-1_11

Beule, A. & Seybold, H. (2015). Nachhaltigkeit lehren. Kompetenzaufbau bei Lehrenden und Multiplikatoren. *Pädagogik 67(7/8)*, 28–32.

Brock, A. (2018). Verankerung von Bildung für nachhaltige Entwicklung im Bildungsbereich Schule. In A. Brock et al. (Hrsg.), *Wegmarken zur Transformation – Nationales Monitoring von Bildung für nachhaltige Entwicklung in Deutschland.* (S. 67–115). Opladen: Budrich. – Schriftenreihe „Ökologie und Erziehungswissenschaft" der Kommission Bildung für eine nachhaltige Entwicklung der Deutschen Gesellschaft für Erziehungswissenschaft (DGfE). https://doi.org/10.2307/j.ctvddzt7n.8

Bromme, R. (1992/2014). *Der Lehrer als Experte. Zur Psychologie des professionellen Wissens*. Münster: Waxmann. – Standardwerke aus Psychologie und Pädagogik, Reprints 7.

Crutzen, P. J. (2002). Geology of mankind. *Nature, 415*, 23. https://doi.org/10.1038/415023a

DGfG – Deutsche Gesellschaft für Geographie (Hrsg.) (2010). *Rahmenvorgaben für die Lehrerausbildung im Fach Geographie an deutschen Universitäten und Hochschulen.* Bonn.

DGfG – Deutsche Gesellschaft für Geographie (Hrsg.) (2017). *Bildungsstandards im Fach Geographie für den Mittleren Schulabschluss.* Bonn.

15 S. hierzu den Beitrag von Hilger & Keil im vorliegenden Band.

Dickel, M. & Glasze, G. (2009). *Vielperspektivität und Teilnehmerzentrierung – Richtungsweiser der Exkursionsdidaktik.* Münster u. a.: LIT. – Praxis neue Kulturgeographie, Teil 6.

DUK – Deutsche UNESCO-Kommission (Hrsg.) (2014). *UNESCO Roadmap zur Umsetzung des Weltaktionsprogramms „Bildung für nachhaltige Entwicklung".* Bonn.

DUK – Deutsche UNESCO-Kommission (Hrsg.) (2019). *„Mannheimer Appell": Lernen die Welt zu verändern – das neue UNESCO-Programm für Bildung für nachhaltige Entwicklung und die Agenda 2030* („ESD for 2030"). Bonn.

Ehlers, E. (2008). *Das Anthropozän. Die Erde im Zeitalter des Menschen.* Darmstadt: WBG (Wiss. Buchges.).

Fögele, J. (2016). *Entwicklung basiskonzeptionellen Verständnisses in geographischen Lehrerfortbildungen.* Dissertation. Justus-Liebig-Universität Gießen.

Fögele, J. & Mehren, R. (2015). Empirische Evidenzen der Lehrerfortbildungsforschung und daraus resultierende Empfehlungen für die Geographiedidaktik. *Zeitschrift für Geographiedidaktik 43(2),* 81–106.

Habrich, W. & Keil, A. (2001). Bildung für eine nachhaltige Entwicklung durch Kooperationen mit Schulen und Akteuren des lokalen Agenda-Prozesses – das Beispiel Duisburg. In C. Henze & R. E. Lob (Hrsg.), *Bildung für nachhaltige Entwicklung als Herausforderung für die Lehrerausbildung.* (S. 154–167). Hohengehren: Schneider.

Heinen, U. (2016). *Fachlichkeit in der Lehrerbildung – unveröffentlichter Projektaufruf.* Bergische Universität Wuppertal.

Hemmer, I. (2016). Bildung für nachhaltige Entwicklung – Der Beitrag der Fachdidaktiken. In J. Menthe et al. (Hrsg.), *Befähigung zu gesellschaftlicher Teilhabe. Beiträge der fachdidaktischen Forschung* (S. 25–39). – Fachdidaktische Forschungen Band 10. Münster: Waxmann.

Hemmer, M. & Uphues, R. (2011). Gemeinsam den Geographieunterricht der Zukunft andenken – Ein idealtypisches Modell für eine konzeptorientierte Lehrerbildung in der Geographiedidaktik. *Geographie und ihre Didaktik 39(1),* 25–44.

Henze C. & Lob, R. E. (Hrsg.) (2001). *Bildung für nachhaltige Entwicklung als Herausforderung für die Lehrerausbildung.* Hohengehren: Schneider.

HRK & DUK – Hochschulrektorenkonferenz & Deutsche UNESCO-Kommission (2010). *Hochschulen für nachhaltige Entwicklung.* Verfügbar unter: www.hrk.de/fileadmin/_migrated/content_uploads/Hochschulen_und_Nachhaltigkeit_HRK_DUK.pdf [12.08.2019].

Keil, A. (2018). *Bildung für nachhaltige Entwicklung, Mensch-Umwelt-System und Transformationsforschung – eine Abhandlung zur Fachlichkeit in der Lehramtsausbildung Geographie.* Wuppertal. Verfügbar unter: http://elpub.bib.uni-wuppertal.de/servlets/DerivateServlet/Derivate-8222/vg1801_keil.pdf [12.08.2019]

Keil, A. (2019). Agenda 2030 und BNE – Hintergründe, aktuelle Entwicklungen und Perspektiven für das Fach Geographie. *Praxis Geographie 6/19,* 4–10.

Klafki, W. (1996). *Neue Studien zur Bildungstheorie und Didaktik. Zeitgemäße Allgemeinbildung und kritisch-konstruktive Didaktik.* Weinheim: Beltz. – Reihe Pädagogik.

KMK – Kultusministerkonferenz (Hrsg.) (2016). *Orientierungsrahmen für den Lernbereich Globale Entwicklung.* 2. akt. und erw. Aufl. Bonn.

KMK – Kultusministerkonferenz (2019). *Ländergemeinsame inhaltliche Anforderungen für die Fachwissenschaften und Fachdidaktiken in der Lehrerbildung*. Berlin, Bonn.

Kroß, E. (1996). Die Erde bewahren – die neue Leitidee für den Geographieunterricht. In A. Schultze (Hrsg.), *40 Texte zur Didaktik der Geographie*. Pädagogische Schriften Heft 3. Gotha: J. Perthes, 348–358.

Meyer, C. (2007). Was ist geographische Bildung? Prolegomena zum Bildungswert des Geographieunterrichts. *Geographie und ihre Didaktik 35(3)*, 113–134.

Nationale Plattform Bildung für nachhaltige Entwicklung (Hrsg.) (2017). *Nationaler Aktionsplan Bildung für nachhaltige Entwicklung*. Berlin.

Ohl, U. & Neeb, K. (2012). Exkursionsdidaktik: Methodenvielfalt im Spektrum von Kognitivismus und Konstruktivismus. In J.-B. Haversrath (Hrsg), *Geographiedidaktik. Theorie – Themen – Forschung* (S. 259–288). Braunschweig: Westermann.

Rauch, F. et al. (Hrsg.) (2008). *Kompetenzen für Bildung für nachhaltige Entwicklung (KOM-BiNE). Konzepte und Anregungen für die Praxis*. Wien. https://doi.org/10.1007/978-3-531-90832-8_11

Risch, B. et al. (2017). Konzept und Praxis des Zertifikats „Bildung – Transformation – Nachhaltigkeit (BTN)“ – BNE in der Lehrerbildung. *Zeitschrift für internationale Bildungsforschung und Entwicklungspädagogik 40/3*, 11–17.

Schneidewind, U. (2017). Einfacher gut leben. *Suffizienz und Postwachstum*. In Bund für Umwelt und Naturschutz Deutschland (BUND) (Hrsg.), *Zukunftsfähiges Deutschland. Wann, wenn nicht jetzt?* Politische Ökologie 148. München: oekom, 98–103.

Schneidewind, U. (2018). *Die Große Transformation: Eine Einführung in die Kunst gesellschaftlichen Wandels*. Frankfurt a. M.: Fischer.

Schneidewind, U. & Singer-Brodowski, M. (2014). Transformative Wissenschaft. *Klimawandel im deutschen Wissenschafts- und Hochschulsystem*. 2. Aufl. Marburg: Metropolis.

Schrüfer, G. & Schockemöhle, J. (2012). Nachhaltige Entwicklung und Geographieunterricht. In J.-B. Haversath (Hrsg.). *Geographiedidaktik* (S. 107–132). Braunschweig: Westermann.

Shulman, L. S. (1986). Those who understand: Knowledge growth in teaching. *Educational Researcher 15(2)*, 4–14. https://doi.org/10.3102/0013189X015002004

Shulman, L. S. (1987). Knowledge and Teaching: Foundations of the New Reform. *Harvard Educational Review 57(1)*, 1–22. https://doi.org/10.17763/haer.57.1.j463w79r56455411

Singer-Brodowski, M. (2016). *Studierende als GestalterInnen einer Hochschulbildung für nachhaltige Entwicklung. Selbstorganisierte und problembasierte Nachhaltigkeitskurse und ihr Beitrag zur überfachlichen Kompetenzentwicklung Studierender.* Berlin: Berliner Wissenschafts-Verlag. – Umweltkommunikation 8.

Stoltenberg U. & Holz V. (Hrsg.) (2017). *LeNa – LehrerInnenbildung* für eine nachhaltige Entwicklung. Stand und Entwicklungsperspektiven. Lüneburg.

Uhlenwinkel, A. (2013). Geographisch Denken mit Hilfe von geographischen Konzepten. *Praxis Geographie 43(2)*, 4–7.

UN – United Nations (Hrsg.) (2015). Transformation unserer Welt: die Agenda 2030 für nachhaltige Entwicklung. New York, Bonn.

„Lehrkräfte gestalten Zukunft“ – Auf dem Weg zu einer kohärenten Lehrkräftebildung im Geographiestudium

Annaliesa Hilger, Ursula Steffen, Mira Faßbender, Nicolas Meintz, Matthias Schaarwächter und Andreas Keil

Unter Mitarbeit von:
Jutta Bedehäsing, Jonas Birke, Miriam Kuckuck,
Anne Neuser und Miriam Wagner

1. Kohärenz in der Lehrkräftebildung Geographie

Das Institut für Geographie und Sachunterricht der Bergischen Universität Wuppertal und hier insbesondere die Mitglieder der 2018 gegründeten Arbeitsgruppe BNE arbeiten an der Fortführung und Implementierung des im vorherigen Beitrag dargestellten Fachlichkeitskonzepts. Aufbauend auf diesem Fachlichkeitskonzept entstand ein Modell, welches einerseits die BNE-Lehre des Instituts abbildet, aber auch – abgeleitet aus dem Fachlichkeitskonzept und erarbeitet in der Arbeitsgruppe BNE – Perspektiven, inhaltliche Zugänge und Kompetenzen für eine zukünftige Lehrkraft formuliert. Denn eine Umfrage unter den Dozierenden des Instituts zeigte, dass zwar Lehre mit explizitem Bezug zu BNE angeboten wird, überwiegend BNE jedoch indirekt bzw. implizit Teil der Lehre ist. Bezogen auf die Gesamtheit der Lehre des Instituts ist somit eine eindeutigere inhaltliche Darstellung von BNE im Studium möglich.

Ziel des Modells ist es, einen Austausch zur Lehre und insbesondere einen Austausch über eine mögliche Rahmung des Geographielehramtsstudiums anzuregen und dadurch die geographische Lehrkräftebildung in Wuppertal kohärent auszurichten. Entsprechend hat das Modell prozessualen Charakter und wird kontinuierlich als Resultat von Austausch- und Verständigungsprozessen überarbeitet; folglich stellt das nachstehend beschriebene Modell einen Zwischenstand im Sinne einer Diskussionsgrundlage dar. Ein weiteres Ziel des Modells ist es, den Studierenden den Zugang zu einer BNE-Fachlichkeit anzubieten, um ihr jeweiliges Fachverständnis und ihren Bildungsanspruch aufeinander zu beziehen und darüber ein BNE-Professionswissen zu entwickeln. BNE wird dabei orientiert an den zusammenfassenden Auszug aus der Empfehlung der Kultusministerkonferenz und der UNESCO zu „BNE in der Schule" folgendermaßen verstanden:

> „Mit BNE wird eine Vision von Bildung und Erziehung formuliert, die allen Menschen helfen soll, die Welt, in der sie leben, besser zu verstehen und im Sinne der Nachhaltigkeit zu verändern. Dies gilt speziell für das Verständnis der Komplexität des Zusammenhangs zwischen Globalisierung, wirtschaftlicher Entwicklung, Konsum, Umweltbelastungen, Bevölkerungsentwicklung, Gesundheit und sozialen Verhältnissen." (KMK & DUK, 2007, S. 2)

Ein Ziel von BNE ist, den Lernenden die Entwicklung eines kritisch reflektierten Bewusstseins, selbstbestimmtes Handeln und die Aneignung dazu notwendigen Wissens zu ermöglichen. Die Roadmap zur Umsetzung des Weltaktionsprogramm BNE nennt als eine wesentliche Voraussetzung hierfür, dass eine Lehrkraft „zunächst die notwendigen Kenntnisse, Einstellungen und Werte aneignen (...) [sowie] die erforderliche Motivation entwickeln" muss (DUK, 2014, S. 20). Diese zentrale Rolle der Lehrperson als potenzielle Gestaltende spiegelt sich auch in der zugeschriebenen Funktion als „wirkungsvolle Change Agent[s]" (DUK, 2014, S. 20) für eine gesellschaftliche Transformation wider. Daher stehen die Lehrpersonen im Zentrum des Modells, was sich auch in der Bezeichnung „Lehrkräfte gestalten Zukunft" niederschlägt.

2. Ausgangspunkte und Weiterentwicklung des Modells „Lehrkräfte gestalten Zukunft"

Angesichts des Ziels des Modells, in den Austausch zu einer BNE-orientierten geographischen Lehrkräftebildung in Wuppertal zu treten, ist der in Kapitel 2.1 dargestellte institutsweite Dialog mit Dozierenden und Studierenden ein wichtiger Ausgangpunkt für den Entwicklungsprozess des Modells. Zudem knüpft die Arbeit am Modell „Lehrkräfte gestalten Zukunft" an den Erkenntnissen vorhandener Kompetenzmodelle an, auf die in Kapitel 2.2 eingegangen wird.

2.1 Institutsweiter Austauschprozess zu BNE in der Lehre

Ein wesentlicher Ausgangspunkt für die Entwicklung des Modells „Lehrkräfte gestalten Zukunft" war die Erfassung von bestehenden BNE-Schnittstellen und Lehrveranstaltungen anhand einer Umfrage unter allen Dozierenden des Instituts.

Erfassung bestehender BNE-Schnittstellen in der Lehre

Im Juli 2018 wurde eine Umfrage zum Thema „BNE in der Lehre" unter den Dozierenden des Instituts durchgeführt. An der Umfrage nahmen ¾ aller Dozierenden des Instituts teil, insgesamt wurden Fragen für 52 Lehrveranstaltungen im Verlauf eines Studienjahres (WiSe 2017/2018 und SoSe 2018) beantwortet. Anschließend wurde die Umfrage als *Status quo* von BNE in der Lehre ausgewertet und die Ergebnisse innerhalb der Arbeitsgruppe BNE diskutiert. Mit Blick auf die Entwicklung eines Modells „Lehrkräfte gestalten Zukunft" waren folgende Fragen zentral:

- Welche drei Aspekte sind für mich im Rahmen der Lehrveranstaltung am wichtigsten (dies können fachliche, methodische, didaktische, strukturelle, etc. sein)?
- Welche Kompetenzen will ich durch die Veranstaltung vermitteln?
- Welcher Bezug besteht zu Bildung für nachhaltige Entwicklung (BNE)?

Die von den Dozierenden in der Umfrage genannten Aspekte, Kompetenzen und Bezüge lassen sich zusammenfassend wie folgt darstellen:

Im Kontext der Fachkompetenzen im Fach Geographie werden von den Dozierenden insbesondere die Auseinandersetzung mit nachhaltiger Entwicklung in lokalem und regionalem Bezug, multiperspektivische Zugänge in Humangeographie und Physischer Geographie unter den Voraussetzungen räumlicher und zeitlicher Ungleichheiten sowie die Vermittlung des Bildungsanspruchs des Fachs Geographie genannt. In Ergänzung zu fachwissenschaftlichen und methodischen Kompetenzen ist das eigenständige, handelnde und forschende (wissenschaftliche) Arbeiten und Lernen anhand selbstentwickelter Fragestellungen in Gruppen und die dazu erforderliche Selbstorganisation von besonderer Bedeutung.

Im Zusammenhang mit den für eine Lehrkraft relevanten Kompetenzen wird übergeordnet der Aufbau einer professionellen Haltung als Lehrkraft hervorgehoben. Ein besonderer Schwerpunkt liegt aus Sicht der Dozierenden darauf, die Eigenständigkeit bzw. Selbstleitung der Studierenden und eine kritische Würdigung des eigenen Vorgehens zu fördern. Im Rahmen der Lehrveranstaltungen wird, sofern möglich, ein thematischer Bezug zur eigenen zukünftigen Lehrtätigkeit ermöglicht. Dem Ziel sozialer Verantwortung folgend, stehen zudem die Fähigkeit der Studierenden einer kritischen Reflexion sowie kommunikative und medienpädagogische Kompetenzen im Fokus.

In Auseinandersetzung mit verschiedenen Perspektiven und im Sinne des problemorientierten Lernens sollen die Studierenden befähigt werden, Zusammenhänge selbst zu erschließen (systemisches Denken), einen eigenen Standpunkt zu entwickeln sowie eigenständig Themen zu erarbeiten und Lernprozesse für andere anzuregen. Darüber hinaus ist der Einbezug (außerschulischer) Lernorte in der Lehre des Instituts von zentraler Bedeutung.

Insgesamt hat die Befragung der Dozierenden zu BNE in der Lehre gezeigt, dass in der Lehre bereits vielfach ein Bezug zu bzw. eine Thematisierung von BNE existiert, insbesondere auch durch die fachwissenschaftlichen Veranstaltungen, welche inhaltlich Themen und Aspekte nachhaltiger Entwicklung aufgreifen und einbeziehen.

Austausch über das Modell „Lehrkräfte gestalten Zukunft" mit Dozierenden

Um das gesamte Institut an den Prozessen der stetigen Weiterentwicklung des Modells „Lehrkräfte gestalten Zukunft" teilhaben zu lassen, wurde ein gemeinsamer Austausch aller in der Lehre tätigen Dozierenden organisiert. Dabei wurde die Arbeit der Arbeitsgruppe BNE und das entstandene Modell „Lehrkräfte gestalten Zukunft" (in seiner damaligen Version) vorgestellt. Nach einer kurzen Einführung zu BNE konnten die Teilnehmenden mit Hilfe von Klebepunkten anzeigen, in welchen Bereichen des Modells sie sich und ihre Lehre verorten. Somit wurde auch sichtbar, welche Bereiche des Modells derzeit weniger in der Lehre angeboten werden. Folgende Fragen waren zentral:

- Wo sehe ich mich selbst in diesem Modell? Wo bin ich aktiv?
- Welche Ergänzungen braucht es, damit meine Aktivitäten hier sichtbar sind?

Das Kleben der Punkte und der Austausch haben ergeben, dass das Modell Querschnittsthemen wie „Digitalisierung" und „Inklusion" sowie den „Sachunterricht" noch nicht ausreichend darstellt. Hingegen ist deutlich geworden, dass besonders in den Bereichen „Fachwissenschaft" und „Forschung" schon zum damaligen Zeitpunkt ein großer Teil der Lehre in dem Modell abgebildet wurde. Insgesamt war für viele Dozierenden denkbar, mit dem Modell die Lehre des gesamten Instituts darzustellen, allerdings müsste das Modell weiter angepasst und für alle nutzbar gemacht werden.

Zur Fortführung dieses Austauschprozesses und zur allgemeinen inhaltlichen Weiterentwicklung der Lehrkräftebildung des Instituts fand im November 2019 eine Klausurtagung statt. Das vorgelegte Modell regte zu einem sehr intensiven und konstruktiven Austausch an, in dessen Verlauf Konkretisierungen und

Optimierungen benannt wurden[1]. Spannend war besonders der Gedanke, ob dieses Modell eine Rahmung des (Sachunterrichts- und) Geographiestudiums in Wuppertal abbildet oder ob das Modell den Beitrag des Instituts für eine BNE darstellt. Beide Ausrichtungen haben ihre Vor- und Nachteile, wobei womöglich letztere mehr Anknüpfungsmöglichkeiten für alle Beteiligten bietet. Ausgehend von dem vorgelegten Modell wurde diskutiert und verabredet, dass das Institut an seiner Weiterentwicklung in verschiedenen Bausteinen (u. a. BNE) in einem kontinuierlichen Prozess arbeiten wird.

Konsultation mit Studierenden zu BNE in der Lehre

Parallel zum Austausch mit den Dozierenden und der daraus entstandenen Weiterentwicklung des Modells wurden auch die Studierenden der Geographie und des Sachunterrichts in den Entwicklungsprozess eingebunden. Hierfür fand ein Kolloquium statt, zu dem alle Studierenden eingeladen wurden. Nach einem Kurzvortrag zur inhaltlichen Arbeit der Arbeitsgruppe BNE, den Verankerungen von BNE im Geographiestudium und einer Vorstellung des Modells konnten die Studierenden Verständnisfragen stellen. Nach Klärung aller offenen Fragen sollten die Anwesenden folgende Fragen zu BNE in der Lehre beantworten:

- Was gefällt mir?
- Woran stoße ich mich?
- Was würde ich mir wünschen?

Die von den Studierenden auf Karten geschriebenen Antworten wurden im Plenum vorgestellt. Dabei stellte sich heraus, dass die anwesenden Studierenden ein BNE-orientiertes Geographiestudium für äußerst sinnvoll halten und dass eine Weiterentwicklung innerhalb des Instituts zu erkennen sei. Die Studierenden bemängelten aber, dass das Thema BNE besonders in den Fachdidaktik-Veranstaltungen noch zu wenig verankert sei, zudem sei eine Fokussierung auf BNE in der Schule sinnvoll, wie beispielseiwese mit einer praktischen Erprobung in realen Unterrichtssituationen.

Insgesamt nahmen sehr wenige Studierende am Kolloquium teil. Als möglichen Grund führten die anwesenden Studierenden an, dass BNE für viele Kommilitoninnen und Kommilitonen schwer zugänglich ist. So waren sie der Meinung, dass die inhaltliche Reichweite von BNE vielen gar nicht bewusst sei und daher viele zurückhaltend reagieren. Paradoxerweise interessieren sich viele

1 Diese werden in Zukunft im Sinne einer Weiterentwicklung und Optimierung in das Modell eingearbeitet.

Studierende für Themen nachhaltiger Entwicklung, was sich in der Wahl von Themenschwerpunkten in Seminar- oder Abschlussarbeiten zeigt. Offensichtlich scheint vielen jedoch der Bezug zu BNE nicht deutlich. Somit ist es wesentlich, Veranstaltungsformate und Zugänge zu finden, die neben Inhalten und Methoden den Studierenden einen persönlichen Zugang zu BNE eröffnen und darüber BNE für sie bedeutsam macht.

2.2 Analyse bestehender Kompetenzmodelle

Für die Entwicklung des Modells „Lehrkräfte gestalten Zukunft" wurden bestehende Kompetenzmodelle zu nachhaltiger Entwicklung berücksichtigt. Kompetenzmodelle zu BNE liegen sowohl explizit für die Lehrkräftebildung vor als auch für die Lernenden aus der schulischen Perspektive und auf übergeordneter Ebene zu allgemeinen Kompetenzen für nachhaltige Entwicklung. Kompetenzen werden dabei in Anlehnung an Weinert (2002) häufig verstanden als

> „die bei Individuen verfügbaren oder durch sie erlernbaren kognitiven Fähigkeiten und Fertigkeiten, um bestimmte Probleme zu lösen, sowie die damit verbundenen motivationalen, volitionalen und sozialen Bereitschaften und Fähigkeiten um die Problemlösungen in variablen Situationen erfolgreich und verantwortungsvoll nutzen zu können" (ebd., S. 27f.).

Von den allgemeinen Kompetenzkonzepten zu nachhaltiger Entwicklung bietet insbesondere das von Wiek, Withycombe und Redman (2011) erstellte Modell eine gute Übersicht über das Zusammenspiel verschiedener Kompetenzen für die Unterstützung transformativer nachhaltigkeitsorientierter Strategien und Visionen. Darin werden die Kompetenz des systemischen Denkens sowie strategische, soziale, normative und antizipatorische Kompetenzen als bedeutsam hervorgehoben (Wiek et al., 2011). Unter Einbezug verschiedener anderer Modelle verweist Rieckmann (2018, S. 44f.) ergänzend zu diesen Teilbereichen auf die Bedeutung von Kompetenzen im Bereich des kritischen Denkens, der Selbsteinschätzung und des Problemlösens.

Aus schulischer Perspektive ist besonders das Konzept der „Gestaltungskompetenz" (Transfer 21, S. 12ff. u.a.) sowie das Kompetenzkonzept des Orientierungsrahmens für den Lernbereich globale Entwicklung von Bedeutung (Schreiber & Siege, 2016). Eine Unterteilung von Kompetenzen für nachhaltige Entwicklung in die zusammenhängenden Bereiche „Erkennen, Bewerten, Handeln" ist dabei im Orientierungsrahmen dargestellt, der diesen Bereichen insgesamt 11 Teilkompetenzen zuordnet (Schreiber, 2016, S. 90ff.). Teilkompetenzen wie Perspektivenwechsel und Empathie, Partizipation und Mitgestaltung werden dabei aufgeführt (Schreiber, 2016, S. 95).

Für die Lehrkräftebildung wurden BNE-spezifische Kompetenzmodelle im KOM-BiNE-Konzept von Rauch, Streissler und Steiner (2008), im Konzept von Sleurs (2008), im UNECE Konzept für Pädagoginnen und Pädagogen „Lernen für die Zukunft" (UNECE, 2012) oder auch im Kompetenzkonzept von Hellberg-Rode und Schrüfer (2016) aufgestellt, welches auf einer vorherigen Studie von Hellberg-Rode, Schrüfer und Hemmer (2014) aufbaut. Das „KOM-BiNE" Kompetenz-Konzept von Rauch et al. (2008) fasst Kompetenzbereiche für Lehrpersonenteams zusammen, wobei auch drei verschiedene Handlungsebenen des „Lehrsettings", der „Gesellschaft" und der „Institution" herausgestellt werden, in denen eine Lehrperson agiert (Rauch et al., 2008, S. 14ff.). Als Kompetenzen werden „Wissen und Können", „Werten", „Fühlen", „Kommunizieren und Reflektieren", „Visionen Entwickeln, Planen und Organisieren" sowie „Netzwerken" aufgeführt (Rauch et al., 2008, S. 14ff.). Auch im BNE-Kompetenzmodell für Lehrpersonen von Sleurs (2008) wird die Lehrperson in ihrer Position auf den Ebenen der Institution, der Gesellschaft und als Individualperson angesehen, die über ihre drei Kompetenzbereiche des Unterrichtens, der Reflexion und des Netzwerkens für BNE hinaus auch über Fähigkeiten in den Bereichen „values and ethics, action, knowledge, systemthinking, emotions" unter Berücksichtigung einer Zukunfts- sowie lokalen und globalen Orientierung verfügen sollte (Sleurs, 2008, 26ff.). Dass es bei der Entwicklung von BNE-Kompetenzen der Pädagoginnen und Pädagogen sowohl um Wissen, als auch um das Lernen von Handeln und Kooperation sowie die Entwicklung „persönlicher Eigenschaften und Fähigkeiten" für nachhaltige Entwicklung gehen sollte, verdeutlicht das UNECE-Konzept „Lernen für die Zukunft" (UNECE, 2012, S. 13ff.). Demnach sollten dabei besonders die Merkmale eines ganzheitlichen integrativen Ansatzes, der „Vision eines Veränderungsprozesses" sowie der Transformation der Lehr- und Lernumgebungen und -systeme berücksichtigt werden (UNECE, 2012, S. 13ff.). Hellberg-Rode und Schrüfer (2016) liefern hingegen eine andere Strukturierung von BNE-Kompetenzen für Lehrkräfte. In ihrer Studie ermittelten sie die vier Faktoren „spezifische kognitive Kompetenzen im Kontext nachhaltiger Entwicklung", „professionelle Kompetenzen im Kontext von BNE", „BNE-spezifische methodisch-konzeptuelle Kompetenzen", sowie „reflexiv-analytische Kompetenzen" (Hellberg-Rode & Schrüfer, 2016, S. 21ff.), denen je nach Kategorie BNE-spezifische Teilkompetenzen aus den Bereichen des Professionswissens, des Fachwissens, fachdidaktischen Wissens und pädagogischen Wissens zugeordnet werden (Hellberg-Rode & Schrüfer, 2016, S. 15ff.). Zu diesen Teilkompetenzen werden unter anderem die Fähigkeit zum Perspektivwechsel, die Kenntnis der Lehrpersonen des Konzepts nachhaltiger Entwicklung, problemlösungsorientiertes Denken, eine veränderte Rolle der Lehrkraft als lernbegleitende Person und systemisches Denken gezählt (Hellberg-Rode & Schrüfer, 2016, S. 13ff.).

Zusammenfassend wird deutlich, dass verschiedene miteinander vernetzte Kompetenzen in den Bereichen des Wissens, Reflektierens und Bewertens sowie Handelns gefördert werden sollten. Zugleich sollten bei der Etablierung von nachhaltiger Entwicklung und BNE in der Lehrkräftebildung die Gesamtheit der Ausbildungsbereiche sowie die verschiedenen Handlungsebenen der zukünftigen Lehrpersonen berücksichtigt und einbezogen werden.

3. Das Modell „Lehrkräfte gestalten Zukunft"

3.1 Die zentrale Rolle der Lehrperson

Im Zentrum des Modells stehen Lehrkräfte als potenziell Gestaltende von Zukunft, da ihnen in ihrer möglichen Funktion als „wirkungsvolle[r] Change Agent" (DUK, 2014, S. 20) für eine gesellschaftliche Transformation im Sinne von BNE eine große Bedeutung zukommt. Insbesondere im BNE-Kontext ist die Lehrkraft in ganz besonderer Weise in ihrer ganzen Person gefordert. Mit Bezug auf die Tiefenökologin Joanna Macy sowie Parker Palmers Werk „The Courage to Teach" nennt Christiane Meyer „Mut und Bewusstsein" (Meyer, 2018, S. 86) als notwendige Eigenschaften, um als Change Agent Wirkung zu entfalten. Die fachliche und fachdidaktische Ausbildung sollte folglich mit der Stärkung der professionsbezogenen Persönlichkeit einer Lehrkraft einhergehen, weshalb die Lehrkraft im Modell „Lehrkräfte gestalten Zukunft" zentral ist. In der Annahme, dass BNE-Prozesse grundsätzlich nicht von einer Lehrkraft alleine gestaltet werden können, sondern eine kooperative Zusammenarbeit im Team erfordert, wurde im Modell bewusst der Plural „Lehrkräfte" verwendet.

Zudem erfasst das Modell vier Handlungsfelder in Anlehnung an Rauch et al. (2008, S. 5) und Sleurs (2008), in denen die Lehrkräfte als Zukunftsgestaltende wirken können: als *Individuum*, im *Lehrsetting*, in der *Institution* und in der *Gesellschaft*. Diese vier Bereiche, in denen Lehrkräfte agieren können, stellen die Rahmung des Modells dar.

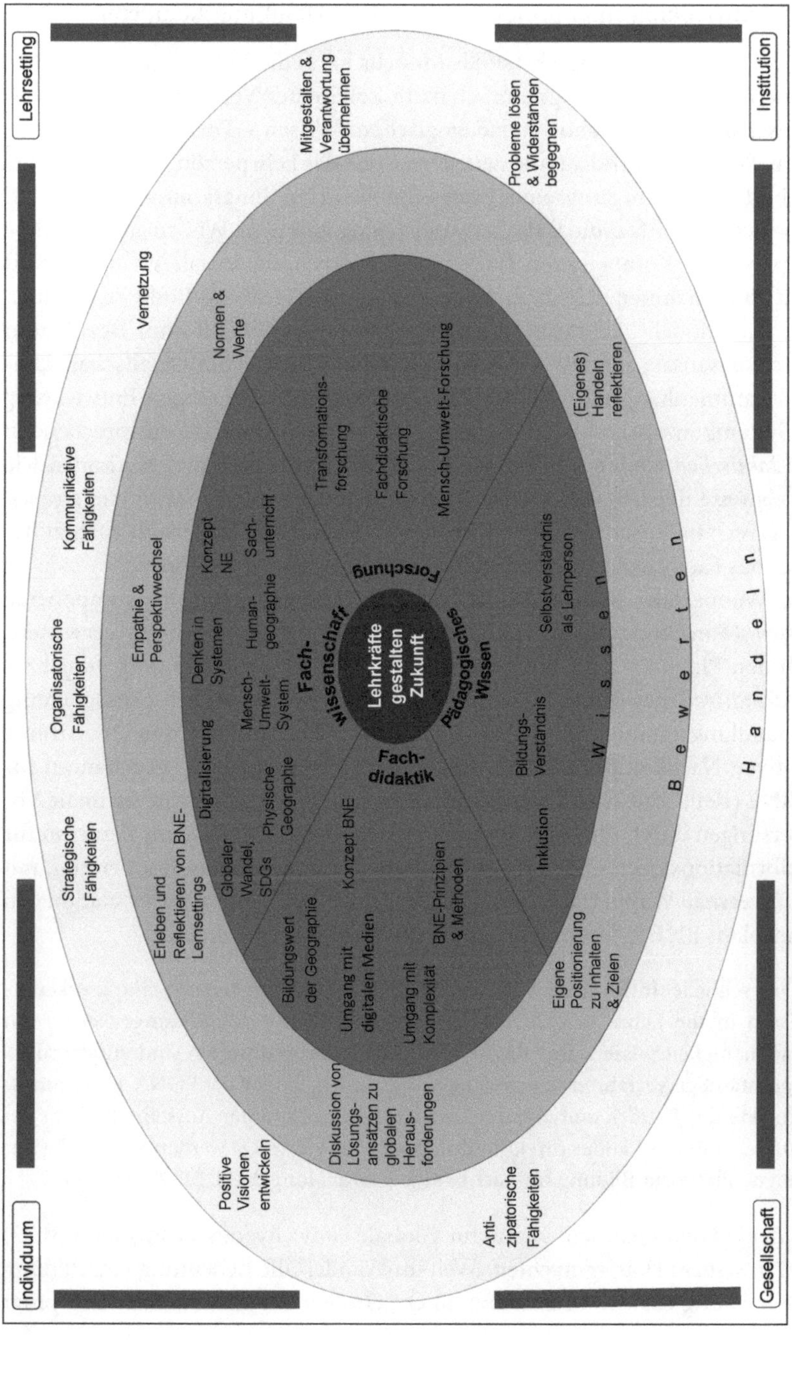

Abb. 1: Das Modell „Lehrkräfte gestalten Zukunft“ (eig. Darstellung, Stand: 1.11.2019)

3.2 Entwicklung einer professionellen BNE-Handlungskompetenz

Als erste Systematisierungsebene des Modells kann die Entwicklung einer professionellen BNE-Handlungskompetenz in kohärenter Verknüpfung von Fachwissenschaft – Fachdidaktik – pädagogischem Wissen – Forschung angesehen werden. Schlussfolgernd aus der zentralen Rolle der Lehrperson sollte eine Lehrkräftebildung also im Sinne einer professionellen Handlungskompetenz für BNE neben fachlichen, fachdidaktischen und pädagogischem Wissen insbesondere auch personale Kompetenzen (Haltungen, Motivation, soziale Kompetenzen) in den Blick nehmen (Hellberg-Rode et al., 2014; Hellberg-Rode & Schrüfer, 2016). Das Modell „Lehrkräfte gestalten Zukunft" greift dies mit Bezug zum Fachlichkeitsansatz auf: Die *fachliche Auseinandersetzung* mit Gesellschaft-Umwelt-Zusammenhängen sowie mit Konzepten einer nachhaltigen Entwicklung (z. B. Systemkonzept) erfolgt daher unter Rückkopplung auf die entsprechenden *fachdidaktischen Hintergründe* einer BNE (BNE-Prinzipien und Methoden wie beispielsweise der Umgang mit Komplexität) sowie einer *Reflexion des eigenen Bildungsverständnisses* und eines *Selbstverständnisses als Lehrperson* (auch in Bezug auf das Fach Geographie) im Bereich des *pädagogischen Wissens*.

Im Wuppertaler Modell werden diese drei Bereiche um die Komponente *Forschen* (Forschungszusammenhänge; Transformationsforschung) erweitert. Durch den Einbezug aktueller Erkenntnisse der *Transformationsforschung* bzw. *transformativen Forschung* in die Lehrkräftebildung sowie der Ermöglichung von Handlungsräumen für eigenes forschendes Lernen im Sinne einer transformativen Nachhaltigkeitsforschung ergeben sich besondere Lernchancen für eine BNE (Keil, 2018, S. 63). Der Standort Wuppertal bietet hierfür optimale Voraussetzungen durch die Nähe zum Wuppertal Institut sowie dem Zentrum für Transformationsforschung und Nachhaltigkeit, das seit 2013 in Kooperation mit der Universität Wuppertal besteht. Somit kann dem Anliegen des Nationalen Aktionsplans BNE in besonderer Weise nachgekommen werden:

> „Die schnelle Integration von neuen BNE-/Nachhaltigkeitsforschungserkenntnissen in die Lehre beschleunigt die Durchdringung des Bildungssystems mit Nachhaltigkeitswissen. Das BMBF und die Länderministerien sind aufgefordert, eigenständige Verfahren zu entwickeln, wie die Ergebnisse der FONA-Forschungsprojekte des Bundes und anderer nachhaltigkeitsrelevanter Ausschreibungen des Bundes und der Länder direkt bildungsrelevant verwertet werden können." (Nationale Plattform Bildung für nachhaltige Entwicklung & BMBF, 2017, S. 56)

Auch der Wissenschaftliche Beirat für Globale Umweltveränderungen (WBGU) betont in seinem Hauptgutachten „Welt im Wandel" die Bedeutung von Bildung und Forschung für die Umsetzung einer „Großen Transformation" und prägt dabei die Begriffe der transformativen Bildung und Transformationsbildung mit. Diese Perspektive auf eine BNE ist ein auf gesellschaftliche Partizipation ausgerichtetes Bildungsverständnis, das darauf abzielt „ein gesellschaftliches Transformationsverständnis zu entwickeln und Erkenntnisse aus der Transformationsforschung verständlich zu vermitteln" (WBGU, 2011, S. 374). Dies spiegelt sich auch im Konzept der „Gestaltungskompetenz" (Transfer 21, S. 12ff.) wider. Diesem Ansatz folgend steht das aktive Gestalten als Zieldimension auch im Modell „Lehrkräfte gestalten Zukunft" an zentraler Position.

Das Modell „Lehrkräfte gestalten Zukunft" sieht darüber hinaus vor, dass Studierende sich auch mit den Chancen und Grenzen ihrer eigenen Handlungsmöglichkeiten als (zukünftige) Lehrperson für eine BNE auseinandersetzen, indem sie eigene *BNE-Forschungsfragen* zu fachdidaktischen Problemstellungen entwickeln und in Zusammenarbeit mit der Praxis überprüfen. Die engere Kopplung der Studieninhalte an die schulische Praxis war dabei ausdrücklicher und wesentlicher Wunsch im Rahmen des Studierendenaustausches zum vorliegenden Modell bzw. zu den Studieninhalten. Als weiterer Baustein ist forschendes Lernen auch im Bereich fachwissenschaftlichen projektorientierten Veranstaltungen sowie im Bereich der der *Mensch-Umwelt-Forschung* vorgesehen, um die anthropogenen Eingriffe in die geoökologischen Prozesse des Systems Erde sowie die Wechselwirkungen zu verstehen, nicht zuletzt um daraus auch eine „neue Dimension der Verantwortung" (Schneidewind, 2018, S. 134) des Menschen für eine gesellschaftliche Transformation zu einer nachhaltigen Entwicklung abzuleiten.

Die erste Systematisierung im Modell erfolgt entlang der vier kohärent miteinander verknüpften Bereiche Fachwissenschaft, Fachdidaktik, Pädagogisches Wissen und Forschungszusammenhänge unter Ausweisung wesentlicher BNE-spezifischer personaler Kompetenzen. Gerade in der engen Verzahnung dieser Bereiche liegen die besonderen Lernchancen für eine BNE sowie für eine BNE-Fachlichkeit.

3.3 Perspektiven, inhaltlichen Zugänge und Kompetenzbereiche

Eine weitere Systematisierung der unterschiedlichen Perspektiven, inhaltlichen Zugänge und Kompetenzbereiche erfolgt entlang der in der Fachdidaktik üblichen Einteilung in die Bereiche *Wissen*, *Bewerten* und *Handeln* (Schreiber, 2016, S. 90f.). In Anlehnung an das dreidimensionale KOM-BINE-Modell (Rauch et al., 2008, S. 15–16) erfolgt die Darstellung durch ineinander verschachtelte Ellipsen, um die enge Verknüpfung und Überschneidung dieser Bereiche zu verdeutlichen.

Wissen

Durch die Betrachtung der geographischen Inhalte aus der Perspektive einer BNE wird eine besondere persönliche und gesellschaftliche Zukunftsrelevanz der geographischen Inhalte deutlich. Somit führt das Modell im Bereich der Fachwissenschaft neben dem *Mensch-Umwelt-System* auch die *Physische Geographie* und die *Humangeographie* auf. Da BNE mehr ist als eine inhaltliche Auseinandersetzung mit Themen nachhaltiger Entwicklung und insbesondere die Art und Weise der Beschäftigung mit diesen Inhalten eine wichtige Rolle spielt, ergibt sich die oben dargestellte kohärente Verknüpfung der Kategorien Fachwissenschaft, Fachdidaktik, pädagogisches Wissen und Forschung. Zudem führte der weiter oben dargestellte Dialog mit dem Institut dazu, dass die Querschnittsthemen Digitalisierung, Inklusion und Sachunterricht mehr Berücksichtigung im Modell finden.

Die explizite Berücksichtigung der Dynamiken des digitalen Wandels ist auch inhaltlich geboten. Geht es im Kern bei BNE darum, in Anbetracht zunehmender globaler Herausforderungen (hier: geographische) Bildung zukunftsfähig zu machen, um entsprechende Kompetenzen bei Lernenden zur Unterstützung einer nachhaltigen Entwicklung auszubauen, ist dies aus der Sicht der AG BNE nicht denkbar ohne eine systematische Integration einer umfassenden digitalen Bildung. Die *Digitalisierung* spielt sowohl für die Erfassung von Mensch-Umwelt-Zusammenhängen als auch mit Blick auf die (partizipative) Gestaltung von Transformationsprozessen zu einer nachhaltigen Entwicklung eine entscheidende Rolle (WBGU, 2019). Das Fach Geographie hat auch hier aufgrund seiner fachinhärenten Sonderstellung als Brückenfach und der damit einhergehenden Methodenpluralität eine besondere Rolle. Somit werden im Modell „Lehrkräfte gestalten Zukunft" zwei wichtige Schwerpunkte des Wuppertaler Geographiestudiums systematisch miteinander verknüpft, *Digitalisierung* und *BNE*. Mit Blick auf die Digitalisierung erfolgt eine kohärente Verknüpfung der Bereiche Fachwissenschaft (beispielsweise Raumauswirkungen der Digitalisierung), Fachdidaktik (beispielsweise Umgang mit digitalen Medien), Forschung (beispielsweise Einsatz digitaler Medien für Forschungszusammenhänge im Bereich Mensch-Umwelt-System) sowie pädagogisches Wissen (Bildungsverständnis, Selbstverständnis als Lehrperson).

Bewerten

In der Auseinandersetzung mit komplexen Problemstellungen und in der *Diskussion von Lösungsansätzen zu globalen Herausforderungen* geht es auf der Bewertungsebene darum, eine *eigene Positionierung und Haltung zu Inhalten und Zielen* zu finden und auch das *eigene Handeln zu reflektieren*. Dabei wird keine Zieldimension vorgegeben, sondern vielmehr wird der Bildungsauftrag verstanden als eine aktive Beteiligung am „ethisch orientierten Such-, Lern- und Erfahrungsprozess" (Grunwald & Kopfmüller, 2012, S. 15) zu einer nachhaltigen Entwicklung. Somit wird ausdrücklich dem Beutelsbacher Konsens und dem dort formulierten Überwältigungsverbot der Lernenden Rechnung getragen. Durch eine kritische Auseinandersetzung mit *Problemstellungen des globalen Wandels* sowie der *Diskussion von Lösungsansätzen*, insbesondere im forschenden Austausch mit Akteurinnen und Akteuren aus der Praxis, soll stattdessen im Sinne einer politischen Bildung die Erziehung zur Mündigkeit und Partizipation gefördert werden. Dies geschieht auch durch das *Erleben und Reflektieren von BNE-Lernsettings*, die in besonderer Weise *Empathie* und die *Fähigkeit zum Perspektivwechsel* fördern. Komplexe Problemstellungen werden aus der Sicht verschiedener Akteurinnen und Akteure (oder auch unterschiedlichen Dimensionen einer nachhaltigen Entwicklung) betrachtet. Häufig lassen sich *Widersprüche* nicht vollständig auflösen, dennoch ist es notwendig, sich zu positionieren und handlungsfähig zu sein. Dazu bedarf es der Auseinandersetzung mit Normen und Wertvorstellungen resp. einer Problematisierung dieser Widersprüche sowie dem *Finden einer persönlichen Haltung*.

Handeln

Grundsätzlich führt das Wissen über Zusammenhänge einer nachhaltigen Entwicklung nicht automatisch zum Handeln. Grundvoraussetzung hierfür ist der Wille, überhaupt mitgestalten zu wollen sowie die Bereitschaft, Verantwortung zu übernehmen („Bewusstsein", Meyer, 2018, S. 86). Beim Studierendenaustausch wurde von Studierenden genau dieser Aspekt als problematisch genannt; nicht alle Studierenden seien zu zusätzlichem Engagement bereit. Somit besteht bereits ganz am Anfang eines BNE-Fachlichkeitskonzepts (für die universitäre Lehrkräftebildung) der Auftrag, Anreize zu schaffen, sich mit dem Konzept einer BNE sowie dem Bildungswert des Fachs Geographie auseinandersetzen zu wollen. Darüber hinaus liegt einer BNE eine grundlegend optimistische Herangehensweise und Sichtweise zugrunde, ohne dabei Konflikte zu verharmlosen. Nur wer an die Möglichkeit einer gesellschaftlichen Transformation glaubt, engagiert sich auch für Wandlungsprozesse, statt angesichts der hohen Komplexität der Probleme zu resignieren. Somit gehören die *positive Visionsentwicklung* sowie *antizipatorische* Fähigkeiten zu wichtigen BNE-spezifischen Kompetenzen. Um Visionen in Taten zu überführen, bedarf es *strategischer und organisatorischer Fähigkeiten* (Wiek et al., 2011), um für die Umsetzung einer Idee einen Plan zu entwickeln und diesen in konkrete Handlungsschritte zu übersetzen. Dabei spielt auch die *Vernetzung*, insbesondere mit außerschulischen Partnern, eine besondere Rolle. Neue Wege zu beschreiten und neue Konzepte zu vertreten wird immer auch auf Widerstände stoßen. Also bedarf es besonders auch *kommunikativer Kompetenzen*, um Visionen zu kommunizieren und durch Überzeugungskraft weitere Akteure ins Boot zu holen sowie etwaigen *Widerständen zu begegnen*.

4. Chancen und Grenzen in der (Weiter-)Entwicklung des Modells „Lehrkräfte gestalten Zukunft"

Ziel der Entwicklung des Modells „Lehrkräfte gestalten Zukunft" war es, aufbauend auf dem Fachlichkeitskonzept innerhalb des Instituts in einen Austauschprozess zu einer kohärenten Lehrkräftebildung zu treten, wobei das Modell den Vorschlag für eine BNE-orientierte Lehrkräftebildung darstellt. Dieser Prozess ist in Gang gekommen, aber noch nicht abgeschlossen, dennoch lässt sich im Herbst 2019 eine erste Bilanz ziehen: Das Modell eignet sich als Grundlage, um in einen kontinuierlichen Prozess zur gemeinsamen Qualitätsentwicklung und daran anschließenden detaillierteren Diskussionen zu treten.

Der Austausch mit den Dozierenden des Instituts zeigt: Einzelne streben an, das Modell stringenter zu fassen, zu optimieren und um wesentliche Querschnittsthemen zu ergänzen, während andere aus diesem Prozess weitere zu entwickelnde Bausteine für die Verbesserung der Lehrqualität ableiten. Wesentlich wird für den weiteren Prozess die Entscheidung sein, ob das Modell eine mögliche Rahmung des Lehramtsstudiums darstellt oder ob es auf die explizite und implizite BNE-Lehre in Geographie und Sachunterricht am Standort Wuppertal hinweist. Unabhängig davon bleibt festzuhalten, dass von dem durch das Modell initiierten Austauschprozess bereits jetzt Impulse für eine Weiterentwicklung und Stärkung einer BNE-orientierten Lehre ausgehen. Als zukünftige Herausforderung stellt sich dar, dass sowohl der Austauschprozess als solcher sowie die Übernahme von BNE in die eigenen Lehrveranstaltungen als Gewinn und nicht als unnötige, zusätzliche Belastung wahrgenommen werden.

Aufschlussreich ist auch der Austausch mit den Studierenden, welcher unterstreicht, wie wichtig und zugleich herausfordernd ein kontinuierlicher Dialog mit ihnen ist. Deren Begrüßung einer stringenteren inhaltlichen Ausrichtung und das prinzipielle Interesse an Themen einer BNE bestärkt das Anliegen. Der Hinweis, dass für die Studierende der Zugang zu BNE sperrig ist, ist eine weitere wesentliche Erkenntnis. Jenseits dieser inhaltlich-konzeptionellen Rückmeldungen weisen die geschilderten Erfahrungen auf die Herausforderung hin, dass trotz des Formats eines offenen Austausches die bestehenden Rollen aus anderen Formaten wie Seminare, Vorlesungen oder Prüfungen nicht vollständig abwesend sind. Daher ist es geboten, in diesem Format einen direkten und offenen Austausch durch eine sensible Moderation sowie eine geeignete Wahl von Methoden zu ermöglichen sowie generell eine offene und kritische Kultur zu leben.

In Zukunft wird es darauf ankommen, diesen Austausch weiter fortzuführen und damit das Modell anzupassen und eine BNE-Fachlichkeit weiter als Potenzial für die Lehre zu diskutieren. Eine kontinuierliche Aufgabe wird es sein, diese begonnene Entwicklung zu einer kohärenten Lehrkräftebildung angesichts der für einen Universitätsbetrieb üblichen Fluktuation von Studierenden, aber insbesondere auch von Mitarbeitenden, aufrecht zu erhalten, worin sich zugleich eine Kultur des regelmäßigen Austausches begründet.

Im Sinne eines lebenslangen Lernens erfolgt der BNE-Kompetenzerwerb kumulativ. Daher ist das Modell für eine universitäre Lehrkräftebildung auch für die zweite und dritte Ausbildungsphase im Sinne der Lehrkräfteweiterbildung von Bedeutung. An dieser für die Etablierung der Bildungskonzeption BNE herausfordernden Aufgabe, die Übergänge zwischen den verschiedenen Phasen der Lehrkräftebildung und deren Besonderheiten zu berücksichtigen, wird die Wuppertaler Arbeitsgruppe BNE auch in Rückkoppelung mit dem BNE-Hochschulnetzwerk NRW[2] zukünftig intensiv weiter arbeiten.

Literatur

DUK – Deutsche UNESCO-Kommission e.V. (Hrsg.). (2014). *UNESCO-Roadmap zur Umsetzung des Weltaktionsprogramms „Bildung für nachhaltige Entwicklung“*. Bonn. Verfügbar unter http://www.bne-portal.de/sites/default/files/downloads/publikationen/DUK%20-%20Roadmap%20Weltaktionsprogramm%20BNE.pdf

Grunwald, A. & Kopfmüller, J. (2012). *Nachhaltigkeit. Eine Einführung* (Campus „Studium“, 2. aktualisierte Auflage). Frankfurt: Campus.

Hellberg-Rode, G. & Schrüfer, G. (2016). Welche spezifischen professionellen Handlungskompetenzen benötigen Lehrkräfte für die Umsetzung von Bildung für Nachhaltige Entwicklung (BNE)? Ergebnisse einer explorativen Studie. *Biologie Lehren und Lernen – Zeitschrift für Didaktik der Biologie, 20* (1), 1–29. https://doi.org/10.4119/UNIBI/zdb-v20-i1-330

Hellberg-Rode, G., Schrüfer, G. & Hemmer, M. (2014). Brauchen Lehrkräfte für die Umsetzung von Bildung für nachhaltige Entwicklung (BNE) spezifische Handlungskompetenzen? *Zeitschrift für Geographiedidaktik* (4), 257–281.

Keil, A. (2018). *Bildung für nachhaltige Entwicklung, Mensch-Umwelt-System und Transformationsforschung – eine Abhandlung zur Fachlichkeit in der Lehramtsausbildung*

2 S. hierzu den Beitrag von Hilger/Keil im vorliegenden Band.

Geographie. Fachlichkeit in der Lehramtsausbildung der Bergischen Universität Wuppertal – Fachprojekt Geographie. Wuppertal. Verfügbar unter http://elpub.bib.uni-wuppertal.de/servlets/DerivateServlet/Derivate-8222/vg1801_keil.pdf

KMK & DUK – Ständige Konferenz der Kultusminister der Länder in der Bundesrepublik Deutschland & Deutsche UNESCO-Kommission e.V. (2007). *Empfehlungen der Ständigen Konferenz der Kultusminister der Länder in der Bundesrepublik Deutschland (KMK) und der Deutschen UNESCO-Kommission (DUK) vom 15.06.2007 zur „Bildung für nachhaltige Entwicklung in der Schule"*. Zugriff am 17.06.2019. Verfügbar unter https://www.kmk.org/fileadmin/Dateien/veroeffentlichungen_beschluesse/2007/2007_06_15_Bildung_f_nachh_Entwicklung.pdf

Meyer, C. (2018). Visionärinnen und Visionäre als ‚Change Agents' – geographiedidaktische Implikationen im Kontext einer nachhaltigen Entwicklung. In C. Meyer, A. Eberth & B. Warner (Hrsg.), *Diercke – Klimawandel im Unterricht. Bewusstseinsbildung für eine nachhaltige Entwicklung* (Druck A, S. 86–97). Braunschweig: Westermann.

Möller, J. (2012). *Was wir über guten Unterricht wissen – Hinweise aus der Hattie-Studie*. Workshop auf dem 5. Kieler Schulleitersymposium, Kiel. Zugriff am 07.06.2019. Verfügbar unter https://www.kieler-schulleitungssymposium.de/docs_2012/w8_2012.pdf

Nationale Plattform Bildung für nachhaltige Entwicklung & Bundesministerium für Bildung und Forschung (BMBF). (2017). *Nationaler Aktionsplan Bildung für nachhaltige Entwicklung. Der deutsche Beitrag zum UNESCO-Weltaktionsprogramm*. Frankfurt am Main.

Rauch, F., Streissler, A. & Steiner, R. (Hrsg.). (2008). *Kompetenzen für Bildung für nachhaltige Entwicklung (KOM-BINE). Konzepte und Anregungen für die Praxis*. Wien. Verfügbar unter http://www.bmukk.gv.at/medienpool/18307/bine_kombine.pdf. https://doi.org/10.1007/978-3-531-90832-8_11

Rieckmann, M. (2018). Learning to transform the world: key competencies in ESD. In A. Leicht, J. Heiss & W. J. Byun (Hrsg.), *Issues and trends in education for sustainable development; Education on the move*. Paris. (S. 39–60).

Schneidewind, U. (2018). *Die große Transformation. Eine Einführung in die Kunst gesellschaftlichen Wandels* (Forum für Verantwortung, Bd. 70259, Originalausgabe). Frankfurt am Main: Fischer Taschenbuch.

Schreiber, J.-R. (2016). Kompetenzen, Themen, Anforderungen, Unterrichtsgestaltung und Curricula. In J.-R. Schreiber & H. Siege (Hrsg.), *Orientierungsrahmen für den Lernbereich globale Entwicklung im Rahmen einer Bildung für nachhaltige Entwicklung. Ein Beitrag zum Weltaktionsprogramm „Bildung für nachhaltige Entwicklung": Ergebnis des gemeinsamen Projekts der Kultusministerkonferenz (KMK) und des Bundesministeriums für Wirtschaftliche Zusammenarbeit und Entwicklung (BMZ)*, (2. aktualisierte und erweiterte Auflage, S. 84–110). Berlin: Cornelsen.

Schreiber, J.-R. & Siege, H. (Hrsg.). (2016). *Orientierungsrahmen für den Lernbereich globale Entwicklung im Rahmen einer Bildung für nachhaltige Entwicklung. Ein Beitrag zum Weltaktionsprogramm „Bildung für nachhaltige Entwicklung": Ergebnis des gemeinsamen Projekts der Kultusministerkonferenz (KMK) und des Bundesministe-*

riums für Wirtschaftliche Zusammenarbeit und Entwicklung (BMZ) (2. aktualisierte und erweiterte Auflage). Berlin: Cornelsen.

Sleurs, W. (2008). *Competencies for ESD (Education for Sustainable Development) teachers. A framework to integrate ESD in the curriculum of teacher training institutes.* Brüssel. Verfügbar unter http://www.ensi.org/global/downloads/Publications/303/CSCT%20Handbook_11_01_08.pdf

Steffens, U. & Höfer, D. (2016). *Lernen nach Hattie. Wie gelingt guter Unterricht?* (Pädagogik, 1. Auflage). Weinheim: Beltz.

Transfer 21. *Orientierungshilfe Bildung für nachhaltige Entwicklung in der Sekundarstufe I. Begründungen, Kompetenzen, Lernangebote.* Berlin. Zugriff am 07.06.2019. Verfügbar unter http://www.transfer-21.de/daten/materialien/Orientierungshilfe/Orientierungshilfe_Kompetenzen.pdf

UNECE – United Nations Economic Commission for Europe. (2012). *Lernen für die Zukunft. Kompetenzen für Bildung für nachhaltige Entwicklung.* Geneva. Zugriff am 07.06.2019. Verfügbar unter http://www.umweltbildung.at/uploads/tx_hetopublications/publikationen/pdf/Lernen_fuer_die_Zukunft.pdf

WBGU – Wissenschaftlicher Beirat der Bundesregierung Globale Umweltveränderungen. (2019). *Unsere gemeinsame digitale Zukunft. Zusammenfassung* (1. Auflage). Berlin: WBGU.

WBGU – Wissenschaftlicher Beirat Globale Umweltveränderungen. (2011). *Welt im Wandel. Gesellschaftsvertrag für eine Große Transformation* (2., veränderte Auflage). Hauptgutachten. Berlin: WBGU.

Weinert, F. E. (2002). Vergleichende Leistungsmessung in Schulen – eine umstrittene Selbstverständlichkeit. In F. E. Weinert (Hrsg.), *Leistungsmessungen in Schulen* (Beltz Pädagogik, 2., unveränd. Aufl., S. 17–31). Weinheim: Beltz.

Wiek, A., Withycombe, L. & Redman, C. L. (2011). Key competencies in sustainability. A reference framework for academic program development. *Sustainability Science, 6* (2), 203–218. https://doi.org/10.1007/s11625-011-0132-6

Verbraucherbildung als Teil einer BNE in der Lehrkräftebildung

Kompetent und nachhaltig durch den Angebotsdschungel: Lehrkräfte sind wichtige Impulsgeber

Ricarda Biebricher-Sondermann und Petra Maier

1. Einführung

Bei der Nutzung von Messenger-Diensten auf dem Smartphone oder als begehrte Zielgruppe im Marketing: Früh werden heute aus Kindern und Jugendlichen junge Verbraucherinnen und Verbraucher, die einem dynamischen Markt mit vielfältigen Produkten gegenüberstehen. Sie verfügen über große Kaufkraft, treffen Konsumentscheidungen, nehmen Einfluss auf das Kaufverhalten der Familie und sind eine lukrative Zielgruppe für Unternehmen. Die erforderlichen Kompetenzen, Entscheidungen auf dem Markt bewusst und nachhaltig zu treffen sind dagegen oft gering ausgeprägt. (z. B. Schoenheit & Dreblow, 2013) Inwieweit sie vorhanden sind hängt eher vom Elternhaus ab und wird bislang selten systematisch in der Schule vermittelt.

Dieses Missverhältnis von immer früherer Aktivität junger Menschen als Verbraucherinnen und Verbraucher zu wenig ausgeprägter systematischer Kompetenzentwicklung auf dem Gebiet des Konsums hat fatale Folgen: Zum einen erliegen sie immer wieder der Illusion sich Alles leisten zu können und manche häufen bereits früh erhebliche Schulden an, zum anderen werden die Auswirkungen des eigenen Handelns am Markt nicht mit Blick auf die natürliche und soziale Umwelt reflektiert: Endliche Rohstoffe verringern sich zunehmend, Abfallberge wachsen, Lebensmittel werden verschwendet und Menschen ausgebeutet.

Auch in der Beratungspraxis der Verbraucherzentrale NRW zeigt sich, dass die Anforderungen im Verbraucheralltag – Finanzmanagement, selbstständige Vorsorge und die zunehmend geforderte „verantwortliche […] Übernahme der Verbraucherrolle“ (Bartsch & Häußler, 2016, S. 103) – komplexer werden. Nicht nur Kindern und Jugendlichen fehlen häufig die Fähigkeiten und Kompetenzen, um ihr Konsumhandeln selbstbestimmt und verantwortungsvoll zu gestalten.

Die Unterstützung der Entwicklung dieser Kompetenzen stellt eine Herausforderung für Lehrkräfte und ihre Ausbildung dar. (vgl. bezogen auf BNE

z. B. Buchholz, Krofta, Nordmeier & Schulte, 2016) Lehrkräfte als Vermittler von Verbraucherbildung stehen vor vielseitigen inhaltlichen, methodischen und organisatorischen Aufgaben, auf die sie im Rahmen ihres Studiums vorbereitet werden müssen.

Doch dies scheint unzureichend zu geschehen: Für BNE wird festgestellt, dass angehenden Lehrkräften häufig konkrete Konzepte fehlen: Kompetenzbegriffe und Bezüge zur Praxis sind unklar, die Vorstellung von BNE ist diffus und auf Themen der Umweltbildung reduziert. (Hemmer, 2016, vgl. Ringel, 2016) Für Verbraucherbildung – verstanden als Teilbereich einer BNE – sind vergleichbare Lücken anzunehmen. Im Folgenden werden Anforderungen an die Struktur der Lehrkräftebildung und an die Kompetenzentwicklung der Lehrkräfte formuliert. Eine Voraussetzung für erfolgreiche Vermittlung ist, dass Lehrkräfte im Rahmen ihrer Ausbildung Konzepte, Dimensionen und Aufgaben einer BNE kennenlernen, die Verbraucherbildung explizit mit einbezieht.

2. Strukturelle Anforderungen

2.1 Themen und Ziele der Verbraucherbildung in der Lehrkräftebildung verankern

Um Verbraucherbildung als Bestandteil einer BNE zu verstehen, ist ein Blick auf die veränderten Themen und Aufgaben der Verbraucherbildung notwendig. Ging es in der Mitte des 20. Jahrhunderts darum, Konsumhandlungen durch Information sicherer zu gestalten, geht heute das Verständnis über eine Orientierung im marktwirtschaftlichen Umfeld und Konsumkompetenzen im Sinne ökonomischer Entscheidungen im privaten Rahmen hinaus. Politische Dimensionen und die Rolle des Konsums als kulturelle Praxis werden mitgedacht und die Vorstellung vom „verantwortungsvollen" Verbraucher rückt in den Mittelpunkt (Bala & Schuldzinski, 2015). Schoenheit und Dreblow (2010) formulieren den Anspruch, dass

> „[d]er mündige Konsument […] – unter den Bedingungen der Globalisierung und des weltweiten Suchens nach nachhaltigen Produktions- und Konsumstrukturen – auch der verantwortliche Konsument"

sein müsse. (S. 3)

So benennen verbraucherpolitische Verbände und die KMK (2013) Finanzen, Marktgeschehen und Verbraucherrecht, Ernährung und Gesundheit, Medien und Information sowie nachhaltigen Konsum als Themenfelder der Verbraucherbildung. (vgl. Bala & Maier, 2014)

Auch das Ziel von Verbraucherbildung hat sich entwickelt: Mündigkeit[1], wird verstanden als Prozess, der durch selbstständiges und kontinuierliches Hinterfragen von Strukturen definiert wird und Verbraucherinnen und Verbraucher als Individuen mit vielfältigen „ökonomischen, sozialen und politischen Bezügen“ (Bala & Maier, 2014, S. 99) im Blick hat. Daraus leitet sich ab, dass Entscheidungen, die auf dieser Basis getroffen werden, individuellen Charakter haben. (Schlegel-Matthies, 2013)

Bürgerinnen und Bürger müssen befähigt werden, „Zieldimensionen nachhaltiger Entwicklung (soziale Gerechtigkeit, wirtschaftliche Leistungsfähigkeit, demokratische Politikgestaltung, ökologische Verträglichkeit)“ (KMK & BMZ, 2016, S. 35) in ihre Handlungen miteinzubeziehen, indem sie lernen sich verlässliche Informationen zu verschaffen, diese zu verstehen und selbstständig zu reflektieren. (Bartsch & Häußler, 2016)

2.2 Verbraucherbildung als Teil des schulischen Bildungsauftrags vermitteln

Verbraucherbildung als schulische Aufgabe lässt sich aus mehreren Perspektiven begründen. Es gilt als Grundlage demokratischer Gesellschaften, in denen Entscheidungen des Individuums das wirtschaftliche und politische System steuern, dass das „Bildungssystem […] es seinen Bürgerinnen […] ermöglich[t], sich in ihren Handlungen an zentralen, gesellschaftlichen Zielvorstellungen orientieren zu können“. (Löw Beer, 2016, S. 16) Die Schule als einzige Institution, die „alle Bürger in ihrem Leben besuchten“, sollte jungen Menschen die „kognitive, moralische, […] und andere Prämissen, von denen wir wollen, dass jeder in der Gesellschaft sie kennt [und] sich idealerweise sogar danach richtet“ (Pollmer 2019), vermitteln. Verbraucherbildung als Teil der Allgemeinbildung verstanden, ermöglicht „allen Kindern und Jugendlichen die gesellschaftliche Teilhabe in unserer Konsumgesellschaft jetzt und zukünftig“. (Bartsch & Häußler, 2016, S. 103)

Als Bestandteil einer BNE sind Verbraucherkompetenzen ein Schritt zur Bewältigung von „epochaltypische[n] Schlüsselprobleme[n]“ (Krofta, Buchholz, Nordmeier, Schulte 2016, S. 186) und entsprechen – mit Blick auf BNE als partizipative Bildung – auch der Erwartung junger Menschen: 69% der Jugendlichen wünschen sich in Schule und Ausbildung mehr Informationen über globale Zu-

1 Mündigkeit bezeichnet hier die Befähigung zur selbstständigen Entscheidungsfindung, Einflussnahme auf Konsumentscheidungen und Rahmenbedingungen des Konsums (vgl. z. B. Fridrich, 2017), nicht einen Idealtypus des „mündigen Verbrauchers“.

sammenhänge und individuelle Handlungsoptionen des alltäglichen Konsums. Eine Mehrzahl sieht „die Schule als Ort für eine ‚ökonomische Allgemeinbildung', für den Wissenserwerb über ‚gesunde Ernährung' und zum Umgang mit ‚dem Internet'." (Schoenheit & Dreblow, 2010, S. 39)

Letztlich wird Verbraucherbildung in den vergangenen Jahren, ausgehend vom Beschluss „Verbraucherbildung an Schulen" der KMK (2013), auch in den Vorgaben schulischer Bildung verankert. In Nordrhein-Westfalen ist z. B. seit 2017 die Rahmenvorgabe Verbraucherbildung in Kraft, die als Teil der BNE-Strategie des Landes, Verbraucherbildung als „anspruchsvolle Aufgabe [...] nicht nur an ein Fach delegiert oder durch ein neues Schulfach bewältigt." Vielmehr sei ein Zusammenspiel „vielfältige[r] Kompetenzen und Methoden unterschiedlicher Fächer aller Aufgabenfelder" erforderlich. (MSW, S. 3)

2.3 Themen der Verbraucherbildung fachübergreifend und in der Fachdidaktik behandeln

Eine moderne Verbraucherbildung definiert sich u. a. durch ihren Lebensweltbezug und die Verknüpfung von Themenfeldern. So wird es Schülerinnen und Schülern ermöglicht „problemorientiert auf Wissen aus verschiedenen Bereichen zurückzugreifen" (Löw Beer, 2016, S. 17). Die Aussage, dass „einseitig natur- oder gesellschaftswissenschaftlich ausgerichtete Konstrukte gerade der BNE mit ihrem Fokus auf das Zusammendenken von Umwelt und Entwicklung nicht gerecht" (Hemmer, 2016, S. 30) würde, lässt sich auf Aspekte der Verbraucherbildung übertragen.

Etwa könnten im Deutschunterricht Verträge, Allgemeine Geschäftsbedingungen und Datenschutzerklärungen analysiert werden – Textarten, mit denen alle Verbraucherinnen und Verbraucher im digitalen Zeitalter konfrontiert werden. Parallel könnten im Wirtschaftsunterricht die Interessenlagen der beteiligten Akteure an diesen Vorgaben behandelt werden oder in Mathematik statistische Auswertungen von Beispieltexten erfolgen. Ähnliche vernetzte Ansätze lassen sich z. B. für die Themenbereiche Energieversorgung, Mobilität und Klimaschutz denken und verdeutlichen, dass Verbraucherbildung „mehr als die Summe der Einzelteile wie ökonomische/finanzielle Bildung, Ernährungsbildung, Gesundheitsbildung etc." (Oehler, 2013, S. 53) ist.

Die Entwicklung trans- und interdisziplinärer Lehre stellt auch die Hochschuldidaktik vor große Herausforderungen. Der Anspruch, dass neben dem spezialisierten Wissen und Methoden der eigenen Fachdisziplin auch eine interdisziplinäre, nachhaltige und kompetenzorientierte Perspektive sowie notwendige Vermittlungskompetenzen – insbesondere bezogen auf partizipative

Ansätze – Eingang in die Ausbildung von Lehrkräften finden (vgl. z. B. KMK & BMZ, 2016) wird nicht flächendeckend erfüllt. (Hemmer, 2016)

In der Praxis sind es daher oft einzelne Lehrkräfte, die aus eigener Initiative fachübergreifende Projekte anstoßen. Um Lehrkräfte zur anspruchsvollen Aufgabe zu motivieren, Verbraucherbildung im interdisziplinären Rahmen zu denken, müssen sie befähigt werden, Anknüpfungspunkte zu ihrem Fach zu sehen. Erst die Wahrnehmung der Verbraucherbildung als Auftrag des eigenen Faches führt dazu, dass Unterstützung für die Umsetzung gesucht wird. (Bauer, Bartsch & Müller, 2016) Daher sollten alle angehenden Lehrkräfte Verbraucherbildung sowohl als übergreifendes Thema, als auch in fachdidaktischen Zusammenhängen kennenlernen.

3. Kompetenzen der Lehrkraft entwickeln

3.1 Komplexe Verbraucherthemen erschließen und Methoden der Verbraucherbildung nutzen

Die Kompetenzen zu benennen, die zur Gestaltung von BNE entscheidend sind, wird in der Lehr-Lern-Forschung problematisiert. Krofta et.al. (2016) nennen Lehrkräfte eine „vernachlässigte Zielgruppe“ (S. 188), da die Entwicklung der Kenntnisse und Fähigkeiten der Lehramtsstudierenden in diesem Bereich häufig nicht zufriedenstellend gelingt. Lehrkräfte sollen Schülerinnen und Schülern

> „die Bereitschaft und Fähigkeit, moralisch-ethische Überlegungen anzustellen und das eigene Handeln in den Kontext der Mitverantwortung für konsumbedingte Auswirkungen auf die Umwelt sowie die Lebensbedingungen anderer Menschen zu stellen“ (Gutzwiller-Helfenfinger & Wespi, 2013, S. 115)

vermitteln. Dazu benötigen sie zunächst eigene Kompetenzen. Die Anforderungen an BNE-Lehrkräfte, die Hellberg-Rode und Schrüfer (2016) erarbeitet haben, erscheinen auch für die Vermittlung der Verbraucherbildung zentral. Insbesondere Strukturwissen und Problemanalysefähigkeit in Bezug auf ökologische wie soziale Systeme – ein „Systemdenken“, welches die Fähigkeit zum Perspektivwechsel einschließt – ist grundlegend. (S. 7)

Bezogen auf Verbraucherbildung ist auch ökonomisches Grundlagenwissen notwendig, um Folgen von Handlungsalternativen abzuwägen. Dies meint neben Kenntnissen auf der individuellen Ebene auch elementares Wissen über Wirtschaftspolitik und -systeme. (Löw Beer, 2016 vgl. auch Weber, 2014) Um kompetenzorientiert Verbraucherbildung zu vermitteln, müssen Lehrkräfte für den Verbraucheralltag wichtige Kenntnisse und Fähigkeiten in ihrem Fachbereich identifizieren können. Erst das Zusammenspiel kognitiver, affektiv-motivationaler und verhaltensbezogener Teilkompetenzen eröffnet die Möglichkeit durch verantwortungsvollen, selbstständigen Konsum oder -verzicht eine nachhaltige Entwicklung zu fördern. (Rieß, Mischo & Waltner, 2018)

Wie das in der Praxis gelingen kann, wird von Lehramtsstudierenden und umweltökonomischer Forschung teils unterschiedlich bewertet: man ist sich darin einig, dass Bildung ohne ökonomische, institutionelle oder soziale Anreize selten zu Verhaltensänderungen führe. Aber Studierende gehen davon aus, dass der Einzelne für Verhaltensänderungen den Schaden seiner Handlungen erkennen müsse, Forschungsergebnisse legen nahe, dass der Vergleich des Verhaltens in einer Peer-Group größere Auswirkungen auf das Verhalten habe. (Löw Beer, 2016) Diese Einzelbeispiele deuten an, dass in der Lehrkräfteausbildung zentrale Methoden der Kompetenzentwicklung und auch der Kompetenzbewertung (vgl. Bender & Hertrampf, 2014) noch zu wenig reflektiert werden.

3.2 Eigene Positionen reflektieren und selbstbestimmte Entscheidungsfindung stärken

Ein wesentliches Merkmal von Verbraucherbildung ist, dass sich die Auseinandersetzung mit globalen und sozialen Fragestellungen aus den Herausforderungen im Konsumalltag des Individuums ableitet. (Bauer et.al., 2016) Auf dieser individuellen Ebene stellt sich die Frage eines nachhaltigen Konsums konkret, aber nicht weniger komplex als aus gesellschaftlicher oder globaler Perspektive. (KMK & BMZ, 2016) Die Nähe zu alltäglichen, individuellen Entscheidungen bedingt, dass Studierende in ihren Argumentationen häufig die Verbraucherposition einnehmen (Löw Beer, 2016) und bereits eigene Überzeugungen, sog. „moralische Beliefs“ (Bender & Hertrampf, 2014), mitbringen.

In der Verbraucherbildung ist eine Reflexion der eigenen Position ggf. auch im Gegensatz zur fachlichen Überzeugung daher als Bestandteil der Lehrkräftebildung zu verstehen. Die moralischen Grundlagen von Entscheidungen sind dabei vom Wissen abzugrenzen, aber „ auch nicht jenseits jeglicher rationaler Begründungsverpflichtung anzusiedeln“. (S. 13) In der Lehrkräftebildung müssen die eigenen und fachbezogenen moralischen Standpunkte in Gesprächen ausgetauscht und vermittelt werden, deren Leitung wiederum hohe Anforderungen an die didaktischen Fähigkeiten der Hochschullehrenden stellt.

Die Individualität der alltäglichen Konsumentscheidungen bedingt, dass Lehrkräfte lernen müssen, mit divergierenden Meinungen und Handlungen der Schülerinnen und Schüler umzugehen. Hellberg-Rode und Schrüfer (2016) benennen den Umgang mit Komplexität und Unsicherheit sowie Ambiguitäts- und

Frustrationstoleranz als wichtige Kompetenzen: Lehrkräfte müssen eigene Werte reflektieren und diese als persönliche Standpunkte kommunizieren können, ohne dabei die Entwicklung eigener und selbstständiger Entscheidungsstrukturen der Schülerinnen und Schüler zu hemmen.

Das Verständnis einer Verbraucherbildung, die nicht bevormundet, sondern zu bewussten Konsumentscheidungen motiviert, sollte daher Teil einer fundierten Lehrkräftebildung sein. Löw Beer (2016), Buchholz et. al. (2016) und Krofta et. al. (2016) legen nahe, dass die Vorstellung Schülerinnen und Schüler im Sinne einer vorgefassten Meinung zu „erziehen" ebenso bei Lehrkräften vertreten ist wie die Einstellung, keinerlei Wertungen im Sinne einer nachhaltigen Entwicklung zu tätigen. (Hemmer, 2016) Es wird deutlich, dass das Verhältnis von Überwältigungsverbot und Erziehungsauftrag der Schule im Bereich BNE und Verbraucherbildung in der Lehrkräftebildung zum Thema werden muss.

Der Anspruch einer schulischen Verbraucherbildung sollte es sein, Prozesse der Entscheidungsfindung gemeinsam mit Schülerinnen und Schülern zu hinterfragen, um Argumente, Positionen und Widersprüche zu erkennen. Woher bekomme ich unabhängige Informationen und wie passt es zu meiner Lebenssituation sind zentrale Fragen solcher Auseinandersetzungen. Schlegel-Matthis (2013) fasst zusammen:

> „Letztlich geht es darum Schülerinnen und Schüler zu befähigen, Unsicherheit auszuhalten und trotzdem so gut wie möglich entscheiden zu können." (S. 67)

3.3 Auseinandersetzung mit der Rolle als Lehrkraft

Lehrkräfte als Impulsgeber müssen lernen, über Entscheidungsprozesse und deren Variablen authentisch zu kommunizieren. Nur in „offenen, reflektierten Diskussionen über Werte" (Bender & Hertrampf, 2014, S. 9) und die Grundlagen individueller Entscheidungen können Zielkonflikte aufgezeigt und die selbstbestimmte Entscheidung im Sinne einer Mündigkeit der Schülerinnen und Schüler gefördert werden. Lehrkräfte müssen befähigt werden, in der Institution Schule als Impulsgeber aufzutreten und den Schulalltag mitzugestalten.

Während die Lehrkraft lange als Vorbild im Rahmen einer BNE und Verbraucherbildung gesehen wurde, ist sie heute als Begleiter und Unterstützer der Schülerinnen und Schüler gefordert: aktuell machen Jugendliche und junge Erwachsene deutlich, dass sie Politik und Wirtschaft für eine zukunftsfähige Entwicklung in der Verantwortung sehen und suchen auch im individuellen Handlungsbereich nachhaltige Alternativen.

Die Rolle als Wegweiser und Impulsgeber stellt eine neue Herausforderung dar. Denn „Transparenz, Verständlichkeit und Vergleichbarkeit von Informationen [sind] eine notwendige Bedingung in der sozialen Marktwirtschaft", dagegen führe eine immer größere Informationsmenge „NICHT zu mehr selbstverantwortlichem Handeln". (Oehler, 2013, S. 51). Die Lehrkraft kann ebenso wenig wie Schülerinnen und Schüler zur Fachkraft werden, vielmehr ist entscheidend, dass „auf fundierter fachlicher Grundbildung jeweils passende, geeignete Expertise" identifiziert und eine „notwendige Sensibilität für interessengeleitetes Handeln ökonomischer Akteure" entwickelt werden kann. (S. 54)

Das gilt besonders für die Themen der Verbraucherbildung: Es erfordert Engagement und die Bereitschaft „kontroverse Diskurse im Unterricht nicht nur zuzulassen, sondern aktiv zu fördern" (Bender & Hertrampf, 2013, S. 9), um Schülerinnen und Schüler auf der Suche nach individuellen Entscheidungsmustern zu begleiten und zu vermitteln, dass viele Konsumentscheidungen auf Grundlage unvollständiger Informationen getroffen werden müssen.

Variierte Entscheidungsszenarien und Rollenspiele stellen bspw. Modelle dar, die sowohl in der Lehrkräftebildung als auch im Unterricht zur Förderung der Beteiligung denkbar sind. (vgl. Löw Beer, 2016) Z.B. könnte das Thema Schulverpflegung in verschiedenen Variationen behandelt werden. Mögliche Anpassungen wären hier die Einkaufspreise verschiedener Produkte, die CO_2-Äquivalente, der Mahlzeitenpreis für die Schülerinnen und Schüler bei verschiedener Zusammensetzung der Schülerschaft, die Beschäftigungsbedingungen in der Mensa, verschiedene Partizipationsgrade der Schülerschaft etc. Dabei ist zu vermitteln, dass es für solche Entscheidungen keine pauschalen Lösungen gibt, sondern ein komplexer Abwägungsvorgang vorausgeht, der auch von individuellen Einstellungen gesteuert ist.

3.4 Die politische Dimension der Verbraucherbildung

In Nachhaltigkeitsdiskursen wird Verbraucherinformation häufig als einfacher Weg zu einer nachhaltigeren Gesellschaft dargestellt: Konsumierende, die die Folgen ihres Handelns kennen, träfen Konsumentscheidungen, die Wirtschaft und Gesellschaft im Sinne einer Nachhaltigkeit verändern. Verbraucherpolitische Maßnahmen der Gesetzgebung oder der Kontrolle bestehender Regelungen werden dagegen oft vernachlässigt. (vgl. Schlegel-Matthies, 2013, Krofta et.al., 2016)

Eine Verbraucherbildung, die die Entwicklung von Selbst-, Sach- und Sozialkompetenzen fördert, muss auch das Aushalten von Zielkonflikten und das Wissen um Partizipations- und Einflussmöglichkeiten umfassen. (Bala & Maier, 2014, vgl. Schlegel-Matthies, 2013, Ritterbach, 2014, Löw Beer, 2016) Weber (2014) fordert eine sozio-ökonomische Bildung, die neben der „Entscheidungs-

und Analysefähigkeit auf der Ebene der individuellen Lebensbewältigung" auch „die Urteils- und Mitgestaltungsfähigkeit auf der Ebene gesellschaftlicher Rahmensetzung sowie die Berücksichtigung der Perspektiven unterschiedlicher Akteure und der ethischen Beurteilung" einschließt. (S. 144) Beispiele für die Wahrnehmung der Verbraucherrolle im gesellschaftlichen Diskurs sind neben den aktuellen Aktivitäten in der Klimapolitik auch politisches Engagement in der Finanzkrise oder beim Thema Energieversorgung.

Konsumhandlungen werden durch den Raum, in dem sie stattfinden, beeinflusst und eine Verbraucherbildung, die den gesellschaftlichen und politischen Kontext ausblendet, bleibt unvollständig. (Fischer, 2013) Häufig sind auch umfassend informierte und kompetente Verbraucherinnen und Verbraucher damit überfordert Konsumentscheidungen zu treffen, die der eigenen Situation angemessen und zudem sozial, ökologisch und global verantwortungsvoll vertretbar sind. Ursächlich könnte sein, dass nachhaltige Entscheidungen oft im Gegensatz zum Konsumparadigma der Gesellschaft stehen (Schlegel-Matthis, 2013) und der Einfluss der Einzelentscheidung auf globale Probleme ohne politische und gesellschaftliche Veränderungen gering erscheint.

Selbst wenn Konsumierende sich zum nachhaltigen Konsum bekennen und diesen praktizieren möchten, müssen entsprechende Rahmenbedingungen dieses Vorhaben flankieren. (Fischer, 2013) D.h. auf dem Markt müssen „Sachgüter und Dienstleistungen, die glaubwürdig nachhaltig" sind verfügbar (Ohler, 2013, S. 52) und für das Individuum erkennbar sein. Eine solche „reale Umsetzungsmöglichkeit" ist – neben der subjektiven Einschätzung der Sinnhaftigkeit und der Wahrnehmung des sozialen Drucks – entscheidend für die Umsetzung eines Verhaltens. (Fischer, 2013, S. 82)

Auch die Grenzen des Konsumenteneinflusses sind somit zu behandeln. Die Einflüsse von Werbung und gesellschaftlichen Konsummustern sollten Bestandteil der Auseinandersetzung mit Konsumverhalten sein. Neben strukturellen Bedingungen und mangelndem Wissen oder unzureichend entwickelten Kompetenzen sind häufig auch finanzielle Möglichkeiten der Grund, dass sich Konsumenten gegen nachhaltige Konsummuster entscheiden (müssen). (Schlegel-Matthis, 2013)

In der Konsequenz sollte auch auf die Rolle von (Verbraucher-)Politik bei der Gestaltung von Handlungsoptionen eingegangen, politische Aushandlungsprozesse verdeutlicht und verschiedene politische Instrumente diskutiert werden. Die Reflexion politischer Strategien zur Veränderung der Konsumentenposition etwa über Anreize, Steuern, Informationspflichten, Schutzrechte oder öffentliche Güter und eine Auseinandersetzung mit der Gestaltung und unterschiedlichen Ebenen der Verbraucherpolitik gehört zur Verbraucherbildung, v.a. wenn sie einen Beitrag zu einer BNE leisten soll!

Diese „anspruchsvolle Form von gesellschaftlicher Teilhabe" zu vermitteln darf nicht allein der Einzelinitiative von Lehrkräften überlassen sein, die unter großem Einsatz und mit starker intrinsischer Motivation fachübergreifendes (Projekt-)Arbeiten an ihren Schulen anstoßen. (Hemmer, 2016, S. 32f.)

4. Ausblick

Abschließend lässt sich aus diesem kurzen Anriss einzelner Problembereiche ableiten, dass es einer engen Verzahnung von Bildungswissenschaft, Fachwissenschaft und Fachdidaktik bedarf (Hellberg-Rode & Schrüfer, 2016), um die Umsetzung an Schulen gelingen zu lassen.

Die Verbraucherbildung leidet unter einem ähnlichen Dilemma wie es seit Jahren für die Medienbildung beschrieben wird: Lehrkräfte sehen die Notwendigkeit Verbraucherbildung in der Schule zu verankern, allerdings steht ihre Motivation in einem Missverhältnis zu ihren Kenntnissen. (Bala & Maier, 2014, Bauer et. al., 2016) Lehrkräfte bringen aus ihrer Schulzeit kaum Kompetenzen in diesem Bereich mit und gewinnen im Studium nur wenig hinzu. Dies bedingt, dass fachübergreifende Kompetenzen auch in der Vermittlung in der Schule fehlen. (Schoenheit & Dreblow, 2010) Daher müssen Grundkonzepte fachübergreifender Kompetenzbereiche verbindlich in der Lehrkräftebildung verankert sein. Denn für die Ausbildung eines „umfassenden mehrperspektivischen fachlichen Orientierungswissens zum Konsum" sind neue Denk- und Vermittlungsstrukturen erforderlich. (Gutzwiller-Helfenfinger & Wespi, 2013, S. 112) Schülerinnen und Schüler auf dem Weg zu selbstbestimmtem Konsum und zur Wahrnehmung der politischen Verbraucherposition zu begleiten, erfordert sowohl in der analogen als auch in der digitalen Welt eine Vielzahl von Kompetenzen, die angehenden Lehrkräften in der ersten und zweiten Phase der Lehrkräftebildung vermittelt werden müssen.

Letztlich muss die Umsetzung von Verbraucherbildung an Schulen strukturell gestützt werden: Projektorientierte Arbeit unter Beteiligung verschiedener Fachdisziplinen erfordert Zeit für Konzeption und Organisation, die im Schulalltag oft fehlt. Gerade langfristige und aufwändige Projekte erfordern darüber hinaus auch Finanzmittel. Das Feld der Verbraucherbildung eignet sich besonders gut für die Einbindung außerschulischer Partner, zu der Lehrkräfte im Rahmen einer Öffnung der Schule angehalten sind. Das bedeutet: Lehrkräfte müssen im Umgang mit verschiedenen Partnern und ihren Interessen geschult sein. Neutralitäts-, Transparenz- und Qualitätsstandards sollten zugänglich sein und nicht zuletzt muss auch die technische Ausstattung stimmen, damit eine Verbraucherbildung – frei von wirtschaftlichen Interessen – ermöglicht und gestaltbar wird.

Literatur

Bala, C. & Maier, P. (2014). Erziehung zum mündigen Verbraucher? Bildung und Basiskompetenzen. In F. Baranowski & B. Daldrup (Hrsg.), *Verbraucherpolitik in der kommunalen Praxis* (S. 95–107). Düsseldorf: SGK NRW.

Bala, C. & Schuldzinski, W. (2015). Einleitung. In: Dies. (Hrsg.), *Der verantwortungsvolle Verbraucher. Aspekte des ethischen, nachhaltigen und politischen Konsums* (S. 8–18). Düsseldorf: Verbraucherzentrale NRW.

Bartsch, S. & Häußler, A. (2016). Fürs Leben lernen in der Schule – Verbraucherbildung ist mehr als Unterricht. *SchwVw, Spezial* 3, 103–106.

Bauer, A.-K., Bartsch, S. & Müller, H. (2017). Verbraucherbildung im Bildungsplan 2016. *HiBiFo* (Haushalt in Bildung und Forschung), *2*, 91–94. https://doi.org/10.3224/hibifo.v6i2.08

Bender, U. & Hertrampf, A. (2014). Fachbezogene moralische Überzeugungen von Lehrpersonen in der Ernährungs- und Verbraucherbildung (EVB). *HaBiFo* (Haushalt in Bildung und Forschung), *4*, 3–15. https://doi.org/10.3224/hibifo.v3i4.17329

Buchholz, M., Krofta, H., Nordmeier, V. & Schulte, C. (2016). Kompetenzen für Bildung für Nachhaltige Entwicklung in der ersten Phase der Lehramtsausbildung. In C. Mauerer (Hrsg.), *Authentizität und Lernen – das Fach in der Fachdidaktik* (S. 238–240). Regensburg: Universität Regensburg.

Fischer, A. (2013). Kompetenzentwicklung im Kontext von Ethik und Konsum. *HaBiFo* (Haushalt in Bildung und Forschung), *2*, 71–85.

Fridrich, C. (2017). Verbraucherbildung im Rahmen einer umfassenden sozioökonomischen Bildung. Plädoyer für einen kritischen Zugang und für ein erweitertes Verständnis. In Ders. et. al. (Hrsg.), *Abschied vom eindimensionalen Verbraucher. Kritische Verbraucherforschung* (S. 113–160). Wiesbaden: Springer. https://doi.org/10.1007/978-3-658-15057-0_5

Gutzwiller-Helfenfinger, E. & Wespi, C. (2013). Konsumkompetenz von Lehramtsstudierenden im Fachbereich Hauswirtschaft. *HaBiFo* (Haushalt in Bildung und Forschung), *2*, 112–123.

Hellberg-Rode, G. & Schrüfer, G. (2016). Welche spezifischen professionellen Handlungskompetenzen benötigen Lehrkräfte für die Umsetzung von Bildung für Nachhaltige Entwicklung? Ergebnisse einer explorativen Studie. *Zeitschrift für Didaktik der Biologie (ZDB) – Biologie Lehren und Lernen, 20*, 1–29.

Hemmer, I. (2016). Bildung für nachhaltige Entwicklung. Der Beitrag der Fachdidaktiken. In J. Menthe et al. (Hrsg.), *Befähigung zu gesellschaftlicher Teilhabe. Beiträge der fachdidaktischen Forschung* (S. 25–40). Münster: Waxmann.

KMK – Kultusministerkonferenz (2013). *Verbraucherbildung an Schulen*. Beschluss vom 12.09.2013. Verfügbar unter: https://www.kmk.org/fileadmin/Dateien/veroeffentlichungen_beschluesse/2013/2013_09_12-Verbraucherbildung.pdf [08.03.2019].

KMK & BMZ – Kultusministerkonferenz & Bundesministerium für wirtschaftliche Zusammenarbeit und Entwicklung (2016). *Orientierungsrahmen für den Lernbereich Globale Entwicklung im Rahmen einer Bildung für nachhaltige Entwicklung, Ergebnis des gemeinsamen Projektes der KMK und des BMZ 2004–2015*, Bonn: Engagement Global.

Krofta, H., Buchholz M., Nordmeier, V. & Schulte, C. (2016). Förderung von BNE-Konzepten bei Lehrkräften durch zyklische Unterrichtsentwicklung im Lehr-Lern-Labor. In J. Menthe et al. (Hrsg.), *Befähigung zu gesellschaftlicher Teilhabe. Beiträge der fachdidaktischen Forschung* (S. 185–204). Münster: Waxmann.

Löw Beer, D. (2016). Ökonomische Bildung für eine nachhaltige Entwicklung. Eine *phänomenographische Untersuchung in der Lehrerinnenbildung*. Berlin: Budrich. https://doi.org/10.3224/84742029

MSW NRW – Ministerium für Schule und Weiterbildung des Landes Nordrhein-Westfalens (2017). *Rahmenvorgabe Verbrauchbildung in Schule in der Primarstufe und Sekundarstufe I in Nordrhein-Westfalen*. Verfügbar unter: https://www.schulentwicklung.nrw.de/lehrplaene/upload/klp_gs/vb/Rahmenvorgabe_Verbraucherbildung_PS_SI_2017.pdf [04.07.2019].

Oehler, A. (2013). Neue alte Verbraucherbilder: Basis für die Verbraucherbildung? *HaBiFo* (Haushalt in Bildung und Forschung), 2, 44–60.

Pollmer, C. (2019). Welche Fächer braucht das Kind? Süddeutsche *Zeitung (15.04.2019)*.

Rieß, W., Mischo, C. & Waltner, E. (2018). Ziele einer Bildung für nachhaltige Entwicklung in Schule und Hochschule. Auf dem Weg zu empirisch überprüfbaren Kompetenzen. *GAiA. Ökologische Perspektiven für Wissenschaft und Gesellschaft, 27/3*, 298–305. https://doi.org/10.14512/gaia.27.3.10

Ringel, A. (2016). Lehrerinnen und Lehrer als Multiplikatoren einer Bildung für nachhaltige Entwicklung. In M. Sauerwein (Hrsg), *Hildesheimer Geografische Studien 6*, (S. 53–68). Hildesheim: Universitätsverlag.

Ritterbach, U. (2014). Wie viel Ernährungs- und Verbraucherbildung braucht die Bildung für Nachhaltige Entwicklung? – Indikatoren und ihre Interpretationen. *HaBiFo* (Haushalt in Bildung und Forschung), 2, 24–35. https://doi.org/10.3224/hibifo.v3i2.16310

Schlegel-Matthies, K. (2013). Ethik, Konsumentenverantwortung und Verbraucherbildung im Spannungsfeld. *HaBiFo* (Haushalt in Bildung und Forschung), 2, 61–70.

Schoenheit, I. & Dreblow, M. (2010). *Konsumkompetenz von Jugendlichen. Ein Überblick über Kernaussagen aus aktuellen Jugendstudien*, Berlin: vzbv.

Schoenheit, I. & Dreblow, M. (2013). *Praxisorientierte Bedarfsanalyse zur Verbraucherbildung – Kurzfassung einer Studie im Auftrag der Deutschen Stiftung Verbrauchschutz*, Hannover: imug.

Weber, B. (2014). Grundzüge einer Didaktik sozioökonomischer Allgemeinbildung. In A. Fischer & B. Zurstrassen (Hrsg.), *Sozioökonomische Bildung* (S. 128–152). Bonn: BpB.

Chemiedidaktik als BNE-Multiplikator

Arbeitskreispraktika zur Erprobung von Schulversuchen und deren Reflexion hinsichtlich des BNE-Bezugs

Rebecca Grandrath und Claudia Bohrmann-Linde

1. Einleitung

Nach Ende der UN-Dekade zur Bildung für nachhaltige Entwicklung (kurz: BNE) von 2005–2014 wurde der Leitgedanke auch durch Aufgreifen in schulischen Bildungsplänen in Deutschland verstetigt. So hielt BNE beispielsweise in Baden-Württemberg 2016 als fächerübergreifende Leitperspektive Einzug in die Bildungspläne allgemeinbildender Schulen. Das Ziel der Verankerung dieser Leitperspektive ist es, die Lernenden zu verantwortungs- und umweltbewussten Bürgern zu erziehen (Ministerium für Jugend, Kultus und Sport Baden-Württemberg, 2016). Sie sollen eine Gestaltungskompetenz erwerben, die es ihnen erlaubt, Fachwissen aus Bereichen der Naturwissenschaften mit aktuellen Entwicklungen im Bereich Umwelt, Forschung und Politik in Bezug zu setzen, sich eine fundierte Meinung zu bilden und im Dialog mit anderen an der Lösung von gegenwärtigen und zukünftigen Herausforderungen konstruktiv mitzuwirken (Haan, 2008). Die Aufgabe der Vermittlung von BNE-Kompetenzen kommt im schulischen Kontext den Lehrkräften aller Fächer aus geisteswissenschaftlichen und naturwissenschaftlichen Bereichen zu. Damit Lehrpersonen den Anforderungen als BNE-Multiplikatoren gewachsen sind, sollte neben einer Fortbildung aktiver Lehrpersonen als logische Konsequenz auch eine Vorbereitung von Studierenden der Lehramtsstudiengänge stattfinden, sodass BNE Einzug in Lehramtsstudiengänge verschiedener Disziplinen halten muss. Dieser Impuls wurde durch unseren Lehrstuhl zunächst an der Eberhardt-Karls-Universität Tübingen und mit Wechsel des Lehrstuhls auch an der Bergischen Universität Wuppertal aufgenommen. Das Themenfeld BNE wurde und wird breit gefächert durch spiralcurriculares Aufgreifen in Lehrveranstaltungen für Studierende des Lehramts für Gymnasien im Fach Chemie integriert. Sowohl in regulären als auch in zusätzlichen Veranstaltungen konnte BNE konzeptionell verankert werden. An der Universität Tübingen wurde neben der Vorstellung und Diskussion der Leitperspektive in fachdidaktischen Seminaren beispielhaft eine alkalische Brennstoffzelle in Praktika verschiedener Lehramtsstudiengänge in Form einer schultaugliche lowcost-Apparatur betrieben und hinsichtlich ihrer ökologischen

Nachhaltigkeit diskutiert. Darüber hinaus wurde in einem weiteren Modul für Studierende mit der Fächerkombination Chemie und Physik im Bachelor of Education ein aus praktischer Laborarbeit und dem Erstellen von E-Books kombiniertes Modul angeboten, in dem innovative Experimente mit BNE-Bezug (aus dem Bereich der nachhaltigen Energieversorgung) die Grundlage bildeten. Zusätzlich hatten Studierende die Möglichkeit, sich in Microteaching-Situationen in der Vermittlung von BNE-Kompetenzen zu erproben: Im Rahmen eines Kinderuni-Tages und einer Kooperation mit dem sog. VDIni Club Reutlingen wurde das Experimentierprogramm „Der Energie auf der Spur“ für Kinder der Primarstufe mit Studierenden als Betreuer angeboten. Weiterhin bestand die Möglichkeit in Arbeitskreispraktika im Mentoring-Programm ALSO TiO_2 aktiv zu werden, bei dem Lernende der gymnasialen Oberstufe umliegender Schulen sich theoretisch und eigenständig experimentell alternativen Solarzellen unter Verwendung von Titandioxid im Projektformat annähern und in einer Seminareinheit zur Nachhaltigkeit reflektieren (Zeller & Bohrmann-Linde, 2019). Eine weitere Option zur Ausgestaltung der Arbeitskreispraktika wurde durch das praktische Erproben von Chemie-Schulversuchen für die Sekundarstufe I beziehungsweise II und deren Reflexion hinsichtlich der generellen Eignung für den Schulunterricht sowie insbesondere ihres BNE-Bezugs gegeben. Im folgenden Beitrag werden zwei individuelle Arbeitskreispraktika von jeweils zwei Lehramtsstudierenden aus dem Sommer 2018 in Tübingen vorgestellt, die sich mit der Durchführung und Reflexion von Schulversuchen zur Sekundarstufe I beziehungsweise II beschäftigt haben. Diese Projekte verdeutlichten den Teilnehmenden beispielhaft, dass BNE kein Zusatz, sondern integraler Bestandteil bei der Erarbeitung von Experimenten und somit von Chemieunterricht ist. Des Weiteren wird anhand der schriftlichen Praktikumsdokumentation die bei den Studierenden initiierte Reflexion der Leitperspektive BNE besonders deutlich. Aus der Kombination beider Praktikumsergebnisse resultiert eine chronologische Aneinanderreihung von Schulversuchen mit BNE-Bezug nach Themengebieten, die verdeutlicht, dass sich BNE kontinuierlich über die gesamte Schullaufbahn im Fach Chemie einbringen lässt.

In diesem Beitrag werden aufgrund des Schwerpunktes unseres Arbeitskreises nur einzelne Aspekte des Praktikums zu BNE-Versuchen in der Sekundarstufe I vorgestellt, während Eindrücke, Erfahrungen und Ergebnisse des Praktikums zu Schulversuchen der Sekundarstufe II fokussiert werden.

2. Kontext der Lehrveranstaltung

Im Rahmen des Lehramtsstudiums für das Fach Chemie nach Gymnasialer Prüfungsordnung im Staatsexamensstudiengang ist an der Universität Tübingen ein

Abb. 1: Kinder der Primarstufe experimentieren. (Aufnahme Rebecca Grandrath)

individuelles Arbeitskreispraktikum für 5 ECTS vorgesehen. Dieses Praktikum konnte in der Didaktik der Chemie absolviert werden. So haben im Sommer 2018 jeweils zwei Studierende die Projekte „Erproben von Schulversuchen für den Chemieunterricht der Sekundarstufe I und deren Reflexion hinsichtlich des BNE-Bezugs“ beziehungsweise ganz analog „Erproben von Schulversuchen für den Chemieunterricht der Sekundarstufe II und deren Reflexion hinsichtlich des BNE-Bezugs“ bearbeitet. Diese Arbeitskreispraktika setzen sich jeweils aus einem laborpraktischen Teil im Universitätslabor oder auch dem dokumentierenden und reflektierenden Teil jenseits des Labors zusammen.

3. Die Arbeitskreispraktika im Detail

3.1 Rahmenbedingungen

Das Praktikum bot die Möglichkeit der vertieften Auseinandersetzung mit einer bewussten BNE-Verankerung im Chemieunterricht. In Vorbereitung der beiden Projekte recherchierten betreuende wissenschaftliche Mitarbeitende eine Vielzahl schulgeeigneter Versuchsvorschriften zu allen Themenbereichen des schulischen Chemieunterrichts der Sekundarstufe I bzw. II an Gymnasien in Baden-Württemberg und stellten diese den Studierenden als Grundlage der Laboranteile der Praktika zur Verfügung.

Die Aufgabe der Studierenden bestand darin, im Zweierteam die vorgeschriebenen Schulversuche durchzuführen, fotographisch und videographisch zu dokumentieren und zu optimieren sowie schriftlich hinsichtlich grundsätzlicher Reproduzierbarkeit der Durchführung und insbesondere des BNE-Bezugs zu reflektieren.

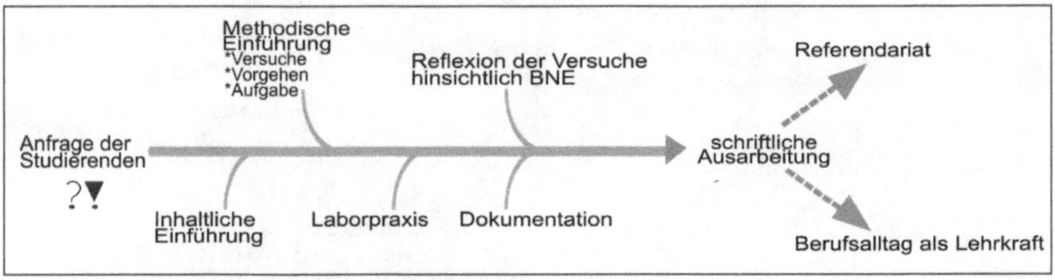

Abb. 2: Design des Arbeitskreispraktikums (Rebecca Grandrath)

Nach Abschluss der Veranstaltungsdokumentation sollte ein Zeitstrahl vorliegen, an dem eingetragen wurde, welches der für geeignet empfundenen Experimente wann in der Schullaufbahn anzusiedeln ist.

Die Studierenden hatten selbstständig den Zeitplan und die Materialbeschaffung zu organisieren, sich mit der (Wärmebild-)Kamera vertraut zu machen, die Versuche wahrnehmungsaktiv aufzubauen und zu dokumentieren und im Team eine Arbeitsteilung vorzunehmen. Darüber hinaus mussten regelmäßig Absprachen zu benötigten Materialien und zur laborpraktischen Arbeitszeit mit den wissenschaftlichen Mitarbeitenden stattfinden. Die wissenschaftlichen Mitarbeitenden betreuten die Studierenden individuell und standen bei (inhaltlichen) Rückfragen und für Feedback zur Verfügung, sodass insgesamt ein hohes Maß an Flexibilität vonnöten war. Neben der praktischen Arbeit und Strukturiertheit der Studierenden waren die nach Abschluss des Praktikums eingereichten Protokolle maßgebliche Bewertungsgrundlage. Pro bearbeitetem Themengebiet wurde ein Protokoll eingereicht, in dem alle dazugehörigen Versuche zusammengeführt wurden. Zusätzlich zu den gewöhnlich in naturwissenschaftlichen Protokollen üblichen Bestandteilen *Materialien und Chemikalien, Skizze, Durchführung, Beobachtung* und *Auswertung* war ergänzend eine Beurteilung der grundsätzlichen Tauglichkeit des Versuches für den schulischen Chemieunterricht sowie eine Eignung zur Vermittlung von BNE-Inhalten vorgegeben. In einem zusätzlichen Dokument wurde eine Tabelle angefertigt, in der jedem der durchgeführten Experimente eine Ausprägung des BNE-Bezugs (stark, mittel, keiner) begründet zugeordnet wurde (vgl. Abb. 6).

Ergänzend wurde der vorgeschriebene Zeitstrahl gefertigt, an dem gekennzeichnet wurde, wann im Laufe der Schullaufbahn welches als geeignet empfundene Experiment im Chemieunterricht angebracht werden kann. Die einzelnen Versuche wurden dabei eindeutig den fachlichen Vorgaben des Bildungsplanes zugeordnet. Die umfangreichen schriftlichen Ausarbeitungen als Resultat des Praktikums dienen den Studierenden im Referendariat und späteren Lehrerdasein als Gedankenstütze, wie sich BNE integral in den Chemieunterricht einbinden lässt, und als praktisch einsetzbarer Fundus. Darüber hinaus ist bei den Studierenden ein Kompetenzzuwachs im Bereich der BNE-Vermittlung zu erwarten, da durch die explizite Aufforderung die gedankliche Vernetzung regulärer Inhalte mit Aspekten von BNE gefördert wurde.

3.2 Eindrücke und Ergebnisse aus dem Praktikum mit Bezug zur Sek. II

Abb. 3: Thermisch recyceltes PP (Aufnahme Rebecca Grandrath)

Die fachlichen Themen des Chemieunterrichts in der Sekundarstufe II reichen in Baden-Württemberg von *Energetik* über *Kunststoffe*, *Naturstoffe* und Säure-Basen-Gleichgewichte bis hin zu *Chemie in Wissenschaft, Forschung und Anwendung*. Man unterscheidet zwischen dem zwei- beziehungsweise vierstündigen (seit Schuljahr 2019/20 fünfstündigen) Kurs, was sich auch in der schriftlichen Erarbeitung sowie dem Zeitstrahl der Studierenden widerspiegelt. Stellvertretend für eine Vielzahl erprobter Versuche werden nachfolgend zwei knapp porträtiert, die als BNE-geeignet eingeordnet wurden: Dem Versuch „Energetische Verwertung von Polypropylen" aus dem Themenfeld *Kunststoffe* wurde beispielsweise ein starker BNE-Bezug zugeordnet, er kann sowohl im zwei- als auch im vierstündigen Kurs angebracht werden. Bei dem Versuch wird in einer geölten Porzellanschale etwas Abfall aus Polypropylen (z. B. ein Joghurtbecher) mit einer Heißluftpistole erhitzt. Das Polypropylen (kurz: PP) schmilzt und ist verformbar, sodass es entsprechend für neue Verwendungszwecke geformt werden kann. Die

Studierenden verwendeten ein Pistill, um wie mit einem Stempel einen Abdruck im geschmolzenen PP zu hinterlassen. Kühlt das PP ab, ist es erneut formstabil und kann aus der Porzellanschale entnommen werden, wobei der Abdruck erhalten bleibt (vgl. Abb. 3). Mit dieser Hitzeverformbarkeit zeigt PP die für Kunststoffe der Thermoplaste charakteristischen Eigenschaften. Etwa 20% der Weltproduktion an Kunststoffen entfällt auf PP als zweitwichtigsten Kunststoff, was beispielsweise für Verpackungen und Fasern genutzt wird. Durch diesen sehr einfachen Schulversuch können die Lernenden nach Ansicht der Studierenden eindrucksvoll auf wiederverwertbare Kunststoffe und Recycling im Allgemeinen anhand von Alltagsmaterialien hingewiesen werden. Auf diese Weise besteht ein enger Bezug zur ökologischen Nachhaltigkeit und mithilfe des Versuches kann BNE betrieben werden.

Aus dem Bereich *Chemie in Wissenschaft, Forschung und Anwendung* erschien besonders der Versuch „Herausfiltern von Mikroplastik" geeignet, um auf die Notwendigkeit der Beachtung von ökologischer Nachhaltigkeit aufmerksam zu machen und für Mikroplastik in Alltagsprodukten zu sensibilisieren. Dieses Themengebiet ist für den vierstündigen Kurs vorgesehen. Kommerziell erhältliche Peelings enthalten oft Mikroplastik (z. B. „Acrylates Copolymer") zur Abrasion (vgl. Abb. 4).

Diese Partikel werden durch Aufschlämmen des Peelings in Wasser und Filtern durch einen Teefilter zurückgehalten, die Masse nach dem Trocknen bestimmt und resultierend der Mikroplastikgehalt ermittelt. So enthielt beispielsweise das verwendete Peeling einer namenhaften deutschen Kosmetikmarke in 200 mL beinahe 7 g Mikroplastik. Dieses primäre Mikroplastik ist so fein, dass es nicht in der Abwasseraufbereitung entfernt wird. Es verbleibt im gereinigten Wasser, reichert sich in der Nahrungskette (Bioakkumulation) bzw. in der Umwelt an. Die Folgen für Mensch und Umwelt sind Gegenstand aktueller Forschung.

Wie bereits erläutert, wurden alle von den Studierenden durchgeführten Versuche knapp begründet tabellarisch einer Kategorie des BNE-Bezugs zugeordnet (Abb. 6).

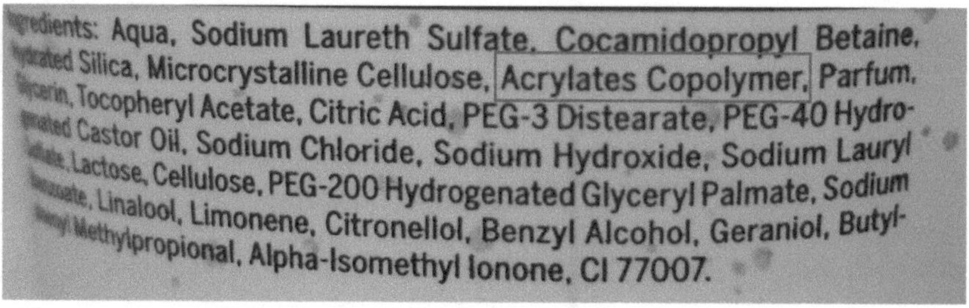

Abb. 4: Fotographie der Inhaltsstoffangabe eines Peelings (Aufnahme Andreas Balzer und Stefan Schuhholz)

Abb. 5: Aus 200 mL Peeling gefiltertes Mikroplastik (Aufnahme Andreas Balzer und Stefan Schuhholz)

Nachhaltigkeit		**Enger Bezug** Die durchgeführten Versuche weisen große Zusammenhänge zum Thema der Nachhaltigkeit auf.	**Bezug möglich** Die durchgeführten Versuche lassen sich im erweiterten Sinne dem Thema der Nachhaltigkeit zuordnen. Der Bezug ist nicht immer auf den ersten Blick ersichtlich, allerdings kann dieser nachvollziehbar dargelegt werden.	**Kein Bezug** Die durchgeführten Versuche lassen sich dem Thema der Nachhaltigkeit nicht zuordnen. Bezüge sind nicht auszumachen.
2-/4-std.	**Thema**			
2-std.	Chemische Gleichgewichte	/	/	/
	Naturstoffe	/	/	/
	Kunststoffe	**Herstellung einer Stärkefolie** (Herstellung eines Kunststoffersatzes) - hergestellte Folie weist zahlreiche Eigenschaften einer herkömmlichen Plastiktüte auf - Optimierung der Stärkefolie kann Plastiktüten langfristig ersetzen - zersetzt sich durch verschiedene Umwelteinflüsse relativ schnell - Einsatz nachhaltiger Rohstoffe, keine umweltgefährdenden Chemikalien nötig **Synthese von Polymilchsäure** (Herstellung eines Kunststoffes) - häufiger Einsatz: in der Kosmetik (Straffen der Haut, Faltenentfernung), in der Medizin (Polymilch-	**Recycling von Styropor** (Formveränderung von Styroporplatten) - theoretisch: keine Chemikalien und keine großtechnischen Verfahren nötig, um Formveränderung herbeizuführen (nur Erhitzen von Wasser) - praktisch: Versuch funktioniert nicht, deshalb eigentlich kein Bezug möglich	**Eigenschaften von Kunststoffen** (Verformbarkeit unter Hitzeeinfluss, Brennbarkeit und Schmelzverhalten, Schwimm- und Sinkverhalten, Gummiband, PVC-Schlauch) - keine Betrachtung der Zersetzbarkeit in der Umwelt **Polystyrol-Synthese** (Herstellung des Kunststoffes Polystyrol) - keine Alternative zu diesem Kunststoff, sondern Herstellung eines Kunststoffes, welcher eine lange Zersetzungszeit in der Umwelt besitzt **Polystyrol-Synthese mit Eisen(III)chlorid** (Herstellung des Kunststoffes Polystyrol)

Abb. 6: Auszug aus der Tabelle zur Zuordnung des BNE-Bezugs zu den Schulversuchen der Sekundarstufe II (Andreas Balzer und Stefan Schuhholz)

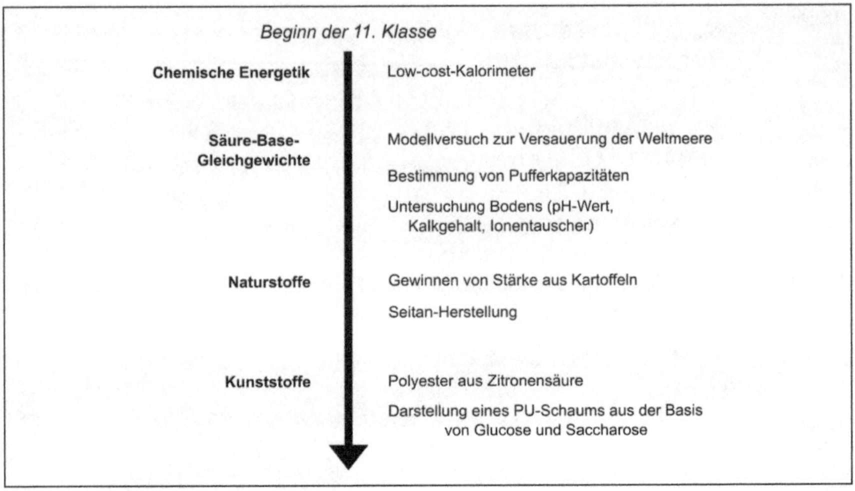

Abb. 7: Chronologische Zuordnung der für geeignet befundenen Versuche zu den Themen des vierstündigen Chemiekurses in der Oberstufe Baden-Württembergs (Rebecca Grandrath)

Die Versuche, denen ein naher Bezug zugesprochen wurde, wurden chronologisch entsprechend der Themen der Sekundarstufe II an einen Zeitstrahl angeordnet (Abb. 7).

Auf diese Weise wurden von den Studierenden fast jedem Themenbereich Versuche mit engem BNE-Bezug zugesprochen. In Folgeveranstaltungen sollen mögliche Ergänzungen gesucht werden, um die „Lücken" zu füllen.

4. Diskussion

Dem großen Kompetenzzuwachs der Studierenden während des beschriebenen Arbeitskreispraktikums in der Didaktik der Chemie steht ein großer Aufwand des ausrichtenden Arbeitskreises gegenüber: Eine intensive Betreuung, mutative Bereitstellung von Räumlichkeiten und Materialien wegen der großen Bandbreite an Versuchen und eine Spontanität des Betreuenden, konstruktive Änderungen an nach Versuchsdurchführung fehlgeschlagenen Experimenten zu durchdenken und vorzuschlagen. Neben dem messbaren Ertrag des Praktikums in Gestalt der schriftlichen Ausarbeitung äußerten die beiden Studierenden im mündlichen Feedback unmittelbar nach der Lehrveranstaltung, dass sie enorm profitiert haben, eine Vielzahl an Schulversuchen ausprobieren und sich Zeit für die Reflexion des BNE-Bezugs nehmen konnten, um das BNE-Konstrukt als solches erstmalig wirklich zu durchdenken. Zudem haben Kommilitonen sie um die Ausrichtung sowie die Aufgabenstellung des Praktikums beneidet und um die resultierenden Ausarbeitungen gebeten, um auch über den erprobten Fundus an BNE-tauglichen Versuchsvorschriften zu verfügen.

Im Nachhinein sendete einer der Studierenden eine E-Mail, die nahelegt, dass diese Art des Praktikums tatsächlich Einfluss auf die didaktischen Denkmuster und Berufsvorbereitung genommen hat: „[...] Ich habe die Zeit bei euch in der Didaktik sehr genossen und die Zeit hat mir großen Spaß bereitet. Mit Sicherheit werden die ein oder anderen Elemente aus der Didaktik Eingang in meinem Unterricht finden. [...]"

Derzeit werden Anstrengungen unternommen, trotz der vielen Schwierigkeiten der Verankerung im laufenden Bachelor-/Master-Studiengang einen Übertrag dieses intensiven Programms in das Wuppertaler Lehramtsstudium zu realisieren.

Aktuell besteht die Möglichkeit, die Bachelor- und Masterarbeiten verschiedener Lehramtsstudiengänge im Bereich Didaktik der Chemie mit entsprechender Ausprägung anzufertigen und somit BNE in die Abschlussarbeit einzuweben. Da in Wuppertal die Lehramtsstudiengänge mit Schnittstellen zur Didaktik der Chemie von Primarschul-, über Haupt- und Realschul-, Gymnasial- und Gesamtschullehramt sowie das Lehramt für Berufskolleg bis hin zur Sonderpädagogik reichen, können viele Studierende adressiert und eine enorme Bandbreite an Projekten mit BNE-Bezug realisiert werden.

5. Ausblick

Unabhängig vom Arbeitsort ist unser Arbeitskreis auch weiterhin bestrebt, Nachhaltigkeit und Bildung für nachhaltige Entwicklung im Rahmen der Lehramtsausbildung zu thematisieren. So wurde eine Neu-Ausrichtung des fachdidaktischen Forschungsprojektes Modul CHE21 im Master of Education (PO 2011, Neufassung von 2014) beschlossen, die es den Studierenden des Haupt- und Realschul-, Gymnasial- und Gesamtschullehramt sowie des Lehramtes für Berufskolleg ermöglicht, sich inhaltlich mit aktuellen Themen wie etwa chemischen Energiespeichern, Brennstoffzellen und der Photochemie auseinanderzusetzen, sie hinsichtlich BNE einzuordnen und ihre Ergebnisse in digitalen Materialien wie beispielsweise Lernvideos festzuhalten. Diese Veranstaltung wird ab dem Sommersemester 2019 in Kooperation mit dem Lehrstuhl für Didaktik der visuellen Kommunikation der Bergischen Universität Wuppertal angeboten. Sie umfasst einen Aufwand von 6 LP. Jeder Studierende im Master of Education der genannten Studiengänge muss ein Forschungsprojekt in einem seiner Studienfächer absolvieren und hat dabei die freie Wahl in welchem Fach. Dieses Forschungsprojekt wird im Sommersemester 2019 pilotiert.

Darüber hinaus wurde der neu entwickelte Experimentierparcours „E^3 – Energieumwandlung experimentell erleben" mit Versuchen mit direktem Bezug zur Nachhaltigkeit für verschiedene universitätsexterne Akteure angeboten: Im Rahmen der Sommeruni im Juli 2019 konnten Lernende der Sekundarstufe II in den Räumlichkeiten des Schülerlabors Labothek der Didaktik der Chemie an der Bergischen Universität Wuppertal das Programm durchlaufen (Grandrath et al., 2019). Im selbigen Monat wurde das Pendant dieses Experimentierparcours „Energiekids" für Lernende im Primarschulalter im Rahmen einer betreuten Bachelorarbeit an der Junior Uni Wuppertal als außerschulischem Lernort erfolgreich erprobt und evaluiert. Durch eine Fantasiereise zum Thema Energie(-umwandlungen) auf den Weg gebracht erkundeten 12 Lernende im Alter von sieben bis zehn Jahren nachhaltige Energiewandler wie etwa Selbstbau-Solarzellen auf Basis von Titandioxid (Zeller & Bohrmann-Linde, 2017) oder auch Hefe-Brennstoffzellen (Grandrath & Bohrmann-Linde, 2019a). Ihre Beobachtungen und Erkenntnisse hielten sie in einem Forschertagebuch fest.

Neben Schülerinnen und Schülern verschiedener Altersklassen und Studierenden richtet unser Arbeitskreis auch Angebote an Lehrkräfte im Schuldienst. Es wurden und werden beispielsweise experimentbasierte Fortbildungen für Lehrkräfte zu alternativen Solarzellen mit Titandioxid (ALSO $TiO_{2,}$ vgl. (Zeller & Bohrmann-Linde, 2017)), sowie ab dem Herbst 2019 zu verschiedenen Brennstoffzelltypen angeboten (Grandrath & Bohrmann-Linde, 2019b).

Literatur

Grandrath, R. & Bohrmann-Linde, C. (2019a). Die biologische Brennstoffzelle im Chemieunterricht – Einfache Experimente mit kostengünstigen Materialien. *CHEMKON*, 196–202. https://doi.org/10.1002/ckon.201800071

Grandrath, R. & Bohrmann-Linde, C. (2019b). Teaching Sustainability in the Chemistry Classroom: Exploring Fuel Cells in Simple Hands-on Experiments with Hydrogen, Sugar and Alcohol. *World journal of chemical education*, *7*(2), 172–178. https://doi.org/10.12691/wjce-7-2-17

Grandrath, R., Zeller, D., Kremer, R., Venzlaff, J., Tausch, M. W. & Bohrmann-Linde, C. (2019). E^3 – Energieumwandlung experimentell erleben. *Naturwissenschaften im Unterricht Chemie*, *30*(4), 29–33.

Haan, G. de (2008). Gestaltungskompetenz als Kompetenzkonzept für Bildung für nachhaltige Entwicklung. In I. Bormann & G. de Haan (Hrsg.), *Kompetenzen der Bildung für nachhaltige Entwicklung: Operationalisierung, Messung, Rahmenbedingungen, Befunde.* Wiesbaden, VS Verlag. S. 23–43.

Ministerium für Jugend, Kultus und Sport Baden-Württemberg. (2016). *Bildungsplan des Gymnasiums – Chemie*, Stuttgart.

Zeller, D. & Bohrmann-Linde, C. (2017). Solarzellen ohne Silicium für den Chemieunterricht. *Nachrichten aus der Chemie*, *65*(12), 1236–1239. https://doi.org/10.1002/nadc.20174067764

Zeller, D. & Bohrmann-Linde, C. (2019). Alternative Solarzellen mit Titandioxid – Ein Mentoring-Projekt, *MNU* (zur Publikation angenommen.).

„Inklusive, gerechte und hochwertige Bildung gewährleisten“

Transformation durch Studierende des Grundschullehramts bewirken

Miriam Kuckuck und Claudia Henrichwark

1. Einleitung

Die Agenda 2030 für nachhaltige Entwicklung spricht einen deutlichen Auftrag an Politik und Gesellschaft für eine Transformation unserer Welt aus. Das Herzstück der Agenda sind die 17 Sustainable Development Goals (SDGs) mit insgesamt 169 Unterzielen, die bis zum Jahr 2030 erreicht werden sollen. Ein Großteil aller Länder verfolgt diese 17 Ziele. Diese Ziele gelten auf allen Maßstabsebenen von lokalen bis hin zu globalen Transformationsprozessen. Deutschland hat diese in die Deutsche Nachhaltigkeitsstrategie aufgenommen (Die Bundesregierung, 2016). Eines der 17 Ziele lautet „hochwertige Bildung“ (Nr. 4). Dieses Ziel verfolgt Bildungsgerechtigkeiten und -möglichkeiten im Inland sowie im Ausland. Neben einer Bildungsbeteiligung aller Kinder und Jugendlichen, vor allem in Ländern des globalen Südens und einem Entgegenwirken von sozialen Ungerechtigkeiten – wie zum Beispiel der Benachteiligung von Mädchen in Schulsystemen – sollen auch im deutschen Schulsystem Transformationen angestoßen werden. Über die Verankerung von Bildung für nachhaltige Entwicklung in allen Fächern hinaus, soll die schulische Bildung auch zu mehr Bildungsgerechtigkeit und -beteiligung führen. Dazu gehören unter anderem die Integration und Inklusion aller Kinder und Jugendlichen im schulischen Kontext. Mit unserem Erfahrungsbericht stellen wir unser Lehr-Forschungsseminar für angehende Lehrkräfte des Sachunterrichts vor. Im Rahmen dieses Seminars erheben die Studierenden Daten zu Freundschaftsnetzwerken in Schulklassen und werten diese aus. Durch die Sensibilisierung der angehenden Lehrkräfte in Bezug auf das Thema Integration und Inklusion sollen diese als Change Agents verstanden werden.

2. Hochwertige, gerechte und inklusive Bildung (SDG 4) in der Lehrkräftebildung im Sachunterricht

Eine inklusive, gerechte und hochwertige Bildung zu gewährleisten, ist eines der 17 Sustainable Development Goals (SDGs) der Agenda 2030 für nachhaltige Entwicklung (Die Bundesregierung, 2016). Die Nachhaltigkeitsstrategie Deutschlands greift dies auf und verdeutlicht, dass „Bildung maßgeblich über die Chancen der Menschen, ihre individuellen Fähigkeiten zu entfalten, ihre beruflichen Ziele zu verwirklichen sowie an der Gesellschaft teilzuhaben und sie mitzugestalten“ (ebd., S. 83) mitentscheidet. Das SDG 4 bezieht dabei das gesamte schulische und überschulische Spektrum von der frühkindlichen Bildung zur Erwachsenenbildung und Bildung an außerschulischen Lernorten mit ein. Inklusion ist dabei eines der Ziele, das umgesetzt werden soll. Neben internationalen Maßnahmen, an denen Deutschland im Rahmen der Entwicklungszusammenarbeit beteiligt ist, setzt Deutschland auch für den nationalen Bereich Ziele für 2030 um.

2.1 Bedeutung der (angehenden) Lehrkräfte für gerechte und inklusive Bildung

Obwohl der Bildungsstand und die Bildungsbeteiligung in den letzten Jahren in allen Bildungsbereichen gestiegen sind, hat die soziale Herkunft immer noch einen großen Einfluss auf die Bildungs- und Zukunftschancen der Schülerinnen und Schüler in Deutschland wie die internationalen Vergleichsstudien wie PISA und TIMMS zeigen. Um Chancengerechtigkeit zu gewährleisten, müssen angehende Lehrkräfte dafür sensibilisiert und darauf aufmerksam gemacht werden. Bildung kann die Voraussetzungen für eine gesellschaftliche Transformation leisten und (angehende) Lehrerinnen und Lehrer gelten dabei als wichtige Multiplikatoren für eine nachhaltige Transformation (Bedehäsing & Padberg, 2017). Auch die deutsche UNESCO-Kommission (DUK) versteht Lehrkräfte als „wirkungsvolle Change Agents“ (DUK, 2014, S. 20). Nach Kristof (2010) sind Change Agents Personen oder kleine Gruppen, die Veränderungsprozesse in der Gesellschaft anstoßen und tragen können. Dabei benötigen diese Personen folgende Eigenschaften: Veränderungswillen und Visionen, Wirkung entfalten können, Fachwissen und gesunder Menschenverstand, Prozesswissen zu Methoden einer erfolgreichen Gestaltung von Veränderungsprozessen sowie soziale Kompetenzen.

Schulen befinden sich andauernd im Prozess der Selbstreform, da sie die Ziele und Vorgaben der Gesellschaft abbilden müssen (Kuorelathi & Virtanen,

2019) wie beispielsweise die von der UN verabschiedeten Auflagen zur Inklusion aller Kinder mit und ohne Behinderung in das Schulsystem (United Nation, 2006). Die universitäre Lehrkräftebildung im Allgemeinen sowie die Ausbildung angehender Sachunterrichtslehrerinnen und -lehrer im Speziellen können bei der Förderung zu Change Agents in Bezug auf das SDG 4 ansetzen. Unabhängig vom Fach stellen sich verschiedene Herausforderungen an gegenwärtige und zukünftige Lehrkräfte, die aktiv an diesen Prozessen mitgestalten müssen. Sich diesen Herausforderungen zu stellen, wird als transformative Handlungsmacht beschrieben (Raitelhuber, 2008). Dieses Handeln wird auf der subjektiven Ebene von Idealen, Motivation, Interessen, Engagement aber auch professionellem Wissen und Fähigkeiten bestimmt. Ebenso beeinflussen soziokulturelle Bedingungen, Machtverhältnisse, Arbeitskulturen, Diskurse und Fachlichkeit, die Art und Weise der professionellen Einstellung, die jede Lehrkraft individuell entwickelt und im Arbeitsalltag einbringt (Kuorelathi & Virtanen, 2019).

Banduras (1977) bezeichnet die Vorstellungen von Personen über ihre Fähigkeiten, eine bestimmte Aufgabe auszuführen als Selbstwirksamkeitsvorstellungen. Selbstwirksamkeitsvorstellungen sind für die Gestaltung des eigenen Berufslebens insbesondere von Lehrkräften besonders wichtig, da sie einhergehen mit pädagogischen Entscheidungen und Handlungen. Wenn Lehrkräfte sich beispielsweise nicht vorstellen können, in heterogenen Klassen zu unterrichten, wird dieser Unterricht sowohl für die Schülerinnen und Schüler als auch für die Lehrperson unbefriedigend werden. Erfahrungen sind für die Selbstwirksamkeit von großer Bedeutung: Positive Erfahrungen verstärken die Selbstwirksamkeitsvorstellungen, während negative sie minimieren. Studierende des Lehramtes sollten demnach bereits im Rahmen ihres universitären Studiums Erfahrungen – im besten Falle positive – mit heterogenen Schülerschaften machen. Heterogen meint nicht nur Kinder mit sonderpädagogischem Förderbedarf, sondern auch Kinder, deren Erstsprache nicht Deutsch ist oder geflüchtete Kinder usw. Die Schülerschaft ist je nach Schule, nach Stadtteil, ob Großstadt oder Kleinstadt im ländlichen Raum, nach Schulform, Bundesland, politischer Lage oder gesamtgesellschaftlicher Situation unterschiedlich. Für einen großen Teil der in NRW ausgebildeten Lehrkräfte für Grundschulen ist und wird auch zukünftig die Schülerschaft höchstwahrscheinlich heterogen in Bezug auf verschiedenste Heterogenitätsmerkmale sein und bleiben. Beispielsweise liegt der Anteil der unter 6-jährigen ausländischen Kinder, also Kinder, die nicht in Deutschland geboren wurden und nicht die deutsche Staatsbürgerschaft besitzen, heute in vielen Städten und Kreisen NRWs über 10% und teilweise über 20% (z. B. im Kreis Kleve, Bonn oder dem Ruhrgebiet) (Statistisches Bundesamt, 2018). Die jetzigen unter 6-jährigen werden in nur wenigen Jahren die Grundschülerinnen und -schüler von morgen sein und noch weitere Jahre später die weiterführenden Schulen NRWs besuchen. Das ist nicht automatisch eine Herausforderung für Unterricht und Lehrkräfte, jedoch zeigen verschiedene Studien wie TIMMS und PISA, dass gerade die Kinder und Jugendlichen aus ökonomisch-schwachen und/oder aus zugewanderten Familien nicht die gleichen Bildungschancen haben wie andere Kinder. Dies wird durch die Lehrkräfte teilweise unbewusst mit verursacht bzw. beeinflusst – zum Beispiel durch Übergangsempfehlungen an weiterführende Schulen von Grundschullehrkräften (Überblick bei Dumont et al., 2014) oder die Bedeutung des Lehrerlobs für die Integration von Kindern mit sonderpädagogischem Förderbedarf in die sozialen Netzwerke in der Grundschule (Huber, 2009). Auf ihre diesbezüglich entscheidende Rolle müssen angehende Lehrerinnen und Lehrer vorbereitet werden.

2.2 Das Fach Sachunterricht in der Grundschule

Das Fach Sachunterricht wird ausschließlich in Grundschulen unterrichtet und umfasst sowohl Perspektiven der Gesellschaftswissenschaften (Geschichte, Geographie, Sozialwissenschaften) als auch naturwissenschaftliche und technische Aspekte. Die Lehrkräfte unterscheiden in der Regel dabei in ihrem Unterricht nicht nach Fachdisziplinen, sondern unterrichten an Themen orientiert, die vielperspektivisch beleuchtet werden.

Darüber hinaus sind mit Medien, Mobilität, Gesundheit und nachhaltiger Entwicklung vernetzende Aspekte integrale Bestandteile des Fachs (GDSU, 2013).

Damit nimmt das Fach Sachunterricht eine zentrale Stellung im Fächerkanon der Grundschule ein. Folglich sollten Studierende des Fachs sich ihrer Rolle als Change Agents bewusstwerden. Unser Seminar und die dort stattfindende Erforschung und Betrachtung von Freundschaftsnetzwerken vor dem Hintergrund inklusiver Beschulung in der Grundschule sowie die damit verbundenen Reflexionen und Schlussfolgerungen für das eigene zukünftige Lehrerhandeln bieten den entsprechenden Rahmen für diesen Baustein der Professionalisierung.

2.3 Die Bedeutung der Peergroup für gerechte und inklusive Bildung

Das vorrangige Ziel von Schule ist die formale Bildung, die im Unterricht stattfindet. Hierzu gibt es zahlreiche wissenschaftliche Diskurse und gesellschaftliche Diskussionen wie Unterricht und Schule gestaltet sein sollte (z. B. Hattie, 2009). Die Schule erfüllt von der Gesellschaft erwartete Funktionen wie Selektion, Qualifikation und Integration (Fend, 2009, Harring, 2010, Parsons, 1968). Grundschulen sind in der Regel als wohnortnahe Schulen konzipiert, die alle Kinder eines Stadtteils besuchen. Heterogenität ist dabei ein konstitutives Element und je vielfältiger das schulische Umfeld ist, desto heterogener ist die Schülerschaft. Die gemeinsame Beschulung von Kindern mit und ohne Migrationshintergrund und/oder (sonderpädagogischem) Förderbedarf gehört zum schulischen Alltag. Maßnahmen für eine gelungene schulische Integration bzw. Inklusion aller Kinder stellen damit eine besondere Herausforderung für angehende Grundschullehrkräfte dar. Letztendlich ist (hochwertige) Bildung für die gesellschaftliche Teilhabe von herausragender Bedeutung (vgl. Becker, 2011).

Neben dieser regulierten Funktion von Schule bietet die Schule durch informelle Bildung eine Vielzahl an Gelegenheiten zu beiläufigen Bildungsprozessen. Informelle Bildung geschieht nicht geplant, sondern vielmehr ungeplant und indirekt innerhalb der Peergroup. Krappmann und Oswald (1983) verstehen die Peergroup als „ein[en] Zusammenschluss von annähernd Gleichaltrigen, der von diesen selbst gestiftet und nicht von Erwachsenen organisiert wird, in dem die Zugehörigkeit freiwillig ist und in welchem die Mitglieder ihre Angelegenheiten weitgehend ohne Aufsicht und Eingriffe Erwachsener regeln" (Krappmann und Oswald 1983, S. 420). Dabei sind der Austausch und die Interaktion mit den Peers wichtig für die Persönlichkeitsentwicklung (Krappmann, 2010). „[…] Peerbeziehungen – insbesondere Freundschaftsbeziehungen – [haben] einen bedeutsamen Einfluss auf den Erwerb von sozialen Kompetenzen und fördern die Internalisierung von Sach- und Fachkompetenzen. Die Gleichaltrigengruppe bietet unter dieser Perspektive vielfältige Lern-, Erfahrungs- und Experimentierchancen, welche zur Entwicklung eigener Lebensstile, Normen, Werte und Ausdrucksweisen dienen" (Harring, M., Böhm-Kasper, O., Rohlfs, C. & Palentien, C., 2010, S. 9). Zwischen Freundschaften und Peergruppen kann unterschieden werden – dennoch bildet die Peergruppe den Rahmen innerhalb einer Schulklasse, die sich aus gleichaltrigen Kindern zusammensetzt. Innerhalb dieser Peergruppe bilden die Kinder Freundschaften, die sich nach Petillon (2011) im Verlauf der Kindheit von selbstbezogenen Orientierungen bis zu Formen eines partnerzentrierten gerechten Austausches entwickeln können. Mit Selmann (1984) können Freundschaftsverständnisse in der Kindheit in fünf Stufen unterschieden werden. Beobachtet werden u. a. kurzlebige Spielkameradschaften, einseitig konzipierte Freundschaften aber auch vertrauensvoll gegenseitige Beziehungen, die wir mit unserer Forschung in den Blick nehmen. Kinder schließen Freundschaften aufgrund von Gemeinsamkeiten und Ähnlichkeiten (Berscheid, 1985). Dieses Phänomen wird Homophilie genannt und zeigt sich in einer Vielzahl von Studien bei Kindern und Jugendlichen in Bezug auf das Geschlecht und der ethnischen Gruppe (z. B. Boulton & Smith, 1996, Graham &

SDG 4 „inklusive, gerechte und hochwertige Bildung gewährleisten"
(Die Bundesregierung, 2016, S. 83)

Schulische Bildung	**Wechselbeziehung**	**Hochschulbildung (Fokus Lehramt)**
Bildung für nachhaltige Entwicklung	↔	Lehrerprofessionalisierung in Bezug auf BNE (Fachwissen, fachdidaktisches und pädagogisches Wissen, Einstellungen, Haltung (Keil, 2018))
Gemeinsames Lernen von Kindern mit und ohne Behinderung (UN-Behindertenrechtskonvention)	↔	Sensibilisierung für Förderbedarfe, Diagnostik, Fördermöglichkeiten, Individualisierung in allen Fächern, Forschungsstand
Bildungsgerechtigkeit für alle Kinder und Jugendliche mit und ohne Migrationshintergrund sowie unabhängig vom sozio-ökonomischen Status der Eltern	↔	Sensibilisierung zu Themen der Migration und Integration sowie Fördermöglichkeiten, Sprachsensibilisierung, Forschungsstand
Wissenschaftsorientierter/ Wissenschaftspropädeutischer Unterricht	↔	Forschungsprojekte als Wege der Erkenntnisgewinnung
Gestaltung von neuen Lehr-Lern-Möglichkeiten	↔	Wissenschaftliches Arbeiten als Methode des lebenslangen Lernens

Abb. 1: Gegenüberstellung der Wechselbeziehung zwischen schulischer Bildung und Lehrkräftebildung an der Universität (eigene Darstellung)

Cohen, 1997). Auch dieser Aspekt wird in unserer Forschung näher betrachtet. Neben Lehrkräften haben also auch die Mitschüler/innen eine wichtige Funktion für eine gerechte und inklusive Bildung. Aufenvenne, Kuckuck, Leimbrink, Pochadt & Steinbrink (2018b, S. 80) bezeichnen die Schule als „Arena der sozialen Interaktion", wonach der gleichaltrigen Gruppe eine wesentliche Rolle bei der Integration und Inklusion der Kinder in die Freundschaftsnetzwerke innerhalb der Klasse zugeschrieben wird. Insgesamt wird die Peergroup in der Forschung sowohl als Ort der Unterstützung als auch als Ort der Gefährdung erkannt und ist vielseitig beforscht (ein Überblick ist bei Dalhaus, 2017 zu finden). Eine besondere Betrachtung kommt interethnischen Peer-Beziehungen zu, denn diese haben einen positiven Einfluss auf die Einstellung und Sichtweise deutscher Jugendlicher gegenüber jenen mit Migrationshintergrund und umgekehrt. In interethnischen Peergroups handeln die Beteiligten „kulturelle Werte und Deutungsmuster" aus (Reinders et al. 2005, S. 153) und die Offenheit und Toleranz der untersuchten deutschen und türkischen Jugendlichen gegenüber der jeweils anderen Kultur erhöhte sich (Reinders et al., 2005, S. 155). Damit leisten interethnische Kontakte einen bedeutenden Beitrag zur Integration in die Gesellschaft, deren Bestehen ebenfalls in unserem Forschungsprojekt untersucht und abgebildet wird.

2.4 Gerechte und inklusive Bildung als Herausforderung an Lehrkräftebildung

Die Anforderungen an und die Ziele von Schule bedingen im Umkehrschluss ähnliche Anforderungen an die universitäre Ausbildung der Lehrkräfte, welche im Rahmen unseres Lehr-Forschungsprojektes auch thematisiert werden (Abb. 1).

3. Beschreibung der Forschungsmethodik im Rahmen des Seminars

Unser Lehr-Forschungs-Seminar rückt SDG 4 „hochwertige Bildung" in den Fokus, damit die Studierenden für die vielseitige Thematik sensibilisiert werden. Dies geschieht durch

- die Auseinandersetzung mit Forschungsliteratur und dem aktuellen Forschungsstand zu Heterogenität, Migration, sonderpädagogischem Förderbedarf, Integration und Inklusion,
- die Reflexion ihrer eigenen Selbstwirksamkeitsvorstellungen,
- die Reflexion ihrer eigenen Vorstellungen von Unterricht im Kontext der Gestaltung individualisierter Lehr-Lern-Prozesse,
- erste Erfahrungen wissenschaftlichen Arbeitens mit Lehrkräften, Kindern und Jugendlichen,
- sich anschließende Beobachtung des Umgangs mit jeglicher Form von Heterogenität im Unterricht.

So sollen die verschiedenen Professionalisierungsebenen erreicht und Studierende auf ihre Bedeutung als Change Agents vorbereitet werden.

3.1 Aufbau, Struktur und Ziele des Lehr-Forschungs-Seminars

Zum Zeitpunkt der Veröffentlichung wurde das Lehr-Forschungs-Seminar bereits viermal angeboten. Entwickelt und konzipiert wurde es im Wintersemester 2016/17 an der Universität Osnabrück gemeinsam mit Prof. Dr. Malte Steinbrink und Philip Aufenvenne (jetzt beide Universität Passau) mit finanzieller Unterstützung des Zentrums für Lehrerbildung sowie des Forschungspools der Universität. In den ersten beiden Durchläufen lag der inhaltliche Schwerpunkt auf neu-zugewanderten Kindern und Jugendlichen an weiterführenden Schulen. Gemeinsam mit Geographie-Studierenden konnten Daten von über 940 Schülerinnen und Schülern der weiterführenden Schulen erhoben und ausgewertet werden. Seit dem Sommersemester 2018 wird das Lehr-Forschungsseminar an der Bergischen Universität Wuppertal für Studierende des Grundschullehramts mit dem Fach Sachunterricht regelmäßig angeboten, wodurch bislang Daten von insgesamt 1.216 Grundschülerinnen und Grundschülern vorliegen. Zudem wurde an beiden Standorten eine Vielzahl an Masterarbeiten zur Thematik betreut (siehe unten).

In den Seminaren setzen sich die Studierenden zunächst mithilfe aktueller Forschungsliteratur mit Themen wie Heterogenität, Migration, Integration, Inklusion und sonderpädagogischen Förderbedarfen auseinander. Der wissenschaftliche Diskurs wird im Seminar besprochen, Forschungslücken werden identifiziert. Ebenso erweitern die Studierenden ihre Kompetenzen im Bereich Forschungsdesign, -methodik und -organisation. Die Studierenden lernen den Umgang mit Fragebögen, die Datenerhebung in (Grundschul-)Klassen, die Eingabe von Daten und Programme der Datenauswertung kennen. Sie entwickeln eigenständig eine Forschungsfrage, werten die Daten dahingehend aus und erstellen einen Forschungsbericht, in dem sie auf die Literatur eingehen und Ergebnisse reflektieren. Den Seminarabschluss bildet die Zusammenführung, Darstellung, Diskussion und Reflexion aller erhobenen Daten.

Die Studierenden schulen so zum einen ihre wissenschaftlichen Arbeitsweisen, zum anderen können sie auch ihre eigenen Selbstwirksamkeitsvorstellungen überdenken und reflektieren und so zu einer Transformation in der Bildung beitragen.

Tab. 1: Darstellung des Kontextes zum Lehr-Forschungs-Seminar (eigene Darstellung)

Zielgruppe	Studierende des Lehramtes Geographie oder Sachunterricht (alle Schulformen)
Lehrveranstaltung	Seminar
Prüfungsform	schriftliche Ausarbeitung von max. 25 Seiten (Forschungsbericht)
Ergebnisverwertung	die erhobenen Daten werden in eine Datenbank eingespeist und dienen zu weiteren Forschungszwecken und Publikationen
Kompetenzen	Fachwissen: zu Integration, Migration, Inklusion, sonderpädagogischen Förderbedarf Methodenkompetenz: Datenerhebung, -organisation, -auswertung; wissenschaftlichen Bericht schreiben Kommunikationskompetenz: wiss. Diskurse im Seminar diskutieren, Befragungen mit Schülerinnen und Schülern durchführen
Anforderungen an Studierende	hohes zeitliches Engagement aufgrund der Befragungen in den Schulklassen, Arbeiten mit Software für Datenauswertung
Anforderungen an Dozierende	Organisation und Moderation, Überblick über wissenschaftlichen Diskurs, methodische Kenntnisse, versierter Umgang mit der Software
Bewertungskriterien	Wissenschaftliche Ausarbeitungen werden nach den Standards für Hausarbeiten bewertet (lt. Leitfaden des Instituts)

3.2 Vorbereitung

Im ersten Teil des Seminars setzen sich die Studierenden mit der aktuellen Forschungsliteratur zu den Themen Migration, Integration, Inklusion und sonderpädagogischen Förderbedarf auseinander. Währenddessen kontaktieren sie eigenständig Schulklassen bzw. Schulen für die eigene Datenerhebung. Häufig sind dies Schulen, an denen die Studierenden ihr Praxissemester absolviert haben oder dort bereits als Vertretungslehrerinnen oder -lehrer tätig sind.

Der Fragebogen zur Erhebung der Daten liegt bereits vor und muss von den Studierenden nicht mehr entwickelt werden. Damit die Daten auch weiterhin vergleichbar sind, wird der Fragebogen auch nicht mehr verändert. Auf Grund der notwendigen basalen Lesekompetenz werden Klassen der Jahrgangsstufe drei und vier beforscht.

Die Studierenden lernen im Rahmen des Seminars Forschungsmethoden intensiv kennen:

- Methode der Datenerhebung: standardisierter Fragebogen
- Methode der Datenauswertung: Soziale Netzwerkanalyse (SNA).

3.3 Datenerhebung

Der Fragebogen zur Datenerhebung umfasst verschiedene Relationen zu schulischen wie außerschulischen Kontakten zwischen den Kindern. Beispielsweise werden die Kinder nach ihren Pausenkontakten oder dem Sitznachbar sowie nach Besuchen zu Hause oder Einladungen zu Partys befragt. Die Fragebögen sind so vorbereitet, dass die Kinder nur noch die entsprechenden Namen ihrer Klassenkameraden umkreisen müssen. Neben den relationalen Daten werden auch Attribute der Schülerinnen und Schüler abgefragt wie das Alter, die Sprache, die sie zuhause sprechen, Aufenthaltsdauer in Deutschland usw. Zusätzlich erhalten die Lehrerinnen und Lehrer der jeweiligen Klasse ebenfalls einen Fragebogen, um weitere Informationen wie z. B. sonderpädagogische Förderbedarfe, Aufenthaltsdauer in Deutschland, durchschnittlicher Leistungstand des Kindes zu erhalten.

Die Datenerhebung dauert meistens ca. 25 Minuten pro Klasse. Die Studierenden sollen mindestens zu zweit pro Klasse die Daten erheben. In Zweierteams werden so durchschnittlich vier bis sechs Klassen je Team befragt. Die Anwesenheit der jeweiligen Klassenleitungen hat sich aus organisatorischen Gründen bewährt.

3.4 Datenauswertung

Im Anschluss an die Datenerhebung werden die Inhalte der Fragebögen von den Studierenden in vorbereitete Exceltabellen übertragen. Dieser Schritt nimmt je Lerngruppe etwa eine Stunde in Anspruch und ist ebenfalls besser im Tandem zu bewältigen. Die Daten aller Klassen liegen letztendlich in Exceltabellen vor, womit sie für Programme der Sozialen Netzwerkanalyse zur Verfügung stehen. Die Methode der Sozialen Netzwerkanalyse bietet sich an, um die informellen Kommunikations- und Kontaktstrukturen innerhalb von Schulklassen zu untersuchen, denn mithilfe der SNA können Gesamtnetzwerke analysiert werden, die als eine zuvor abgegrenzte Menge an sozialen Akteuren und zwischen ihnen bestehenden Beziehungen definiert sind (Steinbrink, Aufenvenne & Schmidt, 2013). In unserem Fall sind die Schulklassen diese abgegrenzte Menge, die sich aus den einzelnen Schülerinnen und Schülern sowie den Beziehungen zwischen ihnen definiert (Bicer, Windzio & Wingens, 2014). Die erhobenen Netzwerkdaten werden nach einer Bereinigung und Anonymisierung dann mithilfe des Netzwerkanalyseprogramms UCINet (Borgatti, Everett & Freemann, 2009) ausgewertet und mithilfe der Software Gephi (Bastian, Heymann & Jacomy, 2009) illustriert.

Die Studierenden lernen im Seminar verschiedene Berechnungsschritte zur Auswertung der Daten kennen, die sie dann auf ihre eigene Fragestellung anwenden können. Beispielsweise werden die durchschnittlichen eingehenden, ausgehenden und reziproken (wechselseitigen) Beziehungen errechnet sowie die Homophiliewerte (Aufenvenne et al., 2018a, 2018b, 2018c, Kuckuck, Henrichwark & Jeschke, 2020). „Von Homophilie spricht man, wenn sich die Ähnlichkeit von Akteuren in Bezug auf bestimmte Merkmale (Attribute) auch in überzufälliger Weise in der Netzwerkstruktur widerspiegeln“ (Steinbrink et al., 2013, S. 54). Ob innerhalb eines Netzwerkes Kinder mit bestimmten Merkmalen (Familiensprache, Geschlecht, ...) stärker untereinander vernetzt sind, kann mit der Berechnung des Homophiliewertes angegeben werden. In vielen Grundschulklassen sind beispielsweise die Kinder des gleichen Geschlechts mehr untereinander vernetzt als mit dem anderen Geschlecht. Diese Netzwerke werden dann homophil bezogen auf das Attribut Geschlecht genannt.

Die Daten bieten eine breite Auswahl an Themen an, die die Studierenden bearbeiten können. Dies zeigt sich beispielsweise in der Vielzahl an unterschiedlichen Themen, die die Studierenden für ihre Forschungsberichte oder für Masterarbeiten gewählt haben (Auswahl an Themen):

- Schulische Bildung und Integration – eine netzwerkanalytische Studie
- „Intelligenz macht einsam?" – eine netzwerkanalytische Auswertung von Klassenstrukturen
- Der Einfluss der Dauer des Aufenthalts von Schüler/innen in Deutschland auf den Grad der Einbindung in Netzwerke
- „Gleich und gleich gesellt sich gern“ – Eine Untersuchung der Homophiliewerte der Klassengefüge an ausgewählten Schulen
- Migration, Bildung und Inklusion im schulischen Kontext – Zur Integration nicht in Cliquen eingebundener Schülerinnen und Schüler mit Migrationshintergrund
- Soziale Integration von Kindern im Klassenverband mit Deutsch als Zweitsprache
- Freundschaftsnetzwerke von Kindern an Grundschulen in NRW – eine netzwerkanalytische Betrachtung
- Soziale Netzwerkanalyse in der Grundschule – Integration von Kindern mit Migrationshintergrund
- Integration von Kindern an Grundschulen in NRW – eine netzwerkanalytische Betrachtung
- ...

3.5 Ergebnisse und Dateninterpretation

Auf Grundlagen unserer Datenauswertung können wir bereits die folgenden ausgewählten Ergebnisse festhalten:

- Schülerinnen und Schüler mit Migrationshintergrund haben im Durchschnitt ähnlich viele Kontakte wie Schülerinnen und Schüler ohne Migrationshintergrund, allerdings bestehen Unterschiede zwischen der 1. und 2. Generation (Aufenvenne et al., 2018a,b,c; Kuckuck, Henrichwark, Jeschke, 2020).
- Der Migrationshintergrund ist nicht eindeutig entscheidend für die Strukturierung (Cliquenbildung) innerhalb einer Klasse (Aufenvenne et al., 2018a, b, c).
- Schülerinnen und Schüler mit sonderpädagogischem Förderschwerpunkt haben im Durchschnitt ähnlich viele Kontakte wie Regelschüler/innen, aber es bestehen offenbar Unterschiede in Abhängigkeit vom Förderschwerpunkt (Kuckuck et al., 2020).
- Alle Kinder, unabhängig von ihrem Migrationsstatus oder Förderbedarf, haben im Privaten mehr reziproke Freundschaftsbeziehungen als in der Schule (Kuckuck et al., 2020).

Im Zuge der netzwerkanalytischen Auswertung und Betrachtung der Daten stoßen die Studierenden an Grenzen unserer vorstrukturierten Methoden und entwickeln weiterführende, zum Teil qualitative Fragestellungen, die sie dazu anregen, in zukünftigen Praxisphasen weiter zu forschen und zu beobachten. Ausgewählte Beispiele:

- Welches Lehrkräftehandeln führt dazu, dass mittels sozialer Netzwerkanalyse keine Außenseiterinnen und Außenseiter identifiziert werden können?
- Kann durch gezieltes Loben einzelner, zuvor ausgegrenzter Kinder, deren Position im sozialen Netzwerk verbessert werden? (vgl. Huber, 2009)
- …

4. Diskussion

Die Agenda 2030 stellt an die Gesellschaft, an die Politik sowie an die Bildung hohe Anforderungen, um die 17 SDGs umzusetzen. Angehende Lehrerinnen und Lehrer gelten in diesem Prozess der Transformation als wichtige Change Agents, da sie die Schülerinnen und Schüler auf Morgen vorbereiten sollen. Durch diese Anforderungen an Schule und Universität muss auch das Lehramtsstudium verändert werden. Die Studierenden müssen dazu befähigt werden, sich selbstbestimmend und reflektierend mit den Herausforderungen des 21. Jahrhunderts auseinanderzusetzen. Das SDG 4 „hochwertige Bildung" ist dafür eine geeignete Auswahl. Die angehenden Lehrerinnen und Lehrer setzen sich bereits im Rahmen ihres Studiums wissenschaftlich mit Themen wie Heterogenität, sonderpädagogischem Förderbedarf, Migration, Inklusion, Integration und Bildungsgerechtigkeit auseinander, indem sie ein angeleitetes Forschungsprojekt von der Datenerhebung bis zur Datenauswertung und Verschriftlichung durchführen. Dieser Prozess des wissenschaftlichen Arbeitens befähigt sie auch zu einem lebenslangen Lernen. Lebenslanges Lernen wird dabei als integraler Bestandteil der Lehrerprofessionalität verstanden, da Lehrerinnen und Lehrer auf immer wieder neue Herausforderungen reagieren können müssen, um eine Transformation zu gewährleisten. Das Lehr-Forschungsseminar bietet hierfür eine ideale Möglichkeit. Die Studierenden haben durch den intensiven Austausch und die Beteiligung an einem „richtigen" Forschungsprojekt die Möglichkeit, aktiv an Forschung teilzunehmen aber auch ihre eigenen Selbstwirksamkeitsvorstellungen in Bezug auf eine heterogene Schülerschaft zu reflektieren. Außerdem nehmen sie über das Seminar hinausgehende, praxisbezogene Fragestellungen mit. Der frühe Zeitpunkt – bereits während des Studiums – wurde gewählt, damit die Studierenden sukzessive ihre Kompetenzen für eine inklusive, gerechte und hochwertige Bildung ausbilden und entwickeln können.

Literatur

Aufenvenne, P., Kuckuck, M., Leimbrink, N., Pochadt, M. & Steinbrink, M. (2018a). Inklusion und Exklusion im schulischen Kontext. Eine netzwerkanalytische Studie zur Einbindung migrantischer SchülerInnen in informelle Klassenstrukturen. In M. Dickel, L. Keßler, F. Pettig, & F. Reinhardt, (Hrsg.), *Grenzen markieren und überschreiten – Positionsbestimmungen im weiten Feld der Geographiedidaktik. Tagungsbeiträge zum HGD-Symposium 2017 in Jena.* Geographiedidaktische Forschungen 69 (S. 138–147) Münster: Lit-Verlag.

Aufenvenne, P., Kuckuck, M., Leimbrink, N., Pochadt, M. & Steinbrink, M. (2018b). Integration durch Peers – eine netzwerkanalytische Studie zur Einbettung migrantischer Kinder und Jugendlicher in Schulklassen. In A. Budke & M. Kuckuck (Hrsg.), *Migration und geographische Bildung* (S. 79–92). Stuttgart: Franz Steiner Verlag.

Aufenvenne, P., Kuckuck, M., Leimbrink, N., Pochadt, M. & Steinbrink, M. (2018c). Integration through Peers – A Study on the Integration of Migrant Children in Pupil Networks in four German Secondary Schools. *American Journal of Educational Research and Reviews*, 3–19. https://doi.org/10.28933/ajerr-2018-02-0101

Bandura, A. (1977): Self-efficacy: Toward a unifying theory of behavioral change. *Psychological Review*, 84, 191–215. https://doi.org/10.1037/0033-295X.84.2.191

Bastian, M., Heymann, S. & Jacomy, M. (2009). *Gephi: an open source software for exploring and manipulating networks. International AAAI Conference on Weblogs and Social.* Verfügbar unter: https://gephi.org/publications/gephi-bastian-feb09.pdf [31.05.2019].

Becker, R. (2011). *Integration durch Bildung: Bildungserwerb von jungen Migranten in Deutschland.* Wiesbaden: VS Verlag für Sozialwissenschaften. https://doi.org/10.1007/978-3-531-93232-3

Bedehäsing, J. & Padberg, S. (2017). Globale Krise, Große Transformation, Change Agents: Heiße Eisen für die Geographiedidaktik? *GW-Unterricht, 146*, 19–31. https://doi.org/10.1553/gw-unterricht146s19

Berscheid, E. (1985): Interpersonal attraction. In G. Lindzey & E. Aronson (Hrsg.), *Handbook of Social Psychology* (S. 413–484). New York.

Bicer, E., Windzio, M. & Wingens, M. (2014). *Soziale Netzwerke, Sozialkapital und ethnische Grenzziehungen im Schulkontext.* Wiesbaden: Springer Fachmedien. https://doi.org/10.1007/978-3-658-04342-1

Borgatti, S.P., Everett, M.G. & Freemann, L. C. (2009). *UCINet for Windows. Software for Social Network Analysis.* Harvard: Analytic Technologies.

Boulton, M. J. & Smith, P.K. (1996). Liking and peer perceptions among Asian and white British children. *Journal of Social and Personal Relationships, 13* (2), 163–177. https://doi.org/10.1177/0265407596132001

Dalhaus, E. (2017). *Emanzipation durch Schule. Zum Bildungshabitus junger Frauen mit Migrationshintergrund.* Wiesbaden: Springer Fachmedien. https://doi.org/10.1007/978-3-658-15007-5

Die Bundesregierung (Hrsg.). (2016). *Deutsche Nachhaltigkeitsstrategie.* Frankfurt am Main: Zarbock.

DUK – Deutsche UNESCO-Kommission (2014). *UNESCO-Roadmap zur Umsetzung des Weltaktionsprogramms „Bildung für nachhaltige Entwicklung".* Bonn: Dt. UNESCO-Kommission.

Dumont, H., Maaz, K., Neumann, M. & Becker, M. (2014). Soziale Ungleichheiten beim Übergang von der Grundschule in die Sekundarstufe I. Theorie, Forschungsstand, Interventions- und Fördermöglichkeiten. *Zeitschrift für Erziehungswissenschaft 17*, Suppl.24, 141–165. https://doi.org/10.1007/s11618-013-0466-1

Esser, H. (2006). *Sprache und Integration: die sozialen Bedingungen und Folgen des Spracherwerbs von Migranten.* Frankfurt [u. a.].

Fend, H. (2009). *Neue Theorie der Schule: Einführung in das Verstehen von Bildungssystemen.* Wiesbaden: VS Verlag für Sozialwissenschaften. https://doi.org/10.1007/978-3-531-91788-7

GDSU – Gesellschaft für Didaktik des Sachunterrichts (Hrsg.). (2013). *Perspektivrahmen Sachunterricht* (vollständig überarbeitete und erweiterte Ausgabe). Bad Heilbrunn: Klinkhardt.

Graham, J. A. & Cohen, R. (1997). Race and gender as factors in children's sociometric ratings and friendship choises. *Social Development, 6* (3), 355–372. https://doi.org/10.1111/j.1467-9507.1997.tb00111.x

Graham, J. A., Cohen, R., Zbikowski, S. M. & Secrist, M. E. (1998). A longitudinal investigation of race and gender as factors in children's classroom friendship choises. *Child Study Journal, 28* (4), 245–266.

Harring, M. (2010). Freizeit, Bildung und Peers – informelle Bildungsprozesse im Kontext heterogener Freizeitwelten und Peer-Interaktionen Jugendlicher. In M. Harring, O. Böhm-Kasper, C. Rohlfs & C. Palentien (Hrsg.), *Freundschaften, Cliquen und Jugendkulturen. Peers als Bildungs- und Sozialisationsinstanzen* (S. 21–59). Wiesbaden: VS Verlag für Sozialwissenschaften. https://doi.org/10.1007/978-3-531-92315-4_2

Harring, M., Böhm-Kasper, O., Rohlfs, C. & Palentien, C. (2010). Peers als Bildungs- und Sozialisationsinstanzen – eine Einführung in die Thematik. In M. Harring, O. Böhm-Kasper, C. Rohlfs & C. Palentien (Hrsg.), *Freundschaften, Cliquen und Jugendkulturen. Peers als Bildungs- und Sozialisationsinstanzen* (S. 9–21). Wiesbaden: Verlag für Sozialwissenschaften. https://doi.org/10.1007/978-3-531-92315-4_1

Hattie, J. A. C. (2009). *Visible Learning. A synthesis of over 800 meta-analyses relating to achievement.* London & New York: Routledge. https://doi.org/10.4324/9780203887332

Huber, C. (2009). Gemeinsam einsam? Empirische Befunde und praxisrelevante Ableitungen zur sozialen Integration von Schülern mit Sonderpädagogischem Förderbedarf im Gemeinsamen Unterricht. *Zeitschrift für Heilpädagogik*, 242–248.

Huber, C. & Wilbert, J. (2012). Soziale Ausgrenzung von Schülern mit sonderpädagogischem Förderbedarf und niedrigen Schulleistungen im gemeinsamen Unterricht. *Empirische Sonderpädagogik, 4* (2), 147–165.

Keil, A. (2018): *Bildung für nachhaltige Entwicklung, Mensch-Umwelt-System und Transformationsforschung – eine Abhandlung zur Fachlichkeit in der Lehramtsausbildung Geographie.* Verfügbar unter: http://elpub.bib.uni-wuppertal.de/servlets/DocumentServlet?id=8810 [02.08.2019].

Krappmann, L. (2010). Prozesse kindlicher Persönlichkeitsentwicklung im Kontext von Gleichaltrigenbeziehungen. In M. Harring, O. Böhm-Kasper, C. Rohlfs & C. Palentien (Hrsg.), *Freundschaften, Cliquen und Jugendkulturen. Peers als Bildungs- und Sozialisationsinstanzen* (S. 187–223). Wiesbaden: Verlag für Sozialwissenschaften. https://doi.org/10.1007/978-3-531-92315-4_10

Krappmann, L. & Oswald, H. (1983). Beziehungsgeflechte und Gruppen von Gleichaltrigen Kindern in der Schule. In F. Neidhardt (Hrsg.), *Gruppensoziologie: Perspektiven und Materialien* (S. 420–50). Wiesbaden : Springer VS. https://doi.org/10.1007/978-3-663-01510-9_20

Krappmann, L. & Oswald, H. (1995). *Alltag der Schulkinder: Beobachtungen und Analysen von Interaktionen und Sozialbeziehungen.* Weinheim [u. a.]: Juventa Verlag.

Kristof, K. (2010). *Wege zum Wandel. Wie wir gesellschaftliche Veränderungen erfolgreicher gestalten können.* München: oekom.

Kuckuck, M., Henrichwark, C. & Jeschke, P. (2020, im review): Freundschaftsnetzwerke in heterogenen Schulklassen – Eine netzwerkanalytische Studie schulischer und außerschulischer Beziehungen von Kindern in der Grundschule. In: M. Döll & M. Michalak (Hrsg.), *Zwischen Deutsch als Zweitsprache, Sprachheilpädagogik und*

Inklusion – Aktuelle Diskurse und didaktisch-methodische Schnittmengen. Münster: Waxmann Verlag.

Kuorelahti, M. & Virtanen, T. (2019). Auch Lehrkräfte benötigen Unterstützung im inklusiven Unterricht! Professional Agency und die Professionalisierung von Lehrkräften in der Inklusion. *Vierteljahresschrift für Heilpädagogik und ihre Nachbargebiete (VHN), 85*, 25–35. https://doi.org/10.2378/vhn2016.art03d

Petillon, H. (2011). Grundschulkinder und ihre sozialen Beziehungen. In W. Einsiedler, M. Götz, A. Hartinger, F. Heinzel, J. Kahlert & U. Sandfuchs (Hrsg.), *Handbuch Grundschulpädagogik und Grundschuldidaktik* (S. 168–176). Bad Heilbrunn: Verlag Julius Klinkhardt.

Raitelhuber, E. (2008). Von Akteuren und agency – Eine sozialtheoretische Einordnung der structure/agency-Debatte. In H.G. Homfeldt, W. Schöer & C. Schweppe (Hrsg.), *Vom Adressaten zum Akteur* (S. 17–45). Opladen: Barbara Budrich. https://doi.org/10.2307/j.ctvdf065d.4

Reinders, H., Mangold, T. & Greb, K. (2005). Ko-Kulturation in der Adoleszenz. Freundschaftstypen, Interethnizität und kulturelle Offenheit im Jugendalter. In F. Hamburger, T. Badawia & M. Hummrich (Hrsg.), *Migration und Bildung* (S. 139–157). Wiesbaden: VS Verlag für Sozialwissenschaften. https://doi.org/10.1007/978-3-531-90346-0_9

Selmann, R.L. (1984). *Die Entwicklung des sozialen Verstehens.* Frankfurt a.M.: Suhrkamp.

Statistisches Bundesamt (Hrsg.). (2018). *Migration. Integration. Region.* Verfügbar unter: https://service.destatis.de/DE/karten/migration_integration_regionen.html#ANT_AIU6 [02.08.2019].

Steinbrink, M., Aufenvenne, P. & Schmidt, J.-B. (2015). Netzwerk(analys)e in der Geographiedidaktik. In A. Budke & M. Kuckuck (Hrsg.), *Geographiedidaktische Forschungsmethoden* (S. 433–463). Münster: Lit-Verlag.

United Nation (2006). *Convention on the Rights of Persons with Disabilities.* Verfügbar unter: https://www.un.org/disabilities/documents/convention/convoptprot-e.pdf [02.08.2019].

Berufs- und Wirtschaftspädagogik für eine nachhaltige Entwicklung

Wilhelm Trampe

1. Vom Leitbild der nachhaltigen Entwicklung zur beruflichen Bildung für eine nachhaltige Entwicklung (BBNE)

Mit dem Begriff der „Nachhaltigkeit" bzw. „nachhaltigen Entwicklung" (zur Begriffsgeschichte z. B. Grober, 2010) ist nicht weniger verbunden als Vorstellungen von der Notwendigkeit der Transformation der Industriegesellschaft. Die Notwendigkeit der Transformation ergibt sich essentiell aus der sog. ökologischen Krise, die verstanden werden kann als massive Beeinträchtigung bis hin zu Störungen des Funktionierens ökologischer Systeme (lokal, regional, global) durch eindimensionale technisch-ökonomisch induzierte Veränderungen (z. B. Klimaveränderung, Zerstörung von Biodiversität, Ressourcenverschwendung) (Wissen, 2014).

Der Begriff „nachhaltige Entwicklung" erlangte im Jahre 1987 durch den Brundtland-Bericht (Brundtland, 1987) seine erste Popularität mit zunächst drei Dimensionen: Ökonomie, Ökologie und Soziales (sog. ‚Drei-Säulen-Modell'). Weitere Differenzierungen dieser Modellvorstellung und des Leitbildes schlossen sich an (zu den Grundlagen z. B. Grunwald & Kopfmüller, 2012). Im Kern geht es um Bewahrungsstrategien zum Wohl der zukünftigen Generationen. Bei dem Umgang mit den überlebensbedrohenden Problemen nicht-nachhaltigen Handelns zeigen sich innerhalb des Nachhaltigkeitsdiskurses unterschiedliche Perspektivierungen, die als schwache und starke Nachhaltigkeit bezeichnet werden können (vgl. Ott & Döring, 2011). Die Autoren gehen hierbei von einem weiten Kapitalbegriff aus, wobei das Konzept schwacher Nachhaltigkeit tendenziell eine beliebige Substitution des sog. Naturkapitals durch sog. Sach- oder Humankapital zulässt (Anthropozentrismus). Unter dem Leitbild der starken Nachhaltigkeit versteht man demgegenüber die Vorstellung einer prinzipiellen Erhaltungsaufgabe der Natur (Bio- oder Ökozentrismus). Damit verbunden ist die Idee einer ‚großen Transformation' der Industriegesellschaft.

Zur Umsetzung dieser Transformation wird seit 1992 (Tagung der UNCED in Rio de Janeiro) Bildung als notwendige Voraussetzung für die Veränderung sozialer Systeme im Hinblick auf eine nachhaltige Entwicklung angesehen (BMU, 1993, S. 261ff.). Bildung für nachhaltige Entwicklung (BNE)[1] wurde zu einem Leitziel innerhalb nationaler und weltweiter Programme und Aktionspläne (vgl. dazu Maack, 2018, S. 25 -56).

Auch die berufliche Bildung wird im Rio-Abschlussbericht als eine wichtige Voraussetzung für eine Veränderung von sozialen Systemen im Hinblick auf Nachhaltigkeit eingestuft und angesehen (BMU, 1993, S. 265). Seither hielt berufliche Bildung für eine nachhaltige Entwicklung (BBNE) nur zögerlich Einzug in verschiedene Kontexte des Berufsbildungsdiskurses (vgl.: Schlömer/Rebmann 2019).

2. Fachdidaktische Ansätze einer BBNE

Die Auseinandersetzung mit dem Thema Nachhaltigkeit setzte im Bereich der beruflichen Bildung erst etwa um die Jahrtausendwende ein (vgl. Fischer, 1998; Mertineit, Nickolaus & Schnurpel 2001; Trampe, 2001). Als ein Meilenstein kann der im Jahr 2003 in Osnabrück verabschiedete Orientierungsrahmen zur BBNE bezeichnet werden (BMBF, 2003, S. 174). Daraufhin wurden in einigen beruflichen Fachrichtungen Ansätze entwickelt, um das Thema nachhaltige Entwicklung in die Fachdidaktiken zu integrieren; exemplarisch hierfür die Fachbereiche: Bau (z.B. Kuhlmann, 2007), Elektro (z.B. Reichwein, 2015), Ernährung und Hauswirtschaft (z.B. Kastrup, 2013, Kettschau, 2011), Metall (z.B. Wolf, 2011) und Ökonomie (z.B. Tiemeyer & Wilbers, 2006; Stahlmann, 2008).

Insbesondere vom Bildungsministerium für Bildung und Forschung (BMBF) wurden seitdem Projekte zu diesem Themenbereich unter Federführung des Bundesinstituts für Berufsbildung (BIBB) gefördert (vgl. dazu Kuhlmeier, 2007; Mohorič, 2014; BIBB, 2017; Kestner & Weber, 2017; Casper et al., 2018).

Bei einer vergleichenden Betrachtung vorhandener Ansätze innerhalb der Fachdidaktiken sind folgende Tendenzen, die allerdings nicht durchgängig aufzufinden sind, erkennbar:

- *Primat der fachlichen Orientierung*: Fachdidaktische Ansätze bleiben häufig verhaftet in ihren Herkunftsdisziplinen, auch wenn angestrebt wird, dass keine Dimensionen der Nachhaltigkeit (sozial, ökologisch, ökonomisch) ausgeblendet bleiben dürfen.

---

1 Zur Abgrenzung der Begriffe „Bildung für eine nachhaltige Entwicklung", „globales Lernen" und „Umweltbildung", auf die hier nicht näher eingegangen werden kann, vgl. Künzli, Bertschy & Di Giulio, 2010.

- *Primat der schwachen Nachhaltigkeit:* Von der Tendenz her ist überwiegend eine Orientierung an einem Konzept der schwachen Nachhaltigkeit erkennbar bzw. eine Reduktion auf einzelne Aspekte nachhaltiger Entwicklung (vgl. z.B. Mertineit & Exner, 2003; Fischer et al., 2011).
- *Orientierung an ökonomisch verwertbaren Qualifikationen:* Charakteristisch für viele Ansätze ist in der Regel, dass die jeweiligen Bildungsprozesse sich an Machbarkeitskategorien und ökonomisch-utilitaristischen Interessen und damit an konkreten fachrichtungsbezogenen Qualifikationserfordernissen orientieren.
- *Verkürzte Auffassung von Handlungsorientierung:* Die Modellvorstellung von ‚Handlung' aus der Handlungsregulationstheorie von Hacker/Volpert (vgl. z.B. Hacker, 1998) wird von Seiten der beruflichen Fachdidaktiken nahezu durchgängig verwendet. Damit liegt eine Verkürzung der pädagogischen Handlungstheorie vor, wie sie ursprünglich von Aebli (1980) formuliert wurde.
- *Orientierung am vorherrschenden ökonomisch-technischen Weltbild:* Die vorherrschende Wachstums-, Fortschritts- und Verwertungslogik wird grundsätzlich nicht hinterfragt, obwohl sie mit Ideen einer starken nachhaltigen Entwicklung nicht vereinbar ist, die dieses Weltbild in Frage stellen. Daher erfolgt eine Orientierung hin zur schwachen Nachhaltigkeit.

Aufgrund der hier aufgelisteten selbst auferlegten Einschränkungen ist es in diesem Kontext nicht verwunderlich, dass viele gut gemeinte Ansätze, Projekte oder Programme nach ihrem Abschluss kaum Verbreitungseffekte aufweisen. Insgesamt muss konstatiert werden, dass fachrichtungsbezogene Konzepte einer Berufsbildung für eine nachhaltige Entwicklung in ihrer derzeitigen Konstituiertheit in der Berufsbildungsforschung, -politik und -praxis nicht den Status einer systematischen Modernisierungsstrategie im Hinblick auf eine grundlegende Transformation auf Mikro-, Meso- und Makroebene aufweisen (vgl. dazu auch Diettrich, Hahne & Winzier, 2007; Kuhlmeier & Vollmer, 2015).

Hier wäre die Integration von Elementen einer starken nachhaltigen Entwicklung und eines berufs- und wirtschaftspädagogischen ausformulierten Leitbildes einer nachhaltigen Entwicklung erforderlich, dem ich mich jetzt zuwende.

3. Nachhaltige Entwicklung als paradigmatische Transformationsidee: Konturen eines berufs- und wirtschaftspädagogischen Zugangs

Im nationalen Diskurs unterstrich der ‚Wissenschaftliche Beirat der Bundesregierung Globale Umweltveränderungen' in einem viel beachteten Gutachten die Notwendigkeit eines ‚Gesellschaftsvertrags für eine Große Transformation' (WBGU, 2011). Unter ‚Großer Transformation' kann die weltweite Veränderung von sozialen Systemen in Richtung Nachhaltigkeit verstanden werden mit dem Ziel, die Lebensgrundlagen der Menschheit generationenübergreifend zu sichern und irreversible Schäden ökologischer Systeme zu vermeiden.

Allen wissenschaftlichen Disziplinen kann nach diesem Verständnis zugemutet werden, an diesem Prozess im Rahmen von entsprechenden erkenntnisleitenden Erklärungszusammenhängen ihren Beitrag zu leisten.

Nachhaltige transformative Wissenschaft ist Wissenschaft, die auch den Entstehungs- und Verwendungszusammenhang wissenschaftlicher Erkenntnisse im Hinblick auf das Leitbild einer nachhaltigen Entwicklung in den Fokus ihrer Bemühungen rückt (vgl. Schneidewind, 2015). Eine Voraussetzung hierfür ist die Bereitschaft zur Transdisziplinarität, die unterschiedlich ausgerichtet sein kann (vgl. Mittelstraß, 2018).

Der Berufs- und Wirtschaftspädagogik muss die Aufgabe zugemutet werden, dem Anspruch einer pädagogischen Vorbereitung auf die notwenige Transformation der Gesellschaft gerecht zu werden. Diese Zielbestimmung scheint auch deshalb erforderlich, weil nach Auffassung von Kritikern – trotz zahlreicher Aktivitäten beispielsweise im Rahmen der aufgeführten fachdidaktischen Ansätze – bislang der Orientierung am Leitbild einer nachhaltigen Entwicklung im Berufsbildungssystem nicht genügend Beachtung geschenkt wurde (vgl. Deutsche UNESCO-Kommission, 2013).

Hierzu wäre aus der hier vorgeschlagenen Perspektive eine Integration des Leitbildes einer nachhaltigen Entwicklung in den Gegenstandsbereich der Berufs-und Wirtschaftspädagogik erforderlich. Anschlussmöglichkeiten innerhalb bestehender Auffassungen zum Gegenstandsbereich der Berufs- und Wirtschaftspädagogik ließen sich durchaus finden.

So sei an dieser Stelle als Beispiel die etwas ältere, jedoch häufig zitierte Definition von Stratmann aufgeführt, der Berufs- und Wirtschaftspädagogik versteht als „... jene Teildisziplin der Erziehungswissenschaft, die sich insbesondere der pädagogischen Probleme beruflicher Qualifizierungsprozesse und der Fragen beruflich-betrieblicher Sozialisation annimmt, d. h. die pädagogischen Belange beruflicher Ausbildungsgänge, primär solcher unterhalb der Hochschulebene, erforscht, reflektiert und – dem Anspruch nach – auch konstruktiv klärt“ (Stratmann, 1979, S. 285). Aus dieser sehr allgemein gehaltenen Definition lässt sich m. E. durchaus die Notwendigkeit der Integration des Themas Nachhaltigkeit in den Gegenstandsbereich einer Berufs- und Wirtschaftspädagogik ableiten. Einige Begründungszusammenhänge sollen hier genannt werden.

Zunächst sind es die Schülerinnen und Schüler – das sog. ‚Bedingungsfeld‘, die eine enorme Sensibilität im Hinblick auf das Thema Nachhaltigkeit entwickelt haben. So reichen momentan die pädagogischen Probleme, die angesichts der derzeit weltweiten Proteste von Jugendlichen gegenüber der von Ihnen so wahrgenommenen Ignoranz der Erwachsenen z. B. gegenüber der Klimaveränderung durch den Menschen, bis in den Schulalltag (‚fridays for future‘). Es ist davon auszugehen, dass dieses kritische Bewusstsein auch gegenüber einer Wirtschafts- und Arbeitswelt besteht, die sie in Ausbildungsverhältnissen sozialisiert, die nicht-nachhaltig ausgerichtet sind und zur Zerstörung der Lebensgrundlagen beitragen (vgl. Bertelsmann Stiftung, 2009).

Ein anderer Begründungszusammenhang ergibt sich aus den oben skizzierten ‚blinden Flecken‘ innerhalb der fachrichtungsbezogenen beruflichen Didaktiken. Die Notwendigkeit von eigenständigen Überlegungen einer Berufs- und Wirtschaftspädagogik gegenüber den partikulären Ansätzen in den beruflichen Fachdidaktiken ist auch deshalb erforderlich, da letztere sich – entgegen wissenschaftssystematischer Überlegungen, die die Fachdidaktiken als Teil der Erziehungswissenschaft ansehen – häufig primär bzw. ausschließlich ihren wissenschaftlichen Fachdisziplinen zugehörig sehen (vgl. dazu auch Reinisch, 2009, S. 7).

Wenn die Professionalisierung der Lehrkräfte für berufsbildende Schulen sich aus den drei Wissensbereichen – Fachwissen, fachdidaktischem Wissen sowie berufs- und wirtschaftspädagogischem Wissen – ergibt, so kann dem letzteren eine reflexionsorientierte, integrierende und systematisierende Funktion zugesprochen werden. Für das Leitbild der nachhaltigen Entwicklung bedeutet dieses: Erst vor dem Hintergrund einer berufs- und wirtschaftspädagogisch fundierten Bildung für eine nachhaltige Entwicklung kann den Zielen einer nachhaltigen Entwicklung entsprochen werden, die die o.g. Lücken der fachdidaktischen Ansätze zu schließen vermag.

Berufliche Bildung für nachhaltige Entwicklung ist ein fächerübergreifendes Handlungsfeld. Aufgabe einer am Leitbild der nachhaltigen Entwicklung orientierten Berufs- und Wirtschaftspädagogik, die als Theorie der allgemeinen beruflichen Bildung aufgefasst werden kann, wäre es daher, sich die transdisziplinären Erkenntnisse der Nachhaltigkeits- und Umweltwissenschaften sowie Humanökologie (z. B. Heinrichs & Michelsen, 2014) zunutze zu machen, wesentliche Elemente eines Berufsbildungskonzepts für eine nachhaltige Entwicklung aus pädagogischer Perspektive daraus zu extrahieren und in ihren Gegenstandsbereich zu integrieren.

Wie eine solche Konzeption aussehen könnte, müssten differenziertere Überlegungen, als sie hier angestellt werden können, zeigen. Dieses Unterfangen könnte einer nachhaltig ausgerichteten Berufsbildungsforschung zugeordnet werden, um hier Orientierungen zu entwickeln, z. B. wenn es um die Entwicklung von pädagogisch angemessenen Modellvorstellungen geht. Insbesondere gilt es die Frage zu klären, welche spezifischen Bildungsergebnisse im Laufe der Lehramtsausbildung erreicht werden müssen, die derzeit ungenau, aber populär als Kompetenzen bezeichnet werden (vgl. dazu die hilfreiche explorative Studie von Hellberg-Rode & Schrüfer, 2016).

Aus den Erkenntnissen der Nachhaltigkeitswissenschaften und den bisherigen Ausführungen lassen sich bereits einige Schwerpunkte einer wissenschaftstheoretischen Orientierung einer Berufs- und Wirtschaftspädagogik für eine nachhaltige Entwicklung (BWPfNE) festhalten:

- *Inter- und Transdisziplinarität:* Hier gilt es, die Sichtweisen der beruflichen Fachrichtungen und der jeweiligen didaktischen Orientierungen konstruktiv zu reflektieren, um das Primat einer fachlichen Orientierung zu überwinden. Z.B. muss die ausschließliche Fokussierung auf wirtschaftswissenschaftliche Überlegungen ebenso hinterfragt werden wie etablierte Routinen und Verhaltensregeln im Produktionsbereich, beispielsweise der Metall- und Elektroindustrie. BWPfNE kann sich nicht der Aufgabe entziehen, disziplinenübergreifend zu denken (Inter- bzw. Transdisziplinarität), selbst auf die ‚Gefahr' hin der ‚Entgrenzung' (Reinisch, 2009, S. 9) des traditionellen Gegenstandsbereichs der Berufs- und Wirtschaftspädagogik.
- *Einbeziehung von Ideen der starken Nachhaltigkeit:* Ökonomische und soziale Systeme werden als Teile ökologischer Systeme aufgefasst. Grundsätzlich erweist es sich als sinnvoll, Problemstellungen sowohl aus der Perspektive schwacher als auch starker Nachhaltigkeit zu durchdenken, weil es erst dann gelingt, tatsächlich unterschiedliche Bewertungs- und Lösungsansätze fundiert zu diskutieren. So lassen sich aus beiden Perspektiven Möglichkeiten und Grenzen fachdidaktischer Zugänge als Problemlösungsansätze herausarbeiteten und analysieren. Grundsätzlich ist hier ein systemtheoretischer Zugang hilfreich, da sich diese Probleme durch einen hohen Komplexitätsgrad auszeichnen (vgl. dazu Rieß, 2013).
- *Orientierung an nachhaltigkeitsethischen Kategorien:* BNE als Bildungskonzept hat eine pädagogische Zielstellung mit einem Weltbild im Kontext umwelt- und gesellschaftspolitischer Ziele bzw. der globalen Herausforderungen

im Hinblick auf die Idee der ‚Großen Transformation'. Fragen der inter- und intragenerationalen Gerechtigkeit spielen hier ebenso eine Rolle wie die des Handelns zwischen Menschen aus unterschiedlichen Ländern, Kulturen usw. Haltungen und Werte sollten hierbei – neben den sog. Kompetenzen – als Zielkategorie herausgehoben werden, da die Idee der Nachhaltigkeit grundlegend auf Werten aufbaut. Die gleichberechtigte Partizipation aller spielt hier eine wichtige Rolle.

- *Handlungsorientierung als Problem- und Erfahrungsorientierung:* Eine Bildung für eine nachhaltige Entwicklung ist mit einer Idee von einer beruflichen Bildung unvereinbar, die die nachwachsenden Generationen primär im Zuge einer naiven Handlungsorientierung instrumentalisiert und diese lediglich für die tüchtige Apologie nicht nachhaltiger Verhältnisse qualifiziert. Die Thematisierung der eigenen unverstellten (nicht-medialen) Wahrnehmung kann zum Ausgangspunkt der Handlungsorientierung werden, insbesondere wenn es um Naturerfahrung geht.
- *Orientierung an einem nachhaltigen Weltbild:* Insbesondere der industriell geprägte Produktions- und Dienstleistungssektor gestaltet derzeit im Austausch mit dem Konsumsektor die Bedingungen unserer ökonomischen, ökologischen und sozialen Entwicklungspfade. Diese Pfade gilt es im Sinne der Großen Transformation zu verändern. Die Ziele einer nachhaltigen Entwicklung aus der Agenda 21 vermögen hier als regulative Idee (Kant) zu wirken (UN, 2015).

Auf Erfahrungen einer Umsetzung eines solchen Ansatzes in der universitären Lehre soll abschließend eingegangen werden.

4. Konkretisierung des Konzepts in einer universitären Lehrveranstaltung

Um die Leitidee der nachhaltigen Entwicklung in der Berufs- und Wirtschaftspädagogik zu verankern, spielt die Lehrbarkeit eine zentrale Rolle. Auch hier gilt es, sich an zentralen Schwerpunkten bzw. Prinzipien des Leitbildes der Nachhaltigkeit zu orientieren, wie sie im letzten Kapitel skizziert wurden: Problemorientierung, Komplexität, Erfahrungsbezug (wichtig: Naturerfahrung), Inter- und Transdisziplinarität, systemtheoretisches Denken, Nachhaltigkeitsethik und Partizipation.

Die Veranstaltung richtet sich an Studierende im Masterstudiengang ‚Lehramt an berufsbildenden Schulen' mit unterschiedlichen Fachrichtungen, so dass damit eine fachrichtungsübergreifende Zusammensetzung vorliegt, die von

Tab. 1: Übersicht über die Rahmenbedingungen der Lehrveranstaltung

Zielgruppe	Studierende im Masterstudiengang ‚Lehramt an berufsbildenden Schulen' mit den Fachrichtungen Gesundheit, Pflege, Kosmetologie, Sozialpädagogik, Metall, Elektro, Ökotrophologie, 3. Semester
Lehrveranstaltung	Herausforderung der Berufs- und Wirtschaftspädagogik: berufliche Bildung für eine nachhaltige Entwicklung
Prüfungsform	Referat mit Ausarbeitung oder Hausarbeit
Ergebnisverwertung	Die erarbeiteten Unterrichtsentwürfe und theoretischen Ausarbeitungen werden allen Teilnehmenden als Grundlage für ihre weitere berufliche Tätigkeit als Lehrkraft an berufsbildenden Schulen zur Verfügung gestellt.
Kompetenzen	Die Studierenden sind in der Lage, • vorhandene nicht-nachhaltige Denk- und Verhaltensmuster zu reflektieren und zu verändern, • Konzepte, wie die der starken und schwachen Nachhaltigkeit bei der Beurteilung von Nachhaltigkeit auf berufliche Handlungssituationen verschiedener Fachrichtungen anzuwenden und didaktisch aufzubereiten.
Anforderungen an Studierende	Das Seminar richtet sich an Studierende, die bereit sind, sich vorbereitend Grundlagenwissen selbstständig anzueignen und zu vertieften Lerninhalten und Diskussionen beizutragen. Leistungsnachweise werden durch aktive Teilnahme an den Seminarsitzungen sowie auf der Exkursion durch Referate und weiteres Engagement vor Ort erbracht.

vornherein die Notwendigkeit eines trans- bzw. interdisziplinären Ansatzes erforderlich macht (vgl. Tab. 1).

Die Gestaltung des methodisch-didaktischen Vorgehens innerhalb der Veranstaltung gliedert sich in drei Phasen in Anlehnung an die drei Phasen transdisziplinärer Forschung (nach Jaeger & Scheringer, 1998)[2]:

1. *Allgemeine Problemidentifikation und -strukturierung nicht-nachhaltiger Entwicklungen:* Auf Basis der Kenntnisse der theoretischen Ansätze und Konzepte zur nachhaltigen Entwicklung werden konkrete Problembereiche

2 Ergänzend zu den Seminarveranstaltungen innerhalb der Universität erfolgt eine mehrtägige Exkursion auf eine Nordseeinsel, um am Beispiel Wattenmeer Gefährdungspotenziale und Erhaltensbedingungen ökologischer Systeme zu untersuchen sowie die Bedeutung von unmittelbarer Naturerfahrung deutlich zu machen.

auf der Basis gemeinsamer Fokussierungen mit den Studierenden zunächst identifiziert und die Struktur der Probleme fächerübergreifend analysiert.
2. *Problembearbeitung:* Anschließend erfolgt die Übertragung und Einordnung der erworbenen Kenntnisse auf die später berufsrelevanten Praxisfelder – exemplarisch anhand von Referaten einschließlich Unterrichtsverlaufsskizzen, Projektskizzen für die konkrete curriculare Umsetzung thematischer Schwerpunkte. Ausgehend von komplexen Problemen erwerben die Teilnehmenden Fähigkeiten zur Reflexion und Kommunikation der jeweils selbst ausgewählten fachrichtungsbezogenen Zugänge, indem sie Möglichkeiten und Grenzen fächerübergreifend diskutieren.
3. *In-Wert-Setzung bzw. transdisziplinäre Integration:* Wird bei der Bearbeitung ein Problem in Teilfragestellungen untergliedert, so erfolgt deren Bearbeitung idealerweise in engem wechselseitigen Bezug aufeinander. Dieser Zugang verlangt eine Haltung (selbst-)kritischer Reflexion über die Potenziale und Grenzen der eigenen Perspektive sowie anderer Disziplinen. So gilt es, historische Entwicklungen und kulturelle Einbettungen zu berücksichtigen. Wissenschaftliche Problemstellungen werden auf unterrichts- bzw. berufs- und alltagsnahe Problemstellungen bezogen.

Aufgrund dieser Vorgehensweise erscheint es möglich, erste Schritte in Richtung einer großen Transformation zu gehen, die darin bestehen, vorhandene nicht-nachhaltige Denk- und Verhaltensmuster grundlegend zu reflektieren und zu verändern. Gleichzeitig kann es so gelingen, einen Beitrag zur Selbstreflexion der Rolle als zukünftige Lehrkraft an berufsbildenden Schulen zu leisten und über Chancen und Grenzen von Veränderungsmöglichkeiten im Hinblick auf eine nachhaltige Entwicklung gemeinsam mit Kolleginnen und Kollegen sowie Schülerinnen und Schülern ins Gespräch zu kommen.

Literatur

Aebli, H. (1980). *Denken: das Ordnen des Tuns. Bd. 1: Kognitive Aspekte der Handlungstheorie.* Stuttgart: Klett-Cotta.

Bertelsmann Stiftung (2009). *Jugend und die Zukunft der Welt. Ergebnisse einer repräsentativen Umfrage in Deutschland und Österreich „Jugend und Nachhaltigkeit".* Bielefeld: Bertelsmann.

BIBB – Bundesinstitut für Berufsbildung (Hrsg.) (2017). *Modellversuche Berufsbildung für nachhaltige Entwicklung 2015–2019.* Bonn.

BMBF – Bundesministerium für Bildung und Forschung (Hrsg.) (2003). *Erste bundesweite Fachtagung „Berufsbildung für eine nachhaltige Entwicklung,* 26. und 27. März 2003 in Osnabrück. Dokumentation, Bonn.

BMBF – Bundesministerium für Bildung und Forschung (Hrsg.) (2016). *Nationaler Aktionsplan Bildung für nachhaltige Entwicklung (BNE): Handlungsfelder*, Berlin.

BMU – Bundesministerium für Umwelt, Naturschutz und Reaktorsicherheit (Hrsg.) (1993). *Umweltpolitik. Konferenz der Vereinten Nationen für Umwelt und Entwicklung im Juni 1992 in Rio de Janeiro – Dokumente – Agenda 21*. Bonn.

Brundtland, G. H. (1987). *Unsere gemeinsame Zukunft (World Commission on Environment and Development)*. Übers.: Hauff, Volker (Hrsg.). Greven: Eggenkamp Verlag.

Bund-Länder-Kommission für Bildungsplanung und Forschungsförderung (1998). *Bildung für eine nachhaltige Entwicklung: Orientierungsrahmen*, BLK-Heft 69. Bonn.

Casper, M., Kuhlmeier, W., Poetzsch-Heffter, A., Schütt-Sayed, S. & Vollmer, T. (2018). Berufsbildung für nachhaltige Entwicklung in kaufmännischen Berufen – ein Ansatz der Theorie- und Modellbildung aus der Modellversuchsforschung. *bwp@ Berufs- und Wirtschaftspädagogik – online, 33*, 1–29.

Diettrich, A., Hahne, K. & Winzier, D. (2007). Berufsbildung für eine nachhaltige Entwicklung: Hintergründe, Aktivitäten, erste Ergebnisse. *Berufsbildung in Wissenschaft und Praxis (BWP), 36* (5), 7–12.

Fischer, A. (1998). *Wege zu einer nachhaltigen beruflichen Bildung. Theoretische Überlegungen*. Bielefeld: wbv.

Fischer, A., Ehrke, M., Hahn, G. & Mertineit, K. D. (Hrsg.). (2011). Die *BBS Friedensstraße auf dem Weg zu einer nachhaltigen Entwicklung*. Hohengehren: Schneider.

Grober, U. (2010). *Die Entdeckung der Nachhaltigkeit. Kulturgeschichte eines Begriffs*. München: Kunstmann.

Grunwald, A. & Kopfmüller, J. (2012). *Nachhaltigkeit*. 2. akt. Aufl. Frankfurt/Main: Campus.

Hacker, W. (1998). *Allgemeine Arbeitspsychologie. Psychische Regulation von Arbeitstätigkeiten*. Bern: Huber.

Heinrichs, H. & Michelsen, G. (Hrsg.) (2014). *Nachhaltigkeitswissenschaften*. Berlin, Heidelberg: Springer Spektrum. https://doi.org/10.1007/978-3-642-25112-2

Hellberg-Rode, G. & Schrüfer, G. (2016). Welche spezifischen Handlungskompetenzen benötigen Lehrkräfte für die Umsetzung von Bildung für Nachhaltige Entwicklung (BNE)? *Biologie Lehren und Lernen – Zeitschrift für Didaktik der Biologie, 20*, 1–29

Jaeger, J. & Scheringer, M. (1998). Transdisziplinarität. Problemorientierung ohne Methodenzwang. *GAIA, 7*(1), 10–25. https://doi.org/10.14512/gaia.7.1.4

Kastrup, J. (2013). Leitlinien für die didaktische Gestaltung der Berufsbildung für eine nachhaltige Entwicklung anhand von Beispielen aus der Ernährung und Hauswirtschaft. *bwp@ Spezial 6 – Hochschultage Berufliche Bildung 2013*, 1–12.

Kestner, S. & Weber, H. (2017). Berufsbildung für nachhaltige Entwicklung (BBnE) 2015–2019. *Die berufsbildende Schule (BbSch), 69* (7/8), 260–264.

Kettschau, I. (2011). Berufliche Bildung für eine nachhaltige Entwicklung. Konzepte und Entwicklungslinien. *bwp@ Spezial 5 – Hochschultage Berufliche Bildung 2011*, 1–12.

Kuhlmeier, W. (2007). Didaktische Ansätze eines energieeffizienten Bauens. In A. Fischer & K. Hahne (Hrsg.), *Strategie und Umsetzungspotenziale einer Berufsbildung für nachhaltige Entwicklung* (S. 78–95). Bielefeld: Bertelsmann.

Kuhlmeier, W., Mohorič, A. & Vollmer, T. (Hrsg.). *Berufsbildung für eine nachhaltige Entwicklung. Modellversuche 2010–2013: Erkenntnisse, Schlussforderungen und Ausblicke.* Bielefeld: Bertelsmann.

Kuhlmeier, W. & Vollmer, T. (2015). Berufsbildung für eine nachhaltige Entwicklung: Stand und Perspektiven. *Berufsbildung – Zeitschrift für Praxis und Theorie in Betrieb und Schule, 69* (151), 33–35.

Kuhlmeier, W. & Vollmer, T. (2018). Ansatz einer Didaktik der Beruflichen Bildung für nachhaltige Entwicklung. In T. Tramm, M. Casper & T. Schlömer (Hrsg.), *Didaktik der beruflichen Bildung. Selbstverständnis, Zukunftsperspektiven und Innovationsschwerpunkte* (S. 131–152). Bielefeld: Bertelsmann.

Künzli David, C., Bertschy, F. & Di Giulio, A. (2010). Bildung für eine Nachhaltige Entwicklung im Vergleich mit Globalem Lernen und Umweltbildung. *Schweizerische Zeitschrift für Bildungswissenschaften, 32* (2), 213–231.

Maack, L. (2018). *Hürden einer Bildung für nachhaltige Entwicklung.* Bad Heilbrunn: Klinkhardt.

Mertineit, K. D. & Exner, V. (2003). *Berufsbildung für eine nachhaltige Entwicklung.* Köln, München, Neuwied: Wolters Kluwer.

Mertineit, K. D., Nickolaus, R. & Schnurpel, U. (2001). *Berufsbildung für eine nachhaltige Entwicklung. Machbarkeitsstudie im Auftrag des BMBF.* Bonn: BMBF.

Mittelstraß, J. (2018). Forschung und Gesellschaft. Von theoretischer und praktischer Transdisziplinarität. *GAIA, 27* (2), 201–204. https://doi.org/10.14512/gaia.27.2.4

Mohorič, A. (2014). Berufsbildung für nachhaltige Entwicklung – Das Bundesinstitut für Berufsbildung als Akteur und Moderator bei der Gestaltung des Transfers der Modellversuchsergebnisse. In W. Kuhlmeier, A. Mohorič & T. Vollmer (Hrsg.), *Berufsbildung für eine nachhaltige Entwicklung. Modellversuche 2010–2013: Erkenntnisse, Schlussforderungen und Ausblicke* (S. 183–196). Bielefeld: Bertelsmann.

Ott, K. & Döring, R. (2011): *Theorie und Praxis starker Nachhaltigkeit.* 3. Aufl., Marburg: Metropolis.

Rebmann, K. & Schlömer, T. (2019). Berufsbildung für eine nachhaltige Entwicklung. In R. Arnold, A. Lipsmeier & M. Rohs (Hrsg.), *Handbuch der Berufsbildung* (S. 1–13). 3. Aufl. Wiesbaden: Springer. https://doi.org/10.1007/978-3-658-19372-0_27-1

Reichwein, W. (2015). *Berufsbildung für eine nachhaltige Entwicklung in Unternehmen: eine explorative Studie am Beispiel der industriellen Elektroberufe.* Berlin: wvb.

Reinisch, H. (2009). Über Nutzen und Schaden des Philosophierens über das Selbstverständnis der Berufs- und Wirtschaftspädagogik – Anmerkungen aus wissenschaftssoziologisch inspirierter Sicht. *bwp@ Berufs- und Wirtschaftspädagogik – online, 16,* 1–20.

Rieß, W. (2013). Bildung für nachhaltige Entwicklung und Förderung des systemischen Denkens. *ANLiegen Natur* (35), 55–64.

Schneidewind, U. (2015). Transformative Wissenschaft. Motor für gute Wissenschaft und lebendige Demokratie. *GAIA, 24* (2), 88–91. https://doi.org/10.14512/gaia.24.2.5

Stahlmann, V. (2008). *Lernziel: Ökonomie der Nachhaltigkeit.* München: oekom.

Stratmann, K. (1979). Berufs- und Wirtschaftspädagogik. In: H.-H. Groothoff (Hrsg.), *Die Handlungs- und Forschungsfelder der Pädagogik (Differentielle Pädagogik)* (S. 285–337). Königstein/Taunus: skriptor.

Tiemeyer, E. & Wilbers, K. (2006) (Hrsg.). *Berufliche Bildung für nachhaltiges Wirtschaften*. Bielefeld: wbv.

Trampe, W. (2001). Berufliche Bildung für eine nachhaltige Entwicklung. *Seminar – Lehrerbildung und Schule*, 4, 101–108.

UN – United Nations (2015). *Transforming our world: The 2030 Agenda for sustainable development*. Verfügbar unter: http:/undocs.org/A/RES/70/1 (01.08.2019).

WBGU – Wissenschaftlicher Beirat der Bundesregierung Globale Umweltveränderungen (2011). *Welt im Wandel. Gesellschaftsvertrag für eine große Transformation.* Berlin: WBGU.

Wissen, M. (2014): Ökologische Krise und „große Transformation". *Österreichische Zeitschrift für Politikwissenschaft (ÖZP), 43* (1), 49–54.

Wolf, S. (2011). Die Berufsbildung für eine nachhaltige Entwicklung im Berufsfeld Metall – Konzepte, Möglichkeiten, Rahmenlehrpläne. *bwp@ Berufs- und Wirtschaftspädagogik – online*, Ausgabe 16, 1–20.

„Das Unbeherrschbare vermeiden und das Unvermeidbare beherrschen"

Konzept zur Förderung der Bewertung von Klimafolgen und Anpassungsstrategien in städtischen Räumen im Sinne des entdeckenden und forschenden Lernens[1]

Karl-Heinz Otto, Leif Mönter und Alexander Siegmund

1. Einleitung

„Das Unbeherrschbare vermeiden und das Unvermeidbare beherrschen" – so umschreibt Endlicher (2007) die Herausforderungen im Umgang mit dem Klimawandel. Zunehmende Hitzeperioden, Stürme, Starkregenereignisse, Verlust von Biodiversität sind nur einige der Phänomene, mit denen wir uns zunehmend auseinandersetzen müssen – auch bei uns in Deutschland. Der anthropogen verursachte Klimawandel ist immer deutlicher wahrnehmbar. Im Jahr 2018 war er – wenn auch regional und lokal sehr unterschiedlich – durch ausgeprägte Starkniederschläge, Trockenperioden und Rekordtemperaturen besonders zu spüren, kein Jahr war bisher seit Beginn der Wetteraufzeichnungen vor über 100 Jahren wärmer als 2018. Klimaanpassung und Risikoprävention sind deshalb notwendiger denn je und unverzichtbarer Bestandteil des Klimaschutzes. (Schul-)Bildung spielt in diesem Zusammenhang eine zentrale Rolle und kann als Katalysator für den Aufbau von notwendigen Kompetenzen in der Gesellschaft und bei jedem Einzelnen dienen, die zu klimabewusstem Handeln befähigen, um den Klimaschutz voran zu treiben und frühzeitig nachhaltige Anpassungsstrategien an den Klimawandel einzuleiten. Schülerinnen und Schüler sind hierzu als Akteure von morgen von zentraler Bedeutung. Und als Bürgerinnen und Bürger von heute müssen sie so früh wie möglich mit dem Thema Klimaanpassung konfrontiert werden. Nur so können sie befähigt werden, sich bei daraus resultierenden Problemen und Gefahren kompetent und nachhaltig zu verhalten und zu handeln.

---

1 Der nachfolgende Beitrag basiert in Teilen auf folgende Veröffentlichung: Feja, K., Lütje, S., Mönter, L., Neumann, L., Otto, K.-H. & Siegmund, A. (2018). Klimawandel findet Stadt. In C. Meyer, A. Eberth & B. Warner (Hrsg.), *Klimawandel im Unterricht. Bewusstseinsbildung für eine nachhaltige Entwicklung* (S. 128–139). Braunschweig.

Während bereits viele unterschiedliche didaktisch-methodisch aufbereitete Lehr-/Lernmodule zum Klimaschutz existieren, gibt es solche zur Klimaanpassung kaum. Um genau diesem Defizit entgegen zu wirken, wurde das Projekt „Klimawandel findet Stadt" initiiert. Es hat sich zum Ziel gesetzt, praxisorientierte Lehr-/Lernarrangements zur Klimaanpassung zu entwickeln, durchzuführen und zu evaluieren. Hierdurch sind insbesondere für den geographischen Unterricht, aber auch für Fächer wie Biologie, Physik und interdisziplinäre Fächerverbünde, vielfältige Konzepte, Handreichungen und Lernmaterialien mit Beobachtungsanleitungen, Versuchen und Experimenten zur Klimaanpassung entstanden, die nun für die Unterrichtspraxis bereitstehen und – so die Hoffnung aller Projektbeteiligten – in vielfältiger Weise von Lehrerinnen und Lehrern genutzt werden.

Die Auswirkungen regionaler Klimaveränderungen sind besonders in dicht besiedelten Räumen spürbar. Vor dem Hintergrund eines weiterhin zunehmenden Flächenverbrauchs für Siedlungsflächen und Infrastruktur und angesichts der Tatsache, dass die überwiegende Anzahl der Bevölkerung Deutschlands in Städten leben, kommt diesen Räumen im Zuge des Klimawandels eine besondere Bedeutung zu.

Das Projekt „Klimawandel findet Stadt" zielt deshalb darauf, Kinder und Jugendliche darin zu fördern, die Folgen des Klimawandels in Städten beurteilen und nachhaltige Anpassungsstrategien entwickeln zu können. Das von der Deutschen Bundesstiftung Umwelt (DBU) im Zeitraum zwischen 2016 und 2019 geförderte Projekt wurde in Kooperation der geoökologisch ausgerichteten außerschulischen Lehr-Lern-Labore der drei Projektpartner umgesetzt – der Ruhr-Universität Bochum, Arbeitsgruppe Geographiedidaktik, der Pädagogischen Hochschule Heidelberg, Abteilung Geographie – Research Group for Earth Observation (ʳgeo) sowie der Universität Trier, Arbeitsgruppe Geographie und ihre Didaktik.

2. Fachliche Hintergründe

Klimaschutz und die Anpassung an die bereits nicht mehr vermeidbaren Folgen des Klimawandels bilden nach heutigem Verständnis von Wissenschaft und Politik zwei untrennbare Säulen im Umgang mit der globalen Erwärmung (vgl. BMUB, 2009; Endlicher, 2007). Viele Risiken des Klimawandels treten konzentriert in städtischen Räumen auf, in denen in Deutschland aktuell 77% der Bevölkerung leben, in Europa insgesamt über 80% (vgl. u.a. IPCC, 2013; Statistisches Bundesamt, 2018). Die hohe Dichte an Menschen und kritischer Infrastruktur macht Städte besonders vulnerabel gegenüber den Folgen des

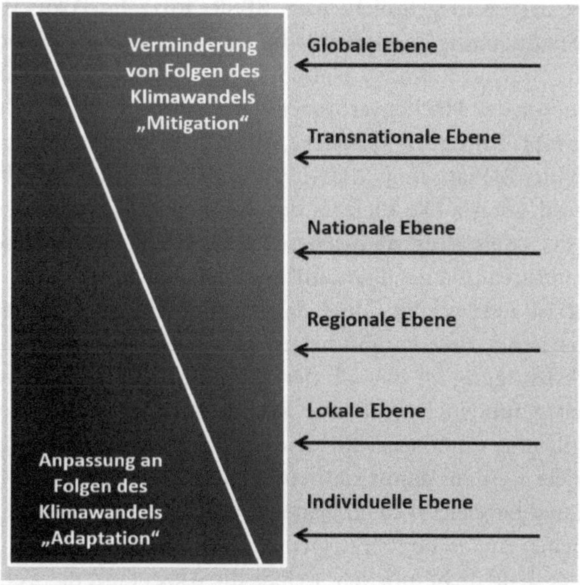

Abb. 1: Klimaschutz und Anpassung auf unterschiedlichen Handlungsebenen (Mönter & Schlitt, 2014 nach Weiland, 2009 und KMK & BMZ, 2007)

Klimawandels, den sie durch die Produktion von Treibhausgasen und Abwärme zugleich überdurchschnittlich befördern. Aufgrund der Überwärmung im urbanen Raum sind Städte z. B. besonders von Hitzewellen betroffen, die gesundheitliche Risiken für die Bewohnerinnen und Bewohner mit sich bringen. Ihr hoher Versiegelungsgrad führt zu verstärkten oberflächlichen Abfluss bei Starkniederschlagsereignissen, und sie liegen oft in Küstenregionen oder an Flüssen, weshalb die Gefahren durch Hochwasser zunehmen. Die Problematik verschärft sich zusätzlich durch den demographischen Wandel, durch den der Anteil bioklimatisch besonders vulnerabler älterer Menschen in Städten besonders hoch ist. Dies erfordert einerseits Maßnahmen zur Vermeidung von Klimafolgen (Mitigation) und andererseits Anpassungen und Förderung der Resilienz/Widerstandsfähigkeit (Adaption) (vgl. u. a. BMUB, 2009; Deutscher Städtetag, 2012; vgl. auch Abb. 1).

Zur Charakteristik der Folgen des Klimawandels in Städten gegenüber dem Umland liegt bereits heute eine Vielzahl von Erkenntnissen vor (vgl. u. a. BMBF, 2003; Mathey, 2011). Die Auswirkungen sind gravierend und betreffen insbesondere auch die Gesundheit der Stadtbevölkerung (vgl. Jendritzky, 2007). Vor diesem Hintergrund wurden bereits konkrete Anpassungsstrategien an den Klimawandel in städtischen Räumen vorgestellt und in der Forschung diskutiert (vgl. BMVBS, 2013; Schlegelmilch, 2012; BBSR, 2011). Im Fokus stehen hierbei Aspekte der Stadtplanung und Raumordnung (vgl. Othengrafen, 2014; BMVBS, 2013; Gruehn, Greivig, Rannow, Fleischhauer & Meyer, 2010; Fleischhauer & Bornefeld, 2006), des Flächenverbrauchs (vgl. BMUB, 2016; Difu, 2015) und der Mobilität (vgl. Difu 2013; Dümecke, Joschko & Wagner, 2013; Müller, 2013; Grothues, Köllner & Ptak, 2013; MUNLV, 2011; Wittig & Schuchardt, 2012a; Wittig & Schuchard, 2012b). Die Vielzahl der Veröffentlichungen spiegelt dabei die Komplexität der Anpassung städtischer Räume an den Klimawandel zwischen baulichen Strukturen und gesellschaftlicher Teilhabe wider.

Insgesamt ist festzustellen, dass das Themenfeld zwar in der Forschung und auf planerischer bzw. kommunaler Ebene angekommen ist, jedoch noch wenig Berücksichtigung im Bereich der Öffentlichkeits- und insbesondere der Bildungsarbeit gefunden hat. Gerade Kinder und Jugendliche sollten jedoch möglichst früh und umfassend für etwaige Anpassungen an den Klimawandel sensibilisiert werden, damit sie heute, aber vor allem als Erwachsene von morgen, adäquat handeln können. Eine gesellschaftliche Implementierung der unterschiedlichen Anpassungsstrategien an den Klimawandel ist ohne Bildungsmaßnahmen deshalb nicht möglich, welche die Akzeptanz, das Verständnis und die Fähigkeit und Bereitschaft zum kompetenten Handeln fördern. Das Fach Geographie, das einen maßgeblichen Beitrag zur Welterschließung in der Auseinandersetzung mit den Wechselbeziehungen zwischen Natur und Gesellschaft in Räumen unterschiedlicher Art und Größe leistet, ist für diese Aufgabe besonders prädestiniert (DGfG, 2017). Durch die Auseinandersetzung mit dem Mensch-Umwelt-System in Zusammenhang mit dem Klimawandel und den Herausforderungen im urbanen Raum werden zentrale Themenbereiche der Geographie im Allgemeinen und dem geographischen Unterricht im Besonderen angesprochen, insbesondere im Kontext einer Bildung für Nachhaltige Entwicklung. Eine integrative bzw. transdisziplinäre Betrachtung kann gerade im geographischen Kontext unmittelbar an die Lebenswirklichkeit der Jugendlichen anknüpfen, die selbst mehrheitlich in Städten leben.

3. Das Konzept

Das Projekt „Klimawandel findet Stadt“ zielt auf die verstärkte Bewertung von Klimafolgen und Anpassungsstrategien in städtischen Räumen unterschiedlicher Größenordnung und Ausprägung durch Kinder und Jugendliche. Vor diesem Hintergrund gilt es, konkrete thematische Bereiche zu identifizieren, die sich für eine innovative und zeitgemäße Bildung mit lebensweltlichen Bezügen sowie Anknüpfungspunkten an die bestehenden Lehrpläne eignen. Übergeordnet boten sich folgende Themenbereiche an:

- Aspekte der *Gesundheit und Prävention* in urbanen Räumen betrachten insbesondere klimatische Aspekte vor dem Hintergrund der zunehmend älter werdenden Gesellschaft. Dazu zählen Hitzestress und hitzebedingte Erkrankungen sowie entsprechende Präventions- bzw. Gegenmaßnahmen (z. B. Sonnenschutz, Beschattung, Vorsorge, Verhaltensregeln).
- Fragestellungen der *Stadtökologie* untersuchen vor allem die Doppelfunktion von Böden als Lebensraum und Kühlkörper, die Tier- und Pflanzenwelt im urbanen Raum sowie die Stadtstruktur hinsichtlich Offenland, Brache bzw. unbebaute innerstädtische Flächen. Mögliche thematische Ansatzpunkte sind die Gestaltung städtischer Grünflächen und Straßenbegleitgrün, die Veränderungen der Phänologie und Klimaresistenz von Stadtgehölzen sowie Ruderalvegetation. Zur Problematisierung eignen sich Trockenstress und Angepasstheit von Stadtbäumen, die unkontrollierte Einwanderung von Neophyten und der Rückgang der Biodiversität.
- Aspekte des *Stadtklimas und der Stadtplanung* adressieren insbesondere Eigenschaften von Baustoffen und Oberflächen des städtischen Baukörpers (u. a. Albedo, Abfluss, Evapotranspiration und Gestaltung von Fassaden- und Dachflächen), die Auswirkungen von Luftschadstoffen (u. a. Stickoxyde und Aerosole) und der Mobilität (Klimawirksamkeit verschiedener Treibstoffe und Verkehrsträger) sowie Aspekte der nachhaltigen städtischen Planung (Entwicklungsmöglichkeiten urbaner Mobilität, Innenverdichtung vor Außenverdichtung, Flächenverbrauch und Flächenkonflikte, Gestaltung von Kalt- und Frischluftbahnen).

Arbeitsteilig wurden verschiedene Lernmodule von den Projektpartnern mit unterschiedlicher regionaler, inhaltlicher und didaktisch-methodischer Schwerpunktsetzung konzipiert und im Anschluss über die Projektstandorte hinaus verbreitet, wobei sich der Standort Bochum mit Bildungsangeboten zum Themenkomplex „Gesundheit und Risikoprävention“ beschäftigt hat, der Standort Heidelberg zu „Stadtökologie und Biodiversität“ gearbeitet hat und in Trier Module zu „Stadtklima und Stadtplanung“ erarbeitet wurden (vgl. Abb. 2). In Zusammenarbeit mit den Kooperationsschulen und unter Einbeziehung externer Kooperationspartner wie städtischen Umweltämtern, Biologischen Stationen etc. wurden die Module entwickelt, erprobt und im Anschluss an allen drei Standorten umgesetzt.

Im Sinne des entdeckenden und forschenden Lernens orientiert sich das modularisierte Konzept an der Verknüpfung von Beobachtungsraum (Lebens-

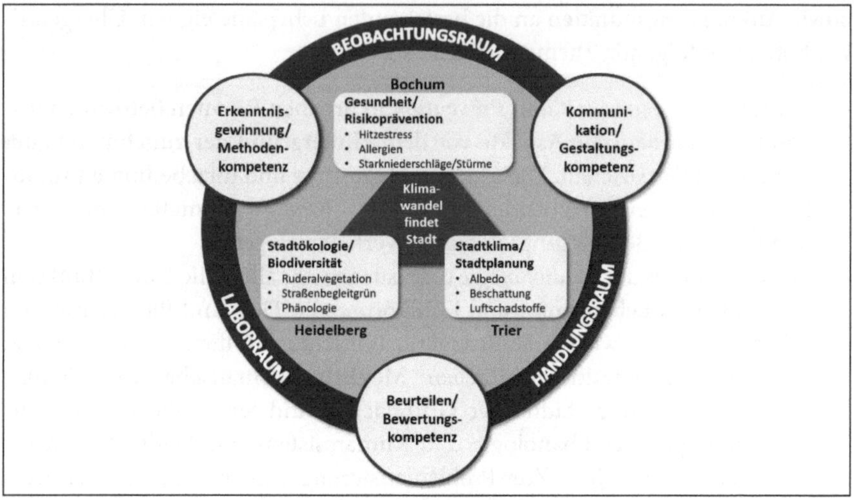

Abb. 2: Struktureller Aufbau und Handlungsfelder des Projekts „Klimawandel findet Stadt“

umfeld Stadt), Laborraum (schulischer und außerschulischer Lehr-/Lernort) und Handlungsraum (Raum zur gesellschaftlichen und individuellen Umsetzung von Anpassungsmaßnahmen) (vgl. Kasten 1 u. 2). In Anlehnung an den moderaten Konstruktivismus werden verschiedene Wege der Erkenntnisgewinnung weitgehend eigenständig durch die Lernenden beschritten, um die Grundlagen für eine raumbezogene Handlungskompetenz hinsichtlich notwendiger Anpassungsstrategien an den bereits stattfindenden Klimawandel im urbanen Raum zu entwickeln.

Kasten 1: Entdeckendes und forschendes Lernen

Entdeckendes Lernen beruht auf der Annahme, dass Lernende Informationen selbstständig suchen und transformieren sowie Wissen durch eigene (kognitive) Aktivitäten konstruieren. Sowohl elementare Denkoperationen, wie z. B. Vergleichen, als auch komplexe lernstrategische Aktivitäten werden als Instrumente angesehen, um Wissen zu generieren (vgl. Otto & Schuler, 2012). Entdeckendes Lernen ist keine spezielle Methode, sondern ein Sammelbegriff für Lernformen, die folgende Charakteristika aufweisen (vgl. Reinmann & Mandl, 2006): (1) Die Lernenden setzen sich aktiv mit Problemen auseinander, (2) sie sammeln selbstständig eigene Erfahrungen und führen z. B. bei passenden Gelegenheiten Experimente durch, (3) sie erlangen dadurch neue Einsichten in komplexere Sachverhalte und Prinzipien.

Forschendes Lernen (in der Schule) ist eine spezifische Lernaktivität, bei der sich Schülerinnen und Schüler mithilfe eines wissenschaftlichen Erkenntnisprozesses neben Inhalten auch Methoden zur Gewinnung von Erkenntnissen aneignen. Forschendes Lernen zeichnet sich nach Mayer & Ziemek (2006) durch vier Elemente aus, die seine Einbettung in die sozial-konstruktivistische Orientierung verdeutlichen. Die Forschungssituationen sollen (1) problemorientiertes Lernen ermöglichen, d. h. von einer konkreten Problemstellung ausgehen und (2) in authentische Kontexte aus Alltag, Wissenschaft und Technik eingebunden sein. Durch den Alltagsbezug rückt die Lernsituation näher an die Anwendungssituation heran, sodass ein Transfer auf außerschulische Lebenssituationen begünstigt wird. Um (3) ein eigenständiges, selbstgesteuertes und offenes Lernen zu ermöglichen, sollten beim forschenden Lernen genügend Wahlfreiheiten und Mitgestaltungsmöglichkeiten im Unterricht bestehen. Zugleich wird auf eine strenge Ergebnisorientierung des Lehr-Lernprozesses zugunsten eines offenen, prozessorientierten Unterrichts im Sinne der (natur-)wissenschaftlichen Vorgehensweise verzichtet. (4) Schließlich sollten die Schüler/innen im Sinne des kooperativen Lernens in Kleingruppen arbeiten und sich dabei gegenseitig unterstützen. In diesen Forscherteams rückt die soziale und kommunikative Ebene in den Vordergrund. Die Lehrkraft nimmt eine moderierende Rolle ein, bleibt aber für die Organisation des Unterrichts und individuelle Hilfestellungen verantwortlich.

Um forschendes Lernen zu realisieren, bieten sich in besonderer Weise experimentelle Lernformen (Beobachten, Untersuchen, Experimentieren, Modellieren) an, wodurch vor allem die naturwissenschaftliche (Grund-)Bildung (Scientific Literacy) gefördert wird (vgl. Otto, 2016). Möglich sind aber auch andere forschungsbezogene Methoden, wie beispielsweise Befragungen, Interviews, Kartierungen oder das Auswerten statistischer Daten (Otto & Schuler, 2012).

Ein zentraler Bestandteil des Projekts war die kostenlose Öffnung der beteiligten Lehr-Lernlabore als außerschulische Lernorte – das Alfried Krupp-Schülerlabor an der Ruhr-Universität Bochum, das Geco-Lab, Kompetenzzentrum für geoökologische Raumerkundung an der Pädagogischen Hochschule Heidelberg und das BioGeoLab an der Universität Trier. Die Module orientieren sich dabei inhaltlich und methodisch an den Vorgaben der Bildungspläne und bieten über raumbezogene Fragestellungen Anknüpfungspunkte für Themen und Methoden aller MINT-Fächer. Konkret wurden die in Tabelle 1 aufgeführten Module zu den drei Oberthemen ausgearbeitet und erprobt.

Kasten 2: Dreiklangkonzept von Beobachtungs-, Labor- und Handlungsraum

Mit Beobachtungsraum ist der urbane Raum gemeint, der maßgeblich die Alltags- bzw. Lebenswelt der Jugendlichen darstellt. In diesem Raum findet Klimawandel konkret statt, seine Erscheinungsformen und Auswirkungen können untersucht werden, woraus sich – auch im Sinn eines Reallabors – in und aus der Praxis konkrete Forschungsfragen generieren lassen. Unter urbanen Räumen werden dabei alle städtisch geprägten Räume unterschiedlicher Größenordnung verstanden, in denen entsprechende charakteristische Effekte beobachtbar sind – also nicht nur größere Agglomerationsräume, sondern auch Klein- und Mittelstädte.

Die Fragestellungen können dann mit verschiedenen Methoden der Erkenntnisgewinnung bearbeitet werden. Dies kann insbesondere durch „Vor-Ort-Experimente" direkt im städtischen Raum, im schulischen Kontext und/oder im Rahmen von Modellexperimenten im Lehr-Lern-Labor erfolgen, die in diesem Sinne als Laborraum fungieren.

Die resultierenden Forschungsergebnisse liefern Antworten auf die entwickelten Fragestellungen und bieten die Grundlage für Lösungsansätze im urbanen Handlungsraum, also dem Raum, in dem sich konkrete Anpassungsstrategien umsetzen lassen und damit klimaadäquates Handeln realisiert werden kann. Insofern ist der Beobachtungsraum zugleich Lern- und auch Handlungsraum. Der Beobachtungsraum bildet zusammen mit dem Handlungsraum für die Jugendlichen gleichsam den „Realraum" ihrer eigenen Alltags- und Lebensumwelt. Verknüpft mit dem forschend entdeckenden Laborraum ergibt sich so für die Jugendlichen ein Reallabor, in dem sie bezogen auf praxisgeleitete Fragestellungen zu Akteuren werden.

Eine Integration dieser Module in den Regelunterricht ist möglich und wurde ausdrücklich angestrebt. Über die von allen Schülerinnen und Schülern zu erarbeitenden Basisaufgaben hinaus verfügen die Lernmodule im Sinne des differenzierenden Lernens über Vertiefungsaufgaben, sodass die Lernmodule an den Leistungsstand der Kinder und Jugendlichen angepasst werden können. Ein Teil der Module wird zudem durch Lehr- und Lernmaterialien für die (lehrplanbezogene) Einbindung in den Fachunterricht ergänzt.

Tab. 1: Konzipierte Module

Modulteile	Thema	Bereich
Modul 1	Hitzestress – Bedingungen analysieren und Alternativen entwerfen	Gesundheit/Risikoprävention
Modul 2	AnSturm auf das Klima – stärkere Stürme, bessere Schutzmaßnahmen?	Gesundheit/Risikoprävention
Modul 3	Land unter?! Anpassungsstrategien an Starkniederschläge	Gesundheit/Risikoprävention
Modul 4	Phänologie – städtische Vegetation im Takt des Klimas gestalten	Stadtökologie/Biodiversität
Modul 5	Ruderalvegetation – wildes Grün zum Schutz der Biodiversität erhalten	Stadtökologie/Biodiversität
Modul 6	Straßenbegleitgrün – Klimaanpassung leicht gemacht?	Stadtökologie/Biodiversität
Modul 7	Albedo & Co. Experimente mit Oberflächen und städtischen Baustoffen	Stadtklima/Stadtplanung
Modul 8	Städtische Mobilität in Zeiten des Klimawandels	Stadtklima/Stadtplanung
Modul 9	Zukunftsstadt?! Anpassungsstrategien an den Klimawandel	Stadtklima/Stadtplanung

Da alle entwickelten Lehr- und Lernmaterialien online abrufbar sind, wird an dieser Stelle auf deren Darstellung verzichtet (www.klimawandel-findet-stadt.de).

4. Das Projekt und sein Mehrwert

Die Planung, Durchführung und Evaluation des Projektes „Klimawandel findet Stadt" ist – bildlich gesprochen – die eine Seite der Medaille. Hierdurch konnten erstmals umfängliche und differenzierte Lehr-/Lernmodule zum Thema Klimaanpassung erarbeitet und insbesondere für den geographischen Unterricht bereitgestellt werden. Die andere Seite der Medaille ist die, dass durch das Projekt aktuelle geographische und geographiedidaktische Forschungsergebnisse unmittelbar in den Schulunterricht einfließen und zudem die Kooperationen zwischen verschiedenen beteiligten Akteuren gestärkt werden können. Die erstellten Module können nicht nur im „normalen", alltäglichen Klassenunterricht genutzt werden, sondern durch Einbindung der Schülerlabore auch dazu beitragen, die Kontakte/Kooperationen zwischen Schule und Universität/Hochschule auf- und/oder auszubauen. Stichwort Forschung und forschen für Kinder und Jugendliche erlebbar machen. Durch die Beteiligung von Behörden (z. B. Stadtplanungsamt), verschiedenen Institutionen (z. B. Biologische Stationen) und Unternehmen (z. B. Gartenbaufachbetriebe, Baustoffhändler) lernen die Schülerinnen und Schüler auch die Denkweisen und Perspektiven weiterer gesellschaftlicher Akteure kennen. Studierende, die die Schülerinnen und Schüler im Projekt mitbetreuen, werden hierdurch schnell und unkompliziert an realen geographischen Unterricht herangeführt. Theoriegeleitete Praxis erfährt hier seine Umsetzung. Die Einbindung der zweiten Stufe der Lehrerausbildung führt außerdem dazu, dass auch die Referendarinnen und Referendare, also die Geographielehrerinnen und Geographielehrer von Morgen, dieses Projekt früh kennenlernen, praktisch erproben und später in ihrem Berufsleben immer wieder unterrichtlich daran anknüpfen können. Auch hierdurch wird die Zusammenarbeit zwischen Fachseminaren, Schulen und Universitäten weiter gefestigt und intensiviert.

Literatur

BBSR (Bundesinstitut für Bau-, Stadt- und Raumforschung im Bundesamt für Bauwesen und Raumordnung) (2011). *Klimawandelgerechte Stadtentwicklung. Ursachen und Folgen des Klimawandels durch urbane Konzepte begegnen.* Bonn: BBSR.

BMBF (Bundesministerium für Bildung und Forschung, Referat 622 „Globaler Wandel") (2003). *Die urbane Wende: Forschung für die nachhaltige Entwicklung der Megastädte von morgen.* Berlin: BMBF.

BMUB (Bundesministerium für Umwelt, Naturschutz und Reaktorsicherheit) (Hrsg.) (2009). *Dem Klimawandel begegnen. Die deutsche Anpassungsstrategie.* Berlin: BMUB.

BMUB (Bundesministerium für Umwelt, Naturschutz, Bau und Reaktorsicherheit) (Hrsg.) (2016). *Klimaschutzplan 2050. Klimaschutzpolitische Grundsätze und Ziele der Bundesregierung.* Berlin: BMUB.

BMVBS (Bundesministerium für Verkehr, Bau und Stadtentwicklung) (Hrsg.) (2013). *Wie kann Regionalplanung zur Anpassung an den Klimawandel beitragen? Ergebnisbericht des Modellvorhabens der Raumordnung „Raumentwicklungsstrategien zum Klimawandel" (KlimaMORO).* Berlin: BMVBS.

Deutscher Städtetag (Hrsg.) (2012). *Positionspapier. Anpassung an den Klimawandel – Empfehlungen und Maßnahmen der Städte.* Verfügbar unter: www.staedtetag.de/imperia/md/content/dst/positionspapier_klimawandel_juni_2012.pdf [10.06.2019].

DGfG (Deutsche Gesellschaft für Geographie) (Hrsg.) (2017). *Bildungsstandards im Fach Geographie für den Mittleren Schulabschluss – mit Aufgabenbeispielen* (9. Aufl.). Bonn: DGfG.

Difu (Service- und Kompetenzzentrum: Kommunaler Klimaschutz beim Deutschen Institut für Urbanistik gGmbH) (Hrsg.) (2013). *Klimaschutz und Mobilität. Beispiele aus der kommunalen Praxis und Forschung – so lässt sich was bewegen.* Köln: o. A.

Difu (Service- und Kompetenzzentrum: Kommunaler Klimaschutz beim Deutschen Institut für Urbanistik gGmbH) (Hrsg.) (2015). *Klimaschutz und Klimaanpassung.*

Wie begegnen Kommunen dem Klimawandel? Beispiele aus der kommunalen Praxis. Köln: o. A.

Dümecke, C., Joschko, I.-L. & Wagner, W. (2013). *Handbuch zur guten Praxis der Anpassung an den Klimawandel.* Hrsg. v. Umweltbundesamt. Verfügbar unter: www.umweltbundesamt.de/sites/default/files/medien/364/publikationen/uba_handbuch_gute_praxis_web-bf_0.pdf [21.06.2019].

Endlicher, W. (2007). Das Unbeherrschbare vermeiden und das Unvermeidbare beherrschen – Strategien gegen die gefährlichen Auswirkungen des Klimawandels. In W. Endlicher & F.-W. Gerstengarbe (Hrsg.), *Der Klimawandel – Einblicke, Rückblicke und Ausblicke* (S. 119–131). Potsdam: G & S Druck und Medien GmbH.

Feja, K., Lütje, S., Mönter, L., Neumann, L., Otto, K.-H. & Siegmund, A. (2018). Klimawandel findet Stadt. In C. Meyer, A. Eberth & B. Warner (Hrsg.), *Klimawandel im Unterricht. Bewusstseinsbildung für eine nachhaltige Entwicklung* (S. 128–139). Braunschweig.

Fleischhauer, M. & Bornefeld, B. (2006). Klimawandel und Raumplanung. *Raumforschung und Raumordnung*, 64 (3) 161–171. Verfügbar unter: https://doi.org/10.1007/BF03182977 [21.06.2019].

Grothues, E., Köllner, B. & Ptak, D. (2013). *Klimawandelgerechte Metropole Köln. Abschlussbericht. Fachbericht 50.* Hrsg. v. Landesamt für Natur, Umwelt und Verbraucherschutz Nordrhein-Westfalen. Recklinghausen: o. A.

Gruehn, D., Greivig, S., Rannow, S., Fleischhauer, M. & Meyer, B. C. (2010). *Klimawandel als Handlungsfeld in der Raumordnung – Ergebnisse der Vorstudie zu den Modellvorhaben „Raumentwicklungsstrategien zum Klimawandel“. Ein Projekt des Forschungsprogramms „Modellvorhaben der Raumordnung (MORO)“ des Bundesministeriums für Verkehr, Bau und Stadtentwicklung (BMVBS), betreut vom Bundesinstitut für Bau-, Stadt- und Raumforschung (BBSR).* Bonn, Berlin: BMVBS, Bundesamt für Bauwesen und Raumordnung.

IPCC (Intergovernmental Panel on Climate Change) (Hrsg.) (2013). *Summary for Policymakers. In Climate Change 2013: The Physical Science Basis. Contribution of Working Group I to the Fifth Assessment Report of the Intergovernmental Panel on Climate Change* [T.F. Stocker, D. Qin, G.-K. Plattner, M. Tignor, S.K. Allen, J. Boschung, A. Nauels, Y. Xia, V. Bex and P.M. Midgley (Hrsg.)]. Cambridge, UK and New York: Cambridge University Press.

Jendritzky, G. (2007). Folgen des Klimawandels für die Gesundheit. In W. Endlicher & F.-W. Gerstengarbe (Hrsg.), *Der Klimawandel – Einblicke, Rückblicke und Ausblicke* (S. 108–118). Potsdam: G & S Druck und Medien.

KMK & BMZ (Ständige Konferenz der Kultusminister der Länder in der Bundesrepublik Deutschland & Bundesministerium für wirtschaftliche Zusammenarbeit und Entwicklung) (Hrsg.) (2016). *Orientierungsrahmen für den Lernbereich Globale Entwicklung.* Bonn: Cornelsen.

Mathey, J. (2011). *Noch wärmer, noch trockener? Stadtnatur und Freiraumstrukturen im Klimawandel. Abschlussbericht zum F+E-Vorhaben (FKZ 3508 821 800) „Noch wärmer, noch trockener? Stadtnatur und Freiraumstrukturen im Klimawandel“.* Bonn, Bad Godesberg: Bundesamt für Naturschutz (Naturschutz und biologische Vielfalt, H. 111).

Mayer, J. & Ziemek, H.-P. (2006). Offenes Experimentieren. Forschendes Lernen im Biologieunterricht. *Unterricht Biologie, 317*, 4–12.

Mönter, L. & Schlitt, M. (2015). Klimawandel, ‚Cool Roofs' & Co. Anpassungsstrategien und Handlungsmöglichkeiten im urbanen Raum – Didaktische Ansätze unter Gesichtspunkten des forschenden Lernens. *Geographie aktuell & Schule, 36 (212)*, 14–20.

Müller, N. (2013). *Stadtklimatische Adaptionsmaßnahmen in Oberhausen vor dem Hintergrund des globalen Klimawandels.* Hohenwarsleben: Westarp-Verlagsservice (Essener Ökologische Schriften, 33).

MUNLV (Ministerium für Umwelt und Naturschutz, Landwirtschaft und Verbraucherschutz des Landes Nordrhein-Westfalen) (Hrsg.) (2011). *Handbuch Stadtklima. Maßnahmen und Handlungskonzepte für Städte und Ballungsräume zur Anpassung an den Klimawandel.* Düsseldorf: mediateam.

Othengrafen, M. (2014). *Anpassung an den Klimawandel. Das formelle Instrumentarium der Stadt- und Regionalplanung.* 1. Aufl. Hamburg: Kovac (Studien zur Stadt- und Verkehrsplanung, 16).

Otto, K.-H. (2016). Geographie und Scientific Literacy – Der Beitrag der Geographie zur naturwissenschaftlichen (Grund-)Bildung. In K.-H. Otto (Hrsg.), *Geographie und naturwissenschaftliche Bildung – Der Beitrag des Faches für Schule, Lernlabor und Hochschule. Dokumentation des 21. HGD-Symposiums im März 2015 in Bochum* (S. 1–22). Münster (Geographiedidaktische Forschungen 63).

Otto, K.-H. & Schuler, S. (2012). Pädagogisch-psychologische Ansätze. In J.-B. Haversath (Moderator), *Geographiedidaktik. Theorie, Themen, Forschung* (S. 133–164). Braunschweig: Westermann.

Reinmann, G. & Mandl, H. (2006). Unterrichten und Lernumgebungen gestalten. In A. Krapp & B. Weidenmann (Hrsg.), *Pädagogische Psychologie. Ein Lehrbuch* (S. 613–658). 5. Auflage, Weinheim, Basel, Berlin: Beltz.

Schlegelmilch, F. (2012). *Hitze in der Stadt. Strategien für eine klimaangepasste Stadtentwicklung. Dokumentation der StadtklimaExWoSt-Zwischenkonferenz vom 15.09.2011.* Berlin: Bundesministerium für Verkehr, Bau u. Stadtentwicklung.

Statistisches Bundesamt (Hrsg.) (2018). *Statistisches Jahrbuch Deutschland und Internationales 2017.* Zwickau: Westermann.

UfU (Unabhängiges Institut für Umweltfragen e.V.) (Hrsg.) (2013). *Klimahelden erobern die Stadt. Methodenhandbuch für Klimaschutz und Klimaanpassung in Schule & Stadtteil.* Berlin: UfU.

Wittig, S. & Schuchardt, B. (2012a). *Bauen und Wohnen in der Stadt. Themenheft Anpassung an den Klimawandel.* Hrsg. v. Umweltbundesamt. Verfügbar unter: www.umweltbundesamt.de/sites/default/files/medien/376/publikationen/kompass_them enblatt_bauen_und_wohnen.pdf [21.06.2019].

Wittig, S. & Schuchardt, B. (2012b). *Hitze in der Stadt. Eine kommunale Gemeinschaftsaufgabe. Themenblatt Anpassung an den Klimawandel.* Hrsg. v. Umweltbundesamt. Verfügbar unter: www.umweltbundesamt.de/sites/default/files/medien/376/publi kationen/kompass_them enblatt_hitze_in_der_stadt.pdf [21.06.2019].

Zur Rolle von BNE in der universitären Lehrkräftebildung in den Fächern Informatik und Englisch

Annette Kroschewski und Simone Opel

1. Eine Einleitung oder „Warum nicht zwei Beiträge?"

Auch wenn Informatik und Englisch auf den ersten Blick zwei sehr unterschiedliche und nur begrenzt BNE-affine Fächer zu sein scheinen, sehen wir dennoch gerade mit und in den Fächern Informatik und Englisch wichtige Bezüge und Beiträge zu BNE, die wir vor dem Hintergrund unserer Erfahrungen in der universitären Lehrkräftebildung illustrieren möchten.

Auch mögen die beiden Fächer bezüglich der eingesetzten Methoden und Arbeitsaufträge sehr unterschiedlich erscheinen, aber es finden sich an vielen Stellen Anknüpfungspunkte für fachübergreifenden Unterricht und gemeinsame Unterrichtskonzepte (z. B. bei Schmalfeldt, 2019). Englisch ist die im Bereich der Informatik verwendete Fachsprache, so dass die Schülerinnen und Schüler früh befähigt werden müssen, ihre englischen Sprachkenntnisse aktiv im Informatikunterricht bei der Anwendung von Werkzeugen, Programmiersprachen oder Tutorials einzusetzen.

Gemeinschaftliche und fachübergreifende Konzepte beschäftigen sich sowohl im Fach Englisch als auch in Informatik mit Storytelling und dessen Umsetzung mit informatischen Mitteln oder der Erstellung eigener digitaler Artefakte unter Einbeziehung englischer Teilkomponenten oder Werkzeuge. Die Beschäftigung mit englischsprachigen Texten ist in beiden Fächern ebenfalls unerlässlich, auch um sich mit BNE im Bereich der Informatik zu beschäftigen.

Im Bereich der beruflichen Bildung, die in der dualen Ausbildung auf das Lernfeldkonzept setzt (BMWi, 1997), ist ebenso wie im „Deutschen Qualifikationsrahmen für lebenslanges Lernen (DQR)" (Arbeitskreis DQR, 2011) eine enge Verzahnung von Englisch mit Unterricht in verschiedenen Bereichen der Informatik vorgesehen, so dass hier in der Praxis oft fachübergreifend gearbeitet wird.

Im Bereich der Lehrkräftebildung ist die Integration von BNE in die Lehrveranstaltungen des Masterstudiums, die in diesem Beitrag beschrieben werden, sowohl im Fach Englisch als auch in Informatik derart gestaltet, dass mündiges

Handeln und multiperspektivisches Reflektieren mit Blick auf Nachhaltigkeit, aber auch die Vermittlung von BNE-Kompetenzen an die späteren Schülerinnen und Schüler gefördert wird. Die Förderung von Kompetenzen im Bereich der Medien wird im schulischen Kontext u. a. durch den Bereich 5 „Analysieren und Reflektieren" des Medienkompetenzrahmens des Landes NRW (Medienberatung NRW, 2018) abgedeckt und ist, wie weitere Kompetenzen, implizit und explizit auch in den Kernlehrplänen sowohl für die Sekundarstufe I als auch Sekundarstufe II der Fächer Englisch und Informatik (Ministerium für Schule und Weiterbildung NRW, 2014a, 2014b, 2015, Ministerium für Schule und Bildung NRW 2019a, 2019b, 2019c) verankert.

Aufgrund des angeregten Erfahrungsaustausches zu der Umsetzung von BNE in den beiden Fächern auf der BNE-Tagung, die im März 2019 an der Bergischen Universität Wuppertal stattfand und u. a. das Ziel der Vernetzung hatte, sowie der Erkenntnis, dass in der neuen BNE-Leitlinie NRW (Ministerium für Schule und Bildung 2019c) die Fächer Informatik und Englisch weder explizit aufgeführt noch mit Blick auf BNE eingehender erläutert werden, entschieden wir uns exemplarisch darzustellen, dass auch Fächer, die nicht explizit in der neuen Leitlinie genannt werden, für die Querschnittsaufgabe BNE wichtig sind.

2. BNE und Lehrkräftebildung in Informatik und Englisch: Rahmenbedingungen, Seminare, Beispiele und Erfahrungen

Die Kontexte, Rahmenbedingungen und ausgewählten Aspekte der beiden sehr unterschiedlichen Fächer werden zunächst skizziert und einige Beispiele eingehender beschrieben, um unterschiedliche Möglichkeiten aufzuzeigen, wie BNE in die universitäre Lehrkräftebildung integriert werden kann.

Die Fächer Informatik an der Universität Paderborn und Englisch an der Bergischen Universität Wuppertal können im Studium für alle Schularten gewählt werden (einziger Unterschied: Fach Englisch auch mit Lehramt Grundschule in Wuppertal, aber nicht Informatik für die Grundschule in Paderborn).

Obwohl das Thema BNE nicht explizit in den Prüfungsordnungen und Modulhandbüchern der beiden Fächer verankert ist, ist das Einbeziehen der verschiedenen Aspekte in Lehrveranstaltungen nicht nur möglich, sondern auch sinnvoll.

Dies wird im Folgenden vor allem für die Lehrveranstaltungen der M.Ed.-Studiengänge aufgezeigt, die BNE bereits erfolgreich integriert haben.

Aufgrund des begrenzten Umfangs dieses Beitrags wird dies an jeweils einer Lehrveranstaltung pro Fach exemplarisch dargestellt. In diesen Lehrveranstaltungen und darüber hinaus werden auch Implikationen für den Unterricht untersucht.

Vertiefend können BNE-Konzepte im Praxissemester umgesetzt werden. Auch hier werden (in Abhängigkeit von den schulischen Möglichkeiten) von den Studierenden Unterrichtsreihen entwickelt und mit Schulklassen verschiedener Altersstufen und Schularten erprobt.

Zunächst wird bei jedem Fach der Stellenwert, die Bedeutung und die Bezüge der Fächer Informatik und Englisch zu BNE sowie deren Zugänge auf allgemeiner Ebene dargestellt.

2.1 Lehrkräfteausbildung in Informatik und der BNE-Gedanke

2.1.1 Fundierung von BNE im Fach Informatik an der Universität Paderborn

Nicht erst durch den Vormarsch der Digitalisierung findet sich in unserem Alltag und in der Arbeitswelt eine Vielzahl elektronischer (Klein-)Geräte, die unser Leben und Arbeiten auf unterschiedliche Arten beeinflussen. Diese „digitalen Artefakte" sind – im Gegensatz zu nicht gestaltbaren, allgemeineren „technischen Artefakten" – individuell gestaltbar, programmierbar und auf die eigenen Bedürfnisse anpassbar. Sie bestehen sowohl aus Software- als auch Hardwarekomponenten und unterliegen einem sehr schnellen Wandel – was häufig zu nur kurzen Lebenszyklen dieser Geräte führt. Digitale Artefakte gestalten aber auch unser Leben an Stellen, die wir zunächst gar nicht im Blick haben: So sind „Precision Farming" oder „Vertical Farming" ohne digitale Unterstützungssysteme nicht denkbar, auch die Steuerung von öffentlichem Personenverkehr etc. ist nur durch den Einsatz von Rechnersystemen möglich. Umso wichtiger ist es im Zeitalter der Digitalisierung, nicht nur Kompetenzen zu Strukturen und Funktionen oder zur Interaktion mit digitalen Artefakten zu erwerben, sondern auch die gesellschaftlichen und kulturellen Wechselwirkungen, die sich durch den Betrachtungsgegenstand ergeben, zu untersuchen (Weich, 2019).

Im Rahmen der Lehramtsausbildung beschäftigen sich die Studierenden daher mit verschiedenen Aspekten der Interaktion mit digitalen Artefakten und erkennen, dass sich Schülerinnen und Schüler nur dann kompetent in einer digitalisierten Welt bewegen können, wenn sie die Dualität aus Architektur und Bedeutung des Artefaktes in seiner Umwelt kennen (Schulte, 2008, 2009, S. 74ff.) und sie längerfristige Konzepte der Informatik begreifen, um kurzfristige Trends von grundlegenden Ideen unterscheiden können (Schubert & Schwill, 2011). Hierzu gehört auch ein vertieftes Verständnis der Studierenden über die Auswirkungen der Gestaltung und Nutzung von digitalen Artefakten auf die persönliche und allgemeine Lebenswelt – dieser Themenbereich findet sich auch im Inhaltsfeld „Informatik, Mensch und Gesellschaft" der verschiedenen Kernlehrpläne für Gymnasien und Gesamtschulen (Schulministerium NRW, 2014b, 2015, 2019b) wieder, so dass damit auch eine Reflexion über den nachhaltigen Umgang mit digitalen Artefakten sinnvoll im Unterricht integriert werden kann.

2.1.2 Umsetzung im Bereich der Lehrkräfteausbildung

Obwohl BNE im Bachelor-Studium an verschiedenen Stellen integriert ist, wird der BNE-Gedanke jedoch insbesondere während des Masterstudiums des Fachs Informatik an der Universität Paderborn vertieft, das als enge Verzahnung aus Unterrichtspraxis und wissenschaftlicher Arbeit konzipiert wurde. Im Rahmen des verpflichtenden Seminars „PIN-Lab Unterrichtsmodelle" entwickeln die Studierenden Unterrichtsreihen zu verschiedenen Themen und für verschiedene Altersstufen von Lernenden. Diese Unterrichtsreihen werden anschließend mindestens dreimal im Lehr-Lern-Labor PIN-Lab[1] (Krofta et al., 2016) der Informatikdidaktik durchgeführt und reflektiert, und sollen nach Möglichkeit in das Programm des PIN-Labs als außerschulischer Lernort aufgenommen werden. Im Rahmen dieses Seminars entstehen regelmäßig Unterrichtsszenarien, die aktuelle Themen, wie zum Beispiel „Künstliche Intelligenz" aufgreifen und auch regelmäßig Informatik mit BNE verknüpfen.

So entstand im Rahmen dieses Seminars das Konzept des RetiBNE-Cafés[2], das als Abwandlung eines Konzepts für Repair-Cafés (bspw. bei Grewe, 2015) fachübergreifend in verschiedenen Lernszenarien eingesetzt werden kann (siehe auch Schulte et al., 2018, Schmidt & Schulte, 2019). Das RetiBNE-Projekt, das unter Federführung der Universität Oldenburg entwickelt wurde, unterstützt Konzepte wie das „Reparaturmanifest"[3] (ifixit, 2016), und zeigt damit auf, dass es oft möglich ist, ein defektes Bauteil oder veraltete Software zu ersetzen und somit das Artefakt zu reparieren oder zu aktualisieren. Neben der Reparatur ihres mitgebrachten oder zur Verfügung gestellter Artefakte reflektieren die Teilnehmerinnen und Teilnehmer ihren eigenen Online-Konsum und recherchieren, welche Rohstoffe im Smartphone oder Laptop stecken, woher sie stammen und wie sie abgebaut werden, um so mit Hilfe des ökologischen Fußabdrucks ihr individuelles (nachhaltiges) Konsumverhalten reflektieren zu können. Die Be-

---

1 PIN-Lab: Paderborner Interaktions-Labor; forschendes Lehr-Lern-Labor der Didaktik der Informatik

2 RetiBNE = Reparaturwissen und -können als Element einer technischen und informatischen Bildung für nachhaltige Entwicklung, https://www.retibne.de [27.07.2019]

3 https://de.ifixit.com/Manifesto [27.07.2019]

sucherinnen und Besucher in unserem Labor können so Reparaturkompetenz aufbauen und haben die Möglichkeit, damit aktiv den eigenen ökologischen Rucksack zu verkleinern.

Dieses von Studierenden entwickelte Konzept hat – auch dank der intensiven Bemühungen von Ann-Katrin Schmidt als Federführende bei der Entwicklung und Überarbeitung – inzwischen Eingang in den regelmäßigen Seminarbetrieb des PIN-Labs als außerschulischer Lernort genommen. Der Workshop bietet zudem verschiedene Anknüpfungspunkte an weitere Fächer, beispielsweise Geographie (Rohstoffgewinnung), Technik, Wirtschaft und Politik (gesetzliche Regeln zu Recycling, internationale Beziehungen, Fragen des Welthandels), Ethik und Philosophie (Ressourcenausbeutung, materielles Ungleichgewicht und die sozialen Folgen) und insbesondere Englisch, da dies im Fach Informatik an vielen Stellen ein wichtiges und unverzichtbares Werkzeug beispielsweise beim Verständnis von Handbüchern, Tutorials oder Anleitungen bildet.

Zur Weiterführung des BNE-Gedankens werden sich im Wintersemester 2019/20 Studierende mit der Entwicklung einer Unterrichtseinheit zum Thema „Urban Gardening“ und Digitalisierung beschäftigen, um hieraus beispielsweise ein Verständnis für „Landwirtschaft als Informatiksystem“ entwickeln und weitergeben zu können.

2.2 Universitäre Lehrkräftebildung im Fach Englisch und BNE

2.2.1 Beitrag, Stellenwert und Bezüge des Faches Englisch zu BNE

> Innerhalb der von allen Fächern zu erfüllenden Querschnittsaufgaben trägt insbesondere auch der Englischunterricht im Rahmen der Entwicklung von Gestaltungskompetenz zur kritischen Reflexion geschlechter- und kulturstereotyper Zuordnungen, zur Werteerziehung, zur Empathie und Solidarität, zum Aufbau sozialer Verantwortung, zur Gestaltung einer demokratischen Gesellschaft, zur Sicherung der natürlichen Lebensgrundlagen, auch für kommende Generationen im Sinne einer nachhaltigen Entwicklung, und zur kulturellen Mitgestaltung bei. Darüber hinaus leistet er einen Beitrag zur interdisziplinären Verknüpfung von Kompetenzen, auch mit gesellschafts- und naturwissenschaftlichen Feldern, sowie zur Vorbereitung auf Ausbildung, Studium, Arbeit und Beruf. (Ministerium für Schule und Weiterbildung 2014a, S. 13)

Um dies zu ermöglichen, ist es auch für die universitäre Lehrkräftebildung im Fach Englisch wichtig, dass (zukünftige) Lehrerinnen und Lehrer mit Blick auf BNE zentrale Kompetenzen entwickeln.

Mit Rücksicht auf den begrenzten Umfang dieses Beitrags werden nur einige ausgewählte Bezüge, fachliche Zugänge und Kompetenzen dargestellt. Ausführlichere Begründungen und Darstellungen finden sich z. B. bei Cates (2017), Maley & Peachey (2017) sowie Langlois & Vibulphol (2019). Im *Orientierungsrahmen Globale Entwicklung* (Engagement Global, 2016) stellen Becker, Börner, Edelhoff & Schröder fremdsprachenspezifische Bezüge und den „Beitrag der neuen Fremdsprachen" sehr anschaulich dar. Hier finden sich neben curricularen Begründungszusammenhängen auch Bezüge zur Sprache bzw. zum fremdsprachlichen Lernen sowie zu spezifischen Teilkompetenzen und Beispielen. Langlois & Vibulphol betonen ebenfalls, dass BNE bzw. „Education for Sustainable Development [...] especially relevant to English teaching" sei (2019, S. 13). Neben motivationalen Aspekten weisen sie auf ethische und andere Aspekte hin (ebd.). Aus fremdsprachendidaktischer Sicht ist die Rolle des Englischen besonders hervorzuheben, die in authentischen BNE-Aufgaben, Themen, Materialien und Kommunikationsprozessen als zentral erfahren werden kann. Dabei werden nicht nur funktionale kommunikative Kompetenzen erweitert, sondern in integrativer Weise auch inter- bzw. transkulturelle Diskurskompetenzen, digitale Kompetenzen sowie die der *awareness* im Bereich Sprachenlernen bzw. Sprachbewusstheit, globale Diversitätskompetenz (vgl. auch Kroschewski, 2015, mit vielfältigen, u. a. literarischen Textbeispielen) und BNE. Diese und weitere fachliche Bezüge, Zugänge und Kompetenzen werden im Folgenden an einem ausgewählten Beispiel der Lehrkräftebildung im Fach Englisch veranschaulicht und vertieft.

2.2.2 Umsetzung im Bereich der universitären Lehrkräftebildung

In den derzeit gültigen Prüfungsordnungen der Bergischen Universität Wuppertal für das Fach Englisch wird, wie beschrieben, BNE zwar nicht explizit genannt, aber im Rahmen der Module ist es durchaus möglich, BNE zu integrieren. Dies wird auch bereits seit etlichen Semestern in einigen fachdidaktischen Lehrveranstaltungen erprobt. BNE-Schwerpunkte wurden vor allem in mehreren fachdidaktischen Seminaren und Hauptseminaren des Master-of-Education-Studiengangs gesetzt.

Im Folgenden werden v.a. Aspekte aus einer Lehrveranstaltung, die die Autorin selbst geplant und durchgeführt hat, vorgestellt. Zwar werden einige BNE-Aspekte auch in andere Seminare integriert, aber der Schwerpunkt liegt in der folgenden Darstellung auf dem Hauptseminar „Effective English Teaching, Task-Based and Task-Supported Language Learning in the EFL[4] Classroom", das vor allem mit Blick auf BNE in den letzten Jahren weiter entwickelt wurde. In dieser

4 English as a Foreign Language

Lehrveranstaltung wurden aktuelle Entwicklungen der Didaktik des Englischen aufgegriffen und BNE gezielt als Schwerpunkt gesetzt und vertieft.

Vorgaben der Lehrpläne unterschiedlicher Schulformen sowie weitere Texte wurden von den Studierenden mit Blick auf explizite und implizite BNE-Bezüge eigenständig untersucht. Darüber hinaus wurden weitere Beispiele und Aufgaben theorie-, erfahrungs- und problembasiert mit Blick auf kumulative Kompetenzentwicklung im Bereich BNE gemeinsam diskutiert. Nicht nur der Hintergrund, sondern auch unterschiedliche Begriffsverständnisse von BNE bzw. *Education for Sustainable Development*, *Sustainable Development Goals* (*SDGs*) und Bezüge zu *Global Education* wurden eingehender recherchiert und diskutiert.

Dabei wurde den Studierenden bewusst, dass Bezüge zu BNE und *SDGs* bereits seit geraumer Zeit in etlichen Themen, Kompetenzen, Zielen und Aufgaben des Englischunterrichts zu finden sind.

Argumente, die für die Integration von BNE in den Englischunterricht sprechen, wurden ebenso thematisiert wie kritische und traditionellere Sichtweisen, die bei der Vermittlung des Englischen eher „linguistic form, trivial content (shopping, tourism, pop culture)" (Cates, 2017, S. 278) fokussieren. In den Diskussionen und Beispielen wurde überdies deutlich, dass die Integration von BNE nicht das Sprachenlernen vernachlässigt, sondern mit Inhalten und Aufgaben, die bedeutungsvoll, kontrovers und komplex sind, verbindet und vertieft. Bezüge zu wichtigen Ansätzen des Fremdsprachenlehrens und -lernens, die *meaningful and relevant tasks* sowie „real world processes of language use" (vgl. auch ausführlicher Ellis, 2003 und Ellis, 2018) in ihrer Bedeutung für das Sprachenlernen betonen, wurden ebenfalls herausgearbeitet. Gleiches gilt für Bezüge zu inter- und transkulturellen Kompetenzen, bei denen u. a. „knowledge", „skills", „attitudes", „awareness" und „action" wichtig sind und die englische Sprache als „window to the world" sowie als „global language" fungieren kann (Cates, 2017).

Mit Blick auf die Rahmenbedingungen war im Bereich der Seminargestaltung wichtig, dass die Studierenden aktiv, partizipativ, selbstständig und kooperativ arbeiten konnten und dabei multiperspektivische Betrachtungen ermöglicht wurden. So wurden gezielt Recherche- und Reflexionsaufgaben bearbeitet, die auch unterschiedliche Konzepte von BNE fokussierten. Sowohl für die universitäre Lehrkräftebildung als auch für den schulischen Englischunterricht wurde eine kritische Bewusstseinsbildung diskutiert, die jedoch nicht zu „preaching" (vgl. auch Cates, 2017, S. 279) führen sollte, sondern kritische, mündige, verantwortungsvolle inter-/transkulturelle Diskurskompetenz sowie Gestaltungskompetenz fördert.

In diesem Kontext wurden die in der englischen Fachdidaktik breit rezipierten Ansätze des *Task-Based-* und *Task-Supported Language Learning* (vgl. auch

Müller-Hartmann & Schocker-von Ditfurth, 2011), die Komplexe Kompetenzaufgabe nach Hallet (2012) sowie die Kompetenzdefinition nach Weinert (2001) als sinnvolle Bezüge für die Entwicklung von Kompetenzen und Aufgaben im Bereich BNE diskutiert. Hierbei sind nicht nur die „kognitiven Fähigkeiten und Fertigkeiten“ von Bedeutung, die für die Lösung spezifischer Probleme notwendig sind, sondern auch „die damit verbundenen motivationalen, volitionalen und sozialen Bereitschaften und Fähigkeiten um die Problemlösungen in variablen Situationen erfolgreich und verantwortungsvoll nutzen zu können.“ (Weinert, 2001, S. 27f.). Bei der Komplexen Kompetenzaufgabe nach Hallet ist mit Blick auf Themen und Inhalte Folgendes wichtig: „Darüber hinaus hat sie [die komplexe Kompetenzaufgabe; A.K.] kontroverse Themen zum Inhalt, wie sie in der Lebenswelt des 21. Jahrhunderts vorkommen, und erfordert deshalb echte Problemlösestrategien.“ (Hallet, 2013, S. 2).

Nicht zuletzt vor diesem fachdidaktischen Hintergrund war bei der Seminargestaltung wichtig, dass BNE im Fach Englisch nicht als ein Additum betrachtet, sondern im Sinne eines *integrated and competence-oriented approach* in sinnvoller Weise integriert wird.

Zu Beginn des Seminars wurden Vorwissen, Vorstellungen und Begriffsverständnisse in schriftlicher und mündlicher Form aktiviert. Dabei stellte sich heraus, dass dies sehr heterogen war und insbesondere zu BNE und *Education for Sustainability* nur sehr vage und wenige Kenntnisse vorhanden waren. Um die Kenntnisse und Kompetenzen zu erweitern, gezielt zu entwickeln und zu vertiefen, wurden auch hier Rechercheaufgaben zu unterschiedlichen Begriffsverständnissen, Perspektiven, Beispielen usw. bearbeitet. Darüber hinaus wurde nicht nur theorie-, sondern auch erfahrungs- und problembasiert gearbeitet. So wurden in englischer Sprache *current real world issues* wie z. B. *plastic waste, electronic waste/e-waste* (auch im Zusammenhang mit *the role of media in people's lives, digital media, responsible consumer behaviour etc.*), *climate change, carbon footprint* etc. auf unterschiedliche Weise thematisiert.

Ursprünge des Konzepts der Nachhaltigkeit, dessen Weiterentwicklung und Begriffsverständnisse, verschiedene Aspekte der Umweltbildung, der Verbraucherbildung, des Konsums, der interkulturellen, transkulturellen Bildung sowie der kulturellen und globalen Diversität wurden diskutiert, die sinnvoll in den Englischunterricht integriert werden können.

Neben inhaltlichen Bezügen, die durch Lehrpläne vorgegeben sind, ist es auch für ein effektives Fremdsprachenlernen wichtig, dass über Themen und Inhalte kommuniziert wird, die für Lerner bedeutungsvoll und lebensweltlich relevant sind.

Etliche weitere Aspekte aus älteren und vor allem auch neuen Lehrplänen wurden zu BNE in Beziehung gesetzt. Die Rolle des Englischen als Lingua Franca in lokalen und globalen, nationalen und internationalen Diskursen wurde ebenfalls herausgestellt. Als *real world*-Beispiel wurden häufig die jeweils aktuellen *Fridays for Future*-Aktionen genannt (die Seminare fanden stets an einem Freitag statt, sodass auch aktuelle Ereignisse mithilfe digitaler Medien einbezogen werden konnten), bei denen Schülerinnen und Schüler häufig Poster auf Englisch produzieren und öffentlich zeigen, sowohl lokal als auch global in den sozialen Medien. Greta Thunberg hält viele ihrer Reden auf Englisch. Die Rolle des Englischen als internationale Sprache der Verständigung und das Aushandeln von Bedeutung auf Englisch (*negotiation of meaning*) im BNE-Diskurs konnten anhand ausgewählter Beispiele der Sprachverwendung u. a. mit Blick auf die Förderung von *language awareness* mit Lernenden in Schule und Hochschule in den Blick genommen werden. Prozesse der Sprachverarbeitung (*concept-driven top down* und *data-driven bottom up processes*) wurden bei der Verarbeitung verschiedener Texte (schriftlich, mündlich, audiovisuell, visuell, digital) ebenfalls diskutiert (vgl. dazu auch ausführlicher Wolff, 2003). So wurde im Zusammenhang mit der Besprechung des *SDG 13 Climate Action* in einer digital verfügbaren Pressemeldung beispielhaft deutlich, welche Verstehensprozesse bei einer Überschrift wie „UK Parliament declares climate change emergency“[5] involviert sind. Bei der Reflexion wurde problematisiert, dass eine vermeintlich einfache Übersetzung ins Deutsche nicht zielführend und völlig unzureichend ist, wenn den Lernenden der Begriff „Klimanotstand“ auch im Deutschen oder in anderen Muttersprachen konzeptuell nicht deutlich ist. Weitere Herausforderungen ergeben sich durch die Analyse weiterer Texte (z. B. aus Zeitungen, Internet, Twitter, Blogs usw.), die eine multiperspektivische Betrachtungsweise und kritische Reflexion von Sprachverwendung, manipulativen Sprachgebrauchs, Konnotationen usw. erfordern. So wurden Beispiele wie der Buchtitel des *global warming sceptic* Christopher Brooker *The Real Global Warming Disaster: Is the Obsession with 'Climate Change' turning out to be the most costly Scientific Blunder in History?* analysiert und kritisch reflektiert. Unterschiedliche Positionen diverser *climate scientists/experts* sowie die internationale Konferenz „State of the Planet“ können auch im Rahmen eines Szenarios mit Expertenbefragungen problembasiert und multiperspektivisch diskutiert werden (vgl. auch Günther, Kroschewski & Nöth, 2012). Auch hier sind kritische Diskurskompetenz und vernetztes Denken wichtig, das ökologische, ökonomische sowie politische (Macht-)Fragen und Aspekte (kritisch!) reflektiert.

5 Vgl. BBC News https://www.bbc.com/news/uk-politics-48126677 [01.05.2019]

Zum *SDG 4 Quality Education* wurden u. a. die Wertschätzung kultureller Vielfalt, Inklusion, der Beitrag von Kultur zu einer Nachhaltigen Entwicklung (vgl. Engagement Global 2016, S. 49) mit dem Schwerpunkt auf „global diversity", „biodiversity" sowie Bezüge zu „global environmental issues and sustainability", „global migration" usw. multiperspektivisch betrachtet (vgl. dazu auch ausführlicher Kroschewski, 2015). Weitere Bezüge wurden zu anderen *SDGs*, z. B. zum *SDG 12 Responsible Consumption and Production* und *SDG 11 Sustainable Cities and Communities* anhand ausgewählter Beispiele thematisiert und illustriert.

Mit Blick auf die Aufgabenformate wurden neben den bereits beschriebenen Recherchen auch eigenständig und kollaborativ *research in practice* durchgeführt. Hierbei hatten die Studierenden die Möglichkeit, Lernende und Lehrende mit Blick auf ihre jeweiligen Begriffsverständnisse zu befragen. Vor allem Vorstellungen von Schülerinnen und Schülern sowie deren Wahrnehmung, ob BNE in der Schule im Allgemeinen und BNE im Englischunterricht im Besonderen vorkomme und wie sie dies wahrnehmen, waren überaus interessant. Auch die Sicht von schulischen Lehrpersonen war durchaus bemerkenswert.

Ebenfalls eigenständig und kooperativ wurden Aufgaben für verschiedene Schulformen und -stufen sowie ein Medien-Projekt durchgeführt, bei dem die Studierenden zu einem bestimmten *SDG* ein (digitales) Produkt planen, produzieren und reflektieren sollten. Hierbei waren unterschiedliche Gestaltungsmöglichkeiten gegeben, die auch genutzt wurden. Im Zusammenhang mit Lern- bzw. Erklärvideos zu einem spezifischen *SDG* wurden auch Aspekte des fremdsprachlichen Lehrens und Lernens thematisiert und reflektiert.

Dabei wurden, anders als in einem früheren Hauptseminar, in dem jeder Gruppe ein iPad zur Verfügung gestellt wurde, im SS 2019 gemäß *BYOD* (*Bring Your Own Device*) und den Prinzipien der Lernerautonomie zur Wahl des spezifischen Themas, der Planungs- und Umsetzungsaspekte mehr Entscheidungs- und Gestaltungsmöglichkeiten gegeben.

Die Idee zu dieser Aufgabe war aus einer Präsentation zu *sustainability and digital storytelling* hervorgegangen, die von Studierenden selbstständig erarbeitet und den Kommilitonen in der Lehrveranstaltung vorgestellt wurde. So konnten die Kompetenzbereiche Erkennen, Bewerten und Handeln in erfahrungs- und problembasierter sowie multiperspektivischer Weise entwickelt werden. Fachliche und fachübergreifende Zusammenhänge, die den Studierenden gerade auch im Bereich BNE deutlich wurden, konnten mit Blick auf komplexe Zusammenhänge und vernetztem Denken exemplarisch vertieft und auf Englisch versprachlicht werden. Zugleich wurden bei der vertieften Arbeit an spezifischen

BNE-Aufgaben und Themen diverse Medien- bzw. informatische und digitale Kompetenzen sowie Reflexions- und Gestaltungskompetenzen entwickelt.

Einige Studierende äußerten auch den Wunsch, sich mit BNE-Aspekten in ihrem Praxissemester zu befassen.

Nicht nur vor dem Hintergrund der aktuellen Entwicklungen in Bildung und Gesellschaft, sondern auch aufgrund der Erfahrungen, die in der vorgestellten Lehrveranstaltung gemacht worden sind, kann abschließend herausgestellt werden, dass BNE auch für die Lehrkräftebildung im Fach Englisch von nicht zu unterschätzender Bedeutung ist.

In ähnlicher Weise argumentieren auch Langlois & Vibulphol (2019), die für eine stärkere Integration von „Sustainable Development (SD)" in die Bildungssysteme plädieren und die Verbindung zwischen (Einstellungen zum) Englischlernen und dem Bewusstsein für „SD issues" herausstellen:

> As many schools, or even countries, have not yet integrated essential matters like SD into their education systems, rigorously establishing a causation link between attitudes toward English learning and awareness of SD issues would prove useful to the fields of both teaching English and SD. (Langlois & Vibulphol 2019, S. 22)

Der Gedanke, dass dies für beide Bereiche des Englischlehrens und SD nützlich ist, kann aufgrund unserer bisherigen Erfahrungen auch auf den Bereich der Lehrkräftebildung und BNE übertragen werden.

3. Rückblick und Ausblick

Die Beschäftigung mit BNE im Rahmen der Lehrkräftebildung lässt uns auf viele positive Erfahrungen zurückblicken. Der offene fach- und standortübergreifende Austausch hierüber, den wir während der BNE-Konferenz initiieren und in der Folgezeit vertiefen konnten, stellt für uns als Lehrende eine enorme Bereicherung dar, sodass wir allen, die sich mit BNE beschäftigen, ans Herz legen möchten, auch über den Fächer- und Standortrand hinaus konstruktiven Austausch zu pflegen.

Dieser Austausch auch zwischen so scheinbar unterschiedlichen Fächern wie Informatik und Englisch gibt immer wieder wertvolle Anregungen und lässt uns optimistisch in die Zukunft sehen, in der Hoffnung, dass BNE auch in den für manche eventuell nicht so offensichtlich BNE-affinen Fächern bald gezielt in die Lehrkräftebildung integriert wird.

Sowohl in Wuppertal als auch in Paderborn arbeiten wir jedoch kontinuierlich daran, BNE noch besser in unsere Lehre zu verankern, so dass die präsentierten Beispiele nur einen aktuellen Stand zeigen, der in ständigem Fluss und entwicklungsoffen ist. Auch inspiriert durch unseren Austausch hoffen wir noch viele gute Ideen zur Implementation von BNE in die Lehrkräftebildung zu entwickeln – und würden uns auch freuen, von weiteren Konzepten aus unseren und weiteren Fächern und Hochschulen zu erfahren.

Literatur

Arbeitskreis DQR. (2011). *Deutscher Qualifikationsrahmen für lebenslanges Lernen, verabschiedet vom AK DQR am 22. März 2011.* Berlin: Arbeitskreis DQR.

BMWi – Der Bundesminister für Wirtschaft. (1997). Verordnung über die Berufsausbildung im Bereich der Informations- und Telekommunikationstechnik vom 10. Juli 1997; verkündet im Bundesgesetzblatt, Teil I. In BMWi und BMBF (Hrsg.). *Bekanntmachung der Verordnung über die Berufsausbildung im Bereich der Informations- und Telekommunikationstechnik nebst Rahmenlehrplänen*, S. 1741–1799.

Cates, K. J. (2017). Global education. In M. Byram & A. Hu (Hrsg.). *Routledge Encyclopedia of Language Teaching and Learning.* (2., neu bearb. Aufl.) London, New York: Routledge. S. 277–280.

De Haan, G. (2008). Gestaltungskompetenz als Kompetenzkonzept der Bildung für nachhaltige Entwicklung. In I. Bormann & G. de Haan (Hrsg.). *Kompetenzen der Bildung für nachhaltige Entwicklung.* Wiesbaden: VS Verlag für Sozialwissenschaften. S. 23–43. https://doi.org/10.1007/978-3-531-90832-8_4

Ellis, R. (2003). *Task-based Language Learning and Teaching.* Oxford: Oxford University Press.

Ellis, R. (2018). *Reflections on Task-Based Language Teaching.* Bristol, Blue Ridge Summit: Multilingual Matters. https://doi.org/10.21832/9781788920148

Engagement Global, im Auftrag der Kultusministerkonferenz (KMK). (Hrsg.) (2016). *Orientierungsrahmen für den Lernbereich Globale Entwicklung im Rahmen einer Bildung für nachhaltige Entwicklung.* Zusammengestellt und bearb. von J.-R. Schreiber & H. Siege. (2. aktualisierte und erweiterte Aufl.) Bonn, Berlin: Cornelsen.

Grewe, M. (2015). Reparieren als nachhaltige Praxis im Umgang mit begrenzten Ressourcen? Kulturwissenschaftliche Notizen zum „Repair Café". In M. Tauschek & M. Grewe (Hrsg.). *Knappheit, Mangel, Überfluss. Kulturwissenschaftliche Positionen zum Umgang mit begrenzten Ressourcen.* Frankfurt/M. und New York: Campus. Frankfurt/New York. S. 267–289.

Günther, B., Kroschewski, A. & Nöth, D. (2012). *State of the Planet – An Inconvenient Truth.* Kompetenzorientierter Unterricht in der Sekundarstufe II. In W. Hallet & U. Krämer (Hrsg.). *Kompetenzaufgaben im Englischunterricht. Grundlagen und Unterrichtsbeispiele.* Seelze: Klett/Kallmeyer. S. 168–180.

Hallet, W. (2012). Die komplexe Kompetenzaufgabe. Fremdsprachige Diskursfähigkeit als kulturelle Teilhabe und Unterrichtspraxis. In W. Hallet & U. Krämer (Hrsg.). *Kompetenzaufgaben im Englischunterricht. Grundlagen und Unterrichtsbeispiele.* Seelze: Klett/Kallmeyer. S. 8–19.

Hallet, W. (2013). Die komplexe Kompetenzaufgabe. *Der Fremdsprachliche Unterricht Englisch, 124*, S. 2–8.

Ifixit. (2016). *Das ifixit Reparaturmanifest.* Verfügbar unter: https://eustore.ifixit.com/Das-iFixit-Manifest [28.07.2019].

Krofta, H., Buchholz, M., Nordmeier, V. & Schulte, C. (2016). Förderung von BNE-Kompetenzen bei Lehrkräften durch zyklische Unterrichtsentwicklung im Lehr-Lern-Labor. In J. Menthe, D. Höttecke, T. Zabka, M. Hammann & M. Rothgangel (Hrsg.). *Befähigung zu gesellschaftlicher Teilhabe: Beiträge der fachdidaktischen Forschung.* Münster: Waxmann. S. 185–204.

Kroschewski, A. (2015). From British Diversity to Global Diversity: Perspectives for the EFL Classroom. In C. Lütge (Hrsg.). *Global Education. Perspectives for English Language Teaching.* Wien, Zürich: Lit Verlag, S. 93–126.

Langlois, G. & Vibulphol, J. (2019). Using a Workshop to Raise Awareness of the Role of English in Promoting Sustainable Development. *English Teaching Forum, 57* (2), S. 12–23.

Maley, A. & Peachey, N. (2017). *Integrating global issues in the creative English language classroom: with reference to the United Nations Sustainable Development Goals.* London: British Council. Verfügbar unter: https://www.teachingenglish.org.uk/sites/teacheng/files/PUB_29200_Creativity_UN_SDG_v4S_WEB.pdf [21.07.2019].

Medienberatung NRW. (Hrsg.) (2018). *Medienkompetenzrahmen NRW.* Verfügbar unter: https://medienkompetenzrahmen.nrw/fileadmin/pdf/LVR_ZMB_MKR_Rahmen_A4_2019_06_Final.pdf [20.07.2019].

Ministerium für Schule und Bildung des Landes Nordrhein-Westfalen. (Hrsg.) (2019a). *Kernlehrplan für die Sekundarstufe I Gymnasium in Nordrhein-Westfalen Englisch.* Verfügbar unter: https://www.schulentwicklung.nrw.de/lehrplaene/lehrplan/199/3417_Englisch.pdf [29.07.2019].

Ministerium für Schule und Bildung des Landes Nordrhein-Westfalen. (Hrsg.) (2019b). *Kernlehrplan für die Sekundarstufe I – Gymnasium/Gesamtschule in Nordrhein-Westfalen – Informatik (Verbändeentwurf).* Verfügbar unter: https://www.schulentwicklung.nrw.de/lehrplaene/upload/klp_SI/G9/wp-if/KLP_WP_GY_Informatik_2019-02-25.pdf [09.07.2019].

Ministerium für Schule und Bildung des Landes Nordrhein-Westfalen. (Hrsg.) (2019c). *Leitlinie Bildung für nachhaltige Entwicklung.* Verfügbar unter: https://www.schulministerium.nrw.de/docs/Schulsystem/Unterricht/BNE/Kontext/Leitlinie_BNE.pdf [21.07.2019].

Ministerium für Schule und Weiterbildung des Landes Nordrhein-Westfalen. (Hrsg.) (2014a). *Kernlehrplan für die Sekundarstufe II – Gymnasium/Gesamtschule in Nordrhein-Westfalen – Englisch.* Verfügbar unter: https://www.schulentwicklung.nrw.de/lehrplaene/upload/klp_SII/e/KLP_GOSt_Englisch.pdf [18.03.2019].

Ministerium für Schule und Weiterbildung des Landes Nordrhein-Westfalen. (Hrsg.) (2014b). *Kernlehrplan für die Sekundarstufe II – Gymnasium/Gesamtschule in Nordrhein-Westfalen – Informatik.* Verfügbar unter: https://www.schulentwicklung.nrw.de/lehrplaene/upload/klp_SII/if/KLP_GOSt_Informatik.pdf [20.07.2019].

Ministerium für Schule und Weiterbildung des Landes Nordrhein-Westfalen. (Hrsg.) (2015). *Kernlehrplan für Gesamtschule/Sekundarschule 1 in Nordrhein-Westfalen-Wahlpflichtfach Informatik.* Verfügbar unter: https://www.schulentwicklung.nrw.de/lehrplaene/upload/klp_SI/GE/wp-if/KLP_GE_WP_Informatik_Endfassung.pdf [09.07.2019].

Müller-Hartmann, A. & Schocker-von Ditfurth, M. (2011). *Teaching English: Task-Supported Language Learning.* Paderborn: Schöningh/UTB.

RetiBNE – Reparatur in der Bildung für eine nachhaltige Entwicklung. Verfügbar unter: https://www.retibne.de [27.07.2019].

Schmalfeldt, T. (2019). Einsatz von Skill Cards und Story Cards für einen kreativitätsfördernden Informatikunterricht auf der Sekundarstufe I. In A. Pasternak (Hrsg.). *Informatik für alle – INFOS 2019–18. GI-Fachtagung Informatik und Schule.* Bonn: Gesellschaft für Informatik. S. 305–315.

Schmidt, A.-K. & Schulte, C. (2019). Das RetiBNE Cafe – Ein Konzept für Repair Cafés in der informatischen Bildung. In *Informatik für alle – INFOS 2019–18. GI-Fachtagung Informatik und Schule.* Bonn: Gesellschaft für Informatik, S. 315–324.

Schreiber, J.-R. & Siege, H. (Hrsg.) (2016). *Curriculum Framework Education for Sustainable Development.* (2. aktualisierte und erweiterte Aufl.) Bonn, Berlin: Cornelsen.

Schubert, S. & Schwill, A. (2011). *Didaktik der Informatik.* Heidelberg: Spektrum Akademischer Verlag. https://doi.org/10.1007/978-3-8274-2653-6

Schulte, C. (2008). Duality Reconstruction – Teaching Digital Artefacts from a Sociotechnical Perspective. In R. T. Mittermeir & M. M. Syslo (Hrsg.). *Proceedings of the 3rd international conference on Informatics in Secondary Schools – Evolution and Perspectives: Informatics Education – Supporting Computational Thinking.* Berlin, Heidelberg: Springer. S. 110–121. https://doi.org/10.1007/978-3-540-69924-8_10

Schulte, C. (2009). Dualitätsrekonstruktion als Hilfsmittel zur Entwicklung und Planung von Informatikunterricht. In B. Koerber (Hrsg.). *Zukunft braucht Herkunft – 25 Jahre INFOS – Informatik und Schule.* Bonn: Gesellschaft für Informatik. S. 355–366.

Schulte, C., Krüger, J., Gödecke, A. & Schmidt, A. K. (2018). The computing repair cafe: a concept for repair cafes in computing education. In A. Mühling & Q. Cutts (Hrsg.). *Proceedings of the 13th Workshop in Primary and Secondary Computing Education.* New York: ACM. S. 24. https://doi.org/10.1145/3265757.3265781

Tinbergen, N. (1963). On aims and methods of ethology. *Zeitschrift für Tierpsychologie, 20 (4),* S. 410–433. https://doi.org/10.1111/j.1439-0310.1963.tb01161.x

Weich, A. (2019). Das „Frankfurt-Dreieck". *Medienimpulse* 57(2). https://doi.org/10.21243/mi-02-19-05

Weinert, F. E. (2001). Vergleichende Leistungsmessung in Schulen – eine umstrittene Selbstverständlichkeit". In F. E. Weinert (Hrsg.). *Leistungsmessungen in Schulen.* Weinheim: Beltz. S. 17–31.

Wolff, Dieter (2003). Hören und Lesen als Interaktion: zur Prozesshaftigkeit der Sprachverarbeitung. *Der fremdsprachliche Unterricht Englisch,* 4+5, S. 11–16.

Wirklichkeit oder Wunschdenken?

BNE im Geographieunterricht – Studierende forschen in der Schulpraxis

Miriam Kuckuck und Anne-Kathrin Lindau

1. Einleitung

Gesellschaftlich relevante und global diskutierte Themen wie der Ressourcenverbrauch, Migration oder der Klimawandel sind Themen eines modernen und problemorientierten Geographieunterrichts, der sich u. a. am Leitbild einer Bildung für nachhaltige Entwicklung (BNE) orientiert. Angehende Lehrerinnen und Lehrer werden im Rahmen ihres Studiums auf fachliche Inhalte, fachdidaktische Herangehensweisen und bildungswissenschaftliche Herausforderungen vorbereitet. BNE ist ein Konzept, welches die rezenten und zukünftigen Bedingungen unseres Zusammenlebens mitgestalten kann. Wie in der Schule, so sollte BNE auch in den Bildungskontext der lehramtsbildenden Universitäten und Pädagogischen Hochschulen eingebunden sein. Angehende (Geographie-)Lehrerinnen und Lehrer für BNE zu sensibilisieren, kann u. a. durch ein Forschungsprojekt im Rahmen von Praxisphasen an Schulen im Studium gefördert werden. Der Beitrag stellt mithilfe von quantitativen Daten aus einer Beobachtungsstudie von Studierenden vor, wie Studierende eigenständig ein Forschungsprojekt durchgeführt haben und wie die erhobenen Daten für das Studium in Wert gesetzt werden können. Dafür liegen Daten von insgesamt 733 beobachteten Geographiestunden vor, die von Studierenden der Martin-Luther-Universität Halle-Wittenberg und der Universität Osnabrück erhoben und ausgewertet wurden. Die Studierenden verfolgten dabei die Forschungsfrage: Inwiefern findet BNE in den beobachteten Geographiestunden explizit, implizit oder gar nicht statt?

2. Bedeutung von BNE im Geographieunterricht und in der Lehrkräftebildung

Geographie als eigenständiges Schulfach wird an allgemeinbildenden Schulen von der 5. bis zur 12. bzw. 13. Jahrgangsstufe, teilweise auch in Integrationsfächern organisiert, unterrichtet. Die „primäre Bezugswissenschaft für das Schulfach Geographie ist die gleichnamige Wissenschaftsdisziplin" (Otto, 2016, S. 10), aber auch weitere Fachwissenschaften (wie z. B. Geologie, Natur-, Gesellschafts-, Human-, Kulturwissenschaften und Planungswissenschaften). Daher gilt das Schulfach Geographie gleichzeitig als Zentrierungs- und Brückenfach hinsichtlich der Verknüpfung der einzelnen Fachdisziplinen. Das Fach Geographie orientiert sich am Leitbild der Nachhaltigkeit (DGfG, 2017), was durch die zentrale Kategorie des Faches (der Raum), dem Verständnis der Erde als System sowie den Bezügen zu anderen Fachdisziplinen deutlich wird (Köck, 2008). Aktuelle globale Herausforderungen der Menschheit, wie z. B. Klimawandel, Naturkatastrophen, Globalisierung, Migrationsbewegungen, Disparitäten und Ressourcenkonflikte, stellen zentrale Problem- und Fragestellungen im Geographieunterricht dar. Aus diesen Gründen kann das Schulfach Geographie einen wertvollen Beitrag zu einer BNE und zur Erreichung der Nachhaltigkeitsziele (SDGs – Sustainable Development Goals), im Speziellen von SDG 4 (Hochwertige Bildung) und Teilziel 4.7 (Bildung für Nachhaltige Entwicklung) leisten (Generalversammlung der Vereinten Nationen, 2015). BNE soll es Individuen ermöglichen, „aktiv an der Analyse und Bewertung von nicht nachhaltigen Entwicklungsprozessen teilzuhaben, sich an Kriterien der Nachhaltigkeit im eigenen Leben zu orientieren und nachhaltige Entwicklungsprozesse gemeinsam mit anderen lokal wie global in Gang zu setzen" (De Haan et. al., 2008, S. 5).

In diesem Kontext tragen Universitäten in ihrer Funktion als Bildungsstätte eine besondere gesellschaftliche Verantwortung für die Ausgestaltung einer BNE (HRK, 2018). Insbesondere der Lehrkräftebildung kommt in diesem Kontext eine wichtige Bedeutung zu, da die Studierenden als zukünftige Lehrkräfte als Change Agents in den Schulen eine wesentliche Rolle innerhalb der „Großen Transformation" einnehmen (Bedehäsing & Padberg, 2017). Der Aktionsrat Bildung zum Thema „Bildung 2030 – veränderte Welt. Fragen an die Bildungspolitik" weist darauf hin, dass eine Stärkung von BNE im schulischen Kontext, insbesondere im Fach Geographie, zu begrüßen ist (vbw, 2017). Das Netzwerk LeNa (Deutschsprachiges Netzwerk „LehrerInnenbildung für eine nachhaltige Entwicklung") setzt sich in seinem Memorandum „LehrerInnenbildung für eine nachhaltige Entwicklung – von Modellprojekten und Initiativen zu neuen Strukturen" für eine querschnittsorientierte Integration von BNE in der gesamten Lehrkräftebildung ein, um als Folge BNE in den schulischen Alltag zu verankern (LeNa, 2014). Weiterhin konkretisiert die Deutsche UNESCO-Kommission e. V. (2015) in der Roadmap zur Umsetzung des Weltaktionsprogramms „Bildung für nachhaltige Entwicklung" die Handlungsfelder 2 und 3, welche u. a. die notwendige „Ganzheitliche Transformation von Lern- und Lehrumgebungen" (S. 15) sowie die „Kompetenzentwicklung bei Lehrenden und Multiplikatoren" (S. 15) im Kontext einer BNE umfassen. Empfehlungen für die schulpraktische Umsetzung von BNE bietet der Orientierungsrahmen für das Globale Lernen im

Kontext einer nachhaltigen Entwicklung (BMZ & KMK, 2017), der anhand eines Kompetenzstufenmodells konkrete Kompetenzen, Inhalte sowie Unterrichtsbeispiele und Materialien für fast alle Unterrichtsfächer bereitstellt. Um BNE in der Schule fest zu etablieren, stellt die Verankerung von BNE in allen Phasen der Lehrkräftebildung, u. a. auch in den schulischen Praxisphasen, eine notwendige Konsequenz dar. Dazu bieten für das Unterrichtsfach Geographie die Rahmenvorgaben für die Lehrerausbildung im Fach Geographie (DGfG, 2010) Anknüpfungspunkte für die konzeptionelle und thematische Einbindung von BNE in der Lehrkräftebildung.

Bisherige Forschungsarbeiten zur Einbindung von BNE in der Lehrkräftebildung werden dazu im Folgenden kurz umrissen. Rieß und Mischo (2008) stellten fest, dass mehr als 70% der unterrichtenden Lehrpersonen an Schulen in Baden-Württemberg wesentliche Inhalte von BNE nicht kennen. Bagoly-Simó (2013) konnte bei Vergleichsstudien von Curricula der Länder Deutschland (am Beispiel von Bayern), Mexiko und Rumänien zeigen, dass insbesondere das Fach Geographie BNE thematisiert. Hellberg-Rode, Schrüfer und Hemmer (2014) sowie Hellberg-Rode und Schrüfer (2016) haben in einem mehrstufigen Verfahren analysiert, welche Kompetenzen Lehrkräfte benötigen, um BNE zu unterrichten. Unter anderem zeigten sie, dass Lehrkräfte in Bezug auf BNE über Empathiefähigkeit, Kommunikationskompetenzen, Kooperationskompetenzen, Kritikfähigkeit und Innovationsbereitschaft verfügen sollten, ebenso wie über kognitive Fähigkeiten (z. B. Perspektivwechsel, Kenntnisse über das Konzept BNE und ein Verständnis globaler Prozesse, Dynamiken und Interdependenzen). Erst wenn Lehrkräfte über diese Kompetenzen selbst verfügen, können sie Schülerinnen und Schüler zu einer umfangreichen Gestaltungskompetenz befähigen. Gryl und Budke (2016) diskutieren die Grenzen von BNE und zeigen mehrere Kritikpunkte auf, wie beispielsweise die Mehrdeutigkeit des Konzeptes, die eurozentrische Sichtweise, die Verschleierung von Interessenkonflikten sowie die Utopie eines Machbarkeitsideals.

In den bundeslandspezifischen Lehrplänen finden sich mittlerweile eine Vielzahl an Belegen, BNE zu realisieren, z. B. die Festschreibung von BNE in allen Unterrichtsfächern in Nordrhein-Westfalen (Ministerium für Schule und Bildung des Landes Nordrhein-Westfalen, 2019). Für das Fach Geographie kann von einer festen Verankerung von BNE in den bundesdeutschen Lehrplänen ausgegangen werden, da BNE als Basiskonzept des Geographieunterrichts anerkannt ist (DGfG, 2017). Nachholbedarf besteht jedoch in der Lehrkräftebildung aller Phasen (1. Phase Universität, 2. Phase Referendariat, 3. Phase Fort- und Weiterbildungen), BNE in der schulischen Praxis zu implementieren, wie auch der Beitrag von Birke, Bub, Lindau und Keil in diesem Band aufzeigt. Trotz aller Bemühungen BNE in den Bildungskomplex zu integrieren, zeigen die bisherigen

Studien, dass BNE bislang noch nicht ausreichend in den Bildungsinstitutionen verankert ist. Es fehlen umfassende Erhebungen, welche die bestehende Implementierung von BNE in der Schulpraxis, speziell im Geographieunterricht, untersuchen, um daraus die Bedarfe einer zukünftigen BNE-bezogenen Lehrkräftebildung ableiten zu können. Aus diesem Grund ist es notwendig, einerseits den Stand einer BNE im Geographieunterricht zu erfassen sowie Handlungsoptionen für die Lehrkräftebildung abzuleiten, andererseits ist es wichtig, bereits jetzt Lehramtsstudierende für die zukünftige Herausforderung der Integration von BNE in die schulische Praxis zu sensibilisieren.

Aus den aufgezeigten Befunden leitet sich die Notwendigkeit einer Untersuchung zur Umsetzung von BNE in der Schulpraxis ab. Dafür ist insbesondere der Geographieunterricht als Zentrierungs- und Brückenfach sowie als BNE-affines Fach für eine Studie prädestiniert, die unter der folgenden Forschungsfrage steht: „Inwiefern wird BNE anhand welcher Kompetenzen bzw. Bildungsstandards und Themen im Geographieunterricht realisiert?"

3. Methodisches Vorgehen

Tab. 1: Überblick über die Rahmenbedingungen der Studie

Zielgruppe	Studierende des Lehramtes Geographie (alle Schulformen) der höheren Semester
Lehrveranstaltung	obligatorisches Schulpraktikum (Vorbereitung, Durchführung und Auswertung)
Prüfungsform	schriftliche Ausarbeitung von max. 25 Seiten
Ergebnisverwertung	die erhobenen Daten werden in eine Datenbank eingespeist und dienen zu weiteren Forschungszwecken und Publikationen
Kompetenzen	Fähigkeit zur Aneignung von Fachwissen zu BNE sowie der kritischen Reflexion darüber; Methodenkompetenz: Datenerhebung, -organisation, -auswertung; Schreiben eines wissenschaftlichen Berichts
Anforderungen an Studierende	theoretische Kenntnisse zum Konzept BNE sowie dessen Überführung in die schulische Praxis, hohes zeitliches Engagement aufgrund der Beobachtungen in den Schulklassen
Anforderungen an Dozierende	Organisation und Moderation, Überblick über wissenschaftlichen Diskurs, methodische Kenntnisse
Bewertungskriterien/ Prüfungsform	Nachvollziehbarkeit der Darstellung des Forschungsprojekts sowie einer kritischen Reflexion unter Einhaltung von wissenschaftlichen Standards

3.1 Sampling

Zur Datenerfassung wurden im Studienjahr 2015/16 insgesamt 733 Stunden Geographieunterricht in sieben Bundesländern beobachtet. Die Verteilung der Stunden auf die Bundesländer ist recht unterschiedlich. Die meisten Stunden wurden in Niedersachsen (n=353) und Sachsen-Anhalt (n=241) beobachtet, nachstehend folgen Nordrhein-Westfalen (NRW) (n=45), Thüringen (n=39), Brandenburg (n=23), Sachsen (n=17) und Schleswig-Holstein (n=15). Die unterschiedliche Verteilung der beobachteten Geographiestunden ergibt sich aus den Einsätzen der Studierenden während ihres Schulpraktikums. Da die Studierenden entweder an der Universität Osnabrück (34 Studierende) oder an der Martin-Luther-Universität Halle-Wittenberg (33 Studierende) studierten, wurden in den beiden Bundesländern Niedersachsen und Sachsen-Anhalt die meisten Daten erhoben. Die Daten wurden nur an weiterführenden Schulen erfasst. Der Hauptteil der Untersuchung fand an Gymnasien (ca. 68%) statt; nur ein Viertel der Stunden an Sekundar-/Regel-/Mittelschulen und knapp 5% an Gesamtschulen. Die meisten Stunden wurden im neunten (n=121), siebten (n=119) und fünften (n=116) Jahrgang beobachtet, wobei der Geographieunterricht von der 5. bis zur 12. Klasse im Fokus der Studie stand.

3.2 Erhebungsmethode

Zur Erhebung der Daten wurde ein Beobachtungsbogen gemeinsam mit den Studierenden, welche die Erhebung durchführten, entwickelt und erprobt. Neben allgemeinen Angaben zur Schule (z. B. Schulform, Stundendauer) und Lehrkraft (z. B. Alter, Geschlecht, Fächerkombination) sowie der Klassenstufen und der Schülerzahl wurden Informationen zur Unterrichtsstunde strukturiert erfasst. Der Erhebungsbogen gab klare Inhalte vor. So mussten die Beobachterinnen und Beobachter das Stundenziel und -thema sowie die Einordnung in das Curriculum des jeweiligen Bundeslandes vornehmen. Außerdem wurde erhoben, ob BNE explizit, implizit oder gar nicht im Unterricht umgesetzt wurde. Dazu schrieben die Studierenden eine kurze Erklärung. Ferner erfassten sie die im Unterricht thematisierten Aufgabenstellungen und eingesetzten Medien. Im Anschluss wurden die fachlichen und methodischen Aspekte des Unterrichts den Bildungsstandards der DGfG (2017) zugeordnet. Alle Erhebungsbögen wurden vor der Dateneingabe codiert, sodass eine klare Zuordnung erfolgen konnte (z. B. Kürzel_laufende Nr. Bundesland: MK_09_Nds).

3.3 Auswertungsmethode

Das Auswertungsverfahren der inhaltlich strukturierenden qualitativen Inhaltsanalyse nach Kuckartz (2018) bietet die Möglichkeit des deduktiven Kategorisierens. Die Hauptkategorien wurden direkt aus der Literatur des Orientierungsrahmens des Globalen Lernens (BMZ & KMK, 2016) sowie der Bildungsstandards für Geographie (DGfG, 2017) abgeleitet. Die Daten wurden den Kategorien Bundesland, Schulform, Klassenstufe, Angaben zur Lehrerpersönlichkeit, Angaben zu Zielen, Inhalten, Kompetenzbereichen und Teilkompetenzen, Sachstruktur, Aufgabenstellungen und Materialien der beobachteten Geographiestunden zugeordnet. Auf der Grundlage der studentischen individuellen Forschungsbeiträge in Form von Berichten, welche die Realisierung von BNE an den jeweiligen Schulstandorten für das Fach Geographie untersuchten, wurde das Verfahren von zwei nicht in die Studie involvierten Personen unabhängig voneinander angewendet, um die Ergebnisse anschließend konsensuell zu validieren. Das Ziel dieser Maßnahme zur Gütesicherung war es, eine argumentative Übereinstimmung zwischen den Kodierenden herzustellen (Mayring, 2015).

3.4 Methodenkritik

Hinsichtlich des methodischen Vorgehens ist kritisch anzumerken, dass die Studierenden als Novizen innerhalb einer BNE aus schulischer Perspektive agierten. Die schulpraktischen Erfahrungen während des Unterrichtspraktikums waren die ersten, die aus der Perspektive des angestrebten Lehrerberufs gesammelt werden konnten. Es ist davon auszugehen, dass die BNE-Konzepte der Studierenden, die der Beobachtungsstudie individuell zu Grunde lagen, möglicherweise heterogen waren. Trotz einer standardisierten Schulung während der Praktikumseinweisungen an den Universitätsstandorten Osnabrück und Halle (Saale) reichte möglicherweise der zeitliche Umfang sowie die universitären und schulischen Vorerfahrungen der Lehramtsstudierenden nicht aus, ein theoriegeleitetes und reflexives Grundverständnis für BNE zu entwickeln. Ebenso war der projektorientierte Zugang, der die Studierenden vor die Herausforderung stellte, forschungsorientiert zu arbeiten, zu Teilen kritisch zu sehen. Obwohl ein standardisiertes Vorgehen durch eine Schulung sowie mithilfe eines Beobachtungsbogens versucht wurde zu gewährleisten, ist die Beobachtungs- und Dokumentationsfähigkeit sowie die Interpretation der Daten durch die Studierenden aufgrund der großen Anzahl der Beteiligten (77) sicherlich nicht bei allen in derselben Qualität abzusichern gewesen.

4. Ergebnisse

Die Erhebungsdaten stammen aus sieben Bundesländern, wobei die Anzahl der untersuchten Stunden variiert. Dennoch zeigen sich sehr ähnliche Tendenzen im Umgang mit BNE im Geographieunterricht (Abb. 1). Außer in NRW finden in weit mehr als der Hälfte der Stunden keine BNE statt, wobei auch in NRW dieser Anteil mit knapp 47% hoch ist. Implizit werden BNE-Stunden in allen Bundesländern beobachtet, hierbei schwanken die Werte zwischen 20% und annähernd 40%. Ebenso wird deutlich, dass in den beobachteten Stunden in Thüringen BNE nicht explizit abgebildet wird, während in Brandenburg der höchste Anteil an expliziten Angaben vorliegt. Die Tendenzen sind aber zusammenfassend in allen Bundesländern sehr ähnlich, sodass weiterhin mit der Gesamtdatenmenge gearbeitet wird.

Im Folgenden werden die Ergebnisse der Beobachtungsstudie anhand der drei Kategorien: BNE nicht im Unterricht, BNE implizit und BNE explizit im Unterricht beobachtet, vorgestellt.

4.1 BNE nicht im Unterricht beobachtet

Zwar wird der Geographieunterricht als bedeutend für die Umsetzung von BNE angesehen, jedoch zeigt auch diese Untersuchung, dass BNE bislang kaum im Unterricht realisiert wird. Daher werden auch die Stunden untersucht, in denen laut Beobachtung keine BNE vorkam. Es wird deutlich, dass der Anteil der Stunden, in denen BNE nicht behandelt wurde, zur Oberstufe hin abnimmt.

Eine Analyse der Unterrichtsthemen zeigt eine starke Konzentration auf Inhalte wie Topographie und eine Fokussierung auf Geofaktoren im Sinne einer Länderkunde. In den Stunden, in denen keine BNE beobachtet werden konnten, waren die Themen zum Beispiel der Aufbau Europas, die Topographie Afrikas, das Gradnetz und der Maßstab, die Arbeit mit dem Atlas oder Themen, die rein additiv die Geofaktoren behandelten wie etwa das Klima, Niederschlag und Temperatur Afrikas sowie Klimadiagramme oder die Geschichte Afrikas. Ebenso wurden eine Vielzahl an Stunden dokumentiert, in denen rein physischgeographische Themen wie der Aufbau der Erde, Beleuchtungszonen oder die Klimazonen thematisiert wurden. Darüber hinaus beinhalteten Stunden rein anthropogeographische Themen wie die Bevölkerungsentwicklung, Canberra – am Reißbrett geplant (MJ_07_SAA) oder die Blaue Banane (MF_07_SAA). Neben der hohen Anzahl an Stunden, in denen keine BNE stattfand, ist auch die Themenwahl überraschend, obwohl in vielen Stunden Themen behandelt wurden, die eine BNE-Relevanz aufweisen und BNE thematisieren könnten. Beispielsweise wurden bei Themen wie Strukturwandel im Ruhrgebiet, Wirtschaftsmacht

USA oder das Leben am Ätna keine BNE eingebunden, obwohl die Schülerinnen und Schüler z. B. die Entwicklung des Ruhrgebietes erklären (AD_06_Nds) oder den Strukturwandel (JW_07_Nds) bewerten sollten. Ebenso auffällig ist, dass es keine Unterschiede zwischen den Bundesländern gibt. Sowohl in den neuen als auch in den alten Bundesländern werden Themen, obwohl sie Potential für BNE hätten, nicht als solche umgesetzt und eine Vielzahl an Stunden beschäftigt sich mit rein topographischen Inhalten oder der Aneinanderreihung von Geofaktoren.

4.2 BNE implizit im Unterricht beobachtet

In 210 der 733 Stunden (ca. 28%) wurde BNE nicht explizit, sondern implizit behandelt. Bei der Analyse dieser Stunden wird deutlich, dass BNE implizit in allen Jahrgangsstufen thematisiert wird (von Klasse 5 bis Klasse 12) (Abb. 3). Bei den beobachteten Stunden findet BNE implizit am häufigsten in Klasse 9 (17,6%) statt, gefolgt von Klasse 11 (13,8%) und Klasse 10 (11,4%). Aber auch in den unteren Klassen der Sekundarstufe finden sich mit knapp 10% der Stunden einige Beispiele für eine implizite BNE-Erwähnung (beispielsweise Massentourismus auf Mallorca).

Die Analyse der Themen ergab ebenfalls eine breite Streuung von Themen, die sowohl im physisch-geographischen Bereich, wie z. B. Vulkanismus, als auch im Bereich der Anthropogeographie zu verorten sind, wie z. B. Migration und Bevölkerungsentwicklung (Abb. 4). Es zeigt sich allerdings eine Bündelung von Themen zu Mensch-Umwelt-Themen wie z. B. Landwirtschaft (21%), räumlichen Disparitäten (19,5%), Strukturwandel (4,8%) und Tourismus (5,3%). Sowohl das Thema Landwirtschaft als auch räumliche Disparitäten werden in der Unter-, Mittel- und Oberstufe in jedem Bundesland angesprochen. Die Themenbereiche umfassen eine Vielfalt von regionalen Aspekten wie z. B. Spargelanbau in Niedersachsen (Kl. 5, Niedersachsen), Wasserproblematik in den Subtropen (Kl. 7, Niedersachsen), Sojaanbau in Brasilien (Kl. 10, NRW) sowie intensive Landwirtschaft in Kalifornien (Kl. 12, NRW).

4.3 BNE explizit im Unterricht beobachtet

Der Anteil der beobachteten Geographiestunden, in den BNE explizit thematisiert wird, ist am geringsten (in lediglich knapp 8% aller Stunden). Innerhalb dieser wenigen Stunden liegt mit ca. 28% der höchste Anteil in der 10. Jahrgangsstufe und der geringste Anteil in der 5. Klasse. In allen Bundesländern bis auf

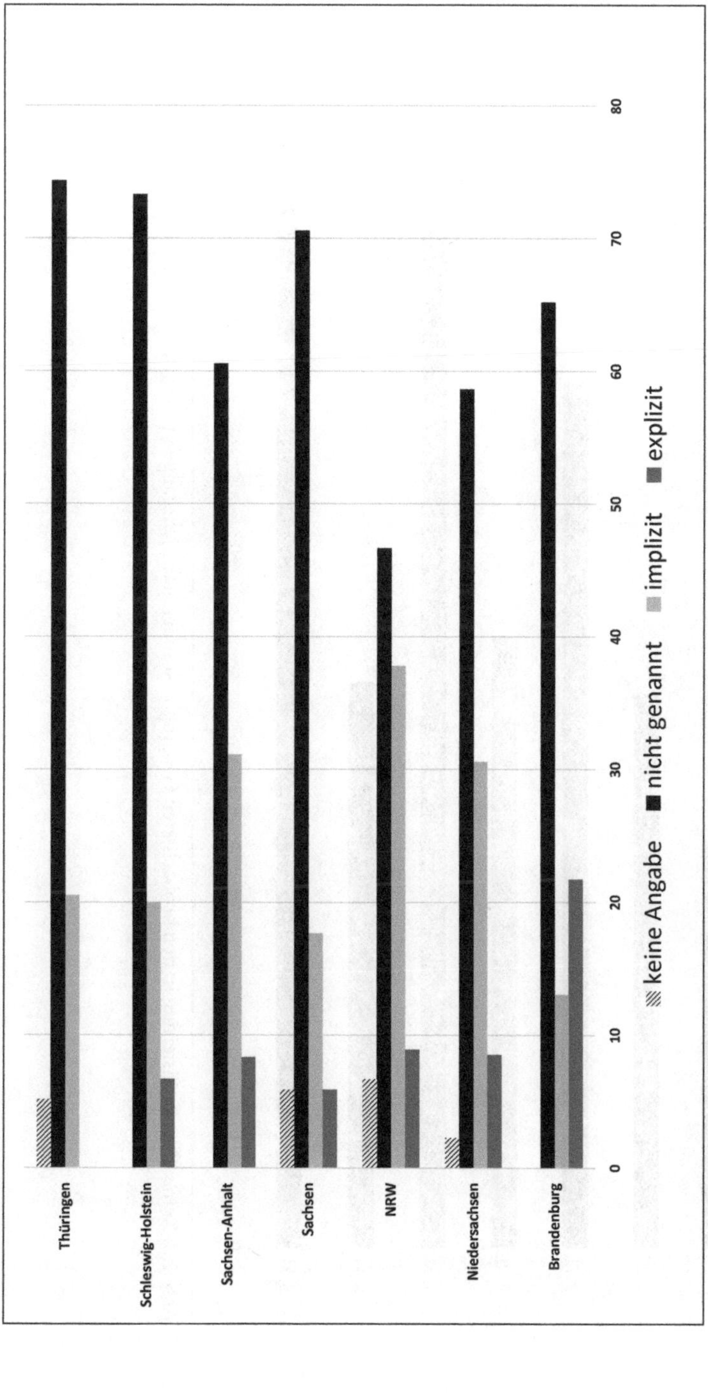

Abb. 1: Realisierung von BNE in den beobachteten Geographiestunden nach Bundesländern (n=733), Angaben in Prozent

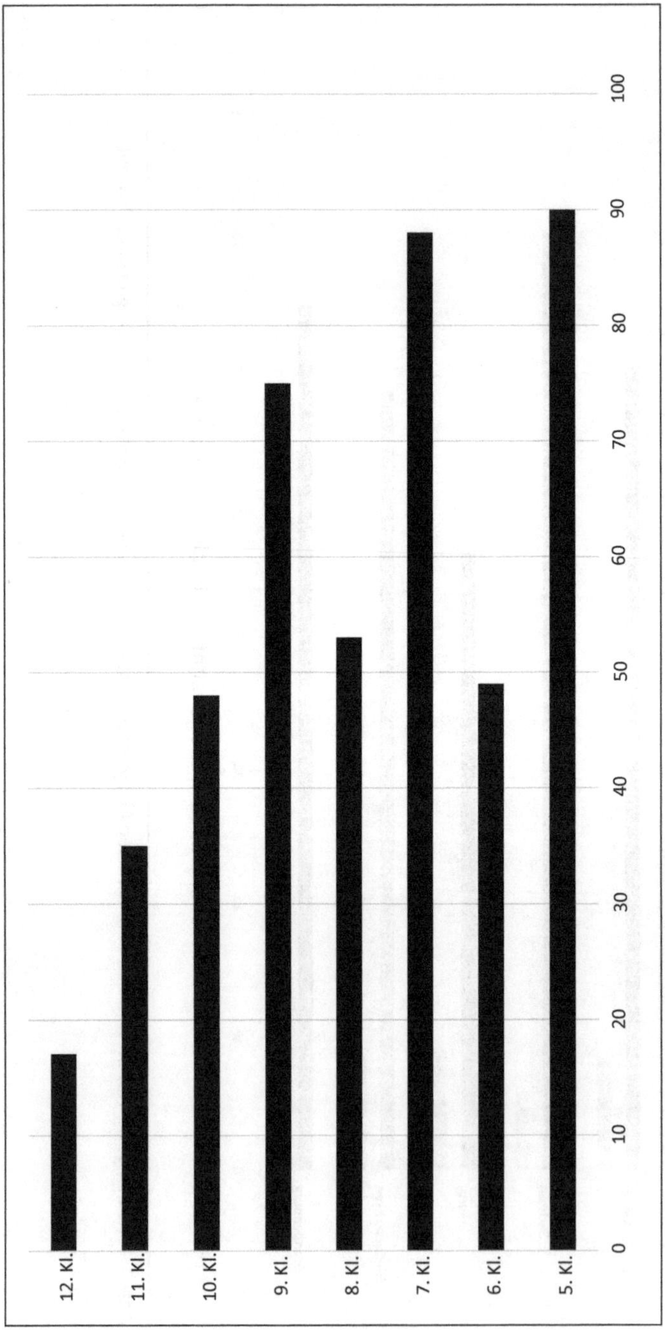

Abb. 2: Keine BNE-Realisierung in den beobachteten Geographiestunden nach Jahrgängen (n=455), Angaben in Prozent

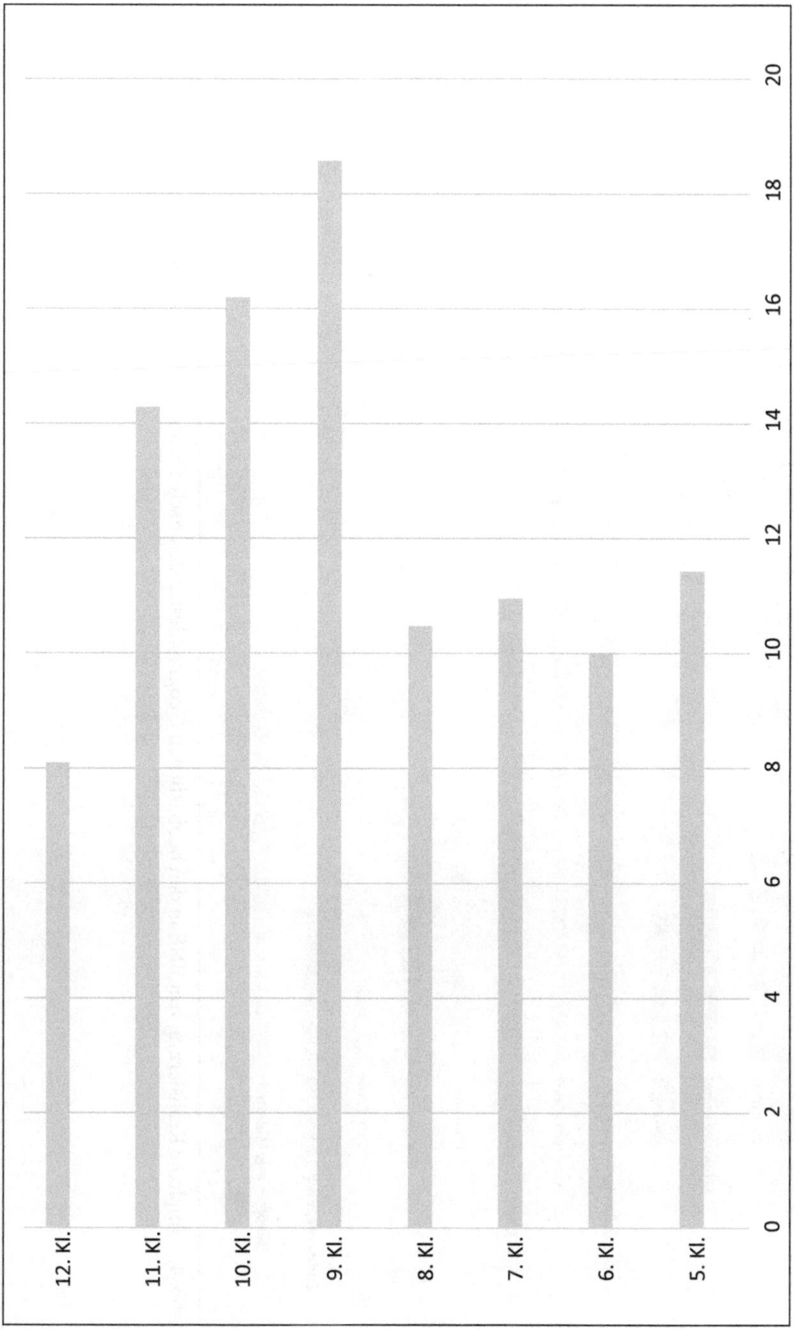

Abb. 3: Implizite Realisierung von BNE in den beobachteten Geographiestunden nach Klassenstufen, Angaben in Prozent (n=210)

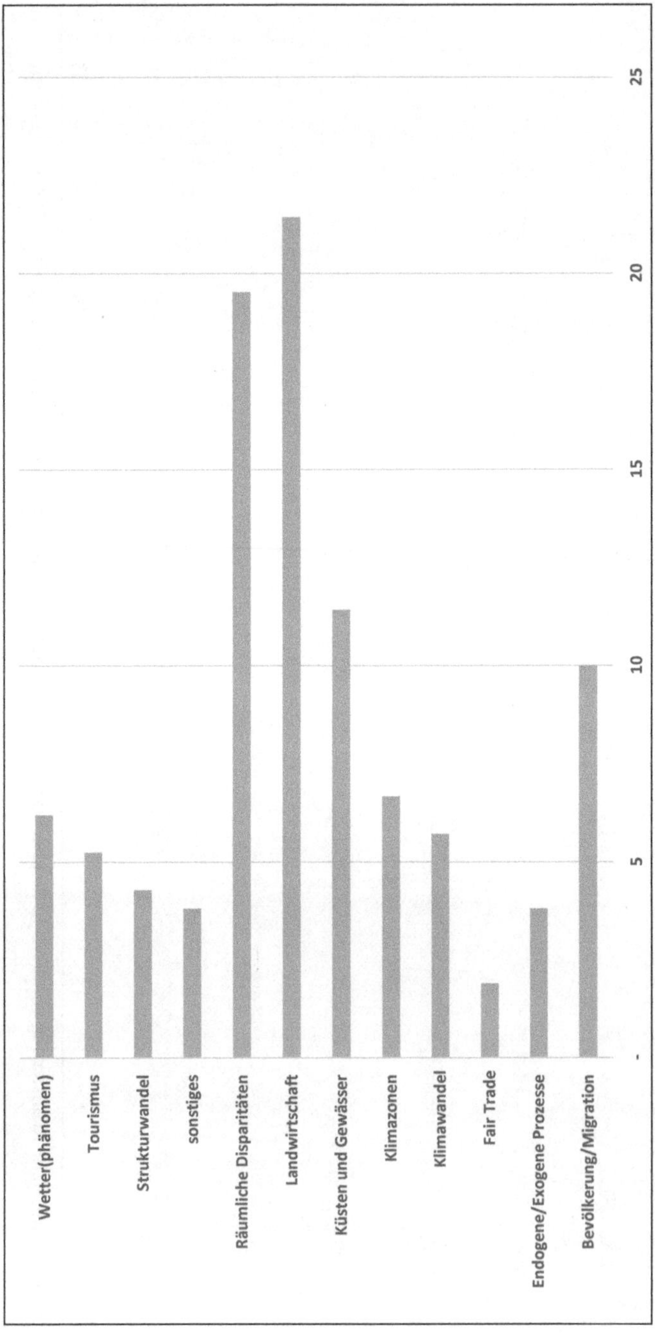

Abb. 4: Implizite Realisierung von BNE in den beobachteten Geographiestunden nach Themen (n=210), Angaben in Prozent

Thüringen konnten Stunden beobachtet werden, in denen BNE stattfand. Die vorliegenden Daten wurden für eine nähere Betrachtung den Kompetenzbereichen und Teilkompetenzen der Geographie (DGFG, 2017) zugeordnet. Am häufigsten wurden Kompetenzen im Bereich Fachwissen (F) eingeübt, insbesondere (F4) die Fähigkeit, Mensch-Umwelt-Beziehungen in Räumen unterschiedlicher Art und Größe analysieren zu können (Tab. 2).

Tab. 2: Kompetenzen in den beobachteten Geographiestunden, in denen BNE explizit behandelt wurde (n=60), Mehrfachnennungen möglich (n=194), Grundlage Bildungsstandards für Geographie (DGfG, 2017) (eigene Darstellung)

Fachwissen (n=163)	
F1: Fähigkeit, die Erde als Planeten zu beschreiben.	1
F2: Fähigkeit, Räume unterschiedlicher Art und Größe als naturgeographische Systeme zu erfassen.	25
F3: Fähigkeit, Räume unterschiedlicher Art und Größe als humangeographische Systeme zu erfassen.	47
F4: Fähigkeit, Mensch-Umwelt-Beziehungen in Räumen unterschiedlicher Art und Größe zu analysieren.	79
F5: Fähigkeit, individuelle Räume unterschiedlicher Art und Größe unter bestimmten Fragestellungen zu analysieren.	11
Räumliche Orientierung (n=35)	
O1: Kenntnis grundlegender topographischer Wissensbestände.	13
O2: Fähigkeit zur Einordnung geographischer Objekte und Sachverhalte in räumliche Ordnungssysteme.	15
O3: Fähigkeit zu einem angemessenen Umgang mit Karten (Kartenkompetenz).	7
Erkenntnisgewinnung/Methoden (n=79)	
M1: Kenntnis von geographisch/geowissenschaftlich relevanten Informationsquellen, -formen und -strategien.	4
M2: Fähigkeit, Informationen zur Behandlung von geographischen/geowissenschaftlichen Fragestellungen zu gewinnen.	29
M3: Fähigkeit, Informationen zur Behandlung geographischer/geowissenschaftlicher Fragestellungen auszuwerten.	42
M4: Fähigkeit, die methodischen Schritte zu geographischer/geowissenschaftlicher Erkenntnisgewinnung in einfacher Form zu beschreiben und zu reflektieren.	4

Kommunikation (n=56)	
K1: Fähigkeit, geographisch/geowissenschaftlich relevante Mitteilungen zu verstehen und sachgerecht auszudrücken.	38
K2: Fähigkeit, sich über geographische/geowissenschaftliche Sachverhalte auszutauschen, auseinanderzusetzen und zu einer begründeten Meinung zu kommen.	18
Beurteilung/Bewertung (n=53)	
B1: Fähigkeit, ausgewählte Situationen/Sachverhalte im Raum unter Anwendung geographischer/geowissenschaftlicher Kenntnisse zu beurteilen.	29
B3: Fähigkeit, ausgewählte geographische/geowissenschaftliche Erkenntnisse und Sichtweisen hinsichtlich ihrer Bedeutung und Auswirkungen für die Gesellschaft angemessen zu beurteilen.	6
B4: Fähigkeit, ausgewählte geographisch/geowissenschaftlich relevante Sachverhalte/Prozesse unter Einbeziehung fachbasierter und fachübergreifender Werte und Normen zu bewerten.	18
Handlung (n=22)	
H1: Kenntnis handlungsrelevanter Informationen und Strategien.	11
H2: Motivation und Interesse für geographisch/geowissenschaftliche Handlungsfelder.	7
H3: Bereitschaft zum konkreten Handeln in geographisch/geowissenschaftlich relevanten Situationen (Informationshandeln, politisches Handeln, Alltagshandeln).	3
H4: Fähigkeit zur Reflexion der Handlungen hinsichtlich ihrer natur- und sozialräumlichen Auswirkungen.	1

Es wird deutlich, dass Kompetenzen im Bereich Fachwissen am häufigsten in den beobachteten Unterrichtsstunden gefördert werden. Die Themen liegen hier zum Großteil im Bereich Mensch-Umwelt-Beziehungen und sollen dabei in Bezug zu einer geographischen Fragestellung (Methodenkompetenz) ausgewertet werden. Der Anteil der Kompetenzen im Bereich Handlung (n=22) ist am geringsten ausgeprägt. Geographische Inhalte zu verstehen und sich sachgerecht mitzuteilen, zählt zu einer häufig geförderten Kompetenz (n=38). Der Vielfalt an angesprochenen Kompetenzen in den beobachteten Stunden macht deutlich, wie vielfältig auch die Kompetenzen der Lehrerinnen und Lehrer sein müssen, um diese fördern zu können.

Insbesondere erfordern die komplexen Themen einer BNE eine vertiefte fachliche Auseinandersetzung sowie eine (kritische) Reflexion. Dafür sollten im Geographieunterricht vor allem Aufgaben des Anforderungsbereichs III eingesetzt werden. Allerdings zeigt die Analyse der Daten, dass die Aufgabenstellungen zu 30% im Anforderungsbereich (AFB) I, zu knapp 24% im AFB II und ca. 15% im AFB III erfolgten. Es wurden zudem in etwa 30% der Stunden Aufgaben ohne Operator formuliert (z. B. diskutieren, präsentieren, formulieren). Obwohl ca. die Hälfte der Stunden, in denen BNE explizit beobachtet werden konnte, in der Oberstufe stattfanden und hier alle Anforderungsbereiche eingesetzt werden sollten, fällt der Anteil der Aufgabenstellungen im AFB III sehr gering aus.

5. Diskussion und Bedeutung für die Lehrkräftebildung

Durch die Ergebnisse der Beobachtungen des Unterrichts im Fach Geographie während der Praxisphasen konnten die Studierenden herausfinden, dass BNE bislang kaum im Unterricht umgesetzt wird. Bezugnehmend auf den Titel des Beitrags muss demnach eher von einem Wunschdenken gesprochen werden. Trotz vieler Bemühungen, BNE zu verankern und BNE als Leitlinie zu verwirklichen, findet BNE noch nicht im ausreichenden Maße im Geographieunterricht statt. Die Studierenden konnten so zunächst wahrnehmen, dass zwischen politischen Anstrengungen, curricularen Empfehlungen und gesellschaftlichen Anforderungen eine große Diskrepanz zur unterrichtlichen Wirklichkeit vorherrscht. Obwohl die Studierenden im Rahmen ihres Studiums von den Bestrebungen und der Notwendigkeit der Umsetzung einer BNE Kenntnis haben, liegt doch eine Diskrepanz zwischen Soll und Ist vor. Dieses erste Ergebnis hat die Studierenden sensibilisiert, BNE noch stärker im Unterricht zu verankern. Bei einer genaueren Betrachtung derjenigen Stunden, in denen BNE vorkommt, wird deutlich, dass insbesondere ein vertieftes fachliches Wissen von den angehenden Lehrerinnen und Lehrern im späteren Berufsleben abverlangt wird. Die deutliche Betonung des Kompetenzbereichs Fachwissen weist die Studierenden auf die hohe Bedeutsamkeit von BNE im fachlichen Kontext hin und verstärkt die Notwendigkeit des Studiums von verschiedenen fachlichen Inhalten mit BNE-Bezug. Für die Lehrkräftebildung an den Universitäten resultiert daraus, neben vielen anderen Kompetenzen insbesondere auch im Bereich BNE zu einem vertieften Fachwissen zu verhelfen.

Die Ergebnisse der Beobachtungsstudie durch die Studierenden hat deutlich gemacht, dass die Thematisierung von BNE noch nicht ausgeschöpft ist (lediglich in 8% der beobachteten Stunden wurde BNE explizit thematisiert), und das obwohl die Themen des Unterrichts BNE-relevant sind. Dies könnte daran liegen, dass es Probleme bei der Überführung des Konzeptes in die Schulpraxis gibt und das trotz vielfältiger Angebote und Materialien. Hier sollte die Lehrkräftebildung noch stärker ansetzen und BNE in der universitären Bildung insbesondere als Querschnittsaufgabe integrieren. Ein weiterer Ansatz, die geringe BNE-

Realisierung im Geographieunterricht zu erklären, ist, dass die vielen Angebote an Materialien die Lehrerinnen und Lehrer nicht erreichen, da sie womöglich zu vereinzelt zur Verfügung stehen und nicht konzentriert an einer Stelle abrufbar sind. Problematisch für die bisher zu geringe Umsetzung von BNE ist die Unsicherheit der praktizierenden Lehrerinnen und Lehrer gegenüber einer BNE sowie die Unklarheit, ob BNE als Konzept oder Thema verstanden werden sollte. Weiterhin ist die heute zu geringe Implementierung von BNE in der Schulpraxis ursächlich auch in der Lehrkräftebildung der heute in den Schulen agierenden Lehrkräfte zu sehen. Aus diesem Grund kommt der dritten Phase der Lehrkräftebildung in Form von Fort- und Weiterbildung zur Realisierung von BNE besonders in den konkreten Unterrichtsfächern eine herausragende Rolle zu.

Studierende in aktuelle Forschungsprojekte einzubinden, hat für alle beteiligten Akteure viele Vorteile. Angehende Lehrkräfte bereits während des Studium im Rahmen von Praxisphasen an einer koordinierten und strukturierten Beobachtungsstudie zum Einsatz von BNE im Unterricht partizipieren zu lassen, kann bei ihnen zu einem aufgeklärten Verständnis von BNE in der schulischen Praxis führen, da sie durch eigene Datenerhebungen selbst erkennen, dass zwischen Soll- und Ist-Zustand der Realisierung von BNE im Geographieunterricht ein großer Unterschied besteht. Die Studie kann auf andere Fächer und auch andere Schulformen (Grundschule, Berufskolleg) übertragen werden. Jedoch ist zu beachten, dass Studierende als Beobachterinnen und Beobachter eine Vorbereitung benötigen und dass auch strukturierte Beobachtungen mithilfe von standardisierten Bögen zu subjektiven Einschätzungen führen können. Die erhobenen Daten haben keinen Anspruch auf Repräsentativität, können aber erste Anhaltspunkte zum Einsatz von BNE im Geographieunterricht liefern und für die Lehrkräftebildung genutzt werden.

Literatur

Bagoly-Simó, P. (2013). *Implementation of ESD in Curricula and Textbooks in International Comparison.* Habilitationsschrift, Katholische Universität Eichstätt-Ingolstadt.

Bedehäsing, J. & Padberg, S. (2017). Globale Krise, Große Transformation, Change Agents: Heiße Eisen für die Geographiedidaktik? *GW-Unterricht 146*, S. 19–31. Verfügbar unter https://doi.org/10.1553/gw-unterricht146s19 [16.08.2019]

Birke, J., Bub, F., Lindau, A.-K. & Keil, A. (2020). BNE in der Lehrkräftebildung – Umfragen in Nordrhein-Westfalen und Sachsen-Anhalt. In A. Keil, M. Kuckuck & M. Faßbender (Hrsg.), *BNE-Strukturen gemeinsam gestalten* (S. 185–201). Münster: Waxmann.

BMZ & KMK – Bundesministerium für wirtschaftliche Zusammenarbeit und Entwicklung & Kultusministerkonferenz (2016). *Orientierungsrahmen für den Lernbe-*

reich Globale Entwicklung im Rahmen einer Bildung für nachhaltige Entwicklung (2. Aufl.). Bonn: Engagement Global gGmbH.

De Haan, G., Kamp, G., Lerch, A., Martignon, L., Müller-Christ, L. & Nutzinger, H. G. (2008). *Nachhaltigkeit und Gerechtigkeit. Grundlagen und schulpraktische Konsequenzen.* Berlin, Heidelberg: Springer Verlag.

Deutsche UNESCO-Kommission (DUK) (2015). *UNESCO Roadmap zur Umsetzung des Weltaktionsprogrammes „Bildung für nachhaltige Entwicklung".* Verfügbar unter https://www.bmbf.de/files/2015_Roadmap_deutsch.pdf [16.08.2019].

DGfG – Deutsche Gesellschaft für Geographie (2010). *Rahmenvorgaben für die Lehrerausbildung im Fach Geographie an deutschen Universitäten und Hochschulen.* Bonn: Selbstverlag DGfG.

DGfG – Deutsche Gesellschaft für Geographie (2017). *Bildungsstandards im Fach Geographie für den Mittleren Schulabschluss mit Aufgabenbeispielen* (9. Auflage). Bonn: Selbstverlag DGfG.

Generalversammlung der Vereinten Nationen (2015). *Transformation unserer Welt: die Agenda 2030 für nachhaltige Entwicklung.* Verfügbar unter https://www.un.org/Depts/german/gv-70/band1/ar70001.pdf [15.08.2019].

Gryl, I. & Budke, A. (2016). Bildung für nachhaltige Entwicklung – zwischen Utopie und Leerformel? Potentiale für die politische Bildung im Geographieunterricht. In A. Budke & M. Kuckuck (Hrsg.), *Politische Bildung im Geographieunterricht* (S. 57–75). Stuttgart: Franz Steiner Verlag.

Hellberg-Rode, G. & Schrüfer, G. (2016). Welche spezifischen professionellen Handlungskompetenzen benötigen Lehrkräfte für die Umsetzung von Bildung für Nachhaltige Entwicklung (BNE)? Ergebnisse einer explorativen Studie. *Zeitschrift für Didaktik der Biologie*, 20 (1), 1–29.

Hellberg-Rode, G., Schrüfer, G. & Hemmer, M. (2014). Brauchen Lehrkräfte für die Umsetzung von BNE spezifische professionelle Handlungskompetenzen? Theoretische Grundlagen, Forschungsdesign und erste Ergebnisse. *Zeitschrift für Geographiedidaktik*, 42 (4), 257–281.

HRK – Hochschulrektorenkonferenz (2018). *Für eine Kultur der Nachhaltigkeit. Empfehlung der 25. Mitgliederversammlung der HRK am 06. November 2018 in Lüneburg.* Verfügbar unter https://www.hrk.de/positionen/beschluss/detail/fuer-eine-kultur-der-nachhaltigkeit/ [15.08.2019].

Köck, H. (2008). Thesen zur innergeographischen Integration von natur- und sozialwissenschaftlicher Dimension als Voraussetzung für eine mögliche Brückenfunktion. *Geographische Zeitschrift für Literatur und Diskussion*, 10 (2), 31–39.

Kuckartz, U. (2018). *Qualitative Inhaltsanalyse. Methoden, Praxis, Computerunterstützung* (4. Aufl.), Weinheim: Beltz Juventa.

LeNa – Deutschsprachiges Netzwerk „LehrerInnenbildung für eine nachhaltige Entwicklung" (2014). *Memorandum LehrerInnenbildung für eine nachhaltige Entwicklung – von Modellprojekten und Initiativen zu neuen Strukturen.* Verfügbar unter https://www.leuphana.de/fileadmin/user_upload/portale/netzwerk-lena/LeNa_Memorandum_2014_09_01.pdf [16.08.2019].

Mayring, P. (2015). *Qualitative Inhaltsanalyse. Grundlagen und Techniken* (12. Aufl.). Weinheim: Beltz.

Ministerium für Schule und Bildung des Landes Nordrhein-Westfalen (2019). *Leitlinie Bildung für nachhaltige Entwicklung.* Verfügbar unter https://www.schulministerium.nrw.de/docs/Schulsystem/Unterricht/BNE/Kontext/Leitlinie_BNE.pdf [17.08.2019].

Otto, K.-H. (2016). Geographie und Scientific Literacy – Der Beitrag der Geographie zur naturwissenschaftlichen (Grund-)Bildung. In K.-H. Otto (Hrsg.), *Geographie und naturwissenschaftliche Bildung – Der Beitrag des Faches für Schule, Lernlabor und Hochschule. Dokumentation des 21. HGD-Symposiums im März 2015 in Bochum* (S. 1–22). Münster: Verlagshaus Monsenstein und Vannerdat.

Rieß, W. & Mischo, C. (2008). *Evaluationsbericht „Bildung für nachhaltige Entwicklung (BNE) an weiterführenden Schulen in Baden-Württemberg". Maßnahme Lfd. 15 im Aktionsplan Baden-Württemberg.* Verfügbar unter http://www2.um.baden-wuerttemberg.de/servlet/is/43914/Evaluationsbericht_BNE_2007.pdf?command=downloadContent&filename=Evaluationsbericht_BNE_2007.pdf [17.08.2019].

vbw – Vereinigung der Bayerischen Wirtschaft e. V. (Hrsg.) (2017). *Bildung 2030 – veränderte Welt. Fragen an die Bildungspolitik. Gutachten.* Münster: Waxmann.

BNE in der Sekundarstufe II

Entwicklung, Erprobung und Transfer am Oberstufen-Kolleg Bielefeld

Andreas Stockey

1. Einleitung

1.1 Bildung für nachhaltige Entwicklung und Forschen(des) Lernen in der Sekundarstufe II

Ausgehend von der Annahme, dass die allgemeine Bildung in der Sekundarstufe II das Ziel eines reflektiert und verantwortungsvoll handelnden, aufgeklärten, mündigen Bürgers in einer demokratisch und rechtsstaatlich organisierten Gesellschaft anstrebt (vgl. z.B. Menthe et al. 2016), werden die Zielsetzungen einer Bildung für nachhaltige Entwicklung (BNE) (vgl. z.B. UNESCO, 2014) zum Kernelement des Bildungsauftrages der allgemeinbildenden Schulen. Die Dimensionen der BNE verdeutlichen, dass gleichberechtigt nebeneinander Kenntnisse, Kompetenzen, Haltungen und Handlungsziele (vgl. UNESCO, 2014, S. 11–12) als Voraussetzung bzw. Bedingung einer langfristig zukunftstauglichen Gesellschaftsentwicklung angestrebt werden. In einer offenen, demokratischen und von Wissenschaft und Technik bestimmten rechtsstaatlichen Gesellschaft wird die Mündigkeit und Teilhabe des Bürgers maßgeblich davon abhängig, inwieweit dieser befähigt ist oder wird, die Aussagen der hinter der politischen Bühne agierenden wissenschaftlich-technischen Experten kritisch zu hinterfragen und fundiert zu prüfen und damit aktiv und evidenzbasiert am Prozess politischer Entscheidungen, die die Richtung gesellschaftlicher Entwicklungen bestimmen, teilzunehmen (vgl. Abb. 1). Damit legitimiert sich die Notwendigkeit einer fächerübergreifenden kompetenzorientierten Scientific bzw. Environmental Literacy (vgl. z.B. Scholz, 2011) als zentrales Element einer allgemeinen wissenschaftspropädeutischen Bildung, die eine transparente Verknüpfung der Erzeugung empirischer Erkenntnisse und deren normative Bewertung zum Thema des Unterrichtes macht sowie aus der Synthese und Abwägung dieser beiden Ebenen sich ableitende politische Entscheidungen und administrative Maßnahmen behandelt.

1.2 Das Oberstufen-Kolleg Bielefeld, Versuchsschule des Landes NRW und Wissenschaftliche Einrichtung der Fakultät für Erziehungswissenschaften der Universität Bielefeld

Das Oberstufen-Kolleg Bielefeld (OS) ist sowohl eine Wissenschaftliche Einrichtung (WE-OS) der Fakultät für Erziehungswissenschaft der Universität Bielefeld als auch Versuchsschule (VS-OS) des Landes Nordrhein-Westfalen. Beide Einrichtungen in einem Haus haben die institutionelle Aufgabe durch Zusammenarbeit der Mitarbeiterinnen und Mitarbeiter der WE als auch der VS neue Lernziele, Unterrichtsinhalte, Lehrverfahren, Lernvorgänge, Verfahren der Leistungsentwicklung und -beurteilung sowie unterrichtsorganisatorische Strukturkonzepte im Bereich der Sekundarstufe II zu entwickeln, zu erforschen, zu evaluieren und durch einen angemessenen Transfer über Veranstaltungen der Lehrkräftebildung und -fortbildung in die Schulen des Landes NRW für diese gewinnbringend nutzbar zu machen.

In diesem institutionellen Rahmen wird in sogenannten Forschungs- und Entwicklungsprojekten (FEP) zu verschiedenen thematischen Schwerpunkten gearbeitet. Sowohl Lehrkräfte aus der VS als auch Personen aus der WE arbeiten über einen Zeitraum von 3 bis 6 Jahren in diesen FEP-Gruppen zusammen (vgl. Klewin & Stockey, 2015). Diese Arbeit der FEP-Gruppen wird ergänzt bzw. fortgesetzt und damit transfertauglich gemacht durch die sogenannten Materialwerkstätten, in denen schwerpunktmäßig die Kolleginnen und Kollegen der VS die Ergebnisse aus den FEP-Gruppen für die Umsetzung und Anwendung in den Schulen des Landes NRW aufbereiten und Materialien für den Unterricht ausarbeiten.

Diesem institutionellen Prinzip folgend wird an dem unten vorgestellten Kurs-Curriculum gearbeitet und ein möglichst weitreichender Transfer in die Schulen des Landes über Ausbildungsveranstaltungen für Lehramtsstudierende und Fortbildungsveranstaltungen für Kolleginnen und Kollegen angestrebt.

Ein in einem vergleichbaren Kontext entwickeltes und erprobtes Konzept für Lehrkräftefortbildungsveranstaltungen (vgl. Stiller, Stockey & Wilde 2016), das sich in besonderer Weise der Problematik der beim Transfer notwendigen Re-Kontextualisierung (vgl. z. B. Fend 2006, Kussau, 2007, Heinrich 2016, Steffens, Heinrich & Dobbelstein, 2019) von Konzepten und Materialien widmet, soll dabei gewinnbringend zum Tragen kommen.

1.3 Profile am Oberstufen-Kolleg Bielefeld

Das Oberstufen-Kolleg hat im Bereich der Grundkurse thematisch bestimmte Profile im Umfang von 10 Std/Woche entwickelt, die in der Qualifikationsphase neben den Kursen in zwei 6-stündigen Studienfächern (vergleichbar mit den 5-stündigen Leistungskursen der Sekundarstufe II) gewählt und belegt werden. Profile bündeln Grundkurse mit unterschiedlichen fachlichen Schwerpunkten unter einem bestimmten Leitthema.

Die Profile werden am Ende der Eingangsphase, d.h. am Ende der Einführungsphase, gewählt, umfassen 12 Stunden in der Woche im ersten Jahr und 8 Stunden in der Woche im zweiten Jahr der Qualifikationsphase, d.h. 2 Kurse ziehen sich durch die vier Semester der Qualifikationsphase und ein dritter Kurs wird nur im ersten Jahr der Qualifikationsphase unterrichtet. Im Rahmen der Profile sollen unter dem Dach des Leitthemas auch unterschiedliche Lerngelegenheiten in Kurs- und Projektform, in Intensivphasen und Unterrichtseinheiten, die eigenständige Untersuchungen ermöglichen, angeboten werden und den Kollegiatinnen und Kollegiaten weitgehende Möglichkeiten der individuellen Schwerpunktsetzung in der Bearbeitung von Lerninhalten und der Wahl von verschiedenen Lernwegen eröffnet werden.

2. Das BNE-Profil „Tomorrowland – Wie wollen wir leben?“

2.1 Das BNE-Profil „Tomorrowland – Wie wollen wir leben?“ im Allgemeinen

So wird zum Beispiel das Profil 2 „Tomorrowland – Wie wollen wir leben?“ unter dem Leitthema „Nachhaltige Entwicklung“ angeboten.

Hier werden nun die Ergebnisse der Arbeiten an der Entwicklung und Erprobung von Kernelementen eines Curriculums eines Grundkurses Biologie-Naturwissenschaften aus dem fächerverbindenden und kompetenzorientierten Profil mit dem Schwerpunkt Bildung für nachhaltige Entwicklung vorgestellt. Das Profil ist aus drei Grundkursen (Biologie-Naturwissenschaften/Englisch/Ethik-Theologie) zusammensetzt.

Die Kernelemente des 2-jährigen (Q1 & Q2) Biologie-Naturwissenschaften-Kurses, die auf der Grundlage von Schulz (2011), UNESCO (2014) und UNESCO (2016) als Erweiterung eines früheren einjährigen Kurskonzeptes (vgl. Stockey & Rösel, 2008) entwickelt wurden, werden aktuell im Unterricht am Oberstufen-Kolleg erprobt und sollen im Folgenden in ihren Grundzügen vorgestellt werden.

Der Biologie-Naturwissenschaften-Kurs (4 Std./Woche für 2 Jahre Q1 & Q2), der Englisch-Kurs (4 Std./Woche für 2 Jahre Q1 & Q2) und der Ethik-Theologie-Kurs (4 Std./Woche für 1 Jahr Q1) werden in Kooperation der Lehrpersonen und mit dem Ziel einer möglichst weitreichenden fächerübergreifenden sachlich begründeten und für die Kursteilnehmer transparenten Zusammenarbeit unter-

„Das Profil 2: „Tomorrowland – Wie wollen wir leben?
Wo kommen wir her? Wo gehen wir hin? In welcher Welt willst du leben? Wie stellst du dir eine sichere, gerechte und lebenswerte Zukunft vor? Und wie können wir diese gemeinsam erreichen?
Mit diesen Fragen beschäftigen wir uns in den Fächern Englisch, Biologie und Theologie/Ethik aus verschiedenen Perspektiven. Es geht um die Themen Globalisierung und Nachhaltigkeit - und dies sowohl auf lokaler, nationaler als auch internationaler Ebene. Wie können wir unseren Energiebedarf decken? Wie gehen wir mit dem Klimawandel um? Welche Auswirkungen hat unser Konsum und wie garantieren wir biologische Vielfalt, Gesundheit und Ernährungssicherheit? Wie erreichen wir sozialen Zusammenhalt?
Um die Probleme der Zukunft zu lösen, braucht es aber nicht nur nüchterne Realisten oder gar pessimistische Schwarzseher. Wir brauchen auch aufgeklärte Träumer und Optimisten! Menschen, die Visionen und den Mut haben, ausgetretene Wege zu verlassen und etwas Neues zu beginnen.
Als solche entwerfen wir unser „Tomorrowland" – unsere Welt von morgen.
Im Rahmen einer Exkursion nach Schottland verknüpfen wir globales Denken mit lokalem Handeln. Wir fliegen in die schottischen Highlands, besuchen Inverness und das Eco Village in Findhorn und nehmen in Kooperation mit der Organisation Trees for Life an einem Wiederaufforstungsprojekt in einer internationalen Gruppe teil."

Oberstufen-Kolleg Bielefeld (2019), S. 12.

Abb. 1: Auszug aus der Profilbroschüre des Oberstufen-Kollegs für den Jahrgang, der am Ende des Schuljahres 2018/19 Profile für die Qualifikationsphase gewählt hat (Oberstufen-Kolleg 2019)

richtet. Die Ermöglichung eigenständiger individueller Schwerpunktsetzungen für die Kollegiatinnen und Kollegiaten ist dabei eine weitere wichtige Zielsetzung.

Verknüpft mit der profilspezifischen inhaltlichen Schwerpunktsetzung sollen auch insbesondere zentrale fächerübergreifende Kompetenzen in den Profilen im Fokus des Unterrichts stehen und Lerngelegenheiten für deren Vermittlung bieten. Dabei handelt es sich insbesondere um die drei nachfolgend erläuterten fächerübergreifenden Kompetenzen:

(a) Reflexionskompetenz: In diesem Kompetenzbereich geht es um die Fähigkeit zwischen verschiedenen Fachperspektiven und ihren Möglichkeiten und Grenzen zu unterscheiden. Zum Beispiel geht es dabei um die reflektierte und bewusste Differenzierung zwischen der empirisch-beschreibenden Ebene und der normativ-bewertenden einer wissenschaftlichen Betrachtung oder Analyse eines Zusammenhanges, der die Grundlage und den Kontext für eine gesellschaftspolitische relevante Entscheidung darstellt. Beide Ebenen haben ihre Bedeutung und ihren Stellenwert für den Gesamtzusammenhang und müssen transparent und nachvollziehbar zueinander in Beziehung gesetzt werden.
(b) Urteilskompetenz: In diesem Kompetenzbereich geht es um die Fähigkeit, einen begründeten Standpunkt zu einem Problem einzunehmen und Fachwissen und fachwissenschaftliche Methoden zur Analyse und Bearbeitung von

Problemen nutzen zu können. Zum Beispiel geht es um die Verwendung geeigneter naturwissenschaftlicher empirisch-experimenteller Methoden, um bei der Bestimmung von Grenzwerten für gesundheitsschädliche Stoffe den sogenannten Konzentrations-Schwellenwert für eine empirisch nachweisbare negative Beeinträchtigung der Vitalfunktionen eines Organismus zu ermitteln, um auf Grundlage dieses empirischen Befundes nach gesellschaftlich anerkannten Methoden der ethischen Entscheidungsfindung einen gesellschaftspolitisch legitimierten Grenzwert für diesen Stoff festzulegen und dessen Einhaltung durch Verordnungen und Gesetze zu gewährleisten.

(c) Verständigungskompetenz: In diesem Kompetenzbereich geht es um die Fähigkeit, inhaltliche und methodische Zusammenhänge für andere nachvollziehbar kommunizieren zu können, d. h. eine begründete Verständigung zwischen unterschiedlichen Ansichten und Interessen und damit einen dem Gemeinwohl dienenden und von allen Seiten akzeptierten Kompromiss im gesellschaftlichen Entscheidungsprozess herbeizuführen.

Diese hier genannten fächerübergreifenden Kompetenzen werden in unserer von Wissenschaft und Technik bestimmten Gesellschaft immer wichtiger. Die Grundkursprofile sind am Oberstufen-Kolleg der unterrichtliche Zusammenhang, in dem Kollegiatinnen und Kollegiaten am Beispiel individuell gewählter fachlicher Themenschwerpunkte in besonderer Weise Gelegenheit gegeben werden soll, sich diese Fähigkeiten anzueignen (vgl. Hahn 2008).

Daraus ergibt sich eine deutliche Übereinstimmung in der Kompetenzorientierung zwischen der Zielsetzung der Profile am Oberstufen-Kolleg im Allgemeinen und den Zielsetzungen auf der Kompetenzebene der Bildung für nachhaltige Entwicklung (vgl. UNESCO 2014).

2.2 Der Kurs „Biologie-Naturwissenschaften" im fächerübergreifenden BNE-Profil

Ausgehend von der Entwicklungsarbeit für einen einjährigen Kurs (vgl. Stockey & Rösel 2008) ist in dem nachfolgend vorgestellten zweijährigem Curriculum eines Biologie-Naturwissenschafts-Grundkurses für die Qualifikationsphase der Sekundarstufe II ein zentrales Ziel, die Kernelemente der Bildung für nachhaltige Entwicklung und die Kernelemente des „Forschenden Lernens" bzw. des „Forschen lernen" oder „Scientific Inquiry" (vgl. z. B. Pedaste et al., 2015; UNESCO, 2015) in einer für beide Zielsetzungen gewinnbringenden Weise miteinander zu kombinieren.

Die inhaltlichen und methodischen Elemente wurden in Fortführung des „6E-Inquiry-Model" (vgl. z. B. Kahkonen, 2016) und in Anlehnung an z. B.

Scholz (2011) und UNESCO (2014) konzeptionell erarbeitet und zu einem sich sukzessiv aufbauenden inhaltlich und methodisch bestimmten Spiralcurriculum (vgl. z. B. VMSC Task Force, 2013) zusammengestellt (vgl. Tab.1). Im Fokus stehen dabei inhaltlich-methodische Kernelemente, die in Module gegliedert sind, die im Sinne des sich sukzessiv aufbauenden Methoden-Spiralcurriculums angeordnet sind. Die Abfolge in der Sequenz bestimmt den Grad der Steuerung und Selbständigkeit. Die dargestellte Abfolge ist nicht zwingend, sondern eine mögliche plausible Abfolge, die konkret erprobt und evaluiert wird.

Aus der Stellung in der Sequenz der Module ergibt sich der im jeweiligen Modul angestrebte Grad der selbstorganisierten und selbstgesteuerten Arbeit der Kollegiatinnen und Kollegiaten und der Anspruch auf der Ebene der „Scientific“ bzw. „Environmental Literacy“ im Sinne von Scholz (2011).

Das in Tabelle 1 durch die Pfeile dargestellte Ausmaß der Selbständigkeit im forschenden Lernen differenziert sich in drei verschiedene Aspekte (vgl. Domin 1999):

- Der Forschungsansatz und in wie weit dieser einen deduktiv bestätigenden Ansatz bekannter konzeptioneller Zusammenhänge oder einen induktiv erschließenden Ansatz neuer unbekannter konzeptioneller Zusammenhänge darstellt.
- Das forschungsmethodische Vorgehen und ob und in wie weit die Lernenden vollständig, teilweise oder nahezu nicht auf die Anleitung der Lehrenden angewiesen sind.
- Die zu erwartenden Forschungsergebnisse und in wie weit diese den Lernenden und den Lehrenden, nur der Lehrperson oder keinem vom Beiden bekannt sind, d. h. in welchem Ausmaß tatsächlich für alle Beteiligten neue Erkenntnisse generiert werden.

Die Pfeile in der Tabelle 1 stellen dabei eine tendenzielle angestrebte mittlere Entwicklungstendenz dar, die im konkreten Unterrichtsverlauf mit sehr ausgeprägter innerer Differenzierung in Abhängigkeit von den individuellen Ansprüchen umgesetzt werden muss.

Abgeschlossen wird die Unterrichtssequenz mit einer reflektierten Betrachtung der Prinzipien einer nachhaltigen Entwicklung als ein normativer Rahmen für eine angestrebte gesellschaftliche Entwicklung, deren Richtung im Idealfall in einer empirisch belegten d. h. wissenschaftliche geprägten und demokratisch organisierten Auseinandersetzung mehrheitlich entschieden und festgelegt wird (vgl. Scholz 2011).

Tab. 1a: Teil 1 (Q1) der Übersicht der inhaltlichen und methodischen Kernelemente (BNE und Forschen(des) Lernen) im Kurs Naturwissenschaften-Biologie im Profil „Tomorrowland“

Modul	BNE –Themen Schwerpunkte	Forschen(des) Lernen		Koop.-Fächer	LNWe*	Selbständigkeit	Anleitung
Q1.1a	Prinzipien nachhaltiger. Entwicklung, Umweltwiss. als empirische und normative Wiss. Das Konzept der Nachhaltigkeit als normativer Rahmen für politisches Handeln	Wissenschaft & Gesellschaft: Exploratives system. Arbeiten – Hypoth.-deduktives Vorgehen. Empirische Wiss. - Normative Wiss. / „Forschen(des Lernen) lernen“ / Beschäftigung mit und Reflexion von Wiss. als Mittel der Emanzipation zum mündigen Bürger in einer von Wiss. bestimmten und demokratischen Gesellschaft.	Scient. & Env. Literacy	Nawi, Engl. Ethik	Klausur Lit.-Arbeit, Empir. oder Exp. Unters.	?	Angebot & Nachfrage
Q1.1b	Kernelemente eines fundierten Naturverständnisses aus Physiologie, Genetik, Evolution & Ökologie	Reading Science: Beobachtung, Experiment, Empirische Erhebung, Wissenschaftl. Indizienprozess, Theoretische Simulation, Literaturstudie / Hypoth.-deduktives u. Exploratives Vorgehen.		Nawi, Engl.	Klausur Lit.-Arbeit		
Q1.2a	Risiko Charakterisierung und Risiko Steuerung Risko-Matrix Toxikologie & Epidemiologie	Experimentelle Dosis-Wirkungs-Untersuchung, Literaturauswertung / Risk Assessment & Risk Management / Wissenschaftlicher Forschungs-Zyklus & politischer Entscheidungs-Zyklus.		Nawi, Ethik	Klausur Unters.-Bericht Lit.-Studie		
Q1.2b	Vielfalt statt Einfalt Biodiversität in lokaler Perspektive, z.B. Ökosystem Obstwiese	Empirische Erhebung I, Literaturstudie / Hypoth.-deduktives u. Exploratives Vorgehen		Nawi, Ethik	Klausur Unters.-Bericht Lit.-Studie		

*): LNW Leistungsnachweis

Tab. 1b: Teil 2 (Q2) der Übersicht der inhaltlichen und methodischen Kernelemente (BNE und forschen(des) Lernen) im Kurs Naturwissenschaften-Biologie im Profil „Tomorrowland“

Modul	BNE –Themen Schwerpunkte	Forschen(des) Lernen	Koop.-Fächer	LNWe*	Selb-ständig-keit	An-leitung
Q2.1a	Vielfalt statt Einfalt Biodiversität in globaler Perspektive z.B. Boreale Wälder im Ökosystem Erde	Empirische Erhebung II (Schottland-Exkursion) / Inqiry Circle / Hypothetisch-deduktives Vorgehen / Exploratives Vorgehen	Nawi, Engl.	Klausur Unters.-Bericht Lit.-Studie		
Q2.1b	Ökosysteme: Wachstum, Stoff-kreisläufe, Energie, Stabilität, Resilienz & Nachhaltigkeit	Literaturstudie I, Emp. Erhebung, Experim. Unters. / Inqiry Circle / Hypoth.-deduktives Vorgehen, Exploratives Vorgehen	Nawi, Engl.	Klausur Lit.-Studie Unters.-Bericht		
Q2.2a	Klimawandel & Energieversorgung, Quantität, Qualität, Wohlstand, Glück, Zufriedenheit, Sinn des Lebens?!	Literaturstudie II, Emp. Erhebung, Experim. Unters. / Inqiry Circle / Hypoth.-deduktives Vorgehen, Exploratives Vorgehen.	Nawi, Engl.	Klausur Lit.-Studie Unters.-Bericht		
Q2.2b	Abiturprüfung			Klausur		
*): LNW Leistungsnachweis						

2.3 Das Modul „Risiko-Erfassung, -Bewertung und -Steuerung in der Umwelt-Toxikologie“

Hier wird nun ein exemplarisch ausgewähltes Unterrichtmodul aus diesem Kurs-Curriculum, das, wie die anderen Unterrichtsmodule auch, so konzipiert ist, dass es mit unterschiedlicher inhaltlicher und methodischer Schwerpunktsetzung in verschiedenen fachlichen Kontexten bzw. verschiedenen Fachkursen (z. B. Biologie, Chemie, Geographie, Sozialwissenschaften, Philosophie, Theologie, Ethik) der Sekundarstufe II eingesetzt werden kann, vorgestellt (vgl. Kap. 3).

Ausgehend von der Frage nach den Umweltrisiken, die von exemplarisch ausgewählten Chemikalien in der Umwelt ausgehen und wie im Prozess der Meinungsbildung und politischen Entscheidung über den Umgang mit diesen Chemikalien entschieden wird, stellt sich auch die Frage nach dem Verhältnis von Wissenschaft und Politik im Prozess der Meinungsbildung (vgl. Abb. 2).

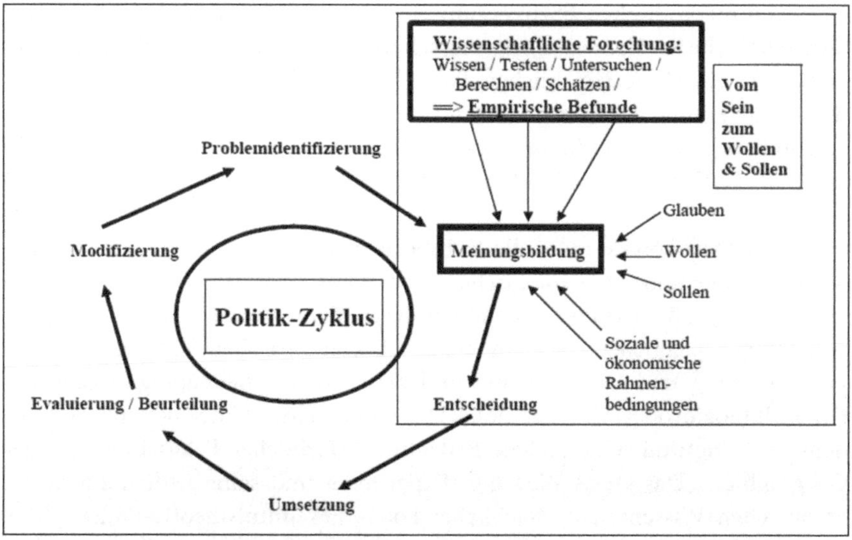

Abb. 2: Eine schematische Übersicht zur Verknüpfung von Ergebnissen der wissenschaftlich-empirischen Untersuchungsebene als eine Grundlage der Meinungsbildung auf der politischen Entscheidungsebene

Dies ist der Ausgangspunkt für die schrittweise Erarbeitung der in Abbildung 3 skizzierten systematischen Durchführung einer Erfassung, Bewertung und Steuerung eines Umweltrisikos.

Die in diesem Zusammenhang wichtige systematische Arbeit auf den Ebenen a) der empirischen Erhebung durch z. B. ein toxikologisches Dosis-Wirkung-Experiment, b) der normativen Bewertung durch die systematische Bearbeitung der Schritte einer ethischen Entscheidungsfindung, c) der politischen Entscheidung auf der Grundlage einer gesellschaftspolitisch vertretbaren Kosten-Nutzen-Abwägung und d) der administrativ möglichen Maßnahmen der Umsetzung kann hier nur angedeutet werden.

Die mögliche unterrichtliche Umsetzung im Kontext einer toxikologischen Schadstoffbetrachtung und der Durchführung eines Dosis-Wirkungs-Experimentes mit einer individuell vom Schüler gewählten thematischen Schwerpunksetzung als einen ersten Schritt nach der Wahrnehmung einer Gefahr im Rahmen einer Risiko-Charakterisierung ist in den wichtigsten Grundelementen in Stockey (2010) vorgestellt worden und soll im Rahmen einer zukünftigen Materialwerkstatt ergänzt und vertieft werden.

In diesen Materialwerkstätten soll insbesondere die Anschlussfähigkeit des Modul-Themenschwerpunktes an unterschiedliche Fächer und deren inhaltlichen und methodischen Fokussierung Rechnung getragen werden, so dass die fachspezifische Re-Kontextualisierung schon angelegt und vorbereitet und damit erleichtert wird. Je nach fachlichem Fokus kann es, ohne dass der Gesamtzusammenhang verloren geht, auch entsprechende methodische Schwerpunktsetzungen und die gewünschte Kompetenzorientierung entsprechend der Übersicht in den BNE-Leitlinien (vgl. Ministerium für Bildung und Schule NRW 2019, S. 26) geben.

Beispielhaft könnten hier die fachspezifischen Schwerpunkte „Chemie der Schwermetalle und ihre ökologische und biologische Wirkung" (fachlicher Fokus Chemie), „Biologischen Methoden der Bioindikation in der Lebensraumbewertung" (fachlicher Fokus Biologie), „Die empirischen Untersuchung der Eutrophierung und Überdüngung und seine globale Bedeutung" (fachlicher Fokus Biologie oder Geographie), „Die empirischen Untersuchung der Bodenversalzung und seine globale Bedeutung" (fachlicher Fokus Biologie oder Geographie), „Das Dosis-Wirkungs-Experiment und seine Bedeutung in der empirischen Wissenschaft" (fachlicher Fokus Erkenntnistheorie-Philosophie), „Empirischen Erhebung und normative Bewertung in der gesellschaftspolitischen Entscheidungsfindung" (fachlicher Fokus Politik-Sozialwissenschaften) genannt werden. Auch eine Variante mit Materialien in englischer Sprache im Rahmen eines bilingualen Biologie- oder Geographie-Kurses ist sehr gut denkbar (vgl. Trautmann N., Carlsen W. S., Krasny M. E. & Cunningham C. M. 2001).

Der Aspekt der Kontextualisierung bekommt bei solch einer mehr oder weniger notwendigen bzw. gewünschten fachspezifischen Schwerpunktsetzung noch eine über das Übliche hinausgehende Bedeutung für einen erfolgreichen und langfristigen Transfer in andere Schulen.

Dieses und weitere Module (vgl. Tabelle 1a und 1b) werden für den Transfer in andere Schulen in den Materialwerkstätten aufbereitet und sollen in Zukunft über Veranstaltungen der Lehrkräftebildung und -fortbildung den Kollegien anderer Schulen des Landes NRW zugänglich gemacht werden. Dafür soll ein am Oberstufen-Kolleg entwickeltes und erprobtes Fortbildungskonzept Anwendung finden (vgl. Stiller et al. 2016). Auf diese Weise könnten die inhaltlichen und methodischen Kernelemente der BNE (vgl. UNESCO 2014, Ministerium für Bildung und Schule NRW 2019) auch in der Ausbildung der Lehramtsstudierenden in den verschiedenen Fächern ihre konkrete Anwendung finden.

3. Das Fortbildungskonzept

Dieses am Oberstufen-Kolleg entwickelte und erprobte Fortbildungskonzept (vgl. Stiller et al. 2016), dessen Kern die Anleitung zu einer schul-, fach- und

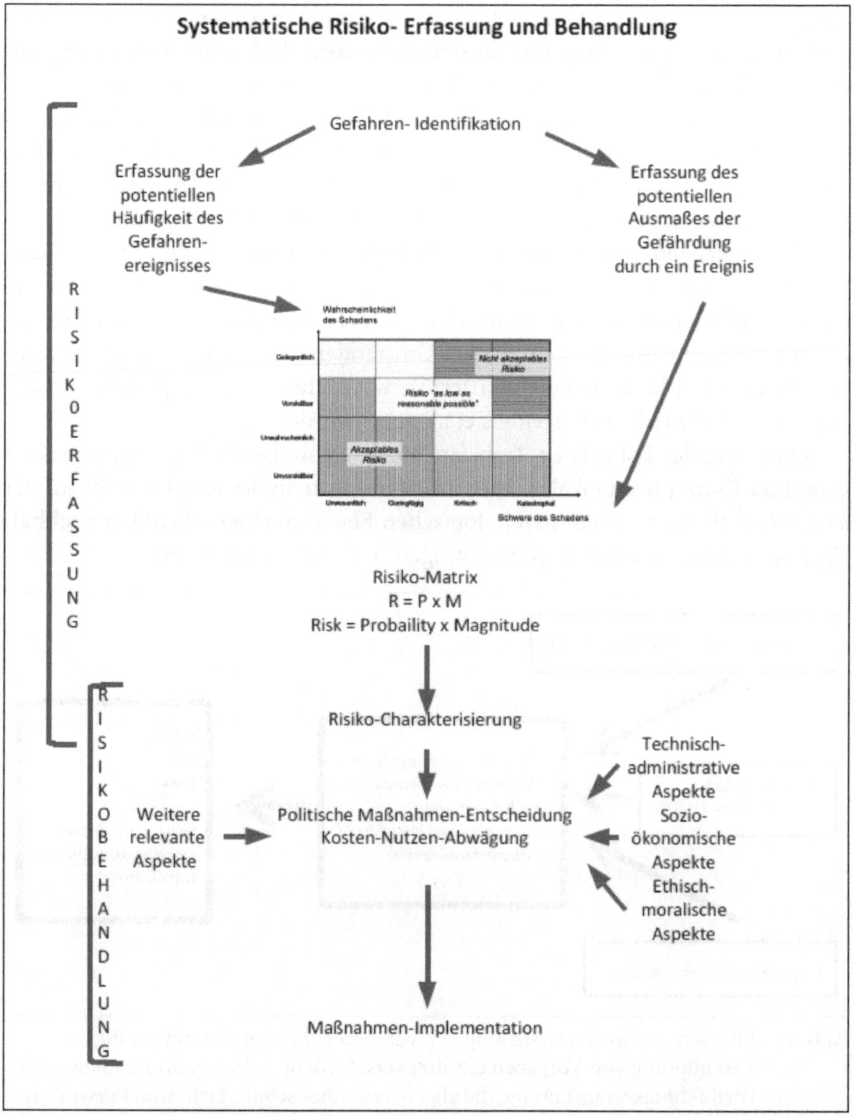

Abb. 3: Darstellung der Schritte einer systematischen Risiko-Erfassung, -Bewertung und -Steuerung.

kursspezifischen Re-Kontextualisierung (vgl. Fend 2006, Heinrich 2016, Steffens et al. 2019), d. h. zu einem für einen spezifischen Kurs, in einem spezifischen Fach, an einer spezifische Schule passenden „Nacherfinden" (vgl. Kussau 2007,

Heinrich 2016) der am Oberstufen-Kolleg erprobten Unterrichtsmodule darstellt, soll auch in dem hier thematisierten Kontext BNE seine Anwendung finden, um damit die Wirksamkeit der Transferbemühungen zu erhöhen.

Am Oberstufen-Kolleg wurden gute Erfahrungen mit Fortbildungsveranstaltungen gemacht, in deren Rahmen Kolleginnen und Kollegen aus dem Oberstufen-Kolleg mit Konzepten und Materialien, die am Oberstufen-Kolleg entwickelt und erprobt wurden, in interessierte Schulen, Kollegien oder Fachschaften gegangen sind und dann im kollegialen Austausch eine für die Gastgeberschule passende Variante des am Oberstufen-Kolleg erprobten Konzeptes herausgearbeitet wurde. Das Konzept des Oberstufen-Kollegs diente gewissermaßen als Blaupause, die den lokalen Umständen angemessen im neuen Kontext angepasst, d. h. „re-kontextualisiert" bzw. „nacherfunden" (vgl. Kussau 2007, Fend 2008, Heinrich 2016, Steffens et al. 2019) wurde.

Diese Art des kollegialen Transfers auf Augenhöhe als Anpassungsprozess erprobter Konzepte an lokale Gegebenheiten führte in der Regel sowohl auf der sachlichen als auch auf der psychologischen Ebene zu einer erkennbar nachhaltigeren Wirkung der Transferbemühungen (vgl. Stiller et al. 2016).

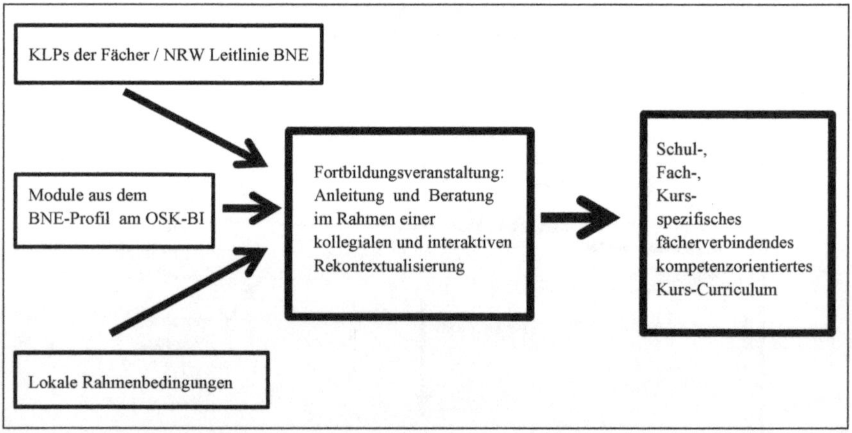

Abb. 4: Eine schematische Darstellung zur Veranschaulichung der notwendigen Verknüpfung von Vorgaben aus drei verschiedenen Ebenen im Rahmen einer Fortbildungsveranstaltung, die als Prozess einer schul-, fach- und kursspezifischen Re-Kontextualisierung konzipiert wird.

Für die Durchführung solch einer Fortbildungsveranstaltung wurde am Oberstufen-Kolleg ein fünfschrittiges Vorgehen entwickelt und erprobt (vgl. Stiller et al. 2016). In der schrittweisen Operationalisierung wird die konzeptionelle Arbeit, die am Oberstufen-Kolleg geleistet wurde, „im gegebenen Kontext nacherfunden“ und schulspezifisch umgesetzt. Die fünf Schritte beinhalten (vgl. Stiller et al. 2016)

a) die Auswahl und Festlegung der inhaltlichen und methodischen Kernelemente,
b) die Auswahl passender von den Lernenden mehr oder weniger eigenverantwortlich und selbstorganisiert durchzuführende projektartige Aufgaben,
c) die Ausgestaltung einer Unterrichtssequenz auf inhaltlicher und methodischer Ebene,
d) die Festlegung der angestrebten Selbständigkeit und Eigenverantwortlichkeit der Lernenden für die einzelnen Unterrichtseinheiten in Abhängigkeit von der Position in der Sequenz der Einheiten und
e) die Umgestaltung der notwendigen Unterrichtsmaterialen passend zur gegebenen Rekontextualisierung.

Dieses Vorgehen ist sicher sehr anspruchsvoll und zeitraubend, führt aber nach den am Oberstufen-Kolleg gemachten Erfahrungen in der Regel für alle Beteiligten zu einem zufriedenstellenden Ergebnis der gemachten Transferbemühungen (vgl. Stiller et al 2016).

4. Fazit

Die abschließend entscheidende Frage ist, inwieweit dieses hier skizzierte Vorgehen realisierbar ist. Dieses ist zwangsläufig von den zur Verfügung stehenden Ressourcen abhängig, ist aber auf Grund der gemachten Erfahrungen sehr wünschenswert, damit die Transfer-Aktivitäten sich erkennbar und nachhaltig im Unterricht und im Schulleben niederschlagen. In diesem Sinne könnten die Ergebnisse der Arbeiten am Oberstufen-Kolleg auch im Kontext der Lehrkräftebildung als exemplarische Unterrichtsmodule im Sinne der in der „Leitlinie Bildung für Nachhaltige Entwicklung“ formulierten „Ziele von BNE-Lernprozessen“ (vgl. Ministerium für Schule und Bildung des Landes NRW, 2019, S. 26) mit unterschiedlicher fachspezifischer Schwerpunktsetzung und entsprechender Kontextualisierung Verwendung finden (vgl. Kap. 2.3). Die dafür notwendigen Bildungs- und Fortbildungsveranstaltungen zu konzipieren und anzubieten, müsste ein zentrales Element der Bemühungen um BNE in der Ausbildung der Studierenden und der Fortbildung der Lehrkräfte sein. Ziel der Arbeitsgruppe am Oberstufen-Kolleg ist es, im Rahmen von Materialwerkstätten entsprechende für unterschiedliche fach- und schulspezifische Re-Kontextualisierungen geeignete BNE-Module (vgl. Übersichtstabelle 1a und 1b und Abb. 4) mit Material-Paketen und begleitenden Bildungs- und Fortbildungsveranstaltungen anzubieten.

Literatur

Cunningham W.P. & Cunningham M.A. (2008). *Environmental Science. A Global Concern.* Boston: McGraw-Hill-Publisher.

Domin, D.S. (1999). A Review of Laboratory Instruction Styles. *Chemical Education Research. Vol. 76, No. 4,* S. 543–547. https://doi.org/10.1021/ed076p543

EPA United States Environmental Protection Agency (2019). *The NRC Risk Assessment Paradigm.* Verfügbar unter: https://www.epa.gov/fera/nrc-risk-assessment-paradigm. Abgerufen am 01.08.2019.

Fend, H. (2006). *Neue Theorie der Schule. Eine Einführung.* Wiesbaden: VS Verlag für Sozialwissenschaften.

Hahn, S. (2008). Wissenschaftspropädeutik: Der „kompetente" Umgang mit Fachperspektiven. In J. Keuffer & M. Kublitz-Kramer (Hrsg.), *Was braucht die Oberstufe? Diagnose, Forderung und selbstständiges Lernen* (S. 157–168). Weinheim: Beltz.

Heinrich M. (2016). *Zur Logik des „Nacherfindens" und der Rekontextualisierung". Governanceanalysen zum sogenannten Wissenstransfer im Mehrebensystem am Beispiel von Schulinspektion und Versuchsschulforschung.* Vortrag auf der 22. EMSE-Fachtagung am 30. Juni bis 1. Juli 2016 im Bundesinstitut für Bildungsforschung, Innovation und Entwicklung des österreichischen Schulwesens (BIFIE) in Salzburg. Verfügbar unter: https://www.emse-netzwerk.de/uploads/Main/EMSE%20 22_Heinrich_final_fuer_HP.pdf. Abgerufen am 01.08.2019.

Kähkonen A.-L. (2016). *Models of inquiry and the irresistible 6E model.* Verfügbar unter: http://www.irresistible-project.eu/index.php/pt/blog-pt/168-models-of-inquiry-and-the-irresistible-6e-model. Abgerufen am 25.10.2018.

Klewin, G. & Stockey, A. (2015). Brückenkurskonzeptes in der Eingangsphase am Oberstufen-Kolleg Bielefeld. In: N. Katenbrink, I. Kunze & C. Solzbacher (Hrsg.), *Brücken bauen – Praxisforschung zu Übergängen im Bildungssystem* (S. 105–123). Münster: MV-Wissenschaft.

Kussau, J. (2007). Schulische Veränderung als Prozess des „Nacherfindens". In: J. Kussau & T. Brüsemeister (Hrsg.), *Governance, Schule und Politik. Zwischen Antagonismus und Kooperation* (S. 287–304). Wiesbaden: VS-Verlag. https://doi.org/10.1007/978-3-531-90497-9_8

Leeuven, C.J. van & Hermens J.L.M. (1996). *Risk Assessment of Chemicals.* Dordrecht: Kluwer Academic Publishers.

Menthe, J., Hottecke, D., Zabka, T., Hammann, M. & Rothgangel M. (Hrsg.) (2016). *Befahigung zur gesellschaftlichen Teilhabe.* Münster: Waxmann.

Ministerium für Schule und Bildung Nordrhein-Westfalen (2019). *Leitlinie Bildung für nachhaltige Entwicklung.* Düsseldorf: Ministerium für Schule und Bildung Nordrhein-Westfalen.

Oberstufen-Kolleg Bielefeld (2019): *Profile 2019–2021.* Bielefeld: Oberstufen-Kolleg Bielefeld.

Pedaste, M., Maeots, M., Siiman, L.A., de Jong, T., van Riesen, S.A.N., Kamp, E.T., Manoli, C.C., Zacharia, Z.C. & Tsourlidaki E. (2015). Phases of inquiry-based learning: Definitions and the inquiry cycle. *Educational Research Review, 14,* 47–61. https://doi.org/10.1016/j.edurev.2015.02.003

Renn, O. & Sellke, P. (2011). Risiko-Governance in einer komplexen Welt. In M. Groß (Hrsg.), *Handbuch Umweltsoziologie* (S. 503–528). Wiesbaden: VS Verlag. https://doi.org/10.1007/978-3-531-93097-8_24

Scholz, R.W. (2011). *Environmental Literacy in Science and Society – From Knowledge to Decision.* Cambridge: Cambridge University-Press. https://doi.org/10.1017/CBO9780511921520

Steffens, U., Heinrich, M. & Dobbelstein, P. (2019). Praxistransfer Schul- und Unterrichtsforschung – Eine Problemskizze. In C. Schreiner, C. Wiesner, S. Breit, P. Dobbelstein, M. Heinrich & U. Steffens (Hrsg.), *Praxistransfer Schul- und Unterrichtsforschung.* (S. 11–26). Münster: Waxmann.

Stiller, C., Stockey, A. & Wilde, M. (2016). Implemantation Of New Teaching Concepts By Teacher Training As A Process Of Recontextualization. In J. Lavonen, K. Juuti, J. Lampiselka, A. Uitto & K. Hahl (Hrsg.), *Electronic Proceedings of the 11th ESERA 2015 Conference. Science education research: Engaging learners for a sustainable future* (S. 1512–1522). Helsinki: University of Helsinki.

Stockey, A. (2010). Vom Sein zum Sollen. Zur Grenzwertfestlegung in Toxikologie und Umweltschutz – Sekundarstufe II. *Ethik & Unterricht 3/10*, 39–45.

Stockey, A. & Rösel, B. (2008). Environmental Systems – Structure, Function and Evolution. Eine bilinguale Grundkurssequenz zur Einführung in die Naturwissenschaften. In: K. P. Ohly & G. Strobl (Hrsg.), *Naturwissenschaftliche Bildung. Konzepte und Praxisbeispiele für die Oberstufe* (S. 151–170). Weinheim/Basel: Beltz Verlag.

Trautmann, N., Carlsen, W. S., Krasny, M. E. & Cunningham, C. M. (2001). *Assessing Toxic Risk.* Arlington: NSTA Press.

UNESCO (2014). *Roadmap for Implementing the Global Action Programme on Education for Sustainable Development.* Paris: UNESCO.

UNESCO (2015). Introduction to Inquiry – An Online Course for Teachers about the Inquiry Learning Cycle. Venice: UNESCO.

VMSC Task Force (2013). Teaching about scientific inquiry and the nature of Science: Towards a more complete view of science. *The Journal of Mathematics and Science: Collaborative Explorations, Vol. 13*, 5–25.

WBGU – Wissenschaftlicher Beirat der Bundesregierung Globale Umweltveränderungen (1999). *Welt im Wandel: Strategien zur Bewältigung globaler Umweltrisiken. Jahresgutachten 1998.* Berlin/Heidelberg: Springer-Verlag.

III
BNE in der Lehrkräftebildung – Forschungsergebnisse und Projekte

BNE in der Lehrkräftebildung

Umfragen in Nordrhein-Westfalen und Sachsen-Anhalt

Jonas Birke, Frederik Bub, Anne-Kathrin Lindau und Andreas Keil

1. Einleitung

In der bildungspolitischen Diskussion wird international, national und auch in den einzelnen Bundesländern spätestens seit dem Erscheinen des Weltaktionsprogramms Bildung für nachhaltige Entwicklung (BNE) (Deutsche UNESCO-Kommission, 2014), des Nationalen Aktionsplans BNE (siehe Nationale Plattform Bildung für Nachhaltige Entwicklung und Bundesministerium für Bildung und Forschung, 2017) und der Landesstrategie BNE (für Nordrhein-Westfalen, siehe Ministerium für Klimaschutz, Umwelt, Landwirtschaft, Natur- und Verbraucherschutz des Landes Nordrhein-Westfalen, 2016) die Bedeutung der Lehrkräftebildung für die Etablierung von BNE und übergeordnet für die Förderung des Verständnisses für eine zukunftsorientierte Lebensweise und deren gesellschaftliche Akzeptanz ausdrücklich hervorgehoben. Offenbar gilt es, die BNE-Lehrkräftebildung nun besonders zu fördern, denn obwohl das Bildungskonzept BNE schon über 20 Jahre existiert und diskutiert wird, gibt es in den Instituten der Lehrkräftebildung noch quantitatives und qualitatives Ausweitungspotenzial. Dies dokumentieren die vereinzelt für unterschiedliche räumliche Zuschnitte erhobenen empirischen Befunde und daraus abgeleiteten analytischen Hinweise, auf die im Kapitel 2 dieses Beitrags noch eingegangen wird. Wenn jetzt also, angeregt durch die oben genannten bildungspolitischen Dokumente, aber vor allem auch durch die Relevanz der Bildungskonzeption BNE, diese Ausweitung der BNE-Lehrkräftebildung in Nordrhein-Westfalen und Sachsen-Anhalt angestrebt wird, muss zu Beginn der Status quo von BNE an diesen Standorten der Lehrkräftebildung erfasst werden.

Dementsprechend wurde in Nordrhein-Westfalen und Sachsen-Anhalt vor Beginn der Vernetzung und Ausweitung von BNE-Aktivitäten in der Lehrkräftebildung, die jeweils mit einer BNE-Fachtagung begonnen wurden, eine Umfrage zu BNE durchgeführt (siehe Kapitel 3). Die Erhebung in Form eines Online-Fragebogens verfolgte die Frage nach der bisherigen Realisierung von BNE in der Lehrkräftebildung. An dieser Befragung beteiligten sich insgesamt 265 Personen (Nordrhein-Westfalen: 233; Sachsen-Anhalt: 32). Da in Sachsen-Anhalt die Befragung bereits 2017 durchgeführt wurde, konnten die dortigen Erfahrungen im kollegialen Austausch in die Befragung in Nordrhein-Westfalen 2018 einfließen, so dass letztlich ähnlich vorgegangen und eine gemeinsame Darstellung der Ergebnisse und Erfahrungen in Form dieses Beitrags möglich wurde (siehe Kapitel 4 und 5).

2. Hintergründe

Aus der aktuellen Fachdiskussion kann die Annahme abgeleitet werden, dass die Etablierung des Konzepts BNE in der Lehrkräftebildung in Deutschland qualitativ und quantitativ verbessert werden kann. Hierfür liegen zwar keine umfassenden, aber doch eindeutige Hinweise vor. Michelsen et al. (2015) heben mit ihrer Nachhaltigkeitsstudie („Nachhaltigkeitsbarometer") unter anderem hervor, dass die Qualität von BNE in der Schule noch zu verbessern ist und fordern deshalb eine Ausweitung einer entsprechenden Lehrkräftebildung. Passend dazu benennen auch langjährige BNE-Expertinnen wie Hemmer (2016) sowie Hellberg-Rode und Schrüfer (2016) ein Defizit in der Etablierung von BNE in der Lehrkräftebildung. Brock (2018) erschließt mit der Untersuchung von Dokumenten der Lehrkräftebildung (Modulbeschreibungen etc.), dass BNE in zahlreichen Fächern in den untersuchten Bundesländern kaum Berücksichtigung findet: „Zusammenfassend zeigt sich, dass die Verankerung von BNE in der Lehrkräftebildung immer noch in den Anfängen steckt und in den einzelnen Ländern und Hochschulen sehr unterschiedlich vorangetrieben wird" (Barth, 2016, S. 53). So kann beispielsweise die aktuelle Situation in Baden-Württemberg als besonders hervorgehoben werden, weil hier aufgrund struktureller Verankerungen von BNE eine deutliche Verbesserung der Bildungsangebote zu BNE erwartet wird (Beule & Seybold, 2015).

Da für die Untersuchungsräume Nordrhein-Westfalen und Sachsen-Anhalt noch keine Erhebungen zu BNE in der Lehrkräftebildung vorlagen, wurden diese im Jahr 2018 (Nordrhein-Westfalen) und 2017 (Sachsen-Anhalt) durchgeführt.[1] Die beiden Untersuchungsräume Nordrhein-Westfalen und Sachsen-Anhalt wurden aufgrund ihrer Heterogenität hinsichtlich Größe, Lage, Entwicklung sowie der Organisation der Lehrkräftebildung gewählt.

Angestrebt wurde mit diesen Umfragen, Antworten auf folgende übergeordnete Fragestellungen zu erhalten:

1 Für die Unterstützung bei der Durchführung und Auswertung der Erhebungen in Nordrhein-Westfalen sei insbesondere Jutta Bedehäsing, Raphael Tomazin, Nina Heuke und Nicolas Meintz, für die Auswertung der Erhebung in Sachsen-Anhalt Dr. Lukas Recknagel ausdrücklich gedankt.

- Welche BNE-Aktivitäten in der Lehrkräftebildung existieren bereits in Nordrhein-Westfalen und Sachsen-Anhalt?
- Ist eine Bündelung der BNE-Aktivitäten in der Lehrkräftebildung in Nordrhein-Westfalen und Sachsen-Anhalt notwendig und möglich?
- Welche Hemmnisse und Anknüpfungspunkte für die Umsetzung von BNE in der Lehrkräftebildung können identifiziert werden?

Als Ziel der Untersuchungen sollten auf der Grundlage der erhobenen Daten somit Aussagen zu folgenden Teilbereichen möglich sein:

- BNE-Aktivitäten in der Lehrkräftebildung (Lehre und Forschung) in Nordrhein-Westfalen und Sachsen-Anhalt,
- Stellenwert von BNE in der Lehrkräftebildung in den Untersuchungsräumen,
- Handlungsbedarf im Kontext von BNE in der Lehrkräftebildung in den Untersuchungsräumen
- sowie vorhandene Anknüpfungspunkte und Hemmnisse für BNE in der Lehrkräftebildung in den Untersuchungsräumen.

3. Methodisches Vorgehen

Im Zuge der Erfassung des Status quo von BNE-Aktivitäten in der Lehrkräftebildung in Nordrhein-Westfalen und Sachsen-Anhalt wurde ein Fragebogen entwickelt, der in geringem Maße bundeslandspezifischen Anpassungen unterlag. Im Folgenden wird der Aufbau des Fragebogens, die Durchführung der Befragung sowie die Auswertung des Fragebogens näher erläutert.

3.1 Erhebungsinstrument – Online-Fragebogen

Für die bundeslandweiten Erhebungen in Nordrhein-Westfalen und Sachsen-Anhalt wurde, wie oben schon erwähnt, in den Jahren 2018 und 2017 ein Fragebogen für die Erfassung von BNE in der Lehrkräftebildung der ersten und zweiten Phase entwickelt.

Der Online-Fragebogen gliederte sich in drei Teile und setzte sich aus insgesamt 18 Fragen zusammen, wobei sowohl offene als auch geschlossene Frageformate verwendet wurden. Zunächst wurden nach einem Einleitungstext zum Thema, Ziel und Urheber der Umfrage Angaben zur eigenen Position bzw. zum Tätigkeitsbereich innerhalb der Lehrkräftebildung (Phase der Lehrkräftebildung, Studienprogramm, Tätigkeitsfeld (Fachwissenschaft, Fachdidaktik, Bildungswissenschaft) und Fach) erfasst. Im weiteren Verlauf der Erhebung schätzten die Befragten den Stellenwert von BNE in der Lehrkräftebildung sowie einen möglichen Handlungsbedarf ein. Hier wurden zunächst der Stellenwert von BNE im Fach sowie der Handlungsbedarf für BNE im eigenen Fach und die Form des Handlungsbedarfs erhoben. Daran anknüpfend wurde sowohl nach expliziten als auch nach impliziten BNE-Lehrveranstaltungen im eigenen Fach, deren fachspezifischer Verankerung, den verwendeten Methoden sowie dem dafür aufgewendeten Zeitvolumen gefragt. Dazu wurden die Vertreterinnen und Vertreter der Fächer befragt, welche Themenbereiche des Orientierungsrahmens für den Lernbereich Globale Entwicklung (BMZ & KMK, 2016, S. 97) im jeweiligen Bildungsbereich eine Rolle spielen. Der Orientierungsrahmen skizziert den Lernbereich (und kein Fach) Globale Entwicklung im Kontext einer Bildung für nachhaltige Entwicklung und möchte Impulse für eine BNE für den schulischen Bereich geben. Die 21 angegebenen Themenbereiche sind angelehnt an die Sustainable Development Goals der Vereinten Nationen (UNESCO, 2014) und sollen Unterrichtsinhalte in einen für Lernende relevanten Zusammenhang stellen und Verknüpfungen zwischen den Themen des Lehrplanes und dem Lernbereich Globale Entwicklung aufzeigen. Die Themen spiegeln die Mehrdimensionalität des Leitbildes nachhaltiger Entwicklung wider und sollen nicht als abgeschlossener Kanon verstanden werden. Im Fragebogen für Nordrhein-Westfalen erfolgte eine Modifizierung des Fragebogens hinsichtlich der Erfassung des Stellenwerts von BNE mithilfe einer vierstufigen Likert-Skala (sehr hoch bis nicht hoch) sowie des zeitlichen Umfangs mithilfe einer fünfstufigen Skala von unter 10% bis 75–100%; bei der Befragung in Sachsen-Anhalt erfolgt die Erhebung dieser Aspekte in offenen Antwortformaten.

Der dritte Teil der Erhebung thematisierte Anknüpfungspunkte für eine BNE sowie Forschungs- und Entwicklungsaktivitäten zu BNE. Den Schluss der Befragung bildeten zwei offene Fragen zu den Anknüpfungspunkten und Hemmnissen für BNE im eigenen Tätigkeitsbereich. Es wurden keine weiteren demographischen Angaben wie Alter oder Geschlecht erhoben, da diese für die Zielsetzung und Auswertung der vorliegenden Befragung keine Relevanz besitzen.

3.2 Durchführung der Datenerhebung

Die Befragung erfolgte in Nordrhein-Westfalen und in Sachsen-Anhalt mithilfe eines Online-Fragebogens (Lime-Survey) aufgrund der erhöhten Gesamtgrundmenge. In Nordrhein-Westfalen wurden alle E-Mail-Adressen verwendet, welche in der Online-Präsenz der im Bundesland existierenden Universitäten aufzufinden waren. Die angeschriebene Grundgesamtheit belief sich hierbei auf 1847 E-Mail-Adressen. Kriterien für die Stichprobenwahl waren die Tätigkeit als

Professorinnen und Professoren sowie als Wissenschaftlerinnen und Wissenschaftler in einem Fachbereich der Lehrkräftebildung in Nordrhein-Westfalen an einer der Universitäten. Darüber hinaus wurde in der E-Mail darum gebeten, den Link an nicht im Internet aufgeführte Mitarbeiterinnen und Mitarbeiter des jeweiligen Lehrstuhls weiterzuleiten, um so die Stichprobengröße zu erhöhen.

In Sachsen-Anhalt wurde ein Online-Fragebogen über einen E-Mail-Verteiler des Zentrums für Lehrerbildung der Martin-Luther-Universität Halle-Wittenberg an die verantwortlichen Dozierenden im Bereich der Lehrkräftebildung geschickt. Da sich die Lehrkräftebildung in Sachsen-Anhalt im Wesentlichen in Halle konzentriert sowie die Vernetzung in die zweite und dritte Phase der Lehrkräftebildung gegeben ist, bot sich das Zentrum für Lehrerbildung als Versender des Fragebogens an. Somit ergeben sich bei der Erhebung in Nordrhein-Westfalen und Sachsen-Anhalt Unterschiede hinsichtlich der angestrebten Stichprobe: In Nordrhein-Westfalen wurden möglichst viele Vertreterinnen und Vertreter eines Fachbereiches in die Befragung eingebunden, in Sachsen-Anhalt wurde die jeweilige Fachvertreterin bzw. der jeweilige Fachvertreter befragt.

Die Befragung in Nordrhein-Westfalen wurde im Zeitraum vom 20.09.2018 bis 31.10.2018 durchgeführt, es wurden zudem zwei Erinnerungsschreiben versandt, um den Rücklauf zu erhöhen. Nach Ablauf der Zeit konnte eine Stichprobengröße von n=233 erreicht werden. In der Nordrhein-Westfalen-Umfrage konnten Antworten aus 21 verschiedenen Lehramtsfächern generiert werden, sodass abgesehen von einigen Fremdsprachen (Chinesisch, Türkisch, Niederländisch, Japanisch, Russisch, Griechisch) sowie den Fächern Psychologie, Ernährungslehre und Rechtswissenschaften alle in Nordrhein-Westfalen zum Lehramt zugelassenen Fächer vertreten sind. Die Verteilung der Antworthäufigkeit im Hinblick auf die Lehramtsfächer stellt sich wie folgt dar: mit 23 Antworten (12%) ist die Germanistik als Fach am häufigsten vertreten. Am zweithäufigsten sind mit 20 Antworten (10%) Biologie und Geschichte vertreten. Nachfolgend sind die Geographie mit 16 Antworten (8,5%) sowie die Anglistik und Theologie mit 14 Antworten (7%) zu nennen. Alle weiteren Fächer weisen einen maximalen Wert von 12 Antworten (6%) und einen minimalen Wert von einer Antwort (0,5%) auf. Die Phasen der Lehrkräftebildung sind mit 49% der Antworten für Bachelor und 51% für Master ausgeglichen abgebildet. Die Teilnehmenden der Befragung teilen sich auf die Bereiche Fachwissenschaft (62%), Fachdidaktik (28%) und Bildungswissenschaften (10%) auf (Abbildung 1). Dieses Verhältnis ist mit der deutlich größeren Anzahl von fachwissenschaftlichen Lehrstühlen im Vergleich zu fachdidaktischen und auch bildungswissenschaftlichen zu erklären. Bei dieser Frage gab es insgesamt 33 Doppelnennungen.

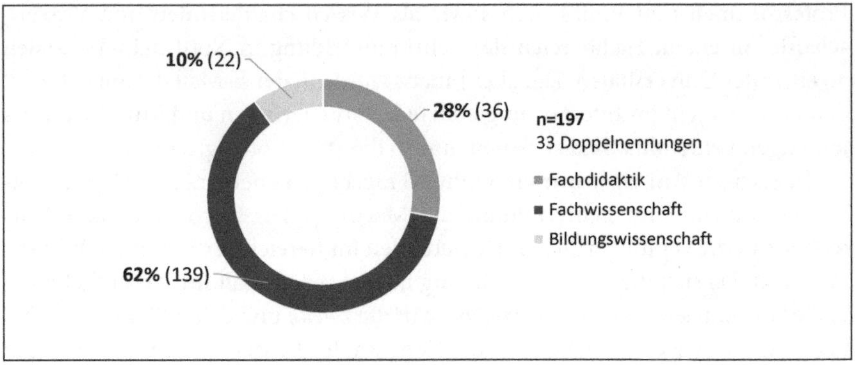

Abb. 1: Arbeitsbereiche der Probandinnen und Probanden innerhalb der Lehrkräftebildung in Nordrhein-Westfalen

In Sachsen-Anhalt nahmen im Erhebungszeitraum vom 15.06.2017 bis 30.08.2017 insgesamt 32 Akteurinnen und Akteure der Lehrkräftebildung teil. Das entspricht einer Rücklaufquote von 32%. Unter den Teilnehmenden waren sieben Vertreterinnen und Vertreter der Fachwissenschaften (Lehramt an Gymnasien (LAG) und Lehramt an Sekundarschulen (LAS)), zwölf der Fachdidaktiken (LAG und LAS), vier Grundschuldidaktikerinnen und -didaktiker (Lehramt an Grundschulen), zwei Vertreterinnen und Vertreter der Bildungswissenschaften, fünf der zweiten Lehrkräftebildungsphase sowie ein Vertreter des Landesinstituts für Schulqualität und Lehrerbildung Sachsen-Anhalt (LISA), welches mit der dritten Phase der Lehrkräftebildung betraut ist. Aussagen zu folgenden Unterrichtsfächern bzw. Bereichen sind damit möglich: Astronomie, Biologie, Chemie, Deutsch, Ethik, Evangelische Religion, fächerübergreifende Grundschuldidaktik, Französisch/Italienisch, Geographie, Geschichte, Gestalten, Griechisch/Latein, Katholische Religion, LISA (dritte Lehrkräftebildungsphase), Mathematik, Pädagogische Psychologie, Philosophie, Physik, Russisch, Sachunterricht, Schulpädagogik, Sport (LAG und LAS) und Sport Grundschule.

Die Befragung erfolgte freiwillig und unentgeltlich. Die Fragen wurden von den Teilnehmenden einmalig und ohne Zeitlimit beantwortet.

3.3 Auswertung der Daten

Die Datenauswertung der Erhebungen erfolgte mittels MAXQDA und Excel. Dabei wurden die geschlossenen Fragen quantitativ ausgewertet. Neben der Mittelwertbildung wurden insbesondere Zusammenhangsanalysen zwischen einzelnen Fragen durchgeführt, welche im Ergebnisteil näher erläutert werden. Die offenen Antworten wurden einerseits kategorisiert und quantitativ ausgewertet, andererseits wurden für die Zielsetzung der Erhebung bedeutsame Antworten qualitativ ausgewertet und analysiert. Im nachfolgenden Kapitel werden hieran anschließend die spezifischen Ergebnisse der jeweiligen Erhebung separiert voneinander präsentiert, da die Anzahl der Befragten sich stark voneinander unterscheidet. An dieser Stelle muss erwähnt werden, dass die Grundgesamtheit je Frage schwankt, da nicht alle Probandinnen und Probanden jede Frage vollständig beantwortet haben. Die Prozentangaben beziehen sich daher immer auf die fragenspezifische Grundgesamtheit.

4. Ergebnisse

4.1 Umfrage-Ergebnisse in Nordrhein-Westfalen

Abbildung 2 zeigt den fachspezifischen Stellenwert von BNE in Nordrhein-Westfalen. Die in dieser Abbildung aufgeführten Fächer weisen die meisten Antworten auf. Alle anderen Fächer konnten aufgrund der zu geringen Anzahl an Antworten nicht in die Auswertung einbezogen werden. Es lässt sich erkennen, dass BNE vor allem in den Fächern Geographie, Theologie und Chemie einen hohen Stellenwert einnimmt. Biologie, Mathematik und Romanistik weisen BNE einen mittleren Stellenwert zu. Für die anderen Fächer ist der Stellenwert von BNE eher als gering einzustufen. Die hier dargestellten Fächer können jedoch nur eingeschränkt miteinander verglichen werden, da die Anzahl der Teilnehmenden pro Fach variiert.

In der Frage nach dem Handlungsbedarf für BNE im eigenen Fach sehen 59% der Befragten (66 Antworten) einen tatsächlichen Bedarf, im Gegensatz zu 41%

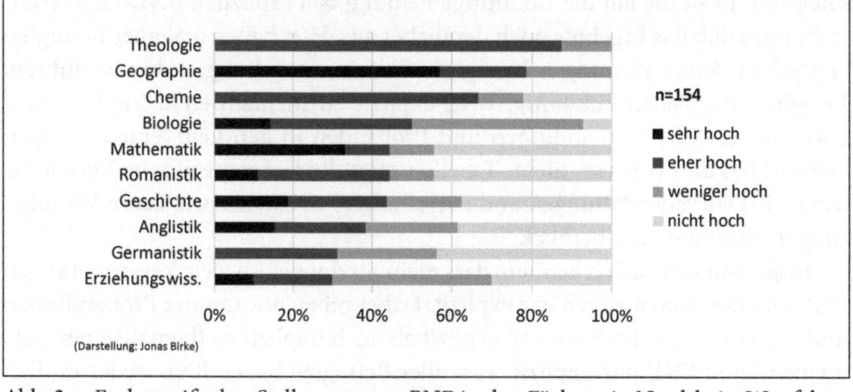

Abb. 2: Fachspezifischer Stellenwert von BNE in den Fächern in Nordrhein-Westfalen

der Befragten, die keinen Bedarf angeben (42 Antworten). Im Zusammenhang mit der Frage nach der Beteiligung an BNE-Forschungsaktivitäten fällt auf, dass 80% der Probandinnen und Probanden, welche einen Handlungsbedarf sehen, nicht an Forschungsaktivitäten beteiligt sind. Lediglich 20% sehen einen Bedarf und sind zudem an BNE-Forschungen beteiligt. Insgesamt betrachtet sind 87% aller Probandinnen und Probanden nicht an Forschungsaktivitäten beteiligt und 13% sind in der BNE-Forschung tätig. Die laufenden Aktivitäten beziehen sich dabei thematisch auf BNE im Sachunterricht, BNE als Gegenstand der Berufspädagogik, BNE und Globales Lernen, diverse nachhaltigkeitsbezogene Forschungen sowie Dissertationen mit einem BNE-Schwerpunkt. Die konkreten Beispiele für den bestehenden Handlungsbedarf wurden aufgrund ihrer Vielzahl kategorisiert. Insgesamt konnten hier fünf Schwerpunkte des Handlungsbedarfs ausgemacht werden:

- die Stärkung der Fachwissenschaft für die verbesserte Vermittlung von NE-relevantem Wissen,
- die Verbesserung der Wissensvermittlung in Bezug auf nachhaltigkeitsrelevantes Wissen,
- die Bewusstseinsstärkung der Studierenden für ein nachhaltiges Handeln,
- die Schaffung von Freiraum für BNE-Themen sowohl in den Ausbildungsplänen als auch explizit in Veranstaltungen sowie
- die Schaffung eines grundlegenden Basiswissens von BNE für die Studierenden an Universitäten.

Das Angebot expliziter BNE-Veranstaltungen stellt sich wie folgt dar. So bieten 82% (114 Nennungen) keine Veranstaltungen an, in denen BNE explizit thematisiert wird. 18% (25 Nennungen) haben BNE auch explizit in Lehrveranstaltungen integriert. In Bezug auf die zukünftige Planung von expliziten BNE-Lehrveranstaltungen fällt das Ergebnis noch deutlicher aus. Hier haben 93% aller Befragten angegeben, keine Planungen bezüglich BNE-Veranstaltungen durchzuführen. Lediglich 7% planen zukünftig, BNE explizit zu thematisieren. Implizit wird BNE von 42% der Probandinnen und Probanden in den Lehrveranstaltungen aufgegriffen und von 58% nicht. Tabelle 1 zeigt die fächerspezifische Verteilung der BNE-Lehrveranstaltungen und Forschungsaktivitäten sowie deren Verankerung im Studium im Überblick.

Insgesamt lässt sich erkennen, dass mehr als doppelt so viele Veranstaltungen BNE implizit thematisieren wie explizit. Dabei geben nur 12% der Probandinnen und Probanden an, BNE sowohl explizit als auch implizit zu thematisieren. 30% thematisieren BNE nur implizit. 40% aller Befragten haben BNE weder explizit noch implizit in ihre Lehrveranstaltungen integriert. Im Hinblick auf die Fächer

Tab.1: BNE und die Verankerung in Lehre und Forschung in Nordrhein-Westfalen

BNE-Lehrveranstaltungen [n=139]		**BNE-Forschungsaktivitäten** [n=139]
explizite	implizite	
25 (18%)	58 (42%)	18 (13%)
– Geographie (7x) – Biologie (4x) – Sozialwissenschaften (3x)	- Geographie (12x) - Theologie (7x) - Germanistik (5x) - Geschichte (5x)	- Geographie (3x) - Sozialwissenschaften (2x) - Biologie (2x) - Englisch (2x)
Modulverankerung: (Ring)Vorlesung, Vertiefungsseminar, Übung, fachdidaktisches Praktikum, eigenständiges Modul zum Thema Nachhaltigkeit ...	Modulverankerung: Fachdidaktikmodule, Seminare, Vorlesungen, Einführungsmodul, Lehrerfortbildung, Projektseminare	Forschungsprojekte wie z. B. „BNE im Sachunterricht, BNE als Gegenstand der Berufspädagogik, Global Learning and Observations to Benefit the Environment (GLOBE), Klimawandel findet Stadt“, Dissertationen zu BNE

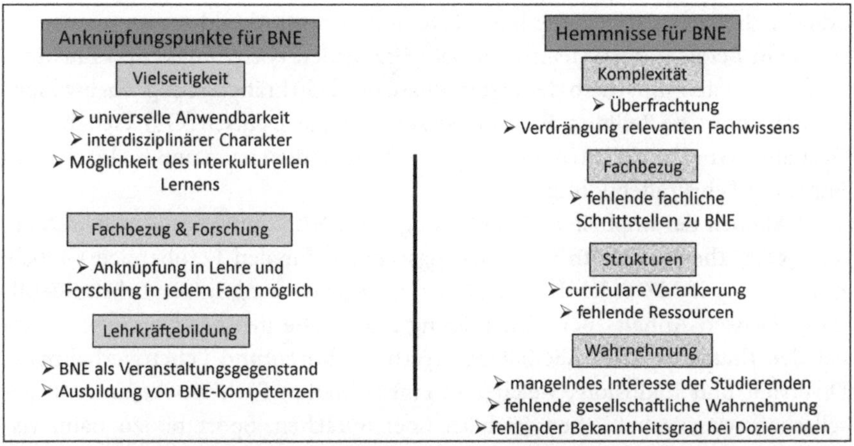

Abb. 3: Anknüpfungspunkte und Hemmnisse für BNE im Fach der Befragten in Nordrhein-Westfalen

liegt der Schwerpunkt eindeutig im Fach Geographie, in welchem Dozierende am häufigsten angeben, BNE sowohl in Lehre als auch in Forschung zu thematisieren.

Abbildung 3 zeigt die kategorisierten Ergebnisse der Fragen zu potenziellen Anknüpfungspunkten und Hemmnissen für BNE in den Fächern der Probandinnen und Probanden.

Die genannten Anknüpfungen und Hemmnisse sind kategorisierte Zusammenfassungen der offenen am häufigsten vorkommenden Antworten zu diesen Fragen. Die grauen Kästen sind thematische Oberkategorien, die Stichpunkte darunter sind Punkte, die direkt in der Umfrage genannt wurden.

4.2 Umfrage-Ergebnisse in Sachsen-Anhalt

Bei der Erhebung des aktuellen Standes der Umsetzung von BNE in der Lehrkräftebildung in Sachsen-Anhalt wurde erfragt, ob das Konzept BNE (nicht einzelne damit häufig assoziierte Themen) im jeweiligen Bereich der Lehrkräftebildung explizit verankert ist. Hier wurde sechs Bereichen eine explizite Verankerung zugesprochen, welche zum größten Teil als BNE-affine Fächer bezeichnet werden können: den Fachdidaktiken Biologie, Geographie, Sachunterricht (Grundschule, kurz: GS), evangelische Religion sowie Geographie in der zweiten und dritten Phase der Lehrkräftebildung. Der überwiegende Teil der Befragten verneinte eine explizite Verankerung der Konzeptes Bildung für nachhaltige Entwicklung. Gefragt nach einer impliziten Verankerung, z. B. durch zugehörige Kompetenzen, Themen und Methoden, kehrt sich dieses Verhältnis um: drei Viertel der Befragten geben an, dass mit BNE assoziierte Kompetenzen, Themen oder Methoden im jeweiligen Bereich verankert sind (Abbildung 4).

Neun Bereiche berichteten von BNE-bezogenen Forschungs- und Entwicklungsaktivitäten innerhalb der ersten Phase der Lehrkräftebildung: Fachwissenschaft katholische Religion, Fachdidaktiken Biologie, Deutsch (GS), Geographie, Gestalten, Griechisch/Latein und Physik sowohl in der ersten und in der zweiten Phase der Lehrkräftebildung.

Bezüglich der impliziten Verankerung von BNE konnte festgestellt werden, dass jedes Thema, das im Orientierungsrahmen für den Lernbereich Globale Entwicklung (BMZ & KMK, 2016, S. 97) angegeben wird, in der Lehrkräftebildung Sachsen-Anhalts Berücksichtigung findet. Die meisten Nennungen (22) hat der Themenbereich „Vielfalt der Werte, Kulturen und Lebensverhältnisse: Diversität und Inklusion“, welcher in einem breiten Fächerspektrum von gesellschaftswissenschaftlichen Fächern über Sprachen, Sport bis zu naturwissenschaftlichen Fächern Eingang findet. Auch klassische Umweltthemen wie „Globale Umweltveränderungen“ sind mit 19 Nennungen recht stark in der Lehrkräftebildung vertreten.

Über die bereits in den Fächern abgebildeten Themenbereiche ist für die Befragten eine Implementation von BNE möglich. Fächerübergreifende Kooperationen werden als denkbar und gewünscht angeführt, ebenso wie neue Veranstaltungsformate in Projektform oder die Implementation von BNE in dem für alle Lehramtsstudiengänge in Sachsen-Anhalt der ersten Phase obligatorischen „Lehramtsspezifischen Schlüsselqualifikationsbereich“.

Die von den Befragten angeführten möglichen Hindernisse für die Implementation von BNE im jeweiligen Fachbereich lassen sich in inhaltliche Bedenken und unzureichende organisatorische Rahmenbedingungen unterteilen. Hier wird einerseits angeführt, dass BNE nicht zur eigenen Fachspezifik passe

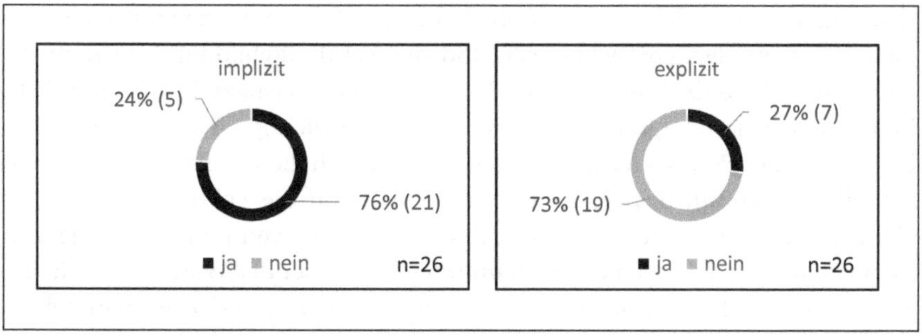

Abb. 4: Explizite und implizite Verankerung von BNE in der Lehrkräftebildung in Sachsen-Anhalt

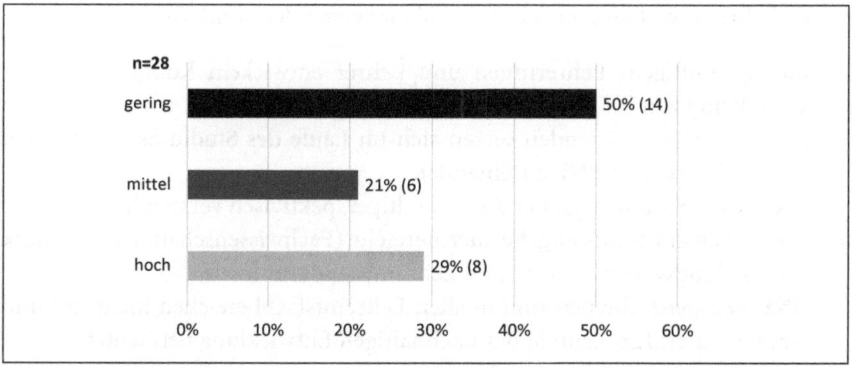

Abb. 5: Einschätzung des Stellenwertes von BNE in der Lehrkräftebildung in Sachsen-Anhalt

oder das Konzept BNE zu komplex sei, um es angemessen behandeln zu können. Dieses mögliche Hindernis hängt mit den angeführten unzureichenden Rahmenbedingungen zusammen: Den Befragten zufolge verhindern mangelnde Zeitressourcen eine angemessene Auseinandersetzung mit dem Konzept BNE. Die bestehende inhaltliche Fülle der Module und der volle Stundenplan der Studierenden wurden als Hindernisse angeführt, BNE zu implementieren. Außerdem wurde eine fehlende Passung von BNE zu vorhandenen Modulen genannt. Vor allem wurde aber auch auf mangelnde personelle Ressourcen für die Realisierung von BNE in der Lehrkräftebildung in Sachsen-Anhalt hingewiesen. Daneben wurde eine universitätsweite BNE-Strategie als mögliches Instrument genannt, um BNE-Aktivitäten zu unterstützen und zu bündeln.

Bezüglich des Stellenwertes von BNE in der Lehrkräftebildung in Sachsen-Anhalt sprechen die Teilnehmenden der Befragung BNE eine untergeordnete Bedeutung zu (Abbildung 5). Die offenen Antworten wurden dreistufig kategorisiert (gering, mittel, hoch). Teilweise haben die Teilnehmenden unterschieden zwischen dem eigenen Fachbereich und der Lehrkräftebildung insgesamt. So konstatiert ein Teilnehmer, dass BNE „sicher einen geringen [Stellenwert hat], in meinem fächerübergreifenden Bereich ist es ein wichtiges Thema." Immerhin knapp 30% der Befragten bescheinigen BNE einen hohen Stellenwert – zumeist jedoch bezogen auf das eigene Fach und nicht auf die Lehrkräftebildung als Ganzes. Weiterhin wurde angeführt, dass der Umfang von BNE in den eigenen Veranstaltungen als angemessen empfunden wird, aber der Wunsch nach kollegialem Austausch und gemeinsam zu konzipierenden Veränderungen besteht.

Über 80% der Befragten sehen Handlungsbedarf bezüglich einer Bildung für nachhaltige Entwicklung in der Lehrkräftebildung in Sachsen-Anhalt. Die von den Befragten eröffnete Zielperspektive kann als eine mögliche Agenda für BNE in der Lehrkräftebildung in Sachsen-Anhalt verstanden werden:

- die (zukünftigen) Lehrerinnen und Lehrer entwickeln Kompetenzen zur Umsetzung von BNE im Unterricht,
- alle Lehramtsstudierenden setzen sich im Laufe des Studiums (theoretisch und praktisch) mit BNE auseinander,
- BNE wird fächerübergreifend und multiperspektivisch verstanden,
- BNE ist Querschnittsaufgabe aller Bereiche (Fachwissenschaft, Fachdidaktik und Bildungswissenschaften) im Lehramtsstudium sowie
- BNE-bezogene Themen sind in allen Lehramtsfachbereichen integriert und werden unter dem Leitbild der nachhaltigen Entwicklung betrachtet.

Zur Erreichung dieser Ziele werden von den Befragten vielfältige Maßnahmen vorgeschlagen, die in folgenden übergeordneten Zielen zusammengefasst werden können, wobei häufig die hierfür notwendigen finanziellen und personellen Ressourcen mit genannt wurden:

- BNE wird Bestandteil der fächerübergreifenden lehramtsspezifischen Schlüsselqualifikationsmodule,
- BNE wird curricular in jedem Lehramtsstudium verankert,
- Tagungen und Fortbildungen befähigen Lehrende, BNE als eine Perspektive auf den Lerngegenstand in den einzelnen Fächern umzusetzen sowie fächerübergreifende Angebote zu schaffen sowie
- BNE wird Bestandteil einer universitätsweiten Strategie, bei der Maßnahmen zu BNE koordiniert und gefördert werden.

5. Diskussion und Ausblick

5.1 Grenzen der Untersuchung

Alle Ergebnisse der Untersuchung basieren auf persönlichen Einschätzungen der Teilnehmenden. Es wurde weder die formale Implementierung zum Beispiel in Modulbeschreibungen oder Studienordnungen noch die tatsächlichen Praktiken untersucht bzw. überprüft. Da die befragten Dozierenden jedoch eine große Gestaltungsfreiheit bezüglich der eigenen Lehrveranstaltungen haben, hängen die persönlichen Einschätzungen und Angaben der Hochschullehrenden sicherlich stark mit der tatsächlichen BNE-Praxis zusammen. Da die Teilnahme an der Untersuchung freiwillig war, ist eine Verzerrung der Antworten nicht auszuschließen. Hier kann vermutet werden, dass BNE-affine Menschen eher teilgenommen haben, als solche, die mit dem Konzept nicht vertraut sind oder ihm vielleicht kritisch gegenüberstehen. Im Vergleich zu einer Vollerhebung könnten die hier präsentierten Ergebnisse also hinsichtlich des BNE-Bezugs positiv verzerrt sein, entsprechend wäre von einer noch geringeren Implementierung von BNE in der Lehrkräftebildung auszugehen. Des Weiteren sind die quantitativen Aussagen nur beschränkt für die gesamte Lehrkräftebildung gültig. Insbesondere die unterschiedliche Herangehensweise der Stichprobengenerierung ist hier zu beachten: In Sachsen-Anhalt wurde nur eine Vertreterin bzw. ein Vertreter pro Fachbereich befragt, die bzw. der jeweils beim Zentrum für Lehrerbildung als verantwortlich für den jeweiligen Fachbereich gemeldet ist. Hier ist eine recht gute Vergleichbarkeit mit anderen Fachbereichen möglich. Da in einem Fachbereich jedoch unterschiedliche Dozierende mit differierenden Einschätzungen tätig sind, ist die Aussage für den einzelnen Bereich im Vergleich zur Befragung weiterer Dozierender möglicherweise weniger repräsentativ. Bei den Umfragen in Nordrhein-Westfalen fließen die Antworten mehrerer Vertreterinnen und Vertreter eines Faches in das Ergebnis mit ein. Damit sind die Aussagen über einen einzelnen Fachbereich umfangreicher und differenzierter, jedoch wird die Vergleichbarkeit mit anderen Fachbereichen, aus denen nur einzelne Personen eine Rückmeldung gegeben haben, erschwert.

5.2 Ergebnisse – Gemeinsamkeiten und Unterschiede

Trotz der dargelegten Grenzen des methodischen Vorgehens konnte mithilfe des Fragebogens ein Einblick in das Maß der Integration von BNE in die Lehrkräftebildung in Nordrhein-Westfalen sowie Sachsen-Anhalt gewonnen werden. Die zu Beginn gestellten Fragen können an dieser Stelle mit übergeordnetem Blick auf Gemeinsamkeiten und Unterschiede in den einzelnen Untersuchungsräumen beantwortet werden. Die Befragungsergebnisse zum Stellenwerts von BNE in der Lehrkräftebildung können so zusammengefasst werden, dass BNE von BNE-interessierten Teilnehmenden aus BNE-affinen Fächern ein hoher Stellenwert beigemessen wird, andererseits wird von Befragten, die nicht so eine große Nähe zu BNE aufweisen, die Bedeutsamkeit von BNE entsprechend gering eingeschätzt. BNE in der Lehrkräftebildung sollte nach Auskunft der Probandinnen und Probanden zukünftig eine größere Bedeutung beigemessen werden, wobei die Notwendigkeit einer koordinierten Unterstützung sowie einer strukturellen Verankerung betont wird.

Die eher geringe Bedeutung von BNE in der Lehrkräftebildung in Nordrhein-Westfalen und Sachsen-Anhalt zeigt sich auch bei der bereits vorgenommenen Integration von BNE. Die Umfragen haben deutlich gezeigt, dass BNE als Bildungskonzept in wesentlich geringerem Umfang explizit Eingang in Lehrveranstaltungen gefunden hat, als implizit mit Hilfe von BNE-assoziierten Themen (vgl. BMZ & KMK, 2016, UNESCO, 2014). Die implizit thematische Integration ist den Angaben zufolge doppelt bis fast dreimal so häufig wie die explizite. Hieraus lassen sich zwei Schlussfolgerungen ableiten: Um Kompetenzen für die Gestaltung von BNE zu fördern, ist die explizite Behandlung von BNE und eine Reflexion des Bildungskonzeptes und des Verhältnisses zum eigenen Fach von entscheidender Bedeutung. Ein Ausbilden dieser Kompetenzen ist bei einer lediglich fachlichen Auseinandersetzung mit Themen der nachhaltigen Entwicklung nicht zu erwarten. Eine Stärkung von BNE gerade in fachdidaktischen und erziehungswissenschaftlichen Bereichen der Lehrkräftebildung ist daher besonders wünschenswert. Auf der anderen Seite kann der hohe Grad an impliziter Integration von BNE (von bis zu 76% der befragten Vertreterinnen und Vertreter der Fachbereiche angegeben) als eine Chance gesehen werden, BNE-Lerngelegenheiten in einer Vielzahl von Fächern zu schaffen. BNE ist demnach nicht an einzelne Fächer, wie beispielsweise Geographie, geknüpft, sondern ist als Querschnittsaufgabe der Lehrkräftebildung zu verstehen. Der Austausch und die Kooperation über Fächergrenzen hinweg werden als erstrebenswert bezeichnet. Neben den Potenzialen einer BNE als Querschnittsaufgabe werden von den Untersuchungsteilnehmenden auch Hemmnisse einer BNE in der Lehrkräftebildung gesehen. So stößt der interdisziplinäre Charakter von BNE in der disziplinär gestalteten (Hochschul-)Bildungslandschaft an Grenzen. Es wird eine Reduktion der eigenen fachlichen Inhalte befürchtet und ein organisatorischer Mehraufwand bei der Gestaltung von fächerübergreifenden Lehr- und Lernformaten durch BNE gesehen.

Mit politischen Forderungen wird die Verankerung von BNE in der Lehrkräftebildung angestrebt, deren Realisierung ist aber vor allem durch persönliches

Engagement von einzelnen Lehrenden gekennzeichnet. Hierin besteht die Chance, dass durch persönliche Motivation von Lehrenden das BNE-Bildungsangebot weiter etabliert wird. An der Martin-Luther-Universität Halle-Wittenberg wurde 2018 ein Arbeitskreis „BNE in der Lehrkräftebildung" als Teil des Zentrums für Lehrerbildung gegründet, mit dem Ziel, BNE in der Lehre und Forschung der gesamten Lehrkräftebildung zu verankern. In Nordrhein-Westfalen hat sich im Jahr 2019 ein Hochschulnetzwerk für BNE in der Lehrkräftebildung konstituiert (s. Beitrag Hilger & Keil in diesem Band).

Grundsätzlich kann festgestellt werden, dass in Nordrhein-Westfalen und in Sachsen-Anhalt das Bewusstsein für die Notwendigkeit einer BNE in der gesamten Lehrkräftebildung wächst. Nachvollziehbarerweise bedarf es nun weiterer, gemeinsam getragener Bemühungen für eine strukturelle Verankerung von BNE in der Lehrkräftebildung. Hier sind mit Hilfe der entstehenden BNE-Vernetzungen innerhalb der Lehrkräftebildung (BNE-Arbeitskreis in Sachsen-Anhalt, BNE-Hochschulnetzwerk in Nordrhein-Westfalen) zahlreiche Handlungsfelder koordiniert zu bearbeiten (beispielsweise Förderung von fächerübergreifender Zusammenarbeit, curriculare Verankerung von BNE, universitäre BNE-Konzeption, gemeinsame Forschung zu BNE in der Lehrkräftebildung, Lehrkräfteweiterbildung, Öffentlichkeitsarbeit). Den Bedarf, in diesen Feldern zu handeln, dokumentieren auch die Antworten der Befragten, wobei hier neben den genannten Punkten auch unterschiedliche Schwerpunkte gesetzt werden: Während in Nordrhein-Westfalen eine Stärkung des für nachhaltige Entwicklungen relevanten Fachwissens genannt wird, wird in Sachsen-Anhalt die Entwicklung von BNE-Kompetenzen der (zukünftigen) Lehrenden hervorgehoben.

5.3 Fazit

Die durchgeführten Erhebungen geben einen ersten Einblick, in welchem Maße BNE Einzug in die Lehrkräftebildung in Nordrhein-Westfalen und Sachsen-Anhalt gehalten hat. Des Weiteren können die identifizierten Anknüpfungspunkte und Hindernisse zu Handlungsempfehlungen für einen BNE-Arbeitskreis (in Sachsen-Anhalt) und das BNE-Netzwerk (in Nordrhein-Westfalen) abgeleitet werden.

Der methodische Zugang über einen Fragebogen für Dozierende in der Lehrkräftebildung hat sich dabei als effektives Mittel erwiesen, welches zum Beispiel dokumentenbasierte Forschung (vgl. Brock 2018) ergänzt. Dabei rückte die für ein Gelingen von BNE essentielle Sicht von Lehrenden in den Fokus. Um ein fundiertes Verständnis für Mechanismen des Gelingens von BNE zu entwickeln, bieten sich Fallstudien zu den mit Hilfe des Fragebogens identifizierten „Eckfällen“ an. Bereiche mit hoher BNE-Integration können hierbei kontrastiert werden mit Fächern ohne (identifizierten) BNE-Bezug. Methodisch bietet sich hier vor allem ein qualitativer Zugang an, zum Beispiel in Form von leitfadengestützten Interviews, begleitender Beobachtung oder Entwicklungsstudien in Form von Design-Based-Research, welche bei der Entwicklung von BNE-Lerngelegenheiten die fachspezifischen Bedürfnisse der Lehrenden mit dem überfachlichen Bildungsanspruch von BNE anschlussfähig gestalten. Außerdem können die Daten der vorliegenden Untersuchung als Grundlage für weitere Begleituntersuchungen zum Prozess der angestrebten Verankerung von BNE in die Struktur der Lehrkräftebildung in Nordrhein-Westfalen und Sachsen-Anhalt fungieren.

Literatur

Barth, M. (2016). Bildung für nachhaltige Entwicklung in der Lehramtsausbildung: Erfolgreiche Ansätze und notwendige Schritte. In: M. Schweer (Hrsg.), *Bildung für nachhaltige Entwicklung in pädagogischen Handlungsfeldern. Grundlagen, Verankerung und Methodik in ausgewählten Lehr-Lern-Kontexten* (S. 49–60). Frankfurt: Verlag Lang.

Beule, A. & Seybold, H. (2015). Nachhaltigkeit lehren. Kompetenzaufbau bei Lehrenden und Multiplikatoren. *Pädagogik, 7/8*, 28–32.

BMZ & KMK – Bundesministerium für wirtschaftliche Zusammenarbeit und Entwicklung & Ständige Konferenz der Kultusminister der Länder in der Bundesrepublik Deutschland (Hrsg.) (2016). *Orientierungsrahmen für den Lernbereich Globale Entwicklung im Rahmen einer Bildung für nachhaltige Entwicklung.* 2. Auflage. Bonn: Cornelsen.

Brock, A. (2018). Verankerung von Bildung für nachhaltige Entwicklung im Bildungsbereich Schule. In A. Brock et al. (Hrsg.), *Wegmarken zur Transformation – Nationales Monitoring von Bildung für nachhaltige Entwicklung in Deutschland.* (S. 67–115). Opladen: Budrich. – Schriftenreihe „Ökologie und Erziehungswissenschaft“ der Kommission Bildung für eine nachhaltige Entwicklung der Deutschen Gesellschaft für Erziehungswissenschaft (DGfE). Verfügbar unter: https://doi.org/10.2307/j.ctvddzt7n.8

Deutsche UNESCO-Kommission e. V. (Hrsg.) (2014). *Hochschulen für eine nachhaltige Entwicklung. Netzwerke fördern, Bewusstsein verbreiten.* Verfügbar unter: https://www.unesco.de/sites/default/files/2018-08/Hochschulen_f%C3%BCr_eine_nachhaltige_Entwicklung_1.pdf (28.07.2019)

Hellberg-Rode, G. & Schrüfer, G. (2016). Welche spezifischen professionellen Handlungskompetenzen benötigen Lehrkräfte für die Umsetzung von Bildung für Nachhaltige Entwicklung (BNE)? *Biologie Lehren und Lernen – Zeitschrift für Didaktik der Biologie, 20(1)*, 1–29.

Hemmer, I. (2016). Bildung für nachhaltige Entwicklung. Der Beitrag der Fachdidaktiken. In J. Menthe, D. Höttecke, T. Zabka, M. Hamann & M. Rothgangel (Hrsg.), *Befähigung zu gesellschaftlicher Teilhabe* (S. 25–40). Münster: Waxmann.

Michelsen, G., Grunenberg, H., Mader, C. & Barth, M. (2015). *Greenpeace Nachhaltigkeitsbarometer 2015: Nachhaltigkeit bewegt die jüngere Generation!* Bad Homburg: Verlag für Akademische Schriften.

Ministerium für Klimaschutz, Umwelt, Landwirtschaft, Natur- und Verbraucherschutz des Landes Nordrhein-Westfalen (2016). *Landesstrategie BNE für Nordrhein-Westfalen (NRW).* Verfügbar unter: https://www.umwelt.nrw.de/fileadmin/redaktion/Broschueren/bne_landesstrategie_2016.pdf (28.07.2019)

Nationale Plattform Bildung für nachhaltige Entwicklung/Bundesministerium für Bildung und Forschung (2017). *Nationaler Aktionsplan Bildung für nachhaltige Entwicklung. Der deutsche Beitrag zum UNESCO-Weltaktionsprogramm.* Verfügbar unter: https://www.bmbf.de/files/Nationaler_Aktionsplan_Bildung_f%C3%BCr_nachhaltige_Entwicklung.pdf (28.07.2019)

UNESCO (2014): *Shaping the future we want: UN Decade of Education for Sustainable Development (2005–2014). Final report.* UNESCO: Paris. Verfügbar unter: http://unesdoc.unesco.org/images/0023/002301/230171e.pdf (28.07.2019)

Hochschuldidaktische Fortbildung und Indikatorenentwicklung

Zwei Ansätze zur Förderung der BNE-Implementierung in die Lehrkräfteausbildung

Ingrid Hemmer, Christoph Koch, Péter Bagoly-Simó, Marie Döpke, Ina Limmer, Armin Lude und Mark Ullrich

1. Einführung

In verschiedenen programmatischen Aussagen (vgl. DUK, 2014) und empirischen Bestandsaufnahmen (z.B. Arnold, Carnap & Bormann, 2016; Bagoly-Simó, 2014; Bagoly-Simó & Hemmer, 2017) wurde deutlich, dass im Rahmen der UN-Dekade BNE zwar sehr viele Aktivitäten stattfanden, aber eine strukturelle Implementierung von BNE in den unterschiedlichen, vor allem formalen Bildungsbereichen, wie Schulen und Hochschulen, noch nicht gelungen ist. Als wesentlich für eine strukturelle Verankerung wird die Ausbildung von Multiplikatorinnen und Multiplikatoren angesehen. Aus diesem Grunde fordert das sich an die UN-Dekade anschließende Weltaktionsprogramm (DUK, 2014) als eines von fünf Handlungsfeldern folgerichtig deren Ausbildung. Der Nationale Aktionsplan BNE (NAP, 2017, S. 29) formuliert darauf aufbauend konkreter für den Bildungsbereich Schule als Handlungsfeld II die „Lehr- und (pädagogische) Fachkräfteausbildung für eine nachhaltige Entwicklung". Mit dem Begriff Lehrkräfte sind dabei, wie die weiteren Ausführungen zeigen, sowohl Lehrkräfte an Schulen als auch an Hochschulen gemeint (NAP, 2017). Darüber hinaus wird im Handlungsfeld I „BNE als Aufgabe des Bildungswesens" an gleich zwei Stellen die Entwicklung von Indikatoren gefordert, um BNE in die Bildungsberichterstattung aufzunehmen und die Fortschritte der Implementierung von BNE im schulischen Bildungsbereich, zu dem die Lehrkräftebildung zugeordnet wird, messen zu können (NAP, 2017, S. 25 & 28).

Dieser Beitrag stellt im Folgenden zwei Forschungsprojekte vor, die dazu beitragen wollen, die vorgegebenen Ziele und Maßnahmen zu realisieren. Im Fokus beider Forschungsprojekte stehen Lehrende der ersten und zweiten Phase der Lehrerbildung.

2. Das Projekt Fortbildung von Hochschuldozierenden und Seminarlehrkräften im Bereich der Lehrerbildung in BNE (FOLE-BNE)

2.1 Begründung und Ziele des Projektes FOLE-BNE

Die Erkenntnis, dass sehr viele Hochschullehrkräfte nicht gewappnet sind, um die Studierenden im Bereich BNE zu sensibilisieren, zu informieren und bei ihrer Kompetenzbildung zu unterstützen, kam relativ spät. Die Ausbildung der Hochschuldozierenden wurde während der UN-Dekade kaum beachtet. Erste empirische Studien ergaben für den Bereich der Lehrerbildung sehr ernüchternde Ergebnisse (Siegmund & Jahn, 2014). Im Nationalen Monitoring von BNE in Deutschland formuliert Brock (2018a, S. 111), dass BNE nur einen punktuellen und vorwiegend fächerspezifischen Eingang in die formal-inhaltlichen Festschreibungen des Lehramtsstudiums gehalten hat. Auch wenn hier nicht die Kompetenzen der Hochschuldozierenden untersucht wurden, sondern nur Module und Prüfungsordnungen, so können doch Rückschlüsse auf die Dozierenden gezogen werden: Auch hier dürfte folgerichtig die Fähigkeit, BNE zu lehren, nur punktuell und fächerspezifisch vorhanden sein.

Im Nationalen Aktionsplan (NAP, 2017) wird aufgrund dieser Situation als erstes Ziel des Handlungsfeldes „Lehrkräftebildung“ die Kompetenzentwicklung der Lehrkräfte genannt. Hier wird formuliert, dass Forschungsmittel bereitgestellt werden sollen, um die Kompetenzentwicklung der Lehrkräfte zu stärken und dies ggf. durch Begleitforschung zu evaluieren. Gefordert wird die Entwicklung von Kompetenzmodellen sowie die Durchführung von Modellprojekten. Hier setzt die Studie FOLE-BNE an. Sie hat folgende Ziele

- Entwicklung eines Kompetenzmodells für BNE-Multiplikatorinnen und Multiplikatoren
- Theoriegeleitete am Modell orientierte Konzeption von zwei Fortbildungsmodulen
- Organisation und Durchführung dieser Module
- Analyse der Wirkung der Module auf die Teilnehmenden

Das Modellprojekt richtet sich an Hochschullehrkräfte und Seminarlehrkräfte. Es läuft über drei Jahre von 09/2018 bis 08/2021 und wird vom Bayerischen Umweltministerium (StMUV) gefördert sowie vom Bayerischen Wissenschaftsministerium und vom Bayerischen Kultusministerium beratend unterstützt. Die BNE-Module sollen möglichst in vorhandene Fortbildungsstrukturen eingebaut werden, um der Forderung einer strukturellen Implementierung von BNE nachzukommen.

2.2 Entwicklung des Kompetenzmodells

Über welche Kompetenzen sollen BNE-Multiplikatoren verfügen bzw. welche sollen sie aufbauen, um Studierende resp. Referendare zu befähigen, BNE unterrichten zu können? Da der Modellversuch die Lehrerbildung fokussiert, wurde auf ein im Rahmen einer Dissertation entwickeltes und erprobtes Kompetenzmodell zur professionellen Handlungskompetenz von BNE-Akteurinnen und -Akteuren (Reinke & Hemmer, 2017) zurückgegriffen, das seinerseits auf dem COACTIV-Modell der Professionskompetenz von Lehrkräften basiert (vgl. Kunter, Baumert, Blum, Klusmann, Krauss & Neubrand, 2011). Es umfasst als kognitive Aspekte Fachwissen zu (B)NE (primär Konzeptwissen zu nachhaltiger Entwicklung und Bildung für nachhaltige Entwicklung) und fachdidaktisches/pädagogisches Wissen zu BNE (hier empirisch zusammengefasst und didaktisch unterteilt in Ziele/Kompetenzen, Inhalte, Methoden, Medien); darüber hinaus die nicht-kognitiven Aspekte Motivation, Selbstwirksamkeit und Handlungsbereitschaft (vgl. Abb. 1).

Abb. 1: Kompetenzmodell
(verändert nach Reinke & Hemmer 2017 sowie Kunter et al. 2011)

2.3 Entwicklung der Module

Auf der Grundlage dieses Modells wurden zwei Module entwickelt, ein Basismodul und ein Aufbaumodul. Nach Wunsch und Bedarf erfolgt ein individuelles Coaching nach oder zwischen den Modulen. Um das Aufbaumodul besuchen zu können, muss das Basismodul absolviert werden. Die Teilnahme am Aufbaumodul ist jedoch nicht zwingend. Das Basismodul umfasst folgende Bereiche (vgl. Tab. 1):

Tab. 1: Ablauf des Basismoduls (ohne Pausen)

9.00	Kennenlernen; Einführung; Fragebogen
10.00	Einstieg Filmausschnitt, Austausch über eigene Konzepte von Nachhaltigkeit
10.50	Vortrag: Konzepte nachhaltiger Entwicklung
11.20	Vortrag: Bildung für nachhaltige Entwicklung
14.00	Erarbeitung BNE-Bildungsprozesse gestalten
15.00	Gruppenarbeit BNE-Methoden vorstellen und erproben
16.45	Reflexion (hinsichtlich eigener Lehre) und Ausblick
17.00	Evaluation (Aufstellung und Fragebogen)
17.30	Ende

Das BNE-Basismodul trägt sowohl den kognitiven als auch den nicht-kognitiven Aspekten Rechnung. Der sehr emotionale Filmausschnitt (die Rede der Jugendlichen Severn Cullis-Suzuki vor den Delegierten der Konferenz von Rio 1992) zu Beginn spricht affektive ebenso wie konative Aspekte an. Dies erzeugt Betroffenheit, Veränderungs- und Handlungsbereitschaft. Anschließend machen das Zeichnen und der Vergleich der eigenen Nachhaltigkeitskonzepte in einem konstruktivistischen Ansatz den eigenen Kenntnis- und Reflexionsstand deutlich. Die beiden Vorträge dienen dazu, verschiedene Konzepte von Nachhaltigkeit und grundlegende Prinzipien einer Bildung für nachhaltige Entwicklung vorzustellen. Sie werden durch mehrere kleine interaktive Aufgaben aufgelockert. Ein weiterer wichtiger Schritt liegt darin, auf dieser Grundlage gemeinsam ein Gerüst zu erarbeiten, mit dem die Teilnehmenden eigene Bildungsprozesse gestalten. Dies wird auch anhand von Beispielen erläutert. In Gruppenarbeit werden je nach Zahl der Teilnehmenden ca. drei verschiedene Methoden, die BNE-Kompetenzen fördern, vorgestellt und durchgeführt. Die Methoden wurden exemplarisch ausgewählt und werden gemeinsam hinsichtlich der Gestaltungsteilkompetenzen eingeordnet und bewertet. Es folgt eine gegenseitige Vorstellung der Methoden im Plenum. In der anschließenden Reflexionsphase werden die Teilnehmenden motiviert, das bisher Erlernte auf die eigene Lehre zu beziehen und sowohl den Status-Quo zu reflektieren als auch einen Ausblick zu wagen. Abschließend erfolgt eine Aufstellung entlang einer Linie, bei der sich die Teilnehmenden zu bestimmten Thesen positionieren müssen, u.a. zu den Fragen, ob ihnen das BNE-Modul Impulse für ihre Lehre gegeben hat und ob strukturelle/institutionelle Hemmnisse die Umsetzung von BNE erschweren. Diese Anknüpfungspunkte und Herausforderungen können in einem individuellen BNE-Coaching aufgegriffen und gemeinsam angegangen werden. Zu Beginn und zum Ende des Moduls wird ein Fragebogen ausgeteilt, der auf der Grundlage des Kompetenzmodells entwickelt wurde. Die Ergebnisse dieser Evaluation sollen helfen, die Wirksamkeit des Moduls zu analysieren.

Das BNE-Aufbaumodul umfasst v.a. Bereiche der Reflexion, die Vorstellung weiterer Methoden sowie als großen Block eine Zukunftswerkstatt (exemplarisch für eine methodische Großform im Bereich BNE) über die Entwicklung der eigenen Lehre.

Kompetenzmodell und beide Module wurden im Projektteam der Geographiedidaktik erarbeitet und von einem Kollegen aus der Schulpädagogik und einer Kollegin aus der Biologiedidaktik vor dem Start konstruktiv kritisiert. Im April 2019 fand zudem ein Workshop mit Expertinnen und Experten aus dem deutschsprachigen Raum statt, der u.a. der intensiven Diskussion über das Modellprojekt und dem Erfahrungsaustausch über ähnlich angelegte BNE-Projekte diente.

2.4 Erfahrungen bei der Durchführung

Es gelang durch entsprechende Vorgespräche und persönliches Engagement, das Modellprojekt im Rahmen des bayerischen hochschuldidaktischen Zertifikats ProfiLehrePlus in Kooperation mit den hochschuldidaktischen Zentren anzubieten. Damit konnte das Angebot allen bayerischen Universitäten gemacht werden und weitere Termine für das kommende Semester sind schon vergeben. Das Basismodul wurde im Laufe des ersten Projektjahres inzwischen insgesamt achtmal angeboten, das Aufbaumodul dreimal. Der Ablauf hat sich sehr bewährt. Es wurden nur kleinere Korrekturen vorgenommen, so wurde z.B. der Zeitraum für den Bereich „BNE-Bildungsprozesse gestalten", etwas ausgeweitet und der Methodenteil durch eine größere Auswahl optimiert. Bezüglich der Nachfrage ergab sich, dass das Angebot, obwohl im Subtext auf Lehrerbildung abgehoben wird, Dozierende aus einem breiten Fächerspektrum anzog. Dies führte zu besonderen Herausforderungen und spannenden Diskussionen während der Durchführung.

Bereits zu Beginn des Projektes zeigte sich, dass die beiden Module in dieser Form nicht gleichermaßen für Seminarlehrkräfte der verschiedenen Schularten geeignet sind. Dies ist zum einen darauf zurückzuführen, dass im bayerischen LehrplanPLUS von 2014 (für die Grundschule) bzw. 2017 (für alle anderen Schularten) erstmals BNE als fachübergreifendes Ziel aufgeführt ist und dadurch schon bei nicht wenigen Seminarlehrkräften Vorkenntnisse aufgebaut wurden. Zum anderen müssen einige Bereiche schulartenspezifisch ausgelegt werden, damit sie als relevant rezipiert werden. Für diese Zielgruppe wurde also ein Bausteinsystem entwickelt, bei dem die Verantwortlichen bzw. Teilnehmenden sich im Vorfeld für bestimmte Bausteine entscheiden können. Diese Flexibilität ermöglicht höhere zeitliche und inhaltliche Effizienz während der Fortbildungsveranstaltung mit den Lehrkräften, erzeugt jedoch auch einen höheren logistischen Aufwand für die vorherigen Absprachen und inhaltlichen Anpassungen. So wählten z. B. die Seminarlehrkräfte der Grundschule die Bausteine Sustainable Development Goals, vom Wissen zum Handeln sowie außerschulische BNE. Derzeit entwickelt sich eine ziemliche Dynamik im Feld. Es ergab sich die Gelegenheit, ein Zeitfenster in einer Schulleiterfortbildung zu bekommen. Weiterhin kommen vermehrt Anfragen von Schulen, die einen gesamtinstitutionellen Ansatz etablieren wollen.

Es erhebt sich im Rahmen der wissenschaftlichen Begleituntersuchung die Frage, wie wirksam dieses Angebot ist. Die Daten der Fragebögen sind eingegeben, die Berechnungen stehen noch an. Im zweiten Projektjahr kommen weitere Daten dazu. Um eine Standardisierung gewährleisten zu können und die Teilnehmenden nicht zu überfordern bzw. die Fortbildungszeit mit Evaluationen zu überlagern, wurde der Fragebogeneinsatz auf das Basismodul und die Hochschuldozierenden begrenzt. Aufgrund der (zuvor dargestellten) Bandbreite an Teilnehmenden und deren sehr heterogenem Vorwissen (nachhaltigkeitsbezogen wie auch allgemein bezüglich Didaktik und Pädagogik) müssen bei der Auswertung ggf. Subgruppen beachtet werden, um valide Aussagen ableiten zu können.

Zum jetzigen Zeitpunkt lässt sich bereits erkennen, dass mit dem Basismodul Effekte erzielt werden. Das zeigen die vorliegenden Kurzevaluationen der didaktischen Zentren, aber auch die Reflexionen zu Beginn des Aufbaumoduls. Hier haben die Teilnehmenden die Gelegenheit, sich darüber auszutauschen, wie es ihnen in der Zeit nach dem Basismodul ergangen ist, und es ergeben sich hochinteressante Gespräche. So berichtete ein junger Informatiker, dem die Thematik vor dem Basismodul völlig fremd war, dass er sich nunmehr zu Beginn seiner Vorlesung vor 1000 Studierenden, weil er wenig Anknüpfungspunkte zu seiner formalen Lehre sieht, jeweils Zeit nimmt, den Studierenden ein Problemfeld einer nachhaltigen Entwicklung vorzustellen. Darüber hinaus gäbe es jetzt in seinem Kollegenkreis angeregte Gespräche über (B)NE. Auch wenn das eigentliche Ziel der Einbindung von BNE in die fachspezifische Lehre hier nicht wie intendiert erreicht wurde, so fasziniert doch dieses vom Basismodul ausgelöste Engagement. Ein anderer Teilnehmer erzählte zum Abschluss des Aufbaumoduls, dass er in wenigen Tagen ein Projektseminar durchführt und dabei gleich die Methode der Zukunftswerkstatt zur Thematik nachhaltige Entwicklung eines Stadtviertels einsetzen möchte. Diese Gespräche machen Mut, die sehr arbeitsaufwändigen Fortbildungen mit Elan weiterzuführen.

3. Das Projekt Entwicklung von Indikatoren zur Erfassung von BNE im schulischen Bildungsbereich (E-I-BNE^s)

3.1 Begründung und Ziele des Projektes E-I-BNE^s

Bisher liegen nur wenige empirische Studien vor, die sich umfassend mit der Indikatorenbildung im Bereich BNE beschäftigen. Hier sind besonders Tilbury (2007); UNECE (2009); Di Giulio, Ruesch Schweizer, Adomßent, Blaser, Bormann, Burandt, Fischbach, Kaufmann-Hayoz, Krikser, Künzli David, Michelsen, Rammel & Streissler (2011) sowie Michelsen, Adomßent, Bormann, Burandt & Fischbach (2011) und Brock (2018b) zu nennen. Alle Vorschläge fordern auch Indikatoren bezüglich der Lehrkräftebildung. Die Vorschläge umfassen jedoch keine messbaren Kennzahlen und unterscheiden nicht zwischen den drei Phasen der Lehrkräftebildung. Lediglich Waltner, Glaubitz & Rieß (2017) untersuchten im Rahmen des wissenschaftlichen Begleitprogramms des WAP, mit welchen Indikatoren die Implementierung in der Lehrerfortbildung, also der 3. Phase der Lehrkräftebildung, gemessen werden kann. Sie entwickelten für BNE-bezogene Fortbildungsangebote an staatlichen Fortbildungseinrichtungen drei Indikatoren mit statistischen Kennziffern. Für die 1. und 2. Phase der Lehrerbildung liegen noch keine Erkenntnisse vor. Hier setzt die Studie E-I-BNE^s an, die allerdings neben der Lehrkräftebildung noch weitere Bereiche untersucht (vgl. Abb. 1). Sie verfolgt die Ziele, Fortschritte bei der Implementierung von BNE im schulischen Bereich messbar zu machen und dadurch die Berichterstattung für bzw. über BNE zu ermöglichen.

Das interdisziplinäre Verbundprojekt, an dem Wissenschaftler aus Biologiedidaktik, Geographiedidaktik und Psychologie beteiligt sind, wird vom Bundesministerium für Bildung und Forschung gefördert und umfasst eine Projektzeit von 2,5 Jahren (2019–2021).

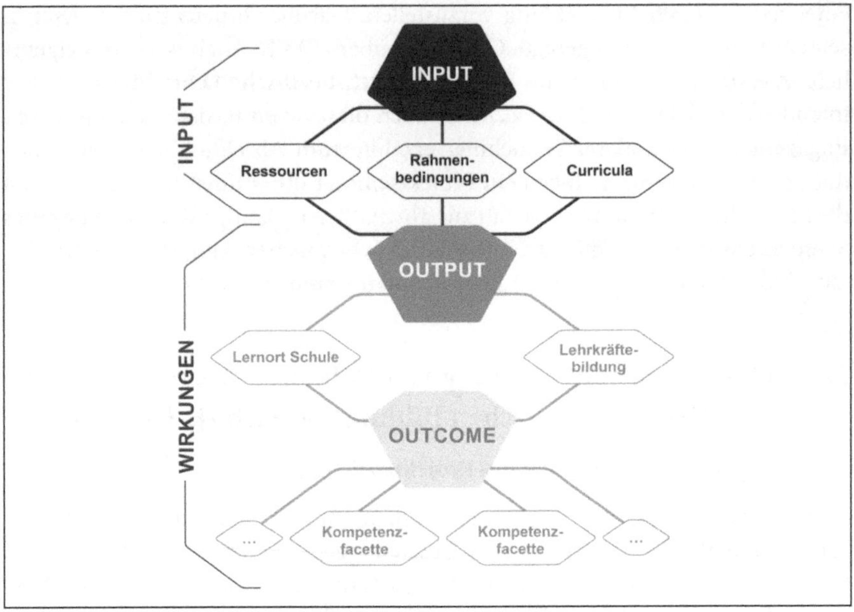

Abb. 2: Theoriemodell des Projektes (eigener Entwurf)

3.2 Theoretische Grundlagen

Indikatoren sind quantitativ erfassbare Größen, die komplexe, nicht direkt messbare Zusammenhänge abbilden (UNECE, 2006; Maatz & Kühne, 2018). Sie sind immer normativ, weil sie sich auf spezifische Ziele von Bildung und deren Rahmenbedingungen beziehen. Bei regelmäßiger Erhebung können Veränderungen dokumentiert und Bildungssysteme verglichen werden (Di Giulio et al., 2011).

Als eine theoretische Grundlage des Projektes dient das Input-Prozess-Wirkungsmodell (vgl. Abb. 2), das bis heute als konzeptionelle Grundlage des nationalen Bildungsberichts verwendet wird, wobei Prozessvariablen laut den Autoren schwer zu fassen sind (Maatz & Kühne, 2018, S. 382). Nach diesem Modell und dem diesbezüglich gesetzten Referenzrahmen für die Auswahl der Indikatorbereiche sowie dem Angebot-Nutzungs-Modell (Seidel, 2014) wurden fünf verschiedene Input- und Outputfaktoren definiert (vgl. Abb. 2). Bei den Inputfaktoren wurden die Ressourcen und Rahmenbedingungen auf den bildungspolitischen Bereich begrenzt. Die Curricula/Lehrpläne wurden, obwohl rechtliche Normen, aus dem Bereich Rahmenbedingungen ausgegliedert und als eigener Inputfaktor gesondert betrachtet, weil Lehrpläne als sehr wirksame Steuerungsinstrumente angesehen werden. Im Outputbereich wird zwischen dem Lernort

Schule und der Lehrkräftebildung unterschieden. Der Outcomebereich gehört zum Theorierahmen, ist aber nicht Gegenstand unseres Projektes.

Im weiteren Verlauf des Projektes wurden diese Faktoren als Teilpakete definiert, für die jeweils Indikatoren entwickelt werden sollen. Für den Bereich der Lehrkräftebildung wurde eine Unterteilung in 1. und 2. Phase vorgenommen. Auf die 3. Phase wurde infolge der Vorarbeiten (s.o.) von Waltner et al. (2017) verzichtet. Im weiteren Verlauf konzentrieren sich die Ausführungen auf den Bereich der Lehrkräftebildung.

3.3 Methodisches Vorgehen

Generell leitet sich die Methodik aus dem oben vorgestellten Modell ab und orientiert sich am Vorgehen von Di Giulio et al. (2011), Adomßent et al. (2012) sowie Waltner et al. (2017) und Waltner, Rieß & Brock (2018). Als Datengrundlage dienen neben Befragungen von und Diskussionen mit Expertinnen und Experten vor allem Dokumente (z.B. Studienordnungen). Da beispielsweise eine sorgfältige Analyse der Studienordnungen aller an der Lehrkräfteausbildung und -weiterbildung beteiligten Institutionen im beantragten Projektzeitraum nicht zu leisten ist, soll je nach Indikator mit Stichproben gearbeitet werden. Anschließend werden Indikatoren(sets) für die Bereiche Lehrkräftebildung der 1. und 2. Phase entwickelt und statistische Kennziffern ermittelt, um diese messbar zu machen. Dies erfordert eine hohe Komplexitätsreduktion. Grundsätzlich ergeben sich bei der Entwicklung von Input- und Output-Indikatoren in etwa die gleichen Arbeitsschritte:

Arbeitsschritte:

- Vorschläge für Indikatoren und Prüfung auf Relevanz für die nationale Berichterstattung
- Sondierende Expertengespräche
- Entwicklung begründeter Indikatorensets
- Datenbeschaffung, erste Anwendungserprobungen
- Konsultationsphase I: Diskussion der ausgewählten Indikatoren mit relevanten Akteurinnen und Akteuren sowie Netzwerken
- Ggf. Modifikation, Entwicklung eines begründeten revidierten Indikatorensets
- Konsultationsphase II: Diskussion mit den ausgewählten externen Expertinnen und Experten sowie Praxisakteurinnen und Praxisakteuren (Online-Beratung)
- Ggf. Überarbeitung, finales Indikatorenset mit Kennziffern
- Anwendung

3.4 Herausforderungen, erste Erfahrungen und Erkenntnisse

Die Lehrkräftebildung bietet in Deutschland ein komplexes Bild, erstens wegen des Bildungsföderalismus, zweitens wegen der drei Phasen (Hochschule, Seminar, Fortbildung) und der drei Säulen (Fachwissenschaft, Fachdidaktik, Erziehungswissenschaft) der Lehrkräftebildung, drittens wegen der Autonomie der Lehre an Hochschulen, viertens wegen der polyvalenten Studiengänge bzw. Module und fünftens wegen der Ausbildung für verschiedene Schularten an den Hochschulen. Innovationen wie BNE und nationale Rahmenbedingungen setzen sich nur schwer und sehr differenziert um. Die Stichprobe wird darum mit Hilfe der sondierenden Expertengespräche erfolgen. Die Bearbeitung erfolgt durch eine Dokumentenanalyse.

Aus den bisher durchgeführten Interviews mit Expertinnen und Experten aus Wissenschaft, Ministerien und Schulpraxis lässt sich, ohne dass allerdings bislang eine systematische Auswertung vorliegt, ableiten, dass alle Befragten der Lehrkräftebildung der 1. Phase eine hohe Relevanz zuwiesen. Gleichzeitig wurde von allen betont, dass die Implementierung unzureichend und schwierig sei. Als wichtige Dokumente wurden überwiegend Prüfungs- und Studienordnungen genannt, wobei man sich bei den Studienordnungen im Bereich der rechtlichen Rahmenbedingungen bewegt. Bezüglich der 2. Phase der Lehrkräftebildung wurde deutlich, dass hier die verschiedenen Schularten eine besondere Herausforderung darstellen und neben Prüfungsordnungen Ausbildungsbestimmungen eine wichtige Rolle spielen. Interessant war, dass die starke Verbindung zwischen dem Bereich Curriculum/Lehrplan und der Ausbildung in der 2. Phase thematisiert wurde, während kaum ein Zusammenhang zwischen Lehrplan und 1. Phase oder zwischen der BNE-Ausbildung in der 1. und 2. Phase gesehen wurde.

3.5 Weiteres Vorgehen im Projekt

Nachdem alle Experteninterviews mithilfe einer qualitativen Inhaltsanalyse systematisch ausgewertet worden sind, soll auf der Grundlage der Ergebnisse sowie der SMART-Analyse (specific, measurable, attainable, realistic, timely; vgl. Tilbury & Cooke, 2005) die Entwicklung der Indikatorensets erfolgen. Danach geht es dann in die Phase der Datenbeschaffung für diese Sets, der ersten Anwendungsversuche und schließlich mündet die bisherige Arbeit in der 1. Konsultationsphase.

4. Ausblick und weitere Forschungsperspektiven

Die beiden Projekte FOLE-BNE und E-I-BNE^{s} tragen dazu bei, vorhandene Forschungsdefizite zu mildern. Insgesamt aber stehen beide vorgestellten Projekten noch ziemlich am Anfang und müssen empirisch belastbare Ergebnisse abwarten. Es wäre zu wünschen, dass das Projekt FOLE-BNE dazu beiträgt, Argumente zu liefern, dass alle Hochschullehrkräfte verbindlich eine hochschuldidaktische Ausbildung bekommen – dies ist bisher nicht der Fall – und dass diese Ausbildung einen BNE-Anteil umfasst, für den das vorgestellte Projekt eine Grundlage liefern kann. Das Projekt E-I-BNE^{s} kann dazu beitragen, dass in wenigen Jahren BNE Teil der Bildungsberichterstattung wird und auf diese Weise valide zu erkennen ist, inwieweit und in welchen Bereichen der Implementierung von BNE im schulischen Bereich, also auch im Teilbereich der Lehrkräftebildung, Fortschritte erzielt wurden. Nahezu alle Expertinnen und Experten äußerten sich in den Interviews auf die Frage, wie es mit BNE in zehn Jahren aussieht und ob die Implementierung Fortschritte machen wird, positiv, wenn auch nicht ohne Skepsis. Wir alle können durch unsere Forschung und unsere Aus- und Fortbildungsaktivitäten dazu beitragen, dass die Implementierung schneller voranschreitet.

Unser Dank gilt dem Bayerischen Staatsministerium für Umwelt und Verbraucherschutz und dem Bundesministerium für Wissenschaft und Forschung für die Finanzierung der Projekte sowie den Projektmitarbeiterinnen und -mitarbeitern Marc Drognitz, Johanna Hartmann, Rafael Labanino, Steven Mainka und Julia Maneks.

Literatur

Adomßent, M., Bormann, I., Burandt, S., Fischbach, R. & Michelsen, G. (2012). Indikatoren für Bildung für nachhaltige Entwicklung. In Bundesministerium für Bildung und Forschung (BMBF). (Hrsg.). *Bildung für nachhaltige Entwicklung. [Themenheft]. Bildung. Beiträge der Bildungsforschung, 39*, 71–90.

Arnold, M. T., Carnap, A. & Bormann, I. (2016). *Bestandsaufnahme zur Verankerung von Bildung für nachhaltige Entwicklung in Bildungs- und Lehrplänen.* Haus der kleinen Forscher: Berlin. Verfügbar unter: https://www.haus-der-kleinen-forscher.de/fileadmin/Redaktion/4_Ueber_Uns/Evaluation/Abgeschlossene_Studien/170301_BNE_Expertise.pdf [Abruf: 07.09.2018]

Bagoly-Simó, P. (2014). Implementierung von BNE am Ende der UN-Dekade. Eine internationale Vergleichsstudie am Beispiel des Fachunterrichts. *Zeitschrift für Geographiedidaktik, 42* (4), 219–254.

Bagoly-Simó, P. & Hemmer, I. (2017). *Bildung für nachhaltige Entwicklung in den Sekundarschulen – Ziele, Einblicke in die Realität, Perspektiven.* [Manuskript]. Verfügbar unter: https://www.ku.de/fileadmin/150305/Professur_fuer_Didaktik_der_Geographie/Forschung/Literatur/Bildung_f%c3%bcr_nachhaltige_Entwicklung_in_den_Sekundarschulen_%e2%80%93_Ziele__Einblicke_in_die_Realit%c3%a4t__Perspektiven_-_Bagoly-Simo___Hemmer.pdf [09.08.2019].

Brock, A. (2018a). Verankerung von Bildung für nachhaltige Entwicklung im Bildungsbereich Schule. Wissenschaftliche Beratung des Weltaktionsprogramms. In: A. Brock, G. De Haan, N. Etzkorn & M. Singer-Brodowski (Hrsg.), *Wegmarken zur Transformation. Nationales Monitoring von Bildung für nachhaltige Entwicklung in Deutschland* (S. 67–116). Opladen, Berlin, Toronto: Barbara Budrich Verlag. https://doi.org/10.2307/j.ctvddzt7n.8

Brock, A. (2018b). Indikatorenset zur Verankerung von BNE in den verschiedenen Bildungsbereichen. In: A. Brock, G. De Haan, N. Etzkorn & M. Singer-Brodowski (Hrsg.), *Wegmarken zur Transformation. Nationales Monitoring von Bildung für nachhaltige Entwicklung in Deutschland* (S. 25–34). Opladen, Berlin, Toronto: Barbara Budrich Verlag. https://doi.org/10.2307/j.ctvddzt7n.6

Di Giulio, A., Ruesch Schweizer, C., Adomßent, M., Blaser, M., Bormann, I., Burandt, S., Fischbach, R., Kaufmann-Hayoz, R., Krikser, T., Künzli David, C., Michelsen, G., Rammel, C. & Streissler, A. (2011). *Bildung auf dem Weg zur Nachhaltigkeit. Vorschlag eines Indikatorensets zur Beurteilung von Bildung für nachhaltige Entwicklung.* Schriftenreihe der Interfakultären Arbeitsstelle für Allgemeine Ökologie. 12. Bern: IKAÖ. Verfügbar unter: https://www.researchgate.net/profile/Antonietta_Di_Giulio/publication/271847135_Bildung_auf_dem_Weg_zur_Nachhaltigkeit_Vorschlag_eines_Indikatoren-Sets_zur_Beurteilung_von_Bildung_fur_Nachhaltige_Entwicklung/links/57ef906f08ae886b897417df/Bildung-auf-dem-Weg-zur-Nachhaltigkeit-Vorschlag-eines-Indikatoren-Sets-zur-Beurteilung-von-Bildung-fuer-Nachhaltige-Entwicklung.pdf [07.09.2018].

DUK – Deutsche UNESCO-Kommission (Hrsg.) (2014). *Roadmap zur Umsetzung des Weltaktionsprogramms „Bildung für nachhaltige Entwicklung".* Verfügbar unter: https://www.bmbf.de/files/2015_Roadmap_deutsch.pdf [08.08.2019].

Kunter, M., Baumert, J., Blum, W., Klusmann, U., Krauss, S. & Neubrand, M. (Hrsg.) (2011). *Professionelle Kompetenz von Lehrkräften. Ergebnisse des Forschungsprogramms COACTIV.* Münster: Waxmann.

Maaz, K. & Kühne, S. (2018). Indikatorengestützte Bildungsberichterstattung. In: R. Tippelt & B. Schmidt-Hertha (Hrsg.), *Handbuch Bildungsforschung* (S. 375–396). Wiesbaden: Springer VS. https://doi.org/10.1007/978-3-531-19981-8_15

Michelsen, G., Adomßent, M., Bormann, I., Burandt, S. & Fischbach, R. (2011). *Indikatoren der Bildung für nachhaltige Entwicklung – Ein Werkstattbericht.* Bad Homburg: VAS-Verlag.

NAP – Nationale Plattform Bildung für nachhaltige Entwicklung (Hrsg.) (2017). *Nationaler Aktionsplan Bildung für nachhaltige Entwicklung.* Bielefeld: W. Bertelsmann Verlag.

Reinke, V. & Hemmer, I. (2017). Bildung für nachhaltige Entwicklung – über welche Kompetenzen verfügen Lehrkräfte und Akteur/-innen aus den außerschulischen Einrichtungen? *Zeitschrift ZLB.KU, 1* (1), 38–43.

Seidel, T. (2014). Angebots-Nutzungsmodelle in der Unterrichtspsychologie. *Zeitschrift für Pädagogik, 60*, 850–866.

Siegmund, A. & Jahn, M. (2014). *BNE in der Lehramtsausbildung an baden-württembergischen Hochschulen.* Heidelberg: PH Heidelberg. Verfügbar unter: www.rgeo.de/de/p/bnel/ [09.08.2019].

Tilbury, D. (2007). Monitoring and Evaluation during the UN Decade of Education for Sustainable Development. *Journal of Education for Sustainable Development,* 1 (2), 239–254. https://doi.org/10.1177/097340820700100214

Tilbury, D. & Cooke, K. (2005). *A National Review of Environmental Education and its Contribution to Sustainability in Australia: Frameworks in Sustainability.* Canberra: Australian Government Department of the Environment and Heritage and Australian Research Institute in Education for Sustainability.

UNECE (2006). *Indicators for Education for Sustainable Development: Addendum. Reporting format.* Paris: UNECE.

UNECE (2009). *Report on Progress Made by the UNECE Expert Group on Indicators for Education for Sustainable Development.* Paris: UNECE.

Waltner, E.-M., Glaubitz, D. & Rieß, W. (2017). *Entwicklung und Evaluation eines nationalen BNE-Indikators für Lehrerfortbildungen.* Unveröffentlichtes Manuskript. Freiburg: PH Freiburg.

Waltner, E.-M., Rieß, W. & Brock, A. (2018). Development of an ESD Indicator for Teacher Training and the National Monitoring for ESD Implementation in Germany. *Sustainability, 10* (7), 1–17. https://doi.org/10.3390/su10072508

Professionalisierung für BNE in der Lehrkräftebildung[1]

Gesine Hellberg-Rode und Gabriele Schrüfer

1. Einleitung

Ende des 20. Jahrhunderts haben die Vereinten Nationen (UN) 1992 in Rio de Janeiro die AGENDA 21 (s. BMU, o. J.) als umwelt- und entwicklungspolitisches Handlungsprogramm für das 21. Jahrhundert verabschiedet. Fast 180 Staaten haben sich darin auf ein gemeinsames Leitbild verständigt: „sustainable development" – im deutschsprachigen Raum als nachhaltige Entwicklung übersetzt. Bei den Möglichkeiten zur Umsetzung wird in Kapitel 36 der Agenda 21 explizit auch die „Neuausrichtung der Bildung auf eine nachhaltige Entwicklung" (BMU, o. J., S. 281) als eigenständiger Programmbereich aufgeführt. Die Wirksamkeit einer Bildung für nachhaltige Entwicklung (BNE) im Sinne der AGENDA 21 hängt wesentlich von der erfolgreichen Implementierung dieses Konzeptes in das Schulsystem und die hier vertretenen Unterrichtsfächer ab (vgl. de Haan, 2008; Programm Transfer-21, 2007a). Dazu sind spezifische professionelle Handlungskompetenzen der vor Ort agierenden Lehrerinnen und Lehrer erforderlich. Sie müssen „... bereits in ihrer Erstausbildung diejenigen Kompetenzen entwickeln, die sie in die Lage versetzen, Fragen einer nachhaltigen Entwicklung inhaltlich und methodisch angemessen sowie didaktisch professionell zu bearbeiten" (Programm Transfer-21, 2007b, S. 9; vgl. auch KMK & DUK, 2007). Entsprechend fordern internationale (z. B. UNESCO, 2005, 2009) wie nationale Programme und Empfehlungen (z. B. KMK & DUK, 2007) seit Jahren die Integration des BNE-Konzeptes in Lehrerbildungsgänge. In ihrem Positionspapier „Zukunftsstrategie BNE 2015" betont die deutsche UNESCO-Kommission noch einmal die besondere Relevanz der Lehrkräftebildung: „Die Lehrerbildung ist über ihre drei Phasen im Sinne von nachhaltiger Entwicklung zu reformieren. Lehrerinnen und Lehrer haben bei der Umsetzung von Bildung für nachhaltige Entwicklung

1 Bei dem vorliegenden Beitrag handelt es sich um eine aktualisierte Fassung der folgenden Publikation: Hellberg-Rode, G. & Schrüfer, G. (2016): Welche spezifischen professionellen Handlungskompetenzen benötigen Lehrkräfte für die Umsetzung von Bildung für Nachhaltige Entwicklung (BNE)? - Ergebnisse einer explorativen Studie. ZDB, Biologie Lehren und Lernen – Zeitschrift für Didaktik der Biologie 20, S. 1–29.

eine zentrale Aufgabe, für die sie entsprechend qualifiziert sein müssen. Die Universitäten und Pädagogischen Hochschulen sind zusammen mit den zuständigen Länderministerien herausgefordert, entsprechende Reformen einzuleiten" (DUK, 2013, S. 23).

Gerade die grundlegende erste Phase der Lehrkräftebildung ist hier besonders gefordert, eine angemessene Professionalisierung der zukünftigen Lehrkräfte für BNE zu fördern. Dabei spielen politische Rahmenvorgaben, Konzepte zur Kompetenzentwicklung und eine Konkretisierung der erforderlichen BNE-spezifischen professionellen Handlungskompetenzen eine Rolle. Der vorliegende Beitrag thematisiert aktuelle politische Rahmenbedingungen zur Implementierung von BNE in die Lehrkräftebildung und Konzepte zur spezifischen Kompetenzentwicklung von Lehrkräften. Im Hinblick auf grundlegende professionelle Handlungskompetenzen, über die Lehrkräfte zur Umsetzung von BNE verfügen sollten, werden die Ergebnisse einer Expertenbefragung vorgestellt.

2. BNE in der Lehrkräftebildung: Rahmenvorgaben

Bereits 2007 haben die Ständige Konferenz der Kultusminister der Länder in der Bundesrepublik Deutschland (KMK) und die Deutsche UNESCO-Kommission (DUK) eine Empfehlung zur „Bildung für nachhaltige Entwicklung in der Schule" herausgegeben (KMK & DUK, 2007). Hier wird der Lehrkräftebildung eine wichtige Rolle zugewiesen: „Die Umsetzung von BNE in Unterricht und Schulentwicklung erfordert die Entwicklung entsprechender Kompetenzen in allen Phasen der Lehrerbildung […]. Lehrerinnen und Lehrer sollten schon im Rahmen der Erstausbildung Kompetenzen erwerben, die sie befähigen, das Thema nachhaltige Entwicklung inhaltlich wie methodisch professionell im schulischen Kontext zu vermitteln" (KMK/DUK 2007, S. 6).

Die zur Umsetzung des Weltaktionsprogramm „Bildung für Nachhaltige Entwicklung" (WAP, 2015–2019) entwickelte Roadmap (UNESCO, 2014; DUK, 2014) konzentriert sich zur „strategischen Fokussierung" auf fünf „prioritäre Handlungsfelder". Neben den Handlungsfeldern „Politische Unterstützung", „Ganzheitliche Transformation von Lern- und Lehrumgebungen", „Stärkung und Mobilisierung der Jugend" und „Förderung nachhaltiger Entwicklung auf lokaler Ebene" wird das Handlungsfeld „Kompetenzentwicklung bei Lehrenden und Multiplikatoren" explizit benannt. (DUK, 2014, S. 15). Lehrende und Multiplikatoren werden hier als „… wirkungsvolle Change Agents für die Ausrichtung von Bildung auf nachhaltige Entwicklung" identifiziert, welche entsprechende Kompetenzen entwickeln müssen. Erreicht werden soll das u. a. durch die „Integration von BNE in die Aus- und Weiterbildungsprogramme für Lehrkräfte"

(DUK, 2014, S. 20). Unterstützt werden diese Ambitionen durch die im Rahmen der Agenda 2030 formulierten „Sustainable Development Goals“ (SDGs) (UN, 2015). So wird im Unterziel 4.7 des SDG 4 „Inklusive, gleichberechtigte und hochwertige Bildung gewährleisten und Möglichkeiten lebenslangen Lernens für alle fördern“ explizit BNE eingefordert. Es ist sicherzustellen, dass bis 2030 „… alle Lernenden die notwendigen Kenntnisse und Qualifikationen zur Förderung nachhaltiger Entwicklung erwerben, unter anderem durch Bildung für nachhaltige Entwicklung und nachhaltige Lebensweisen …“ (Vereinte Nationen Generalversammlung, 2015, S. 18). Bei den Indikatoren zur Prüfung der Realisierung dieses Zieles wird Lehrerbildung als eines von vier Kriterien genannt (UN, 2017, S. 8).

Zur Umsetzung des WAP wurde für Deutschland ein nationaler Aktionsplan entwickelt (NAP) (Nationale Plattform Bildung für nachhaltige Entwicklung, 2017). Auch hier wird die „Lehr- und (pädagogische) Fachkräfteausbildung für eine nachhaltige Entwicklung“ als wichtiges Handlungsfeld ausgewiesen: „Lehrkräfte, pädagogische Fachkräfte, Multiplikatorinnen und Multiplikatoren und diejenigen, die sie ausbilden, sind wirkungsvolle Change Agents. Um hierfür Kompetenzen zu entwickeln, muss BNE strukturell in der Aus-, Fort- und Weiterbildung verankert werden. Hierfür sind Rahmenbedingungen und Qualitätsstandards zu setzen sowie Erfolg versprechende Unterstützungsmaßnahmen zu entwickeln“ (Nationale Plattform Bildung für nachhaltige Entwicklung, 2017, S. 29). Zur Umsetzung werden vier Ziele formuliert: Kompetenzentwicklung der Lehrkräfte (s. Kapitel 3), Verankerung von BNE in den Programmen zur Lehrkräftebildung, Verankerung von BNE in zukünftigen KMK-Beschlüssen und -Empfehlungen sowie eine Beteiligung außerschulischer Bildungspartner (vgl. Nationale Plattform Bildung für nachhaltige Entwicklung, 2017, S. 29–31). Eine besondere, bisher wenig realisierte Rolle spielen hier die Hochschulen, die für die erste und zeitlich umfangreichste Phase der (wissenschaftlichen) Lehrerbildung verantwortlich sind. Sie haben sich bereits 2010 zu ihrer Verantwortung bekannt: „Die Hochschulen als Bildungsstätten für die zukünftigen Entscheidungsträger und als Zentren von Forschung haben hierbei eine besondere Verantwortung und spielen eine entscheidende Rolle: Sie legen Grundlagen, indem sie in Lehre und Studium Kenntnisse, Kompetenzen und Werte vermitteln […], die für die Gestaltung nachhaltiger Entwicklung nötig sind“ (HRK & DUK, 2010, S. 3). Für die Realisierung des NAP und die Implementation von BNE in die Lehrkräftebildung auf nationaler Ebene spielt auch die KMK eine zentrale Rolle: sie kann BNE z. B. in den ländergemeinsamen inhaltlichen Anforderungen für die Fachwissenschaften und die Fachdidaktiken in der Lehrerbildung ebenso verankern wie in Standards für die Lehrerbildung in den Bildungswissenschaften und damit Leitplanken für die länderspezifischen Lehrerausbildungsordnungen setzen. Eine Übersicht mit „zentralen bildungspolitischen Dokumenten", die für die Verankerung von BNE in der Lehrerbildung eine Rolle spielen, findet sich bei Rieckmann & Holz (2017, S. 7).

Auch wenn eine ganze Reihe von Initiativen zur Integration von BNE in die Lehrerbildung entwickelt wurden (vgl. Rieckmann & Holz, 2017), sind am Ende des Weltaktionsprogrammes immer noch große Defizite zu beklagen. So wurden im Rahmen der KMK-Umfrage „Zur Situation und zu Perspektiven der Bildung für nachhaltige Entwicklung" (KMK, 2017) auch Angaben der einzelnen Bundesländer zur Integration von BNE in die Lehrkräftebildung (1. und 2. Phase) erhoben. Danach gibt es „... in den meisten Ländern [...] immer noch keine verbindliche Regelung, sodass von einer flächendeckenden und systematischen Verankerung der BNE in der Lehrkräftebildung in den Ländern noch nicht gesprochen werden kann" (KMK, 2017, S. 5). Es offenbaren sich aber zum Teil sehr große Unterschiede in den einzelnen Bundesländern. So hat Baden-Württemberg z. B. bereits zum Wintersemester 2015/16 mit der Einführung der neuen Lehramtsstudiengänge den Erwerb von „Querschnittskompetenzen" für BNE für alle angehenden Lehrkräfte „... im Ausbildungskanon der Lehramtsstudiengänge verbindlich festgeschrieben" (KMK, 2017, S. 53). In Nordrhein-Westfalen unterliegt die „Ausgestaltung der Lehrerausbildung" dem Lehrerausbildungsgesetz (LABG) und orientiert sich an den „... bildungswissenschaftlichen und fachwissenschaftlichen Standards der KMK". Im universitären Bereich wird die Lehrkräftebildung durch die „...lehrerausbildenden Hochschulen in weitgehender Autonomie gestaltet. Die akademische Phase der Lehramtsausbildung gewährleisten die beteiligten Hochschulen auf Grundlage des Lehrerausbildungsgesetzes und der Lehramtszugangsverordnung in eigener Verantwortung" (KMK, 2017, S. 59). Kritisch anzumerken ist hier allerdings, dass das Schulministerium insbesondere über die Lehramtszugangsverordnung durchaus verpflichtende BNE-Anteile für alle Lehramtsstudiengängen festschreiben könnte.

Konkrete Daten zur Implementierung von BNE in die erste Phase der Lehrerbildung liegen allerdings nur vereinzelt vor. So haben Siegmund & Jahn (2014) eine Evaluationsstudie zu „BNE in der Lehramtsausbildung an baden-württembergischen Hochschulen" durchgeführt und sind u. a. zu folgenden Ergebnissen gekommen: „Eine systematische strukturelle wie operationelle Verankerung des BNE-Konzepts in der Lehramtsausbildung an baden-württembergischen Hochschulen ist derzeit kaum erkennbar – die Umsetzung des Nachhaltigkeitsgedankens stellt insgesamt kein durchgehendes integratives „Paradigma" dar. [...]" (Siegmund & Jahn, 2014, S. 51). Mit der Umstellung der Lehramtsstudiengänge zum Wintersemester 2015/16 sind aber in Baden-Württemberg verbindliche

BNE-Querschnittskompetenzen in den Rahmenverordnungen verankert worden. Die aktuelle Umsetzung von BNE in der Lehrkräftebildung in NRW und Sachsen-Anhalt haben Birke et al. untersucht (s. Beitrag in diesem Band).

3. Kompetenzentwicklung von Lehrkräften

Der Nationale Aktionsplan BNE bewertet die „Kompetenzentwicklung von Lehrkräften" als eine „… wesentliche Voraussetzung für das Gelingen der Implementierung von BNE in Hochschule, Lehrkräftebildung und Schule." Daher gilt es, „… die Kompetenzentwicklung der Lehrkräfte zu stärken …" und flankierend dazu „… die Entwicklung von BNE-Kompetenzmodellen für die Lehrkräftebildung (Lehr- und Hochschullehrkräfte)…" zu fördern (Nationale Plattform Bildung für nachhaltige Entwicklung, 2017, S. 29). Zusätzlich zu den erforderlichen Kompetenzen im Rahmen einer Bildung für nachhaltige Entwicklung, die jede/jeder Lernende erwerben sollte, benötigen Lehrkräfte Fähigkeiten, um andere Menschen dabei zu unterstützen, Nachhaltigkeitskompetenzen zu entwickeln. Dazu zählen auch innovative Lehr- und Lernverfahren (UNESCO, 2017). „Die Handlungskompetenz von Lehrkräften, die BNE in ihrem Unterricht realisieren, umfasst einen professionellen Umgang mit ambivalenten Unterrichtssituationen sowie die Fähigkeit und Bereitschaft, diese zu reflektieren und mit eigenem Wissen und eigenen Werten zu vergleichen" (Gräsel, Bormann, Schütte, Trempler, Fischbach & Asseburg, 2012, S. 12). Dies beinhaltet auch, das eigene Fach auf seine Relevanz im Hinblick auf nachhaltige Entwicklung zu reflektieren und sich mit der eigenen Rolle in diesem Prozess auseinanderzusetzen.

Bislang liegen einige Modelle vor, die bereits – primär theoretisch fundiert – Kompetenzen für Lehrkräfte zur Umsetzung von BNE formuliert haben (vgl. u.a. Hellberg-Rode & Schrüfer, 2016; Rieckmann & Holz, 2017; Rieckmann, 2018). Diesen Modellen liegt zugrunde, dass Bildung für eine nachhaltige Entwicklung nicht (normativ) darauf abzielt, den Lebensstil der Menschen zu verändern, sondern „… sie zu befähigen und zu ermutigen, sich an der Gestaltung einer nachhaltigen Entwicklung zu beteiligen und ihr eigenes Handeln in diesem Bereich kritisch zu reflektieren" (Künzli David, 2007, S. 30). Die Modelle unterscheiden sich dabei hinsichtlich unterschiedlicher Dimensionen sowie verschiedener Umsetzungsebenen. So modelliert das KOM-BiNE (Kompetenzen für die Bildung für nachhaltige Entwicklung)-Konzept zur Qualifizierung und Weiterbildung von Lehrkräften erforderliche Kompetenzen über die drei Bereiche „Wissen und Können", „Fühlen" und „Werten" (Rauch, Streissler & Steiner, 2008). Im Fokus steht hier das soziale Lernen im Team. Das dynamische CSCT (Curriculum, Sustainable development, Competences, Teacher training)-

Modell hingegen weist drei allgemeine Kompetenzbereiche (*Lehren*, *Visionen reflektieren* und *Netzwerken*) und drei professionelle Dimensionen („Teacher as an individual" – „Teacher in the educational institution" – „Teacher in the society") aus, die in Wechselwirkung zu fünf Domänen des Lernprozesses stehen: „Knowledge", „Systemsthinking", „Emotions", „Values and Ethics" und „Action" (Sleurs, 2008). In dem Dokument „Learning for the Future" formuliert auch die UNECE (2012) bei ihren Empfehlungen für Entscheidungsträger ein Set von BNE-Kompetenzen für Pädagoginnen und Pädagogen, das vier Bereiche umfasst: „Learning to know", „Learning to do", „Learning to live together" und „Learning to be", die jeweils über die drei Ebenen „Holistic Approach", „Envisi-

Tab. 1: Lerninhalte für Lehrkräfte zur Umsetzung von BNE (Quelle: UNESCO, 2017, S. 52, übersetzt).

- Wissen über nachhaltige Entwicklung, die verschiedenen SDGs und die damit verbundenen Themen und Herausforderungen
- den Diskurs über und die Praxis von BNE im lokalen, nationalen und globalen Kontext verstehen
- Entwicklung einer eigenen integrativen Sichtweise auf die Fragen und Herausforderungen der nachhaltigen Entwicklung unter Berücksichtigung der sozialen, ökologischen, wirtschaftlichen und kulturellen Dimensionen aus der Perspektive von Prinzipien und Werten nachhaltiger Entwicklung, einschließlich der intergenerationellen und globalen Gerechtigkeit
- disziplinäre, interdisziplinäre und transdisziplinäre Perspektiven auf Fragen des globalen Wandels und dessen lokale Erscheinungsformen einnehmen
- über das Konzept der nachhaltigen Entwicklung, die Herausforderungen bei der Verwirklichung der SGDs, die Bedeutung der eigenen Fachexpertise für die Verwirklichung der SDGs und die eigene Rolle in diesem Prozess nachdenken
- über den Zusammenhang von formellem, nicht-formalem und informellem Lernen für eine nachhaltige Entwicklung reflektieren und dieses Wissen in der eigenen beruflichen Arbeit anwenden
- verstehen, dass kulturelle Vielfalt, Geschlechtergerechtigkeit, soziale Gerechtigkeit, Umweltschutz und persönliche Entwicklung integrale Bestandteile von BNE sind und wie man sie in Bildungsprozessen berücksichtigt
- Praxis einer handlungsorientierten transformativen Pädagogik, die die Lernenden in partizipative, systemische, kreative und innovative Denk- und Handlungsprozesse im Kontext lokaler Gemeinschaften und des Alltags der Lernenden einbezieht
- als Change Agent in einem Prozess des organisierten Lernens agieren, der die Schule in Richtung nachhaltiger Entwicklung vorantreibt
- Identifizierung lokaler Lernangebote im Zusammenhang mit nachhaltiger Entwicklung und Aufbau kooperativer Beziehungen
- erheben und beurteilen der Entwicklung von nachhaltigkeitsbezogenen Querschnittskompetenzen und entsprechend spezifischen Lernergebnissen bei den Lernenden

oning Change" und „Achieving Transformation" differenziert werden (UNECE, 2012, S. 14f.). 2017 hat die UNESCO erneut betont, dass Bildung für nachhaltige Entwicklung eine Neuorientierung der Lehrkräftebildungsprogramme erfordert und hierfür Änderungen in Inhalt und Struktur der Lehrkräftebildung notwendig sind. Fachdidaktiken, Fachwissenschaften sowie Erziehungswissenschaften sollten spezifische methodische Prinzipien und fachliche Inhalte der BNE einbeziehen (UNESCO, 2017, S. 51f.) und dabei verschiedene Lerninhalte berücksichtigen (s. Tab. 1)

Bellina, Tegeler, Müller-Christ & Potthast (2018, S. 42f.) unterstreichen die Forderung, dass Lehrende selbst Fachkompetenz, fachdidaktische und pädagogische Kompetenzen benötigen, um ihr Fach erfolgreich vermitteln zu können. Im Sinne eines „capacity building" für BNE müssen in allen drei Bereichen spezielle Kompetenzen entwickelt werden.

4. Professionelle Handlungskompetenzen von Lehrkräften zur Umsetzung von BNE: Ergebnisse einer empirischen Studie

Professionelle Handlungskompetenz gilt national wie international als Voraussetzung für gelingenden Unterricht. Der Erfolg unterrichtlichen Handelns wird dabei wesentlich durch das spezifische Professionswissen, insbesondere in den inhalts- und kontextbezogenen Kompetenzbereichen Fachwissen und fachdidaktisches Wissen, bestimmt (vgl. u. a. Baumert & Kunter, 2006; Kunter, Baumert, Blum, Klusmann, Krauss & Neubrand, 2011). Im Hinblick auf die „Entwicklung von BNE-Kompetenzmodellen für die Lehrkräftebildung" (Nationale Plattform Bildung für nachhaltige Entwicklung, 2017, S. 29) stellt sich die Frage, welches grundlegende Professionswissen Lehrkräfte benötigen, um einen Unterrichtsprozess gestalten zu können, der den Anforderungen einer BNE gerecht wird, und in welchen Bereichen der grundständigen universitären Lehrerbildung die entsprechenden Kompetenzen entwickelt werden können.

Um diese Fragen zu klären, wurde eine explorative Studie durchgeführt, die sich am Modell der professionellen Handlungskompetenz orientiert (s. Hellberg-Rode & Schrüfer, 2016, S. 3ff.). Methodisch erfolgte zunächst eine zweistufige Delphi-Studie mit BNE-Experten, um relevante Kompetenzen im Hinblick auf ein BNE-spezifisches Professionswissen zu elaborieren (s. Hellberg-Rode, Schrüfer & Hemmer, 2014). Auf dieser Basis wurde ein Fragebogen entwickelt, um die extrahierten Kompetenzen quantitativ zu überprüfen. Im Hinblick auf eine spätere disziplinübergreifende Curriculums-Konstruktion sollten darüber hinaus die BNE-spezifischen Kenntnisse und Fähigkeiten im Sinne der professionellen Handlungskompetenz als „Fachwissen“, „Fachdidaktisches Wissen“ und „Pädagogisches Wissen“ klassifiziert werden. Diese Dreigliederung bestimmt auch die etablierten Strukturen der Lehrkräfteausbildung in der ersten Phase.

An der Online-Befragung haben 144 Personen teilgenommen, von denen die Mehrzahl dieser „BNE-Spezialisten“ im Hochschulbereich tätig war und selbst ein Lehramtsstudium absolviert hat (zum Untersuchungsdesign und zum methodischen Vorgehen vgl. Hellberg-Rode & Schrüfer, 2016, S. 8ff.). Nach Auffassung dieser Expertinnen und Experten sind zur Umsetzung von BNE auch besondere personale und soziale Kompetenzen erforderlich. Besonders häufig wurden folgende Eigenschaften genannt: *Empathiefähigkeit* (67,8%), *Kommunikationskompetenz* (61,1%), *Kooperationskompetenz* (57,6%), *Kritikfähigkeit* (53,5%) und *Innovationsbereitschaft* (48,6%). Hinsichtlich der zur Umsetzung von BNE erforderlichen Kenntnisse und kognitiven Fähigkeiten halten die befragten BNE-Spezialistinnen und -Spezialisten drei kognitive Kompetenzen für *unbedingt erforderlich*: die *Fähigkeit zum Perspektivenwechsel* (62,0%), die *Kenntnis des Konzeptes Nachhaltige Entwicklung mit seinen grundlegenden Dimensionen und Prinzipien* (60,6%) und das *Verständnis globaler Prozesse, ihrer Dynamik und Interdependenzen* (51,0%). Von knapp der Hälfte bis zu einem Drittel der Befragten werden noch sieben weitere Kompetenzen für *unbedingt erforderlich* gehalten: *problemlösungsorientiertes Denken zur Entwicklung von Gestaltungsoptionen für eine nachhaltige Entwicklung* (48,3%), *Bewertungskompetenz (46,5%), Umgang mit Komplexität und Unsicherheit* (44,4%), *Systemisches Denken* (35,9%), die Akzeptanz einer *veränderten Lehrerrolle als Lernbegleiter/Lerncoach* (39,6%), die *Fähigkeit zur Öffnung von Schule und Kooperation mit externen Partnern* (31,0%) und die *Kenntnis des Nachhaltigkeitsdrei-/-vierecks als grundlegendes Strukturierungsprinzip für die Unterrichtsplanung* (29,3%).

Im Hinblick auf eine disziplinübergreifende Curriculum-Konstruktion zur Implementierung von BNE in die Lehrkräftebildung wurden die Teilnehmerinnen und Teilnehmer der Studie gebeten, die BNE-spezifischen Kenntnisse und kognitiven Fähigkeiten auf der Grundlage eines Strukturmodells zur professionellen Handlungskompetenz anhand der Kategorien *„eher Fachwissen“* (CK), *„eher fachdidaktisches Wissen“* (PCK) und *„eher pädagogisches Wissen“* (PK) zu klassifizieren. Danach stufen mehr als die Hälfte der befragten BNE-Spezialistinnen und -Spezialisten folgende Kenntnisse und kognitiven Fähigkeiten als BNE-relevantes Fachwissen ein: *Kenntnis nachhaltiger Technologien* (94,2%), *Grundlagen der Postwachstumsökonomie* (92,0%), *Verständnis globaler Prozesse, ihrer Dynamik und Interdependenzen* (89,9%), *grundlegende Kenntnisse über ökologische Systeme, Prinzipien und Prozesse* (89,9%), *Kenntnis internationaler politischer Strukturen im Kontext von BNE* (87,1%), *grundlegende Kenntnisse aus* *der Risikoforschung* (87,1%), *Kenntnis des Konzepts „Nachhaltige Entwicklung“* (80,6%), *Grundlagen der Systemtheorie* (78,8%), *Kenntnis des Syndromansatzes (WBGU)* (78,1%), *Kenntnis gesellschaftlich diskutierter Problemansätze im Kontext des globalen Wandels* (74,6%) *und Wissen über Wertediskurse* (51,1%).

Als *eher fachdidaktisches Wissen* (PCK) werden von der Mehrzahl der Befragten insgesamt sechs kognitive Kompetenzen eingestuft: das Verfügen über ein *BNE-spezifisches Methodenrepertoire (z.B. Simulationsmodelle, Planspiele, Fallstudien etc.)*, die Kenntnis des *Nachhaltigkeitsdrei-/-vierecks als grundlegendes Strukturierungsprinzip für die Unterrichtsgestaltung*, die *Kenntnis der Konzepte zur Entwicklung von „Gestaltungskompetenz für nachhaltige Entwicklung“, Bewertungskompetenz*, die *Kenntnis des „Orientierungsrahmens für den Lernbereich Globale Entwicklung“* und *Problemorientiertes Denken zur Entwicklung von Gestaltungsoptionen für nachhaltige Entwicklung*. Nicht eindeutig ist hier allerdings die Klassifikation der *Bewertungskompetenz*, die immerhin auch ein Drittel der Befragten primär als pädagogisches Wissen (PK) einstuft. Hier scheinen unterschiedliche Fachtraditionen eine gewisse Rolle zu spielen.

Als eindeutig zum pädagogischen Wissen (PK) gehörig werden von der Mehrzahl der Befragten folgende Kompetenzen eingestuft: die Identifikation mit einer *veränderten Lehrerrolle (Lernbegleiter/-coach)*, die *Fähigkeit zum Perspektivenwechsel* und zur *Gestaltung von Aushandlungsprozessen zur interkulturellen Verständigung und Konfliktlösung*, die *Öffnung von Schule und Kooperation mit externen Partnern* sowie der *Umgang mit Komplexität und Unsicherheit*. Weniger eindeutig ist die Kategorisierung der *Fähigkeit zur Partizipation und Mitgestaltung im Sinne der Agenda 21*. Ein Drittel der Befragten ordnet diese Kompetenz dem pädagogischen Wissen zu, knapp ein Drittel kategorisiert sie als eher dem fachdidaktischen Wissen zugehörig und fast 20% der Befragten sind unsicher in der Einstufung. Hier scheinen primär individuelle Unterschiede in der Rezeption der Agenda 21 eine Rolle zu spielen.

Die überwiegend eindeutige Zuordnung der als erforderlich eingeschätzten Kompetenzen zu den verschiedenen Kategorien des Professionswissens verdeutlicht, dass ein BNE-spezifisches Professionswissen sowohl spezielle Wissenselemente umfasst als auch besondere Kompetenzen im fachdidaktischen sowie im allgemein pädagogisch-bildungswissenschaftlichen Bereich erfordert. Zur Daten- und Dimensionsreduktion wurde eine Faktorenanalyse mit den Items zu den kognitiven Fähigkeiten und Kompetenzen durchgeführt, die von der Mehrzahl der Befragten als stark bzw. unbedingt erforderlich eingestuft wurden. In der Hauptkomponentenanalyse wurden nach Varimax-Rotation vier Faktoren mit einem Eigenwert > 1 extrahiert, die etwa gleich starke Eigenwerte besitzen zusammen knapp 60% der Gesamtvarianz aufklären (s. Tab. 2). Bis auf eine

Ausnahme (Item *Systemisches Denken*) lassen sich alle einbezogenen Variablen eindeutig einem der vier generierten Faktoren zuordnen, für die jeweils ein spezifischer inhaltlicher Zusammenhang identifiziert werden konnte.

Tab. 2: Faktorenanalytische Differenzierung des BNE-spezifischen Professionswissens

Faktoren eines BNE-spezifischen Professionswissens
• *Spezifische kognitive Kompetenzen im Kontext nachhaltiger Entwicklung*
• *BNE-spezifische methodisch-konzeptuelle Kompetenzen*
• *Professionelle Kompetenzen im Kontext von BNE*
• *Reflexiv-analytische Kompetenzen*

Faktor 1 – bezeichnet als *Spezifische kognitive Kompetenzen im Kontext nachhaltiger Entwicklung* – integriert sechs Items (s. Tab. 3), die sich auf spezielle Kenntnisse und Fähigkeiten zur direkten Auseinandersetzung mit der Problematik nachhaltiger Entwicklung beziehen (CK – *content knowledge*). Dazu gehört zunächst einmal grundlegend die *Kenntnis des Konzepts „Nachhaltige Entwicklung" mit seinen grundlegenden Dimensionen und Prinzipien* im Sinne der Agenda 21. Dazu zählen aber auch *Grundlegende Kenntnisse über ökologische Systeme, Prinzipien und Prozesse* im Sinne der primär ökologischen Fundierung des Leitbildes ebenso wie die *Kenntnis gesellschaftlich diskutierter Problemlösungsansätze und -strategien im Kontext des globalen Wandels* im Hinblick auf mögliche Handlungsziele. Analog dazu ist ein *Verständnis globaler Prozesse, ihrer Dynamik und Interdependenzen* erforderlich, um eine *Kritische Reflexion und Beurteilung von Erscheinungen des globalen Wandels* vornehmen zu können und darauf aufbauend, *Problemlösungs-orientiertes Denken zur Entwicklung von Gestaltungsoptionen für eine nachhaltige Entwicklung* praktizieren zu können.

Tab. 3: Spezifische kognitive Kompetenzen im Kontext nachhaltiger Entwicklung

• Kenntnis des Konzepts „Nachhaltige Entwicklung" mit seinen grundlegenden Dimensionen und Prinzipien
• Grundlegende Kenntnisse über ökologische Systeme, Prinzipien und Prozesse
• Kenntnis gesellschaftlich diskutierter Problemlösungsansätze und -strategien im Kontext des globalen Wandels
• Verständnis globaler Prozesse, ihrer Dynamik und Interdependenzen
• Kritische Reflexion und Beurteilung von Erscheinungen des globalen Wandels
• Problemlösungsorientiertes Denken zur Entwicklung von Gestaltungsoptionen für eine nachhaltige Entwicklung

Man könnte diese Kompetenzen als grundlegende kognitive Basiselemente für die Auseinandersetzung mit dem Phänomen nachhaltiger Entwicklung bezeichnen. Entsprechend werden diese Kompetenzen bis auf eine Ausnahme von der

Mehrzahl der Befragten auch als (BNE-spezifisches) inhaltsbezogenes Fachwissen (CK) eingestuft.

Faktor 2 – *BNE-spezifische methodisch-konzeptuelle Kompetenzen* – integriert vier Kompetenzen, die sich auf den konkreten Bildungsprozess im Kontext BNE beziehen (s. Tab. 4). Dazu gehört die Nutzung des sog. *Nachhaltigkeitsdreiecks* (vgl. Hauff & Kleine, 2014, S. 169f.) *bzw. Nachhaltigkeitsvierecks* (vgl. u. a. Stoltenberg, 2010) *als grundlegendes Strukturierungsprinzip* für die mehrdimensionale Auseinandersetzung mit Fragen nachhaltiger Entwicklung und ein *spezifisches Methodenrepertoire* ebenso wie die *Kenntnis der Konzepte zur Entwicklung von Gestaltungskompetenz für Nachhaltige Entwicklung* (vgl. u. a. de Haan et al., 2008, S. 188). Diese Kompetenzen werden von der Mehrzahl der Befragten als Elemente des fachdidaktischen Wissens (PCK – *pedagogical content knowledge*) klassifiziert. Als vierter Indikator für diesen Faktor wird *Systemisches Denken* identifiziert, allerdings ist die Faktorladung relativ gering und nicht eindeutig, da dieses Item mit geringerer Stärke auch auf Faktor 4 lädt.

Tab. 4: Spezifische methodisch-konzeptuelle Kompetenzen im Kontext von BNE

- Nachhaltigkeitsdreiecks bzw. Nachhaltigkeitsvierecks als grundlegendes Strukturierungsprinzip
- Spezifisches Methodenrepertoire
- Kenntnis der Konzepte zur Entwicklung von Gestaltungskompetenz für Nachhaltige Entwicklung
- Systemisches Denken

Faktor 3 – *Professionelle Kompetenzen im Kontext von BNE* – bündelt fünf spezielle Fähigkeiten im pädagogisch-professionellen Bereich, über die Lehrkräfte bei der Umsetzung von BNE verfügen sollten (s. Tab. 5). Dazu gehört die Akzeptanz einer *veränderten Lehrerrolle (Lernbegleiter/Lerncoach)*, die *Fähigkeit zum Perspektivenwechsel*, die Fähigkeit zur *Gestaltung von Aushandlungsprozessen zur interkulturellen Verständigung und Konfliktlösung* und die *Fähigkeit zur Partizipation und Mitgestaltung im Sinne der Agenda 21* sowie die Bereitschaft zur *Öffnung von Schule und Kooperation mit externen Partnern*. Es handelt sich hier um allgemein pädagogische Fähigkeiten, die im Laufe der Lehrerprofessionalisierung entwickelt werden müssen und sich keinem speziellen Unterrichtsfach zuordnen lassen. Analog dazu hat die Mehrzahl der Befragten die hier im Kontext von BNE aufgeführten Kompetenzen als spezifisch pädagogisches Wissen (PK – *pedagogical knowledge*) klassifiziert (vgl. Hellberg-Rode & Schrüfer, 2016, S. 21/22).

Tab. 5: Elemente einer professionellen Handlungskompetenz im Kontext von BNE

Professionelle Kompetenzen im Kontext von BNE
- Akzeptanz einer veränderten Lehrerrolle (Lernbegleiter/Lerncoach)
- Fähigkeit zum Perspektivenwechsel
- Fähigkeit zur Gestaltung von Aushandlungsprozessen zur interkulturellen Verständigung und Konfliktlösung
- Fähigkeit zur Partizipation und Mitgestaltung im Sinne der Agenda 21
- Öffnung von Schule und Kooperation mit externen Partnern

Faktor 4 – *Reflexiv-analytische Kompetenzen* – bündelt mit signifikanter Stärke vier überwiegend allgemein analytische Kompetenzen, die für die Bearbeitung von Themen nachhaltiger Entwicklung wichtig sind, aber auch in anderen Feldern zum Tragen kommen und damit nicht ausschließlich BNE-spezifisch sind (s. Tab. 6). Dazu gehören primär das *Wissen über Wertediskurse*, der *Umgang mit Komplexität und Unsicherheit* und *Bewertungskompetenz*, die unterschiedlichen Ebenen des Professionswissens zugeordnet werden. Dazu zählt aber auch die Fähigkeit zur *disziplinübergreifenden Analyse von Problemen des globalen Wandels und Identifikation von Zielkonflikten*, die von knapp 40% der Befragten als eher fachwissenschaftliche Kompetenz eingestuft wird.

Tab. 6: Grundlegende reflexiv-analytische Kompetenzen im Kontext von BNE

Reflexiv-analytische Kompetenzen
- Wissen über Wertediskurse
- Fähigkeit zum Umgang mit Komplexität und Unsicherheit
- Bewertungskompetenz
- Fähigkeit zur disziplinübergreifenden Analyse von Problemen des globalen Wandels und Identifikation von Zielkonflikten

Weiterhin wurde diesem Faktor das *Systemische Denken* zugeordnet, allerdings nur mit geringer Faktorladung. Letzterem wird insgesamt von allen Befragten eine hohe Relevanz für BNE beigemessen, aber bei der Kategorisierung dieser Kompetenz im Hinblick auf die verschiedenen Ebenen des Professionswissens war das Ergebnis nicht eindeutig, auch wenn mehr als ein Drittel der Befragten diese Kompetenz als notwendiges Fachwissen (CK) identifiziert hat. Auch die faktorenanalytische Zuordnung dieses Items ist nicht eindeutig. Es wird mit Faktorladungen von 0.47 bzw. 0.42 den Faktoren 2 und 4 zugeordnet. Vor dem Hintergrund der primär ökologischen Fundierung des Leitbildes Nachhaltige Entwicklung, das sich letztendlich an der Erhaltung der begrenzten natürlichen Ressourcen unserer Biosphäre orientiert, rangiert Systemisches Denken im Kontext von BNE quasi auf dem Level einer basalen „Metakompetenz“: Wer die Biosphäre nicht als (Öko-)System begreift, wird kaum in der Lage sein, tragfähige

Gestaltungsoptionen für eine nachhaltige Entwicklung im Sinne der Agenda 21 zu generieren (vgl. Hellberg-Rode, Schrüfer, & Hemmer, 2014, 262). Analog dazu weist das CSCT „Competencies for ESD Teachers" - Kompetenzmodell (Sleurs, 2008) „Systemthinking" als eigenständige Domäne neben der Domäne „Knowledge" aus (s. Kapitel 3). In diesem Kontext stehen die Disziplinen Biologie und Geographie aufgrund ihres expliziten Systembezugs in den Bildungsstandards in einer besonderen Verantwortung für eine adäquate Qualifizierung von Lehrkräften und Schülerinnen und Schülern.

Zusammenfassend gesehen extrahiert die faktorenanalytische Berechnung vier Faktoren, die unterschiedliche Dimensionen eines BNE-spezifischen Professionswissens repräsentieren und damit signalisieren, dass eine entsprechende Professionalisierung der Lehrkräfte domänenübergreifend erfolgen muss. Dieses sollte in der noch ausstehenden bildungspolitischen Diskussion zur angemessenen Qualifizierung von Lehrkräften für die Umsetzung von BNE berücksichtigt werden.

5. Fazit

Sowohl die bildungspolitisch geforderte Qualifizierung von Lehrkräften für BNE (vgl. u.a. DUK, 2014; Nationale Plattform Bildung für nachhaltige Entwicklung, 2017) als auch die durchgeführte Expertenbefragung machen deutlich, dass Lehrkräfte für die Umsetzung von BNE in der Schule spezielle Kenntnisse und Fähigkeiten benötigen. Es ist daher primär Aufgabe der universitären Lehrkräftebildung bzw. Lehrkräftebildung an Hochschulen, ein entsprechendes BNE-spezifisches Professionswissen grundlegend zu vermitteln. Bisherige Untersuchungen zeigen jedoch, dass hier noch große Defizite bestehen (Siegmund & Jahn, 2014; Birke et al. in diesem Band). Nicht zuletzt scheitert die Umsetzung auch daran, dass bisher nicht ausreichend geklärt worden ist, welche grundlegenden Kenntnisse und Fähigkeiten zur Umsetzung von BNE erforderlich sind, welche Disziplinen und Domänen zur Qualifizierung der Lehrkräfte beitragen können und wie deren spezifischen Beiträge curricular vernetzt werden können. Grundsätzlich sollte BNE „... eine fachliche und pädagogische Orientierung in der Lehrkräfteausbildung sein. Dabei sind Fachwissenschaften, Fachdidaktiken, Bildungswissenschaften und schulpraktische Studien gefordert, Prinzipien, Inhalte und Arbeitsweisen von BNE aufzunehmen" (Nationale Plattform Bildung für nachhaltige Entwicklung, 2017, S. 30).

Auf der Grundlage der durchgeführten Online-Befragung konnte ein Bündel von Kompetenzen identifiziert werden, denen die befragten Spezialistinnen und Spezialisten besonders große Relevanz beimessen. Sie lassen sich faktorenanalytisch vier Dimensionen zuordnen: spezifische kognitive Kompetenzen im Kontext nachhaltiger Entwicklung, professionelle Kompetenzen im Kontext von BNE, BNE-spezifische methodisch-konzeptuelle Kompetenzen und grundlegende reflexiv-analytische Kompetenzen. Diese explorative Differenzierung untermauert die Notwendigkeit, BNE fächer- und disziplinübergreifend in allen Bereichen der Lehrkräftebildung zu thematisieren, insbesondere in der grundständigen ersten Phase.

Um Schülerinnen und Schüler zu befähigen, Gestaltungskompetenzen für eine nachhaltige Entwicklung zu entwickeln (vgl. de Haan, 2008), müssen Lehrkräfte – wie in allen anderen Bildungsbereichen auch – selbst über entsprechende Kompetenzen verfügen. Diese können unter dem Primat „Nachhaltige Entwicklung“ aber nicht in einer Disziplin oder Domäne allein entwickelt werden. Vielmehr müssen sowohl in den Bildungswissenschaften als auch in den fachwissenschaftlichen und fachdidaktischen Disziplinen entsprechende Beiträge zum Kompetenzaufbau der Lehrkräfte im Sinne eines BNE-spezifischen Professionswissens geleistet werden.

Das für die Jahre 2015 bis 2019 von der UNESCO ausgerufene Weltaktionsprogramm „Bildung für nachhaltige Entwicklung“ identifiziert den „Kompetenzaufbau bei Lehrenden und Multiplikatoren“ als eines von fünf prioritären Handlungsfeldern und signalisiert damit dringenden Handlungsbedarf im Hinblick auf die Entwicklung professioneller Handlungskompetenzen der Lehrkräfte für BNE. Es ist daher zwingend erforderlich, dass ein disziplin- und domänenübergreifendes Curriculum zur Implementierung von BNE in die Lehrerbildung und seine konkrete Umsetzung im bildungspolitischen Diskurs ausgehandelt und weiter konkretisiert werden. Hinsichtlich der erforderlichen Kompetenzen, über die Lehrkräfte bei der Realisierung von BNE verfügen sollten, und der notwendigen Beteiligung verschiedener Disziplinen und Domänen an diesem Qualifikationsprozess können die Ergebnisse der durchgeführten Studie einen grundlegenden Beitrag leisten.

Literatur

Baumert, J. & Kunter, M. (2006). Stichwort: Professionelle Kompetenz von Lehrkräften. *Zeitschrift für Erziehungswissenschaft* 9 (4), 469–520. https://doi.org/10.1007/s11618-006-0165-2

Bellina, L., Tegeler, M.K., Müller-Christ, G. & Potthast, T. (2018). *Bildung für Nachhaltige Entwicklung (BNE) in der Hochschullehre (Betaversion).* BMBF-Projekt „Nachhaltigkeit an Hochschulen: entwickeln – vernetzen – berichten (HOCHN)“, Bremen und Tübingen. Verfügbar unter: https://www.hochn.uni-hamburg.de/-

downloads/handlungsfelder/lehre/hoch-n-leitfaden-bne-in-der-hochschullehre.pdf [31.07.2019].

BMU – Bundesministerium für Umwelt, Naturschutz und Reaktorsicherheit (Hrsg.) (o.J.). *Umweltpolitik. Konferenz der Vereinten Nationen für Umwelt und Entwicklung im Juni 1992 in Rio de Janeiro – Dokumente – Agenda 21*. Bonn. Verfügbar unter: https://www.bmu.de/fileadmin/bmu-import/files/pdfs/allgemein/application/pdf/agenda21.pdf [31.07.2019].

DUK – Deutsche UNESCO-Kommission e.V. (Hrsg.) (2013). *Das Deutsche Nationalkomitee für die „UN-Dekade Bildung für nachhaltige Entwicklung": Positionspapier „Zukunftsstrategie BNE 2015+"*. Bonn. Verfügbar unter: https://www.bne-portal.de/sites/default/files/BNE-Positionspapier-2015plus_deutsch.pdf [31.07.2019].

DUK – Deutsche UNESCO-Kommission e.V. (Hrsg.) (2014). *UNESCO Roadmap zur Umsetzung des Weltaktionsprogramms „Bildung für nachhaltige Entwicklung"*. Verfügbar unter: https://www.bne-portal.de/sites/default/files/_2015_Roadmap_deutsch_0.pdf [31.07.2019].

Gräsel, C., Bormann, I., Schütte, K., Trempler, K., Fischbach, R. & Asseburg, R. (2012). Perspektiven der Forschung im Bereich Bildung für nachhaltige Entwicklung. In Bundesministerium für Bildung und Forschung (Hrsg.), *Bildung für nachhaltige Entwicklung – Beiträge der Bildungsforschung* (S. 7–25). Berlin: Bundesministerium für Bildung und Forschung.

Haan, G. de (2008). Gestaltungskompetenz als Kompetenzkonzept der Bildung für nachhaltige Entwicklung. In I. Bormann & G. de Haan (Hrsg.), *Kompetenzen der Bildung für nachhaltige Entwicklung* (S. 23–43). Wiesbaden: Verlag für Sozialwissenschaften. https://doi.org/10.1007/978-3-531-90832-8_4

Haan, G. de, Kamp, G., Lerch, A., Martignon, L., Müller-Christ, G. & Nutzinger, H.-G. (2008). *Nachhaltigkeit und Gerechtigkeit. Grundlagen und schulpraktische Konsequenzen*. Ethics of Science and Technology Assessment, Band 33. Berlin, Heidelberg: Springer.

Hauff, M. von & Kleine, A. (2014). *Nachhaltige Entwicklung: Grundlagen und Umsetzung*, 2. Aufl. München: Oldenbourg Wissenschaftsverlag. https://doi.org/10.1524/9783486856002

Hellberg-Rode, G. & Schrüfer, G. (2016). Welche spezifischen professionellen Handlungskompetenzen benötigen Lehrkräfte für die Umsetzung von Bildung für Nachhaltige Entwicklung (BNE)? – Ergebnisse einer explorativen Studie. *ZDB, Biologie Lehren und Lernen – Zeitschrift für Didaktik der Biologie*, 20, 1–29. doi:10.4119/UNIBI/zdb-v20-i1-317

Hellberg-Rode, G., Schrüfer, G. & Hemmer, M. (2014). Brauchen Lehrkräfte für die Umsetzung von BNE spezifische professionelle Handlungskompetenzen? Theoretische Grundlagen, Forschungsdesign und erste Ergebnisse. *Zeitschrift für Geographiedidaktik, Journal of Geography Education*, 4, 257–281.

HRK & DUK – Hochschulrektorenkonferenz & Deutsche UNESCO-Kommission (2010). *„Hochschulen für nachhaltige Entwicklung". Erklärung der Hochschulrektorenkonferenz (HRK) und der Deutschen UNESKO-Kommission (DUK) zur Hochschulbildung für nachhaltige Entwicklung – ein Beitrag zur UN-Dekade „Bildung für* *nachhaltige Entwicklung*". Verfügbar unter: https://www.hrk.de/fileadmin/redaktion/A4/Hochschulen_und_Nachhaltigkeit_HRK_DUK.pdf [31.07.2019].

KMK – Kultusministerkonferenz (2017). *Zur Situation und zu Perspektiven der Bildung für nachhaltige Entwicklung. Bericht der Kultusministerkonferenz vom 17.03.2017*. Verfügbar unter: https://www.kmk.org/fileadmin/Dateien/veroeffentlichungen_beschluesse/2017/2017_03_17-Bericht-BNE-2017.pdf [31.07.2019].

KMK & DUK – Kultusministerkonferenz & Deutsche UNESCO-Kommission (2007). *Empfehlung der Ständigen Konferenz der Kultusminister der Länder in der Bundesrepublik Deutschland (KMK) und der Deutschen UNESCO-Kommission (DUK) vom 15.06.2007 zur „Bildung für nachhaltige Entwicklung in der Schule"*. Verfügbar unter: http://www.kmk.org/fileadmin/pdf/PresseUndAktuelles/2007/KMK-DUK-Empfehlung.pdf [31.07.2019].

Kunter, M., Baumert, J., Blum, W., Klusmann, U., Krauss, S. & Neubrand, M. (2011). *Professionelle Kompetenz von Lehrkräften. Ergebnisse aus dem Forschungsprogramm COACTIV*. Münster: Waxmann.

Künzli David, C. (2007). *Zukunft mitgestalten. Bildung für eine nachhaltige Entwicklung – Didaktisches Konzept und Umsetzung in der Grundschule*. Bern, Stuttgart, Wien: Haupt.

Nationale Plattform Bildung für nachhaltige Entwicklung (Hrsg.) (2017). *Nationaler Aktionsplan Bildung für nachhaltige Entwicklung*. Verfügbar unter: https://www.bne-portal.de/de/infothek/publikationen/1891 [31.07.2019].

Programm Transfer-21 (Hrsg.) (2007a). *Orientierungshilfe Bildung für eine nachhaltige Entwicklung in der Sekundarstufe I. Begründungen, Kompetenzen, Lernangebote*. Verfügbar unter: http://www.transfer-21.de/daten/materialien/Orientierungshilfe/Orientierungshilfe_Kompetenzen.pdf [31.07.2019].

Programm Transfer-21 (Hrsg.) (2007b). *Bildung für nachhaltige Entwicklung in der Lehrerbildung – Kompetenzerwerb für zukunftsorientiertes Lehren und Lernen*. Verfügbar unter: http://www.transfer-21.de/daten/lehrerbildung/AGL_Strategiepapier.pdf [31.07.2019].

Rauch, F., Streissler, A. & Steiner, R. (2008). *Kompetenzen für Bildung für Nachhaltige Entwicklung (KOM-BiNE). Konzepte und Anregungen für die Praxis*. Hrsg. v. Bundesministerium für Unterricht, Kunst und Kultur. Wien. Verfügbar unter: https://bildung.bmbwf.gv.at/schulen/unterricht/ba/bine_kombine_18307.pdf?61ed80 [31.07.2019]. https://doi.org/10.1007/978-3-531-90832-8_11

Rieckmann, M. (2018). Chapter 2: Learning to transform the world: key competencies in Education for Sustainable Development. In A. Leicht, J. Heis & W.J. Byun, W. J. (Hrsg.), *Issues and trends in Education for Sustainable Development* (S. 39–59). Paris: UNESCO Publishing. Verfügbar unter: https://unesdoc.unesco.org/ark:/48223/pf0000261445 [31.07.2019].

Rieckmann, M. & Holz, V. (2017). Verankerung von Bildung für nachhaltige Entwicklung in der Lehrerbildung in Deutschland. *ZEP*, 3, 4–10.

Siegmund, A. & Jahn, M. (2014). *Abschlussbericht zur Evaluation „BNE in der Lehramtsausbildung an baden-württembergischen Hochschulen". Durchgeführt im Rahmen des Projekts „Lernen über den Tag hinaus – Bildung für eine zukunftsfähige*

Welt" im Auftrag des Ministeriums für Kultus, Jugend und Sport Baden-Württemberg. Heidelberg: Pädagogische Hochschule Heidelberg.

Sleurs, W. (Hrsg.) (2008). *Competencies for ESD (Education for Sustainable Development) teachers – A framework to integrate ESD in the curriculum of teacher training institutes*. Comenius 2.1 project 118277-CP-1-2004-BE-Comenius-C2.1. Verfügbar unter: https://www.unece.org/fileadmin/DAM/env/esd/inf.meeting.docs/EGonInd/8mtg/CSCT%20Handbook_Extract.pdf [31.07.2019].

Stoltenberg, U. (2010). Bildung für eine nachhaltige Entwicklung als innovatives Konzept für Qualitätsentwicklung und Professionalisierung in der LehrerInnen-Bildung. In R. Steiner, F. Rauch & A. Felbinger (Hrsg.), *Bildung für nachhaltige Entwicklung – Professionalisierung und Forschung in der LehrerInnenbildung* (S. 39–65). Wien: Forum Umweltbildung.

UN – United Nations General Assembly (2015). *Transforming our world: the 2030 Agenda for Sustainable Development*. Verfügbar unter: https://www.un.org/ga/search/view_doc.asp?symbol=A/RES/70/1&Lang=E [31.07.2019].

UN – United Nations General Assembly (2017). *Resolution adopted by the General Assembly on 6 July 2017, here: Annex – Global indicator framework for the Sustainable Development Goals and targets of the 2030 Agenda for Sustainable Development*. Verfügbar unter: https://undocs.org/A/RES/71/313 [31.07.2019].

UNECE – United Nations Economic Commission for Europe (2012). *Learning for the Future. Competences in Education for Sustainable Development*. Utrecht. Verfügbar unter: http://www.unece.org/fileadmin/DAM/env/esd/ESD_Publications/Competences_Publication.pdf [31.07.2019].

UNESCO – United Nations Educational, Scientific and Cultural Organization (2005). *United Nations Decade of Education for Sustainable Development (2005–2014) – International Implementation Scheme*. Verfügbar unter: http://unesdoc.unesco.org/images/0014/001486/148654e.pdf [31.07.2019].

UNESCO – United Nations Educational, Scientific and Cultural Organization (2009). *Weltkonferenz Bildung für nachhaltige Entwicklung 31.3.-2.4.2009 in Bonn – Bonner Erklärung*. Verfügbar unter: http://www.esd-world-conference-2009.org/fileadmin/download/ESD2009_BonnDeclarationDE.pdf [31.07.2019].

UNESCO – United Nations Educational, Scientific and Cultural Organization (2014). *UNESCO Roadmap for Implementing the Global Action Programme on Education for Sustainable Development*. Verfügbar unter: https://unesdoc.unesco.org/ark:/48223/pf0000230514 [31.07.2019].

UNESCO – United Nations Educational, Scientific and Cultural Organization (2017). *Education for Sustainable Development Goals. Learning objectives*. Verfügbar unter: https://unesdoc.unesco.org/ark:/48223/pf0000247444 [31.07.2019].

Vereinte Nationen Generalversammlung (2015). *Transformation unserer Welt: die Agenda 2030 für nachhaltige Entwicklung*. Verfügbar unter: https://www.un.org/Depts/german/gv-70/band1/ar70001.pdf [31.07.2019].

Vorstellungen von Studierenden zur Bedeutung von Nachhaltigkeit im Geographieunterricht

Zur Analyse von Präkonzepten als Ausgangspunkt für die Konzeption einer auf Nachhaltigkeit ausgerichteten Didaktikveranstaltung

Stefan Baumann und Kai Niebert

1. Einführung

Nachhaltigkeit als Ziel gesellschaftlicher Entwicklung spielt in Politik und Bildung eine immer bedeutendere Rolle. Bildungspolitische Vorgaben greifen diese Entwicklung auf: Die UN-Dekade Bildung für Nachhaltige Entwicklung (BNE) führte in der Schweiz zur Verankerung der BNE in den neuen, sprachregionalen Lehrplänen, in der Deutschschweiz im Lehrplan 21 (D-EDK, 2016). Darauf müssen Verantwortliche in der Ausbildung von Lehrpersonen heute reagieren. In den Pädagogischen Hochschulen der Schweiz fand BNE deshalb in den letzten Jahren in den Erziehungswissenschaften wie auch in den Fachdidaktiken aller Stufen vermehrt Eingang in die Curricula (Baumann, Lausselet & Pache, 2019). Unter Didaktikerinnen und Didaktikern ist anerkannt, dass sich insbesondere das Schulfach Geographie anbietet, nicht-nachhaltige Lebensweisen kritisch zu reflektieren und Wege hin zu einer nachhaltigeren Gesellschaft aufzuzeigen (Haubrich, Reinfried & Schleicher, 2007; IGU, 2016). Allerdings wird dieser Erkenntnis an den Pädagogischen Hochschulen bis heute zu wenig Rechnung getragen (Baumann et al., 2019) und es besteht auch in der Geographiedidaktik keine Einigkeit darüber, wie eine Umsetzung konkret aussehen soll.

In einer qualitativen Studie des Erstautors wurde deshalb der Frage nachgegangen, welche Vorstellungen Studierende mit den Konzepten *nachhaltige Entwicklung* und *Bildung für nachhaltige Entwicklung* verbinden. Im vorliegenden Artikel werden erstmals die Ergebnisse der Präkonzepterhebung publiziert. Sie liefern Antworten auf die Fragen, in welchen Themen im Geographieunterricht sich die Studierenden vorstellen können, BNE umzusetzen und welche Kompetenzen und didaktische Prinzipien einer BNE ihnen dabei wichtig sind. Die Daten wurden über mehrere Jahre in Fokusgruppendiskussionen zu Beginn einer auf BNE ausgerichteten Lehrveranstaltung erhoben.

Der vorliegende Beitrag verortet in einem ersten Teil die BNE als Element der Ausbildung zur Geographielehrperson im nationalen Kontext und referiert Themen, didaktische Prinzipien und Kompetenzen, die sich in der Deutschschweiz für Schule und Unterricht etabliert haben. Als Analyseraster der Studie wird ein Modell abgeleitet, das die Themen sowie die Prinzipien und die Kompetenzen systematisch aufeinander bezieht. Im zweiten Teil werden die Ergebnisse referiert. In einem Ausblick werden Schlüsse gezogen, worauf bei der Konzeption von Lehrveranstaltungen zu BNE geachtet werden muss, wenn es darum geht, bei den Studierenden Kompetenzen aufzubauen, welche sie befähigen, ihren eigenen künftigen Geographieunterricht mit Nachhaltigkeit zu rahmen.

2. Ausgangslage: BNE in der Lehrpersonenbildung der Schweiz

Nachhaltigkeit ist in der Schweiz strukturell bestens verankert. Der Zweckartikel der Bundesverfassung hält fest: Die Schweizerische Eidgenossenschaft „fördert die gemeinsame Wohlfahrt, die nachhaltige Entwicklung, den inneren Zusammenhalt und die kulturelle Vielfalt des Landes." (Bundesversammlung der Schweizerischen Eidgenossenschaft, 1999, Art. 2 Zweck, Abs. 2). Seit 1999 ist Nachhaltigkeit in der Schweiz also fester Bestandteil des Gesellschaftsvertrags. Dabei stützt sich das Verständnis im Sinne der Brundtland-Definition im Drei-Kreise-Modell auf die Eckpfeiler Retinität (Ökonomie, Ökologie und Sozialem in ihrer Vernetzung), auf die Globalität (die Solidarität mit benachteiligten Ländern und Menschen) sowie die Intergenerationalität (die Rücksichtnahme auf kommende Generationen). Ziel ist ein „langfristiger Strukturwandel in unserem Wirtschafts- und Gesellschaftssystem mit dem Ziel, den Umwelt- und Ressourcenverbrauch unter Wahrung der wirtschaftlichen Leistungsfähigkeit und des sozialen Zusammenhalts auf ein dauerhaft tragbares Niveau zu senken" (Bundesamt für Raumentwicklung (ARE), o.J.).

Die Anfänge der BNE finden sich in der Schweiz lange bevor sich der Begriff überhaupt etablierte: Anliegen wie Umweltbildung, Bildung für eine Welt, Gesundheitsförderung oder Politische Bildung etablierten sich im zwanzigsten Jahrhundert als Querschnittsanliegen und fanden je auf eigenen Wegen Eingang in die kantonalen Lehrpläne und in die Lehrpersonenbildung. Anlässlich der Dekade zu BNE der Vereinten Nationen bildeten die Bundesämter, welche diese Anliegen bisher einzeln unterstützt hatten, mit der Eidgenössischen Konferenz der Erziehungsdirektoren (EDK) eine gemeinsame Plattform. Mit dem Ziel, Synergien zu nutzen, sollten die Querschnittsanliegen neu unter dem gemeinsamen Dach einer BNE zusammengefasst werden. Die Plattform gab Massnahmen zur Verankerung der BNE in Auftrag, die bis zum Ende der Dekade je in ihrem Feld eine Dynamik entwickeln sollte (Affolter, Kyburz-Graber & Sokol, 2018; Baumann, 2014).

Eine erste Chance zur Integration bot sich, da sich die Kantone neu auf drei sprachregionale Lehrpläne einigten, die gerade im Zeitraum der Dekade entwickelt wurden und die alten, kantonalen Lehrpläne ablösten. Auf nationaler Ebene wurde durch den Zusammenschluss der Vorläuferorganisationen Stiftung *Umweltbildung* und *Stiftung Bildung und Entwicklung* zur Stiftung *éducation21* eine nationale Unterstützungsstruktur geschaffen, welche nach und nach auch Aufgaben der Gesundheitsförderung und der politischen Bildung übernahm. Ein gesondertes Projekt wurde für die Lehrpersonenbildung lanciert.

Vom Dekadenprojekt zum heutigen Stand der Integration von BNE

Die Pädagogischen Hochschulen (PH) bildeten 2008 ein Konsortium, um das Projekt zur *Integration von BNE in die Lehrerinnen- und Lehrerbildung* zu realisieren. Je eine Expertin oder ein Experte aus jeder PH fand sich dort in der sog. AG BNE zusammen, welche zunächst eine Bestandsaufnahme erarbeitete (Baumann, Bourqui & Schneider, 2011), dann Empfehlungen für die weitere Integration der BNE abgab (BNE Konsortium der COHEP, 2012) und schließlich didaktische Grundlagen publizierte (BNE Konsortium der COHEP, 2013). Heute bildet diese Arbeitsgruppe ein ständiges Gremium innerhalb der Rektorenkonferenz der Schweizer Hochschulen, Swissuniversities, mit dem Mandat, die Rektoren der Pädagogischen Hochschulen bei der Umsetzung der Empfehlungen zu unterstützen.

Hatte die erste Bestandesaufnahme gezeigt, dass die BNE zwar in den PHs angekommen, aber noch sehr heterogen umgesetzt worden war, zeigte sich in einer Folgeuntersuchung, „dass es seit der ersten Bestandesaufnahme von 2011 – mit wenigen Ausnahmen – gelungen ist, BNE an allen Hochschulen weiter zu verankern" (Baumann et al., 2019, S. 5). Zur Ausbildung wird dort im Wesentlichen erwähnt, dass an den Empfehlungen von 2012 festgehalten werden soll:

> „Studierende in der Lehrerinnen- und Lehrerbildung absolvieren während ihrer Ausbildung einen Pflichtteil, in dem sie in die BNE eingeführt werden und vertiefen diesen in einer begleiteten Umsetzung. Darüber hinaus erfahren sie in allen Fachdisziplinen mögliche Beiträge zu einer BNE" (BNE Konsortium der COHEP, 2012, S. 10).

Eine solche Konzeption der Ausbildung auf der Basis von Themen, Kompetenzen und didaktischen Prinzipien unter der Leitidee einer nachhaltigen Entwicklung legt auch der Lehrplan 21 nahe, wie im Folgenden ausgeführt werden soll.

3. Von Themen, Kompetenzen und didaktischen Prinzipien einer BNE

Die Publikationen von Weinert (insbesondere: Weinert, 2001) zu Beginn des Jahrtausends hatten zur Folge, dass die Lehrpersonenbildung sowie der Unterricht in der Schweiz heute kompetenzbasiert konzipiert wird (Abteilung Weiterbildung und Beratung PHZH, o.J.). Mit dem Lehrplan 21 liegt in der Deutschschweiz erstmals ein Lehrplan vor, der dieses Anliegen im Curriculum verbindlich umsetzt. Ebenfalls zum ersten Mal wird darin BNE systematisch verankert – allerdings mit einer überraschenden Wende, wie an dieser Stelle aufgezeigt werden soll.

3.1 BNE im sprachregionalen Lehrplan 21

BNE wird im Grundlagenteil im Anschluss an die überfachlichen Kompetenzen eingeführt (D-EDK, 2016, S. 35ff.). Nach einem einleitenden Kapitel wird auf Themen und didaktische Prinzipien einer BNE eingegangen.

Der Lehrplan nennt sieben fachübergreifenden *Themen* und erläutert, was darunter zu verstehen sei. Anschließend empfiehlt er drei von Künzli und Bertschy (2008) übernommene *didaktische Prinzipien* für die Umsetzung im Unterricht: Zukunftsorientierung, vernetzendes Lernen und Partizipation. Auf weitere für die BNE bedeutende Prinzipien wie etwa die Werteklärung, das kritische Denken und Problemlösen oder das Handeln wurde verzichtet, um nicht Redundanzen zu anderen Stellen im Lehrplan zu schaffen, wo diese Anliegen als Kompetenzen bereits verankert sind. Dass insgesamt im BNE-Kapitel – wie eigentlich zu erwarten wäre – auf die Formulierung von verbindlichen Kompetenzen verzichtet wurde, überrascht und hat politische Gründe: Im Entstehungsprozess des Lehrplans nahm eine politische Partei insbesondere dieses Kapitel zum Anlass, um gegen den Lehrplan insgesamt Stellung zu beziehen. Um die Implementierung nicht zu gefährden, wurde schließlich (nur in diesem Kapitel!) der etwas unverbindlichere Weg über die Empfehlung didaktischer Prinzipien gewählt.

Die Verankerung der BNE im Schulalltag wird im Lehrplan schließlich über *Querverweise* in den einzelnen Fachbereichslehrplänen sichergestellt. Der Sachunterricht (Natur, Mensch und Gesellschaft NMG) zeigt sich dabei als der bedeutendste Fachbereich für die Umsetzung einer BNE. Allein aus der Geographie Sek 1 heraus werden vierzehn Querverweise auf die BNE-Themen gesetzt: Zu *Natürliche Umwelt und Ressourcen* deren sieben, zu *Wirtschaft und Konsum* drei und jeweils zwei zu *Politik, Demokratie und Menschenrechte* sowie *Globale Entwicklung und Frieden*. Zu den Themen *Geschlechter und Gleichstellung, Gesundheit* sowie *Kulturelle Identitäten und Interkulturelle Verständigung* werden keine Bezüge hergestellt.

Da die Verweise nicht systematisch aus allen Fächern gemacht wurden, stellt éducation21 eine Handreichung zur Verfügung. Sie „schlägt ergänzend bzw. erläuternd zu den Ausführungen des Lehrplans 21 aus einer systematischen BNE-Perspektive eine Kennzeichnung und Zusammenstellung der für BNE relevanten Kompetenzen aus den einzelnen Fachbereichen (Kapitel 3) sowie aus dem Bereich der überfachlichen Kompetenzen (Kapitel 4) vor" (Bertschy, Gassmann, Künzli David & Wilhelm, 2017, S. 2).

An dieser Stelle kann damit festgehalten werden, dass die von der AG BNE Swissuniversities für die Lehrpersonenbildung vorgeschlagene Konzeption der BNE kongruent ist mit dem Lehrplan 21. Allerdings erschwert die dort inkonsistente Verwendung von Kompetenzen und didaktischen Prinzipien einer angehenden Lehrperson die Orientierung. Der folgende Abschnitt macht deshalb einen pragmatischen Vorschlag, wie didaktische Prinzipien und Kompetenzen aufeinander bezogen werden können.

3.2 Kompetenzmodelle und Didaktische Prinzipien einer BNE

In den letzten Jahren wurden verschiedene – in der Regel auf einem erziehungswissenschaftlichen Hintergrund formulierte – Modelle einer BNE vorgelegt. Als Resultat einer Metastudie angelegt, fand das Kompetenzmodell von Wiek (2010; Wiek et al., 2016) für die tertiäre Stufe international Verbreitung. Im Schweizer Kontext beeinflussten das Kompetenzmodell von Künzli und Bertschy (2008) sowie die didaktischen Prinzipien von Kyburz-Graber (2010) die Diskussion und fanden schließlich Eingang in den Prinzipien- und Kompetenzenspider von éducation21 (o.J.-b).

Bei der Analyse der Modelle stellt man fest, dass es zu großen konzeptionellen Überschneidungen kommt, die sich auch in der Wahl der Begriffe zeigen. Woran liegt das? Gemäß Beyer (2014, S. 3ff.) haben *didaktische Prinzipien* folgende Eigenschaften: Sie definieren Erwartungen an die Ausgestaltung von Unterricht und sind Basis für dessen Regulierung bei Planung, Durchführung und Kritik. Sie werden verstanden als konsequentes Bemühen um einzelne Dimensionen von Unterricht, sind disjunkt und haben normativen Charakter. Insgesamt werden damit Anliegen aus der *Lehrenden-Perspektive* formuliert.

Unter *Kompetenz* versteht Weinert (2001, S. 27) „die bei Individuen verfügbaren oder durch sie erlernbaren kognitiven Fähigkeiten und Fertigkeiten, um bestimmte Probleme zu lösen, sowie die damit verbundenen motivationalen, volitionalen und sozialen Bereitschaften und Fähigkeiten, um die Problemlösungen in variablen Situationen erfolgreich und verantwortungsvoll nutzen zu können." Kompetenzen werden damit aus der Perspektive der *Lernenden* formuliert.

Didaktische Prinzipien wie Kompetenzen implizieren Erwartungen an den Unterricht: In einer BNE werden von *Lehrpersonen* Lektionseinheiten entlang von didaktischen Prinzipien konzipiert, damit die Lernenden entsprechende Kompetenzen aufbauen können (siehe Abb. 1).

Abb. 1: Zusammenhang von Didaktischen Prinzipien und Kompetenzen in einer BNE

Nach Analyse der oben genannten Modelle wurde – geleitet vom Anliegen, eine Orientierungshilfe zur Verfügung zu stellen – ein eigenes Modell (Baumann, 2019) entwickelt, das in diesem Verständnis didaktische Prinzipien direkt auf die entsprechenden Kompetenzen bezieht. Es ist (in Anlehnung an die Modelle von éducation21) in drei Perspektiven gegliedert, der fachlichen (F), der personalen (P) und der sozialen (S).

Ausgangspunkt des Modells bildete das Modell von Wiek (2016). Die ersten beiden im Lehrplan genannten didaktischen Prinzipen beziehen sich auf je eine seiner Kompetenzen und wurden somit übernommen. Partizipation (mit Ausrichtung auf demokratische Entscheidungsprozesse) und Kooperation (als Teilhabe an Gruppenprozessen) wurden in einer Kategorie zusammengefasst. Zusätzlich integriert wurden die Kategorien *interdisziplinäres Wissen* und *Verantwortung übernehmen* und aus den Modellen von éducation 21 sowie *Perspektivenwechsel/Neue Sichtweisen entwickeln* von Kyburz-Graber (2010).

Didaktisches Prinzip Unterrichtliches und schulisches Handeln, das …		**Kompetenz** Die Schülerinnen und Schüler können …
F1 **Interdisziplinäres Wissen aufbauen** … darauf abzielt, interdisziplinäres, mehrperspektivisches Wissen aufzubauen.		F1 **Interdisziplinäres Wissen nutzen** … nachhaltigkeitsrelevantes Wissen aufbauen und nutzen.
F2 **Systemdenken fördern** … Themen/Probleme/Fragestellungen aus verschiedenen fachlichen Perspektiven betrachtet und in Bezug auf einen Unterrichtsgegenstand verknüpft.		F2 **Systemisch denken** … lineare und nicht-lineare Zusammenhänge verstehen und analysieren. … Ursachen nicht-nachhaltiger Entwicklungen identifizieren.
F3 **Visions- und zukunftsorientiert lehren** … die Antizipation künftiger Entwicklungen schult. … darauf abzielt, motivierende Zukunftsvorstellungen zu entwerfen, deren Umsetzbarkeit zu hinterfragen und sie umzusetzen.		F3 **Zukunftsorientiert denken und handeln** … antizipieren, wie sich nachhaltigkeitsrelevante Probleme entwickeln. … wünschenswerte und nachhaltige Zukunftsvisionen entwickeln.
F4 **Kritisch-konstruktives Denken fördern** … Widersprüche sichtbar macht und einen konstruktiven Umgang damit aufzeigt.		F4 **Kritisch-konstruktiv denken** … Problemlösestrategien für nachhaltigkeitsrelevante Probleme entwickeln.
P1 **Langfristigkeit: Bewusstsein schaffen / sensibilisieren** … gegenüber Ressourcen in allen drei Nachhaltigkeitsdimensionen Achtsamkeit einfordert.	→ BNE →	P1 **Verantwortung übernehmen; sich als Teil der Welt erfahren** … sich selbst und die Umwelt ganzheitlich wahrnehmen und ihr verantwortungsvoll begegnen. … angenehme wie unangenehme Gefühle erkennen und konstruktiv damit umgehen.
P2 **Werte reflektieren, Chancengerechtigkeit thematisieren** … Nachdenken ermöglicht, welche eigenen und kollektiven Werte in Gesellschaft, Wirtschaft und Umwelt wichtig sind.		P2 **Werte reflektieren, Ungerechtigkeiten erkennen** … nachhaltige Entwicklung normative Leitidee einer gesellschaftlichen Entwicklung diskutieren. … eigene und kollektive Normen im Hinblick auf eine nachhaltige Entwicklung beurteilen, bewerten und bei Handlungen einbeziehen. … Ungerechtigkeiten bei Lebens- und Arbeitsbedingungen erkennen und verhandeln.
P3 **Handlungsorientiert-entdeckendes Lernen ermöglichen** … auf der Basis von konkreten Problemstellungen forschendes Lernen ermöglicht.		P3 **Handlungsspielräume nutzen** … persönliche und kollektive Handlungsspielräume für eine Nachhaltige Entwicklung erkennen, beurteilen und nutzen.
S1 **Perspektivenwechsel ermöglichen** … es erlaubt, eigene und fremde Perspektiven einzunehmen, als solche zu erkennen, und kritisch zu hinterfragen.		S1 **Neue Perspektiven einnehmen** … eigene und fremde Perspektiven einnehmen, als solche erkennen und kritisch hinterfragen.
S2 **Partizipation und Kooperation ermöglichen** … die Schülerinnen und Schüler an den demokratischen Aushandlungs- und Umsetzungsprozessen im Schulalltag beteiligt und sie die Folgen dieser Entscheidungen mittragen lässt.		S2 **An gesellschaftlichen Prozessen partizipieren; kooperieren** … gesellschaftliche Prozesse in Bezug auf Akteure, Interessen und Machtverhältnisse analysieren. … sich an politischen und zivilgesellschaftlichen Prozessen einer Transformation hin zu einer nachhaltigen Gesellschaft beteiligen.

Abb. 2: Integriertes Strukturmodell didaktischer Prinzipien und Kompetenzen einer BNE (Baumann, 2019), gegliedert nach fachlicher (F), personaler (P) und sozialer (S) Perspektive. Eigenes Modell unter Einbezug ausgewählter Quellen (D-EDK, 2016; éducation21, o.J.-a; Kyburz-Graber, 2010; Wiek et al., 2016). Die Tabelle zeigt, wie didaktische Prinzipien und Kompetenzen in einer BNE systematisch aufeinander bezogen werden können.

4. Vorstellung von Studierenden zur Bedeutung von Nachhaltigkeit und BNE

4.1 Forschungsdesign zur Erhebung der Präkonzepte

Die vorliegende Studie wurde in der Lehrveranstaltung BNE im Geographieunterricht an der Pädagogischen Hochschule Zürich durchgeführt, die für alle Masterstudierenden mit Geographie im Profil[1] im achten Semester angeboten wird. Dabei handelt es sich um ein fachdidaktisches, obligatorisches, zweistündiges, kursorisches Modul, das in der Regel für zwei Gruppen mit je rund 20 bis 25 Studierenden im Frühlingssemester parallelisiert angeboten wird. Die Erhebung wurde 2016, 2018 und 2019 in je zwei Lehrveranstaltungen mit insgesamt 129 Studierenden durchgeführt, wobei jeweils die zweite Gruppe in die Auswertung einbezogen wurde.

Die Erhebung fand beim Auftakt der Lehrveranstaltung in zwei Schritten statt noch bevor seitens der Modulleitung Aussagen zu Nachhaltigkeit oder BNE gemacht wurden. Die Studierenden wurden zu Beginn der Lektion zunächst aufgefordert, individuell schriftlich eine Stellungnahme zu notieren zu den Themenkomplexen Nachhaltigkeit (Definition, Bedeutung im Alltag, Bedeutung innerhalb der Fachwissenschaft Geographie) sowie zu Nachhaltigkeit im Kontext von Schule und Unterricht (Stellenwert in der Schule und im Geographieunterricht generell und aus persönlicher Sicht). Diese Fragen dienten dazu, die eigenen Konzepte im Hinblick auf die folgende Diskussion zu aktivieren. Zudem wurde damit die Hoffnung verbunden, dass die Studierenden in die nachfolgende Diskussion eigenständigere Beiträge einbringen können, die Diskussion weniger von sozialer Erwünschtheit dominiert wird und damit insgesamt ergiebiger wird.

In die Auswertung flossen vierzehn selbstmoderierte Fokusgruppendiskussionen mit jeweils vier bis fünf Studierenden zum Verständnis von *Bildung* für NE ein: Im zweiten Teil der Erhebung wurden Gruppen gebildet, in denen folgende Fragen diskutiert und mit einem Smartphone aufgezeichnet wurden:

1. Wie kann Nachhaltige Entwicklung als Rahmen für die Gestaltung von Geographieunterricht dienen?
2. Wie sähe ein Unterricht, der Bildung für Nachhaltigkeit fördert, didaktisch konkret aus? Was wäre Ihnen wichtig?
3. Welche Kompetenzen würden Sie bei den Schülerinnen und Schülern aufbauen?

---

1 In der Schweiz ist die Volksschule in der Verantwortung der Kantone. Für die Sekundarstufe 1 qualifizieren sich Studierende in der Regel für drei bis vier Fächer (EDK, o.J.)

Die Studierenden übermittelten die Daten elektronisch. Sie wurden transkribiert und inhaltsanalytisch ausgewertet (Kuckartz, 2016; Rädiker & Kuckartz, 2019). Für die Auswertung wurde mit einem Kategoriensystem gearbeitet, das sich in zwei Hauptteile gliedert: Konzeptgesteuert (Rädiker & Kuckartz, 2019, S. 99) wurden Codes zu *Themen* und zu *didaktischen Prinzipien und Kompetenzen* einer BNE gebildet. Datengesteuert wurden im Auswertungsprozess weitere Codes hinzugefügt.

4.2 Analyseraster

Das in Abbildung 3 beschriebene Modell floss als ein Element in den Analyseraster und damit in das Kategoriensystem der Studie ein:

Der Analyseraster zu *Themen einer BNE* (vgl. Abb. 4) wurde analog erstellt. Die Themen wurden direkt aus dem Lehrplan 21 (D-EDK, 2016, S. 41–44) übernommen.

4.3 Ergebnisse der Studie

Im Folgenden sollen die Ergebnisse der Fokusgruppendiskussionen auf zwei Ebenen dargestellt werden. Zunächst wird ausgeführt, welche Themen die Studierenden mit BNE verknüpfen. Im zweiten Teil geht es dann darum, welche didaktischen Prinzipien bzw. Kompetenzen ihnen bei BNE wichtig sind. Anschließend werden im Kapitel 4.4 Schlussfolgerungen für die Konzeption von Lehrveranstaltungen gezogen.

4.3.1 Vorstellungen zu Themen einer BNE

In den Gruppendiskussionen tauschten die Studierenden aus, welche Themen sie mit BNE in Zusammenhang bringen und gaben damit Einblicke, welche Themen ihnen im Kontext der Nachhaltigkeit wichtig sind.

Wirtschaft und Konsum

In den Diskussionen kommen die Studierenden am häufigsten auf dieses Thema zu sprechen.

> B4: „Ja, aber ich fände eben, dass auch die Schüler merken, was sie selber eigentlich dazu im ganzen Verbrauch und so beitragen. (...) Oder auch, wenn sie entsorgen, dass das etwas beiträgt zu der Nachhaltigkeit." [2018, Gruppe1, Position 21]

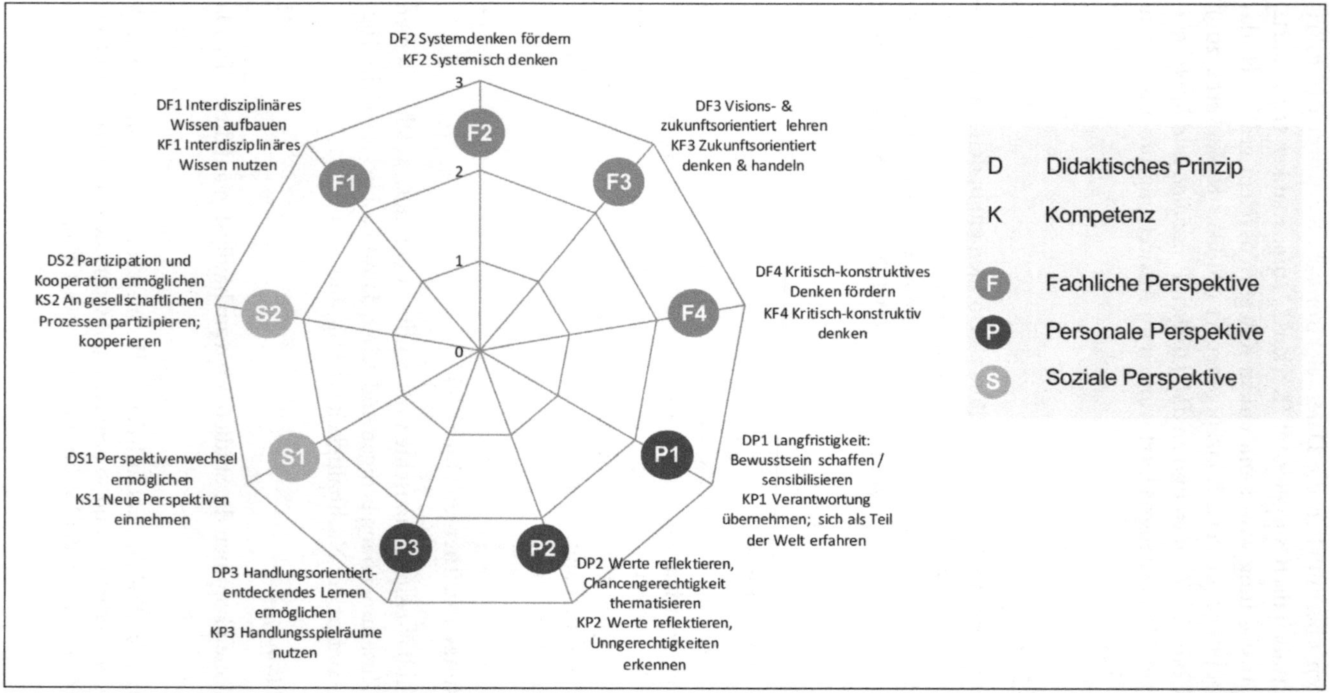

Abb. 3: Spider des integrierten Strukturmodells zu didaktischen Prinzipien und Kompetenzen einer BNE (Baumann 2019), verteilt auf eine vierstufige Skala und gegliedert nach fachlichen, personalen und sozialen Dimensionen. Die Grafik visualisiert den Bereich des Analyserasters zu Prinzipen und Kompetenzen einer BNE und dient zur Darstellung der Kodierungen von Studierendenvoraussetzungen.

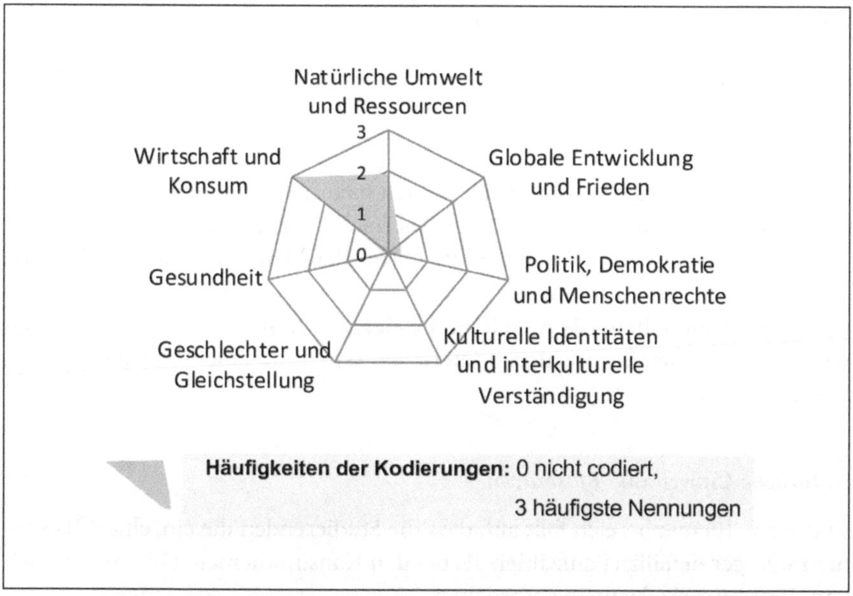

Abb. 4: Spider für Themen einer BNE (D-EDK, 2016) mit der Verteilung der in der Studie erfassten Kodierungen verteilt auf eine vierstufige Skala. Die Grafik zeigt, dass Studierende (N=64) zu Beginn der Lehrveranstaltung BNE vor allem mit *Wirtschaft und Konsum* und mit *natürlicher Umwelt und Ressourcen* in Verbindung bringen.

Sie beziehen ihre Anliegen stark auf die Lebenswelt der Schülerinnen und Schüler und unterschlagen wohl deshalb den Arbeitskontext, in den diese erst hereinwachsen werden. Nahrungsmittel und Kleidung sind Themen, welche die Studierenden immer wieder nennen.

> „B3: Ich glaube, viel wichtiger ist, ihnen auch Sachen aufzuzeigen, die ihnen nicht bewusst sind, (...) zum Beispiel, das mit den Tomaten, wer weiß das oder wem ist das schon bewusst. Oder, ja, abgesehen von Lebensmitteln vielleicht sonst auch Kleidung, von wo kommt die überhaupt her? Was für einen Weg macht die?" [2018, Gruppe1, Position 23]

Wichtig ist ihnen, die (nicht-nachhaltigen, komplexen) Produktionsweisen aufzugreifen und aufzuzeigen, dass wir sie durch unsere Konsumentscheide beeinflussen können.

> „G1: Ich meine, damit du extrem nachhaltig sein kannst, musst du auch verdammt viel Geld haben. Du musst dir Nachhaltigkeit auch leisten können, heutzutage." [2016, Gruppe Gelb, Position 40]

Ein weiteres oft genanntes Themengebiet ist Abfall.

> „B3: Wir haben einmal für eine ganze Woche den ganzen Abfall behalten und sammeln müssen. Dann hast du gesehen, wie du da mit den riesen Abfallsäcken kommst.“ [2018, Gruppe 4, Position 51]

Am Ende des Produktionszyklus bietet sich hier das Handeln auf zwei Ebenen an. An den sicht- und greifbaren Materialien soll konkret adäquates Handeln im Sinne von Handlungsmaximen für alle nachvollziehbar aufgezeigt werden. Die Handlungen reichen dabei vom richtigen Entsorgen der Stoffe bis zum Basteln mit Abfall-Materialien. Als Appell an die eigene Haltung soll zudem aufgezeigt werden, dass scheinbar wertlose Materialien sehr wohl eine wertvolle Zukunft haben können.

Natürliche Umwelt und Ressourcen

In diesem Themenbereich fällt auf, dass die Studierenden die einzelnen Teilthemen weniger detailliert aufzählen als bei den Konsumthemen. Oft wird einfach von ‚Ressourcen‘ allgemein gesprochen:

> „O2: Ressourcen, wie geht man damit um, wie kann man mit Knappheit umgehen. Was wären Alternativen? Dass man Ressourcen anschaut. Wie kann man das nachhaltig mitnehmen für die nächste Generation.“ [2016, Gruppe Orange, Position 17]

Die Aufzählung einzelner Beispiele ist weniger wichtig, die Sorge um die Folgen unserer täglichen Handlungen rücken hier in den Vordergrund. So ist es etwa wichtig, Ressourcen generell nicht zu übernutzen und Belastungen zu minimieren – unabhängig vom spezifischen Teilthema. Bewusst sind den Studierenden die verschiedenen Dimensionen innerhalb dieser Themen, die in der Geographie selber angelegt sind:

> „B2: Ich merke aber immer wieder bei mir, ich habe ein bisschen die Tendenz viel zu viel Humangeographisches zu machen. Und ich glaube, BNE ist ja dann schnell auch eher so ein bisschen Humangeographie, außer du machst es wirklich auf physikalische Prozesse irgendwie wie Klimaerwärmung oder weiß ich was. (...) Und ich muss mich immer an die Nase fassen zum Abwechseln, weil ich habe das Gefühl, du wirst sonst nicht allen gerecht, weil nur weil mich das interessiert, heißt das nicht, dass das dich auch interessiert, oder?“ [2018, Gruppe 2, Position 81–83]

Zudem kann festgestellt werden, dass das Aufgreifen eines Themas hier durch Interesse und nicht aus einer sachlichen Notwendigkeit heraus begründet wird.

Globale Entwicklung und Frieden

Die Studierenden kommen auf Themen der Globalisierung zu sprechen, die im regionalgeographischen Kontext auf der Sekundarstufe 1 aufgegriffen werden.

> „B3: Vielleicht könnten wir dort eher einen Vergleich ziehen: Wie ist es jetzt, zum Beispiel, in Indien im Vergleich zu hier?
> B2: Ja, ich sage, es ist nicht unmöglich, ich sage nur/, wo sie ihr T-Shirt/dass sie selber halt schauen können, wie sie da/und wo wird es hergestellt ist und dann ein Kind, das dann stirbt wegen dieses T-Shirts und so." [2018, Gruppe 1, Position 45–46]

Dem Studenten ist es hier wichtig, auch die misslichen Arbeitsbedingungen in Ländern des globalen Südens ins Spiel zu bringen. Bei der Durchsicht der Daten insgesamt fällt allerdings auf, dass Hunger und Armut je nur einmal erwähnt wurde und Migration nie.

Politik, Demokratie und Menschenrechte

Menschenrechte werden von den Studierenden im Kontext der Textilproduktion angesprochen:

> „G1: Gerade wenn Du eben Asien anschaust und dann kannst Du die ganze Textilindustrie anschauen! Und wie sie dort mit Menschenrechten und mit Arbeitsrecht und mit… Du kannst es super einbinden." [2016, Gruppe Gelb, Position 107]

Einzelnen Studierenden ist durchaus bewusst, dass BNE dazu beitragen kann, dass die Schülerinnen und Schüler später als mündige Bürgerinnen und Bürger Entscheide im Sinne der Nachhaltigkeit fällen können.

> „B3: Weil schlussendlich müssen die Leute eigentlich mündig sein, wenn sie mit der Sek fertig sind, sollten wählen können, dann zwei Jahre später und, ja, dann ist es auch wichtig, dass man bei gewissen Initiativen[2] auch mal den Nachhaltigkeitsgedanke hervor nimmt..." [2018, Gruppe 5, Position 11]

Insgesamt wurden in diesem Themenkomplex allerdings sehr wenige Kodierungen vorgenommen.

2 Gemeint sind hier Volksinitiativen.

Themen einer BNE: Deutungsansätze

Auf der Basis dieser Ergebnisse ist es nun möglich, Antworten auf die Frage zu geben, in welchen Themen im Geographieunterricht sich die Studierenden vorstellen können, BNE umzusetzen. In den Diskussionen dominieren *Wirtschaft und Konsum* sowie *Natürliche Ressourcen und Umwelt*. Bereits viel seltener werden *Politik, Demokratie und Menschenrechte* sowie *Globale Entwicklung und Frieden* genannt. *Geschlechter und Gleichstellung, Gesundheit* sowie *Kulturelle Identitäten und interkulturelle Verständigung* werden kaum oder gar nicht in die Überlegungen mit einbezogen.

Vergleicht man diese Themen mit Themen, welche die Fachdidaktik Geographie als fachspezifisch definiert (DGfG, 2017; IGU, 2016), kann man davon ausgehen, dass sich die Studierenden in ihren Diskussionen zur Bedeutung der Nachhaltigkeit *in der Geographie* (und nicht zu ihrem Verständnis von Nachhaltigkeit generell) geäußert haben. Fächerübergreifende Zugänge werden zwar erwähnt, werden aber nicht weiter konkretisiert.

Falls man die Häufigkeit der Querverweise von den Geographie-Kompetenzen zu den BNE-Themen im Lehrplan 21 als Maßstab für die Bedeutung des BNE-Themas innerhalb der Geographie interpretieren will, kann man festhalten, dass die Kodierungen in den Gruppendiskussionen mit der Anzahl der Querverweise nur mit Einschränkungen übereinstimmen: Zu *Wirtschaft- und Konsum*-Themen werden viel öfter Bezüge hergestellt als zu erwarten wäre. Zu *Politik, Demokratie und Menschenrechten* sowie zu *Globale Entwicklung und Frieden* wären mehr Bezüge zu erwarten. Die Anzahl der Kodierungen bei *Natürliche Umwelt und Ressourcen* entspricht in etwa den Erwartungen, die sich aus den Querverweisen des Lehrplans ergeben.

Die Dominanz des Themas dürfte sich mit der Bedeutung des Konsums in der eigenen Lebenswelt sowohl der Studierenden als auch der Schülerinnen und Schüler erklären lassen: Konsumierend können sie im Alltag handeln und etwas beitragen. Im Gegensatz zu anderen Themen sind hier Erfahrungen von Selbstwirksamkeit unkompliziert erlebbar. Aufgrund von Vertretungsstellen vollziehen die meisten Studierenden bereits während der Masterausbildung den Berufseinstieg und haben damit die Perspektive vor Augen, mit eigenem Geld zu konsumieren. Dabei ist es ihnen wichtig, beim Einkauf Verantwortung zu übernehmen, indem auf Nachhaltigkeit geachtet wird (genereller Konsum-Verzicht wird nie als Option genannt) und indem mit Abfällen achtsam umgegangen wird.

Bei *Natürliche Ressourcen und Umwelt* nennen die Studierenden oft den Begriff ‚Ressourcen' ohne Beispiele zu nennen. Deshalb bleibt unklar, ob und welche der im Lehrplan 21 aufgeführten Beispiele (etwa Tiere und Pflanzen in ihren

Lebensräumen oder konkrete Umweltproblemstellungen) sie dabei im Blick haben. Diese Verallgemeinerung zeugt zunächst einmal mehr davon, dass Lernende – hier Studierende – ähnliche, aber weniger ausdifferenzierte Vorstellungen haben als die Wissenschaftlerinnen und Wissenschaftler – eine Erkenntnis, die sich in didaktischen Rekonstruktionen immer wieder zeigt (Niebert, 2010).

Dass das Thema *Globale Entwicklung und Frieden* von den Studierenden viel seltener aufgegriffen wird, mag damit zu tun haben, dass es unabhängig vom Anliegen der BNE als genuines Thema der Geographie aufgefasst wird. Allerdings fällt doch auf, dass den Studierenden die Themen des globalen Südens und die Anliegen der Entwicklungszusammenarbeit wenig präsent sind.

Die seltenen Bezüge zu *Politik, Demokratie und Menschenrechte* dürften damit zu tun haben, dass bereits im früheren Lehrplan die Politische Bildung als Teilbereich der Geschichte verstanden wurde und im Lehrplan 21 auf der Sekundarstufe 1 weiterhin prominent auch als einer von vier Kompetenzbereichen der Geschichte ausgeschildert wird. Die Tatsache, dass zahlreiche der aktuellen politischen Debatten einen direkten Bezug zu Nachhaltigkeit und Geographie aufweisen, scheint den Studierenden also nicht bewusst zu sein.

Insgesamt zeigt sich: Wenn Studierende beschreiben, welche Themen sie mit Nachhaltigkeit in Verbindung bringen, so nennen sie Beispiele der klassischen Umweltbildung.

4.3.2 Vorstellungen zu Kompetenzen und didaktischen Prinzipien einer BNE

Die Gruppendiskussionen wurden auch auf die Frage hin ausgewertet, welche didaktischen Prinzipien und welche Kompetenzen einer BNE den Studierenden wichtig sind. Die Verteilung der Kodierungen zeigt sich im Prinzipien-Kompetenzen-Spider wie in Abbildung 5.

Fachliche Perspektive

Die Studierenden haben alle vier Perspektiven im Blick, sprechen aber deutlich öfter von den ersten beiden.

Der *Aufbau interdisziplinären Wissens* (F1) zu Nachhaltigkeit ergibt sich durch den Einbezug von Perspektiven spezifischer Fächer:

> „B3: Ja, wie du auch gesagt hast, es ist ja nicht nur im Geographieunterricht. Es ist eben, zum Beispiel, Hauswirtschaft oder so, wo du auch auf Nachhaltigkeit gehen kannst." [2018, Gruppe 1, Position 6]

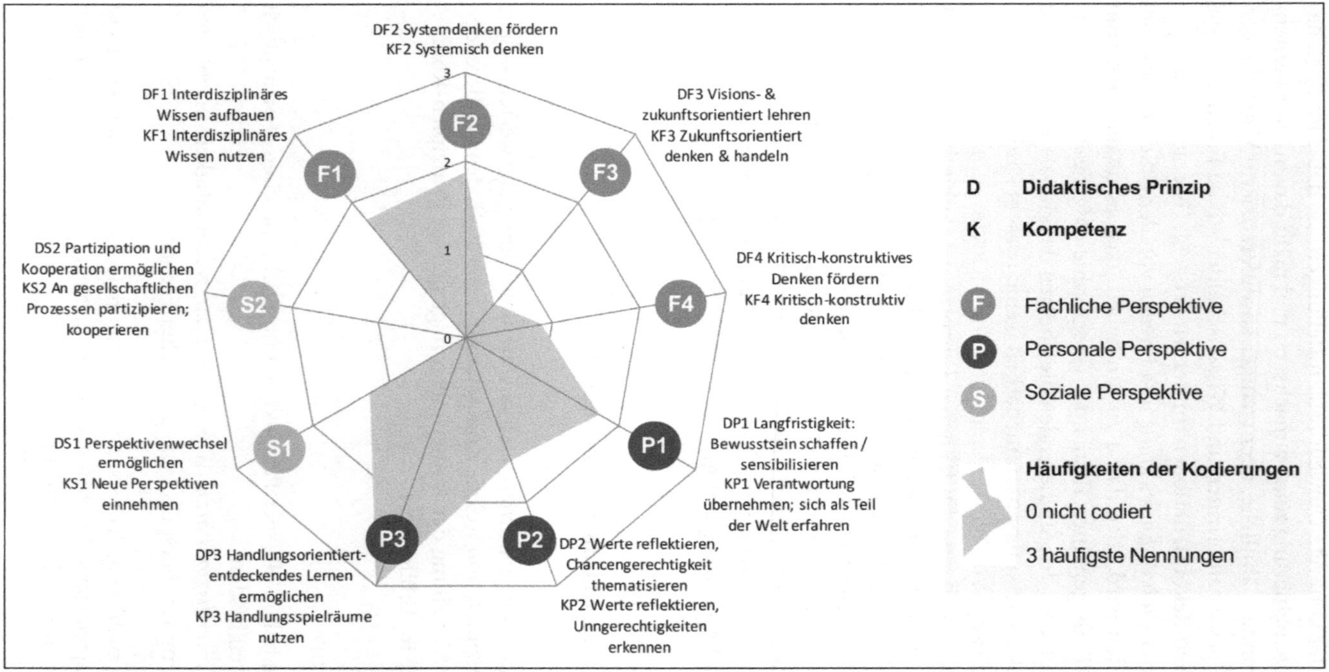

Abb. 5: Prinzipien-Kompetenzen-Spider BNE mit Kodierungen zu Vorstellungen von Studierenden der Geographie Sek 1 im achten Semester (N=64) zu Beginn einer auf Nachhaltigkeit ausgerichteten Lehrveranstaltung (verteilt auf eine vierstufige Skala). Die Grafik zeigt, dass Partizipation und Zukunftsorientierung am seltensten genannt werden.

Ergänzend zur Geographie werden Fächer wie Biologie, Chemie und Physik (die im Lehrplan 21 zum Sammelfach Natur & Technik (NT) zusammengefasst werden) ebenfalls oft genannt. Bewusst ist den Studierenden auch, dass die Geographie in sich bereits interdisziplinär angelegt ist und damit den Aufbau dieser Kompetenz erlaubt:

> „B3: ... Also das ist ein themenübergreifendes, fachübergreifendes Thema.
> B1: Aber Geographie als Schnittstelle zwischen den Wissenschaften eignet sich halt einfach besonders gut/
> B3: Ja das ist ja Geographie schon.
> B1: Eben darum, es eignet sich einfach besonders gut, um solche Themen auch in einem gesamtheitlichen Rahmen anzuschauen..." [2018, Gruppe 5, Position 7–10]

Das *systemische Denken* (F2) wird vor allem als Aufzeigen von Zusammenhängen verstanden:

> „B5: Mir wäre wichtig, dass man Zusammenhänge aufzeigt, dass man eigenes Handeln so reflektiert, dass man weiß: was sind eigentlich die Konsequenzen davon." [2016, Gruppe Blau, Position 13]

Dies geschieht durchaus auch fächerübergreifend. Umgesetzt wird dies entweder, indem Themen (etwa Einsatz von Wasser bei der Lebensmittelproduktion, Energieverbrauch bei der Kleiderherstellung, Ressourcenverbrauch beim Handy) oder indem Methoden (z. B. Mystery) genannt werden. In der Regel bleibt es beim Anspruch, Zusammenhänge ‚aufzuzeigen', weiterführende Anliegen des Systemdenkens werden nicht genannt:

> „B2: Also wichtig dabei ist auch, den ganzen Umfang vom Thema aufzuzeigen, nicht nur etwas herauszupicken. Ja und dann die ganzen Verknüpfungen, wie das miteinander zusammenhängt." [2018, Gruppe 3, Position: 17]

Wenn es um *Visions- und Zukunftsorientierung* (F3) geht, werden die großen Fragen der Menschheit und der Umwelt angesprochen:

> „B1: Genau, wenn du eben über große Probleme und Herausforderungen redest, mit denen die Menschheit in den nächsten Jahren zu tun hat, oder jetzt auch im Moment in der Gegenwart, dann geht es ja schon um nachhaltige Entwicklung," [2018, Gruppe 1; Position 5]

Oder auch

> „O3: Dann ist Nachhaltigkeit auch so etwas In-die-Zukunft-schauen. Veränderungsprozesse und so weiter dahingehend initiieren, dass es in der Zukunft auch

noch möglich ist – oder besser ist. Und eine Langfristigkeit, eine Perspektive und irgendwie auch eine Stabilität." [2016, Gruppe Orange; Position 18]

Insgesamt wird dieses Anliegen aber erstaunlich selten thematisiert.

Im Kontext des *Problemlösens und Kritisch-Konstruktiven Denkens* (F4) erwähnen Studierende, dass es bedeutend ist, von realen Problemen auszugehen und eine kritische Haltung einzunehmen. Bisweilen wird auch die kritische Befragung des Konzepts selber als Aufgabe wahrgenommen:

> „B4: Meine Frage ist auch, weißt du, wie sensibilisiert sind sie schon. Weil ich glaube, das Thema ist überpräsent im Moment. Überall, wo hinschaust – YouTube, 20 Minuten: du hast ja immer//findest es immer irgendwo, (...) wenn du schaust, was ist überhaupt schon vorhanden. Und wenn du das ein bisschen vertiefst – du kannst auch das kritisch hinterfragen. Dieses Thema Nachhaltigkeit selber ja auch zu einem gewissen Grad." [2018, Gruppe 2; Position: 33–35]

Personale Perspektive

Eine wichtige Aufgabe im Kontext von *Langfristigkeit* und *Sich als Teil der Welt erfahren* (P1) sehen die Studierenden darin, Bewusstsein zu schaffen und zu sensibilisieren:

> „B3: Und das erste ist sicher noch: das Bewusstsein schärfen.
> B2: Sensibilisieren.
> B1: Ja genau, sensibilisieren." [2018, Gruppe 4 Position 42–44]

Bewusstsein schärfen und Sensibilisieren wird dabei als Gegenpol gesetzt zum Dilemma, dass Nachhaltigkeit eigentlich das Vermitteln von Normen erfordern würde, dass man als Lehrperson die Schülerinnen und Schüler aber nicht überwältigen will:

> „B2: Weil ich glaube nicht, dass man ihnen sagen könnte, das ist richtig oder// falsch.
> B3: Ja, sensibel werden.//
> B2: (...) genau, sie für das Thema sensibilisieren. Aber wir können ihnen nicht sagen: „So hast du es zu machen." [2018, Gruppe 3, Position 15–17]

Ähnlich bedeutend ist für die Studierenden auch der Bereich *Werte reflektieren und Chancengerechtigkeit* (P2). Wenn es um diese Anliegen geht, wird im gleichen Zug oft auch das kritische Denken (als Voraussetzung für Reflexion) sowie das Handeln (das durch die Reflexion beeinflusst werden soll) genannt. Das Reflektieren verfolgt dabei unterschiedliche Ziele. Oft wird die Hoffnung damit verbunden, dass die Schülerinnen und Schüler über das Reflektieren auch ihre Handlungen hin zu nachhaltigeren Verhaltensweisen verändern. Einzelne Studierende hegen Zweifel, ob es ihnen zusteht, so viel Einfluss zu nehmen:

> „B1: Oder vielleicht, keine Ahnung, man muss sie ja nicht dazu bringen, sich radikal zu ändern, aber vielleicht einfach das Handeln, das sie machen, wirklich zu reflektieren und sagen: „Okay, es ist zwar/auch bei mir, ich merke, es ist zwar scheiße, was ich jetzt mache oder doof, aber trotzdem bin ich es mir bewusst. Immerhin." [2018, Gruppe 4, Position 63]

Interessant ist hier zu sehen, wie B1 seine Haltung auf seine eigenen Erfahrungen zurückführt.

Gerechtigkeitsfragen werden am Beispiel von Kinderarbeit in wenig entwickelten Ländern (etwa in der Kleiderproduktion) angesprochen.

Mit Abstand am häufigsten wird auf das *Handeln* (P3) der Schülerinnen und Schüler eingegangen. Mit BNE wird die Hoffnung verbunden, dass sie in ihrem Alltag vermehrt ein nachhaltiges Verhalten zeigen:

> „B4: Was ich noch wichtig finde, ist, dass man auch konkret thematisiert, was sie persönlich machen können, wie das konkret//aussieht.
> B2: In ihrem Alltag.
> B3: Und dass sie es für eine gewisse Zeit mal umsetzen vielleicht und schauen, wie das kommt so." [2018, Gruppe 3, Position: 32–34]

Diskutiert werden die Folgen der Handlungen auf den Klimawandel und Fragen des angemessenen Verhaltens:

> „B3: Wir haben dann noch diskutiert, dass es etwas heuchlerisch sein kann, wenn man nachher meint: ‚Ich kaufe Biogemüse, aber ich fliege dreimal im Jahr/mache ich einen Interkontinentalflug.' Geht dann natürlich nicht ganz auf, aber ja, ist ein schwieriges Thema." [2018, Gruppe 5, Position: 6]

Präsent ist auch der ökologische Fussabdruck:

> „G1: (...) Also: ich habe einfach am Anfang so die Frage, den Fakt aufgenommen, dass es halt einfach im Moment halt nur eine Erde gibt, auf der wir leben können. Und dass wir bemüht sein müssen oder dass wir uns überlegen müssen: Wie kann ich der möglichst gut Sorge tragen. Und dass es da unzählige Möglichkeiten gibt eben, so vom Individuum bis hin zu Mikro-Makro-Ebene." [2016, Gruppe Gelb, Position: 69]

Soziale Perspektive

Zu Perspektiven einnehmen/neue Sichtweisen (S1) stehen methodische Anliegen im Zentrum. Die Studierenden nennen auf der einen Seite Unterrichtssettings, in welchen verschiedene Standpunkte diskutiert werden:

> „G3: Ja, dass es immer noch andere Interessen gibt. Dasselbe auch bei Libyen … G2: (unverständlich) mit diesen Perspektiven auch. Diese Mehrperspektivität finde ich mega, mega interessant. Also, da kann man viel machen." [2016, Gruppe Gelb, Position 21–22]

Angelegt ist auch die Erwartung, dass der Einbezug verschiedener Sichtweisen zu besseren Lösungen führt:

> „B1: Also ich finde schon halt, was so mit der Nachhaltigkeit, mit dem Begriff mitschwingt, ist so ein bisschen die Weitsicht, glaube ich. Und, dass die Leute dann lernen vielleicht halt eben nicht nur ihre Position einzunehmen, wenn es um irgendetwas Nachhaltiges geht, sondern zum Beispiel, halt dann auch weiter zu denken oder zu schauen: Was heisst denn das für die anderen, die beteiligt sind, und einfach auch, um halt kritisch zu sein. Ich glaube, das ist auch mega wichtig." [2018, Gruppe 3, Position: 49]

In den Daten fanden sich keine Passagen, für die der Code *Partizipation und Kooperation (S2)* gesetzt werden konnte.

Wiederholt wurden von Studierenden auch die Prinzipien *Lebensweltbezug* und *Aktualitätsbezug* genannt, die in den Strukturmodellen zu BNE keine eigene Rubrik darstellen, in der Geographiedidaktik aber eine wesentliche Rolle spielen. Sie sind gerade auch im Kontext der BNE insofern zentral, als damit zwei bedeutende Maximen für den Erfolg von Lehr-Lernprozessen eingefordert werden (Adamina & Müller, 2016; Köck & Rempfler, 2004; Reinfried & Engelhard, 2015). In der Studie wurden diese Anliegen allerdings nicht weiter ausgewertet.

Kompetenzen und didaktische Prinzipien: Deutungsansätze

Auf der Basis dieser Ergebnisse ist es nun möglich, Antworten auf die Frage zu geben, welche Kompetenzen und didaktische Prinzipien einer BNE Sek1-Lehramtsstudierenden wichtig sind. Aus der personalen Perspektive sind es das *Handeln*, das *Reflektieren der eigenen Werte* sowie das *Bewusstsein schaffen und Sensibilisieren.* Aus der fachlichen Perspektive stehen der *Aufbau von interdisziplinärem Wissen* und das *systemische Denken* im Zentrum. Alle genannten Zugänge, werden auch in den Fachdidaktiken als bedeutend angesehen. Dass am allerhäufigsten das Handeln selber im Zentrum steht, ist insofern erfreulich, als in den Fachdidaktiken der Handlungsorientierung ein großer Stellenwert eingeräumt wird. In der konkreten Umsetzung stellt dies aber für die Studierenden eine große Herausforderung dar. Wie sich bereits bei den Themen zeigte, schreiben sich die Studierenden die Aufgabe zu, in einer BNE den Lernenden Handlungsoptionen aufzuzeigen, die im Alltag umgesetzt werden können. Die Zugänglichkeit der Nachhaltigkeitsthemen stellt hier also eine Chance dar. Das im Lehrplan geforderte *vernetzende Lernen* wird von den Studierenden genannt und dürfte ihnen auch ein Anliegen sein, wenn sie BNE in der Praxis umsetzen.

Auffallend ist, wie selten *Partizipation* und *Zukunftsorientierung* angesprochen werden. Bei der Zukunftsorientierung könnte das damit zu tun haben, dass die Selbstwirksamkeit hier schwer erlebbar und prinzipiell hypothetisch bleiben muss. Sich über Utopien Gedanken zu machen, liegt nicht im Zeitgeist. Und andere attraktive Lernsettings sind offenbar nicht greifbar. Als Voraussetzung, dass über Alternativen zum Status Quo nachgedacht werden kann, müssten die nicht-nachhaltige Gegenwart nicht nur beschrieben und kritisiert werden. Es müsste dadurch auch der Wunsch für einen wirklichen Wandel geweckt werden. Soweit möchten die Studierenden offenbar nicht gehen. Ein Grund dafür ist sicher, dass hier Indoktrination zu drohen scheint. Studierende äußern große Angst, in diese Falle zu tappen. Die Konzentration auf das Verhalten im Alltag wird deshalb zur naheliegenden Alternative. Sollen die Studierenden befähigt werden, den Lehrplan umzusetzen, steht die Lehrpersonenbildung hier in der Pflicht, gangbare Wege aufzuzeigen.

Analoges gilt auch für die Partizipation: Jugendliche der Sekundarstufe 1 kennen politische Prozesse außerhalb des Schul- und Familienalltags kaum aus eigener Erfahrung. Damit bleibt auch dieses Prinzip theoretisch und abstrakt. Der Lehrpersonenbildung in BNE kommen also auch hier wichtige Aufgaben zu.

4.4 Thesen zu den Ergebnissen der Studie mit Schlussfolgerungen für die Gestaltung von BNE-Veranstaltungen in der Geographie

Abschließend werden für die Weiterentwicklung der Lehre zentrale Erkenntnisse aus den Ergebnissen der Studie mit ihren Deutungsansätzen zu Thesen verdichtet und Konsequenzen für die Gestaltung von BNE-Veranstaltungen in der Geographie gezogen.

These 1: Gegen Ende des Studiums sind Grundkenntnisse zu BNE vorhanden.

Das Konzept der Umweltverantwortung wurde in den letzten Jahren abgelöst durch das Konzept der Nachhaltigkeit. Ohne dass es hier näher ausgeführt werden konnte, zeigte sich in der Studie, dass die Studierenden im achten Semester den Begriff kennen und – bisweilen implizit und bruchstückhaft – mit dem Drei-Kreise-Modell der schwachen Nachhaltigkeit verbinden.

Schlussfolgerung:

Wenn gegen Ende des Studiums das Konzept der Nachhaltigkeit thematisiert wird, muss das im Sinn einer Vertiefung einen Mehrwert schaffen, indem der Fokus auf starke Nachhaltigkeit gelegt wird. In der Regel sollten direkt spezifische Themen einer BNE aufgegriffen und einzelne didaktische Prinzipien eingeführt werden. Wiederholte oberflächliche Einführungen des Begriffs Nachhaltigkeit sind zu vermeiden.

These 2: Nachhaltigkeit wird auf das jeweilige Fach bezogen.

Wenn Studierende in einer Geographieveranstaltung über Nachhaltigkeit nachdenken, geschieht das auf der Folie des Bezugsfachs. In weiteren Studien müsste geklärt werden, inwiefern dies auch in anderen Fächern der Fall ist. In dieser Untersuchung zeigte sich deutlich, dass die Studierenden zahlreiche Argumente heranziehen, die sie in ihrem bisherigen Geographiestudium kennengelernt haben.

Schlussfolgerung:

Es ist wichtig, in *jedem* einzelnen Fach und damit auch in der Geographie den Bezug zum Konzept der Nachhaltigkeit und zur BNE zu klären. Daraus ergibt sich die Herausforderung, Verdoppelungen zu vermeiden. In der Konsequenz gilt es, in der Ausbildung mit den anderen Fachdidaktiken Absprachen zu treffen. In der Schweiz bedeutet der Zusammenzug der traditionellen Fächer Geographie und Geschichte zu *Räumen, Zeiten, Gesellschaften* sowie Biologie, Chemie und Physik zu *Natur und Technik* hier eine Chance.

These 3: BNE-Themen sind Themen der klassischen Umweltbildung. Der Globale Süden und die Politik haben das Nachsehen.

Die Studierenden verbinden BNE mit Beispielen aus den Bereichen *Wirtschaft und Konsum* sowie *Natürliche Umwelt und Ressourcen*. Dabei entnehmen sie die Beispiele der klassischen Umweltbildung.

Globale Entwicklung und Frieden sowie *Politik, Demokratie und Menschenrechte* spielen in den Diskussionen der Studierenden nur eine untergeordnete Rolle. Damit drohen insbesondere Themen wie Migration, Armut oder Entwicklungszusammenarbeit in Vergessenheit zu geraten. Auch dem Umstand, dass letztlich politische Prozesse in der Gesellschaft darüber entscheiden, ob die Nachhaltigkeitsziele erreicht werden, scheint den Studierenden wenig bewusst zu sein.

Schlussfolgerung:

Die Studierenden erwarten in Lehrveranstaltungen zu BNE eine Auseinandersetzung mit den klassischen Themen der Umweltbildung und weniger die Themen rund um den globalen Süden (Entwicklungszusammenarbeit, Migration, Armut). Darauf muss bei der Konzeption von Lehrveranstaltungen zu BNE bewusst reagiert werden, indem entweder die Themen der klassischen Umweltbildung im Kontext der Nachhaltigkeit vertieft werden oder indem bewusst ein Schwerpunkt auf diejenigen Themen gesetzt wird, die den Studierenden weniger nahe liegen.

These 4: Die Studierenden verkennen die Bedeutung von Partizipation und Zukunftsorientierung.

In ihren Diskussionen äußern die Studierenden nur selten Vorstellungen, wie mit Schülerinnen und Schülern Zukunftsfragen aufgegriffen oder Partizipation angeregt werden können. Dies ist insofern bemerkenswert, als diese beiden Dimensionen einer BNE die wohl wichtigsten sind und zusammen mit dem Systemdenken die einzigen didaktischen Prinzipien sind, die im Lehrplan 21 für die Umsetzung einer BNE genannt werden. Fatal ist dies, weil damit Utopien (als Voraussetzung für den Wunsch zur Transformation der Gesellschaft hin zu einer nachhaltigen Gesellschaft) im Unterricht keinen Platz haben. Dasselbe gilt für die Partizipation als notwendige Bedingung für politische Prozesse in der politischen Bildung.

Bedenken, die Schülerinnen und Schüler zu indoktrinieren sind mit ein Grund, weshalb Studierende diese Prinzipien nicht verfolgen. Für die Lehrpersonenbildung erwächst aus dieser Erkenntnis Handlungsbedarf. Im Sinn des Beutelsbacher Konsens sind – angewandt auf die Nachhaltigkeitsdebatte – das Zulassen von Kontroversität und die Befähigung der Lernenden, bei Nachhaltigkeitsthemen ihre eigenen Interessen zu analysieren, erste Anknüpfungspunkte.

Schlussfolgerung:

Bei der Konzeption von Lehrveranstaltungen zu BNE muss – in Absprache mit den anderen Fachdidaktiken – den didaktischen Prinzipien *Partizipation* und *Zukunftsorientierung* ein besonderes Gewicht beigemessen werden. Dabei muss den Studierenden Gelegenheit gegeben werden, ihre eigenen Vorstellungen und Wünsche zu analysieren bevor didaktische Konzepte erschlossen werden.

These 5: Studierende knüpfen motiviert an BNE-Prinzipien an, die Vorstellungen sind aber oft oberflächlich.

Die Studierenden kennen eine breite Palette von Zugängen insbesondere im Bereich des umweltverantwortlichen Handelns, das sie ihren Schülerinnen und Schülern durch Sensibilisieren und Bewusstmachen auch erschließen möchten. Allerdings ist (erwartungsgemäß) ein Gap auszumachen zwischen den Erwartungen an die BNE, wie sie von Expertenseite formuliert wird und den Umsetzungsideen, welche die Studierenden mit einer BNE verbinden. In ihren Erwartungen sind die Studierenden bisweilen überraschend wenig anspruchsvoll: Anliegen, dass die Schülerinnen und Schüler „ein bisschen den Stand der Dinge kennen" oder beim Einkaufen „ein eigenes Säckchen mitnehmen" sollen, deuten wenig auf eine engagierte Auseinandersetzung mit interdisziplinären Wissen oder dem Entdecken von Handlungsoptionen hin, wie es von den Expertinnen und Experten in den Modellen erwartet wird.

In der Regel ist bei den Studierenden eine hohe intrinsische Motivation mit dem Anliegen verbunden. Es werden zahlreiche Beispiele genannt, die stellvertretend für die Dringlichkeit der Transformation hin zu einer nachhaltigen Gesellschaft stehen. Wie die Umsetzung aber konkret angegangen werden kann, bleibt diffus; die Konkretisierung geht selten über ein „Das Thema wirklich überall einbringen" hinaus.

Schlussfolgerung:

In den fachlichen und personalen Dimensionen verfügen die Studierenden über basale Kompetenzen. Diese sind aber oft wenig reflektiert. In BNE-Lehrveranstaltungen müssen die Studierenden deshalb befähigt werden, innerhalb eines ausgewählten Themas anspruchsvolle Lehr-Lernsettings zu kreieren, die sich unmittelbar aus spezifischen Prinzipien und Kompetenzen einer BNE ergeben.

5. Ausblick: Von der BNE-Einzelveranstaltung zu BNE als Rahmen

Zusammenfassend kann festgehalten werden: Die Strukturen für eine Entwicklung hin zu einer nachhaltigen Gesellschaft wurden in der Schweiz vor zwanzig Jahren in der Bundesverfassung gelegt. Seither wurden sie laufend verfeinert und schlagen sich heute auf allen Ebenen der Bildung nieder. Der in Deutschland immer wieder gehörte Wunsch „Von Modellprojekten und Initiativen zu neuen Strukturen!“ (LeNa, 2014) wird von Experten in der Schweiz wohl deshalb selten geäußert. Die gründliche strukturelle Verankerung der BNE mag mit ein Grund sein, dass es hier weniger eigentliche Leuchtturmprojekte gibt: Die Umsetzung kann eher langfristig geplant und umgesetzt werden.

Die Institutionen reagieren auf die neuen, immer konsistenteren Strukturen. In der Lehrpersonenbildung verankert sich die BNE sukzessive, wie die zweite Bestandesaufnahme (Baumann et al., 2019) zeigte. So wurde an der PH Zürich 2017 im Rahmen der Reorganisation des Studienganges Sekundarstufe 1 einerseits eine Einführung in die BNE für alle Studierenden konzipiert und andererseits für die Geographiestudierenden ein neues Modul geschaffen mit dem Titel *Politik verstehen – Zukunft gestalten*. Hier wurde auf eine der oben genannten Schlussfolgerungen bereits reagiert. Das ursprüngliche Modul *BNE im Geographieunterricht* wird in dieser Form nicht weitergeführt: Die Fachschaft entschied sich, die BNE in die beiden regulären fachdidaktischen Module zu integrieren.

Damit wurde ein Schritt hin zu einer Ausbildung gelegt, die Unterricht mit Nachhaltigkeit rahmt. Dies ist als eine erste Antwort zu verstehen auf die Frage, wie Lehrveranstaltungen in der Geographie konzipiert sein müssen, damit die Studierenden die notwendigen Kompetenzen erlangen, die BNE später in ihrem Berufsalltag angemessen umzusetzen. Welche Kompetenzen Studierende bei auf Nachhaltigkeit ausgerichteten Lehrveranstaltungen tatsächlich erwerben und wie diese konkret umzusetzen sind, bedarf aber weiterer Studien.

Literatur

Abteilung Weiterbildung und Beratung PHZH. (o.J.). *Kompetenzorientierung. Lehrplan 21.* PH Zürich. Abgerufen am 31.07.2019. Verfügbar unter https://phzh.ch/Weiterbildung/lehrplan-21/kompetenzorientierung/

Adamina, M. & Müller, H. (2016). *Lernwelten Natur – Mensch – Mitwelt Grundlagenband* (8., unveränderte Aufl.). Bern: Schulverlag.

Affolter, C., Kyburz-Graber, R. & Sokol, K. (2018). Implementation of Education for Sustainable Development in Switzerland and co-operation with ENSI. In C. Affolter & A. Varga (Hrsg.), *Environment and School Initiatives. Lessons from the ENSI*

Network – Past, Present and Future (S. 115–122). Budapest: Environment and School Initiatives – ENSI, Vienna and Eszterhazy Karoly University.

Baumann, S. (2014). Bildung für Nachhaltige Entwicklung – Hält die Dekade, was sie für die Schweiz in Aussicht stellte? *GeoAgenda 03/2014, 20–25.* Verfügbar unter: https://phzh.ch/MAP_DataStore/112813/publications/Baumann_BNE_BilanzGeoAgenda3_2014.pdf

Baumann, S., Bourqui, F. & Schneider, A. (2011). *Integration von Bildung für Nachhaltige Entwicklung (BNE) in die Lehrerinnen- und Lehrerbildung der Schweiz. Bestandesaufnahme.* Verfügbar unter http://www.education21.ch/sites/default/files/uploads/pdf-d/campus/cohep/111020_d_Bericht_Bestandesaufnahme.pdf.

Baumann, S., Lausselet, N. & Pache, A. (2019). *BNE in der Lehrerinnen- und Lehrerbildung. Bestandesaufnahme – Juli 2019.* Verfügbar unter: https://www.swissuniversities.ch/de/publikationen/dokumente-und-berichte/

Bertschy, F., Gassmann, D., Künzli David, C. & Wilhelm, S. (2017). *Handreichung für die Umsetzung von Bildung für Nachhaltige Entwicklung (BNE) gemäss Lehrplan 21.* Verfügbar unter https://www.education21.ch/sites/default/files/uploads/BNE-Dossier/Handreichung.pdf.

Beyer, K. (2014). *Didaktische Prinzipien: Eckpfeiler guten Unterrichts. Ein theoriebasiertes und praxisorientiertes Handbuch in Tabellen für den Unterricht auf der Sekundarstufe II.* Baltmannsweiler: Schneider-Verlag Hohengehren.

BNE Konsortium der COHEP. (2012). *Massnahmen zur Integration von Bildung für Nachhaltige Entwicklung (BNE) in die Lehrerinnen- und Lehrerbildung. Empfehlungen zuhanden der Schweizerischen Konferenz der Rektorinnen und Rektoren der Pädagogischen Hochschulen (COHEP).* Verfügbar unter https://www.swissuniversities.ch/de/publikationen/publikationen-cohep-bis-2014/empfehlungen/.

BNE Konsortium der COHEP. (2013). *Didaktische Grundlagen zur Bildung für Nachhaltige Entwicklung in der Lehrerinnen- und Lehrerbildung.* Verfügbar unter https://www.education21.ch/de/didaktische-ressourcen-lehrerbildung.

Bundesamt für Raumentwicklung (ARE). (o.J.). *Nachhaltigkeitsverständnis: Drei Dimensionen Konzept.* Abgerufen am 31.07.2019. Verfügbar unter https://www.are.admin.ch/are/de/home/nachhaltige-entwicklung/politik-und-strategie/nachhaltigkeitsverstaendnis-in-der-schweiz/drei-dimensionen-konzept.html

Bundesversammlung der Schweizerischen Eidgenossenschaft. (1999). *Bundesverfassung der Schweizerischen Eidgenossenschaft vom 18. April 1999* (Stand am 23. September 2018). Bern: Schweizerische Eidgenossenschaft.

D-EDK – Deutschschweizer Erziehungsdirektoren-Konferenz. (2016). *Lehrplan 21. Von der D-EDK Plenarversammlung am 31.10.2014 zur Einführung in den Kantonen freigegebene Vorlage. Bereinigte Fassung.* D. Erziehungsdirektoren-Konferenz (Hrsg.). Verfügbar unter www.lehrplan21.ch.

DGfG – Deutsche Gesellschaft für Geographie. (2017). *Bildungsstandards im Fach Geographie für den Mittleren Schulabschluss. Mit Aufgabenbeispielen.* Deutsche Gesellschaft für Geographie (Hrsg.). Verfügbar unter http://geographiedidaktik.org/de/service/bildungsstandards/.

EDK – Schweizerische Konferenz der kantonalen Erziehungsdirektoren. (o.J.). *Lehrerin, Lehrer werden. Basis-Wissen Bildungssystem CH.* Deutschschweizer Erziehungsdirektoren-Konferenz. Abgerufen am 31.07.2019. Verfügbar unter http://www.edk.ch/dyn/13870.php

éducation21. (o.J.-a). *BNE-Kompetenzen.* Abgerufen am 31.07.2019. Verfügbar unter https://www.education21.ch/de/bne-kompetenzen

éducation21. (o.J.-b). *BNE-Verständnis von éducation21. Bildung* für Nachhaltige Entwicklung (BNE) | Das Portal. Abgerufen am 31.07.2019. Verfügbar unter https://www.education21.ch/de/bne-verstaendnis

Haubrich, H., Reinfried, S. & Schleicher, Y. (2007). *The Lucerne Declaration on Geographycal Education for Sustainable Development.* Verfügbar unter http://www.erdkunde.com/info/Lucerne%20Declaration.pdf.

IGU. (2016). *International Charter on Geographical Education.* Commission on Geographical Education (Hrsg.). Verfügbar unter http://www.igu-cge.org/charters/.

Köck, H. & Rempfler, A. (2004). *Erkenntnisleitende Ansätze. Schlüssel zur Profilierung des Geographieunterrichts.* Köln: Aulis.

Kuckartz, U. (2016). *Qualitative Inhaltsanalyse. Methoden, Praxis, Computerunterstützung.* Weinheim: Beltz.

Künzli, C. & Bertschy, F. (2008). *Didaktisches Konzept Bildung für eine nachhaltige Entwicklung.* Bern: Interfakultäre Koordinationsstelle für Allgemeine Ökologie (IKAÖ).

Kyburz-Graber, R. (2010). *Handeln statt hoffen. Materialien zur Bildung für Nachhaltige Entwicklung für die Sekundarstufe 1.* Zug: Klett und Balmer.

LeNa. (2014). *LehrerInnenbildung für eine nachhaltige Entwickung – von Modellprojekten und Initiativen zu neuen Strukturen! Ein Memorandum zur Neuorientierung von LehrerInnenbildung in Deutschland, Österreich und der Schweiz.* Verfügbar unter https://www.leuphana.de/fileadmin/user_upload/portale/netzwerk-lena/LeNa_Memorandum_2014_09_01.pdf.

Niebert, K. (2010). *Den Klimawandel verstehen. Eine didaktische Rekonstruktion der globalen Erwärmung.* Oldenburg: Technische Informationsbibliothek u. Universitätsbibliothek. Didaktisches Zentrum, Carl von Ossietzky Universität.

Rädiker, S. & Kuckartz, U. (2019). *Analyse qualitativer Daten mit MAXQDA. Text, Audio und Video* Enthalten in der Datenbank SFX. https://doi.org/10.1007/978-3-658-22095-2

Reinfried, S. & Engelhard, K. (2015). *Geographie unterrichten lernen. Die Didaktik der Geographie.* Berlin: Cornelsen.

Weinert, F. E. (2001). *Leistungsmessungen in Schulen.* Weinheim: Beltz.

Wiek, A., Bernstein, M. J., Foley, R. W., Cohen, M., Forrest, N., Kuzdas, C., ... Keeler, L. W. (Hrsg.). (2016). *Operationalising Competencies in Higher Education for Sustainable Development.* Oxon: Routledge.

Lehramtsstudierende BNE erleben lassen

Eigene Projekterlebnisse mit Nachhaltigkeits- und Methodenbezug im fachwissenschaftlichen Geographiestudium zur Förderung schulischer und universitärer BNE

Mira Faßbender

1. Einleitung

Bildung wird als eine der Schlüsselrollen für eine Transformation und nachhaltige Entwicklung verstanden (Nationale Plattform Bildung für nachhaltige Entwicklung, 2017, S. 7; UNCED, 1992, S. 329; UNESCO, 2014, S. 32). Dies wird bestärkt durch den von Schneidewind (2018) geprägten Zugang zur Gestaltung einer Transformation über den Begriff der „Zukunftskunst". Verstanden wird darunter eine „Kunstfertigkeit, mit der Vieldimensionalität von Transformationsprozessen umzugehen" (Schneidewind, 2018, S. 38) und diese in ihren Dimensionen (technologisch, institutionell, ökonomisch, kulturell) sowie ihren Ebenen (individuell, organisatorisch, gesellschaftlich) durch Wissen, Haltung und Fähigkeiten zu verstehen und mitzugestalten (Schneidewind, 2018, insb. S. 38ff., 454ff.).

Vor dem Hintergrund der komplexen Herausforderungen und Entwicklungen (z. B. Klimawandel), denen wir aktuell begegnen sowie der Bedeutung von Bildung im Kontext einer nachhaltigen Entwicklung, gilt es, Lehrerinnen und Lehrer durch ihre Ausbildung zu unterstützen, Bildung für nachhaltige Entwicklung (BNE) gestalten und umsetzen zu können und mit ihren Schülerinnen und Schülern in geeigneten Formaten zu nachhaltiger Entwicklung zu arbeiten (Nationale Plattform Bildung für nachhaltige Entwicklung, 2017, S. 29f.; UNESCO, 2014, S. 35f.). Die Kultusministerkonferenz (KMK) zeigte diesbezüglich bereits vor mehr als 12 Jahren auf, dass Lehrpersonen in allen Phasen der Aus- und Weiterbildung in der Entwicklung von Kompetenzen zur Gestaltung von BNE unterstützt werden sollten (KMK & DUK, 2007, S. 6f.) und auch das Weltaktionsprogramm (WAP, 2015–2019) sowie der Nationale Aktionsplan für BNE sieht in der Aus- und Weiterbildung der Lehrkräfte und anderer Multiplikatoren zu BNE ein wichtiges „Handlungsfeld" (Nationale Plattform Bildung für nachhaltige Entwicklung, 2017, S. 29ff.; UNESCO, 2014, S. 35f.). Im Folgeprogramm „Education for Sustainable Development: Towards achieving the SDGs (ESD for 2030)" wird nach dem Positionspapier der UNESCO (2019) der Zusammenhang zwischen BNE und den SDGs konkretisiert und die vorherigen prioritären Handlungsfelder des WAP sollen beibehalten werden. Dem entsprechend soll auch weiterhin die Entwicklung von Kompetenzen der Lehrpersonen als wichtiges Handlungsfeld für BNE aufgegriffen werden (UNESCO, 2019, S. 8f.). Dieser Aspekt wird im Mannheimer Appell der Deutschen UNESCO-Kommission (DUK, 2019) explizit hervorgehoben, indem betont wird, dass

> „vor allem stärkere Anstrengungen in der Aus- und Fortbildung im Bereich BNE der Lehrenden und Multiplikatoren in allen Bildungsbereichen und dazu entsprechende Festschreibungen in den Rahmenlehrplänen und Prüfungsordnungen [gefordert werden, M. F.]" (DUK, 2019, S. 2).

Für die Etablierung von BNE in der Lehrkräfteausbildung wird mit dem nationalen Aktionsplan sowie unter anderem vom Netzwerk für LehrerInnenbildung für eine nachhaltige Entwicklung (LeNa) sinnvollerweise nicht nur gefordert, BNE in den Fachdidaktiken zu behandeln, sondern „BNE als Orientierung" (Nationale Plattform Bildung für nachhaltige Entwicklung, 2017, S. 30) zu verstehen und in allen Ausbildungsbereichen „Prinzipien, Inhalte und Arbeitsweisen von BNE aufzunehmen" (LeNa, 2014, S. 4; Nationale Plattform Bildung für nachhaltige Entwicklung, 2017, S. 30). Somit sollten neben Didaktik-Lehrveranstaltungen auch fachwissenschaftlich verortete und im Grundstudium zu belegende Ausbildungselemente in der Lehramtsausbildung bei der Gestaltung von BNE berücksichtigt und unter Einbezug von (B)NE-Themen sowie insbesondere nach BNE-Prinzipien gestaltet werden. Besonders im Fach Geographie kann dies als bedeutsam angesehen werden, da es nach der Deutschen Gesellschaft für Geographie zu einer BNE „besonders verpflichtet" ist (DGfG, 2017, S. 7).

Am Institut für Geographie und Sachunterricht der Bergischen Universität Wuppertal wird daher das im Bachelor curricular verankerte Modul „Interdisziplinäres Projekt Region" für Lehramtsstudierende des Fachs Geographie (Studiengänge HRGe und GymGe) sowie des Fachs Sozialwissenschaften (Profil Grundschullehramt) angeboten[1]. Es soll Studierenden während der Auseinandersetzung mit exemplarischen fachlich relevanten, authentischen und aktuellen nachhaltigkeitsorientierten Fragestellungen eigene Projekterfahrungen und das Lernen zu aktuellen fachwissenschaftlichen und interdisziplinären Themen unter Einbezug didaktischer und bildungswissenschaftlicher Aspekte ermöglichen

1 Das interdisziplinäre Projekt Region wurde als Teilprojekt des universitären Projekts „Kohärenz in der Lehrerbildung" (KoLBi) durchgeführt. Das Vorhaben „Kohärenz in der Lehrerbildung" (KoLBi) der Bergischen Universität Wuppertal wird im Rahmen der gemeinsamen „Qualitätsoffensive Lehrerbildung" von Bund und Ländern aus Mitteln des Bundesministeriums für Bildung und Forschung gefördert.

(Keil & Padberg, 2015). Die Projektseminare sollen als Beitrag zur Förderung einer von Keil (2018) konzeptionell vorgelegten „BNE-Fachlichkeit" und eines BNE-Professionswissens von Geographielehrpersonen verstanden werden (s. auch Keil, 2020 in diesem Band). Zugleich spiegeln sich im interdisziplinären Projekt spezifische Elemente einer zukunftsorientierten und auf BNE und nachhaltige Entwicklung ausgerichteten Lehramtsausbildung des Fachs wieder.

Das Seminarkonzept wurde unter Einbezug qualitativer Studierendenrückmeldungen aus Reflexionssitzungen zyklisch weiterentwickelt und im Rahmen einer Dissertation von der Autorin mit einer Fokussierung auf spezifische interdisziplinäre Projekte zu nachhaltiger Mobilität unter Nutzung eines Mixed-Methods-Ansatzes (fragebogengestützte Vor- und Nachbefragung, inhaltsanalytische Auswertung schriftlicher Projektreflexionen (n=39) von und Leitfadeninterviews (n=18) mit Studierenden) begleitend hinsichtlich dessen Eignung für die Lehrkräfteausbildung und den Möglichkeiten zur Förderung nachhaltiger Entwicklung untersucht (Faßbender, 2019). Der vorliegende Artikel skizziert zunächst das weiterentwickelte Seminarkonzept. Anschließend werden unter Berücksichtigung ausgewählter Ergebnisse der begleitenden Untersuchung folgende Fragestellungen diskutiert:

1. Wie wurde in den interdisziplinären Projekten mit (außer-)universitären Partnerinnen und Partnern zusammengearbeitet und wie nahmen teilnehmende Studierende dies wahr?
2. Welche Chancen bieten projektorientierte BNE-Erfahrungen im Lehramtsstudium zur Förderung schulischer BNE?

2. Theoretische Hintergründe

2.1 Bildung für nachhaltige Entwicklung – Ein Kurzüberblick

> „[Bildung für nachhaltige Entwicklung] befähigt Lernende, informierte Entscheidungen zu treffen und verantwortungsbewusst zum Schutz der Umwelt, für eine beständige Wirtschaft und einer gerechten Gesellschaft für aktuelle und zukünftige Generationen zu handeln und dabei die kulturelle Vielfalt zu respektieren" (DUK, 2014, S. 12).

Die Relevanz einer Bildung für nachhaltige Entwicklung wird in wichtigen normativen Dokumenten deutlich, wie im Ziel 4.7 der Agenda 2030 (UN, 2015, S. 18); dem in der Aktualisierung der deutschen Nachhaltigkeitsstrategie formulierten sechsten Prinzip nachhaltiger Entwicklung[2] (Presse- und Informationsamt der Bundesregierung, 2018, S. 46) sowie Ziel 4 in der deutschen Nachhaltigkeitsstrategie (Die Bundesregierung, 2017, S. 34, 83f.). Der Nationale Aktionsplan für BNE (Nationale Plattform Bildung für nachhaltige Entwicklung, 2017) zeigt für verschiedene Bildungsinstitutionen (u. a. Schule und Hochschule) differenzierte Handlungsfelder zur Implementierung von BNE auf und in NRW formuliert mittlerweile die auf eine Verankerung schulischer BNE abzielende „Leitlinie Bildung für nachhaltige Entwicklung" (MSB NRW, 2019) Leitgedanken, themenbezogene Auswahlkriterien sowie Merkmale und Ziele für schulische BNE.

Für eine erfolgreiche und sinnvolle BNE werden im Weltaktionsprogramm „innovative partizipatorische Lehr- und Lernmethoden" gefordert (UNESCO, 2014, S. 33). Dazu sind Methoden wie z. B. Projekte, Zukunftswerkstätten und -analysen, Fish-Bowl-Diskussionen und viele andere zu zählen, die lernendenzentriert, aktiv sowie handlungsorientiert sind und dabei im Sinne eines transformativen Lernens ein kritisches, veränderndes bzw. kreatives und zukunftsorientiertes Denken ermöglichen und fördern (Rieckmann, 2018, S. 48ff., 2019, S. 88ff.). Auch für NRW werden in der Leitlinie BNE als ein Merkmal „eigenverantwortliche[n] und partizipative Lernprozesse[n] […] mit Methoden und Arbeitsweisen, die zukunftsgerichtete Planungs- und Gestaltungsprozesse fördern" gefordert (MSB NRW, 2019, S. 16).

Mit dem Blick auf die schulische Umsetzung von BNE wird für das Fach Geographie dessen besondere Verantwortung bzw. „Verpflichtung" nicht nur von der Deutschen Gesellschaft für Geographie (DGfG, 2017, S. 7) oder eine „hohe Affinität" des Fachs zu BNE in der fachdidaktischen Literatur hervorgehoben (s. z. B. Hemmer & Hemmer, 2016, S. 236 u. a.). Die Chancen und Potentiale des Fachs für BNE in NRW werden durch die Möglichkeit der ganzheitlichen Bearbeitung von aktuellen und zukunftsorientierten Aspekten und Themen einer nachhaltigen Entwicklung unter Berücksichtigung der vorliegenden systematischen Zusammenhänge und Vernetzungen ebenso in der NRW Leitlinie zu schulischer BNE dargelegt (MSB NRW, 2019, S. 28f.). Damit gilt es, insbesondere auch in der Schule durch die Gestaltung des Geographieunterrichts nach BNE-Prinzipien sowie durch interdisziplinäre Lernangebote eine Bildung für nachhaltige Entwicklung zu unterstützen.

---

2 Diese in der Aktualisierung der Nachhaltigkeitsstrategie formulierten sechs Prinzipien ersetzen die ehemaligen Managementregeln (Presse- und Informationsamt der Bundesregierung, 2018, S. 46), in denen zuvor ebenfalls BNE in Regel 11 aufgegriffen wurde (Die Bundesregierung, 2017, S. 34).

2.2 BNE in der Lehrkräfteausbildung

Wie bereits in der Einleitung herausgestellt, ist angestrebt, Lehrerinnen und Lehrer für die Umsetzung von BNE und deren schulische Förderung auszubilden. Dies sollte vor dem Hintergrund gesehen werden, dass Lehramtsstudierende eigene Kompetenzen für nachhaltige Entwicklung, sowie Kompetenzen zur Gestaltung und Förderung von BNE entwickeln können sollten (Rieckmann, 2018, S. 55ff.). In Anlehnung an den oben bereits aufgegriffenen nationalen Aktionsplan für BNE, sollte diese in der Lehrkräfteausbildung als „Orientierung" verstanden und „Prinzipien, Inhalte und Arbeitsweisen von BNE" in allen Bereichen der universitären Ausbildung (Fachwissenschaften, Fachdidaktik, Bildungswissenschaften) integriert werden (Nationale Plattform Bildung für nachhaltige Entwicklung, 2017, S. 30).

Mit dem Blick auf die Förderung von BNE in der Lehrkräfteausbildung bietet sich daher insbesondere das BNE-Kompetenzmodell von Hellberg-Rode und Schrüfer (2016, 2020 in diesem Band) an, da dies eine Zuordnung spezifischer Teilkompetenzen zu den Teilbereichen des Fachwissens, fachdidaktischen Wissens und pädagogischen Wissens einbezieht und auf der Basis der Befragung zahlreicher Expertinnen und Experten entwickelt wurde (Abb. 1). Demnach benötigen Lehrpersonen unter anderem nachhaltigkeitsorientierte Kenntnisse bzw. kognitive Kompetenzen und ferner „methodisch-konzeptuelle Kompetenzen" wie ein „BNE-spezifisches Methodenrepertoire", professionelle Kompetenzen, z. B. für die Akzeptanz und das Verständnis einer veränderten Lehrpersonenrolle oder zur Öffnung und Kooperation von Schule, sowie „reflexiv-analytische Kompetenzen" wie systemisches Denken oder die Fähigkeit zum Umgang mit Komplexität (Hellberg-Rode & Schrüfer, 2016, S. 21ff.). Somit stellt dieses Kompetenzmodell exemplarisch dar, wie vielfältig die Bandbreite der Ansätze zur Förderung der BNE-Kompetenzen von Lehrkräften sein können, da sie sich zwischen einem Verständnis der thematischen und konzeptionellen Grundlagen bis zum Arrangement geeigneter BNE-Lernumgebungen widerspiegeln.

Da das Fach Geographie einer BNE „besonders verpflichtet" ist (DGfG, 2017, S. 7), sollte sich auch die Lehramtsausbildung des Fachs in einer besonderen Verantwortung zur Förderung spezifischer BNE-Kompetenzen sehen (s. z. B. auch Keil in diesem Band, Keil et al. in diesem Band). Die Empfehlungen der KMK (2019, S. 30) sowie der DGfG (2010, S. 12) zu den Inhalten der Lehramtsausbildung nennen für die Geographie diesbezüglich im Bereich der Fachwissenschaften explizit das Thema „nachhaltige Entwicklung von Räumen" und viele weitere, die in direktem Zusammenhang mit nachhaltiger Entwicklung stehen. Weiterhin ist in der Fachdidaktik der Geographie BNE als Studieninhalt vorgesehen (DGfG, 2010, S. 15; KMK, 2019, S. 31). Die vielfältigen Bezüge des Fachs

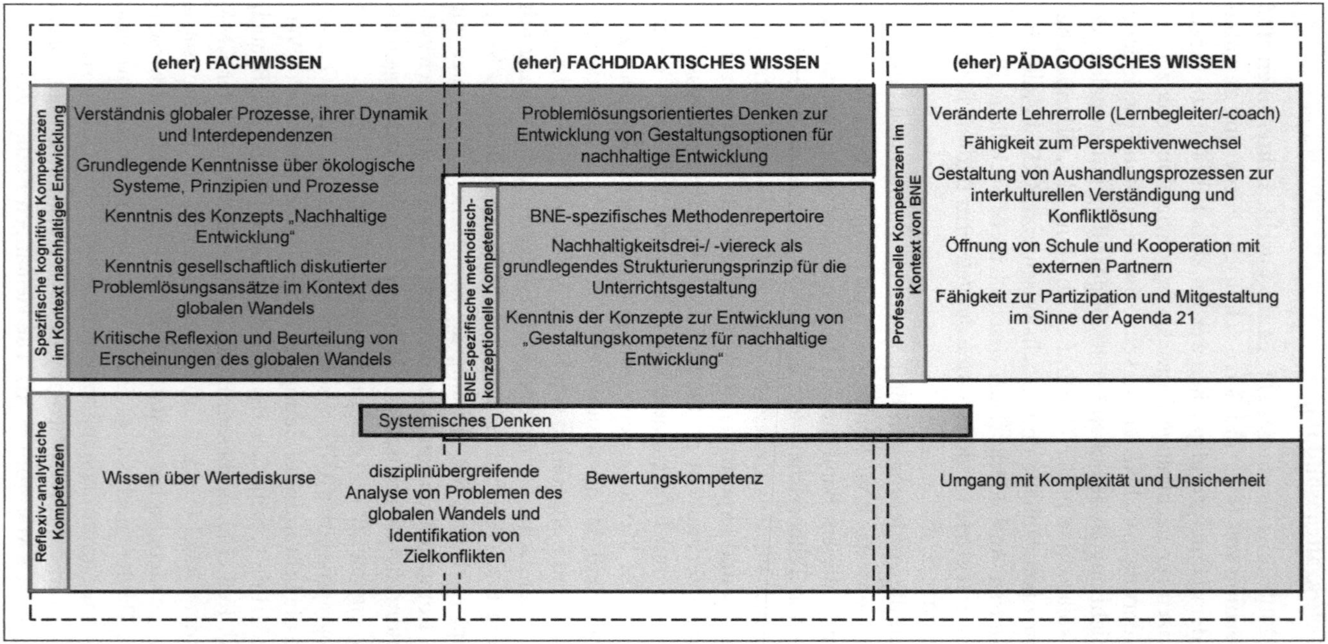

Abb. 1: Kompetenzen von Lehrpersonen im Kontext eines BNE-spezifischen Professionswissens nach Hellberg-Rode & Schrüfer 2016 (Faßbender, 2019, S. 167, leicht verändert)

zu BNE werden im Modell „Lehrkräfte gestalten Zukunft“ der Wuppertaler AG BNE am Institut für Geographie und Sachunterricht deutlich, welches sich auf die geographische Lehramtsausbildung fokussiert (s. Hilger et al. in diesem Band). Dabei sollte wie in anderen Fächern berücksichtigt werden, dass für den BNE-orientierten Geographieunterricht eine „neue Herangehensweise an Lehren und Lernen“ (UNESCO, 2014, S. 33) anzustreben ist und dass Veranstaltungen für Lehrpersonen zu Themen nachhaltiger Entwicklung und zu BNE ebenso unter Berücksichtigung der Prinzipien einer BNE gestaltet werden sollten (Nationale Plattform Bildung für nachhaltige Entwicklung, 2017, S. 30; Steiner, 2011, 383ff.).

Projektarbeit gilt nach Rieckmann (2018, S. 50) als eine der „Schlüsselmethoden“ für BNE, die zugleich für die Lehrkräfteausbildung, insbesondere im Austausch mit schulischen und anderen außeruniversitären Partnerinnen und Partnern, empfohlen wird (Rieckmann, 2018, S. 57). Gleichzeitig ist sie als Methode für den Geographieunterricht (z. B. DGfG, 2017, S. 7; Geiger, 2016; Reinfried, 2015) und als potenzielle Möglichkeit zur Weiterentwicklung zukünftiger Lehrpersonen im Bereich der allgemeinen didaktischen Hintergründe und Fähigkeiten zur späteren Umsetzung von Projektarbeit (z. B. Thomas, 2010) zu verstehen. Somit erscheint es sinnvoll, solche Projekte nicht nur als Gestaltungselement für universitäre BNE zum fachwissenschaftlichen und nachhaltigkeitsorientierten Lernen zu nutzen, sondern diese Veranstaltungsform in der geographischen universitären Lehrkräfteausbildung zugleich zum methodischen Lernen und zu einer BNE-orientierten didaktischen Weiterentwicklung nutzbar zu machen (ausführlicher s. Faßbender, 2019). Dies entspricht dem von Keil und Padberg (2015) für das Modul „Interdisziplinäres Projekt Region“ vorgesehenen Ansatz, „den eigenen Lernprozess der Studierenden als Quelle des Lernens über das Lernen nutzbar zu machen“ (Keil & Padberg, 2015, S. 6) um in diesem Sinne das Lernen zu nachhaltiger Entwicklung mit der Weiterentwicklung im Bereich einer BNE-spezifischen Methode zu verbinden.

3. Methodik

Das interdisziplinäre Projekt Region wurde mit Parallelen zum Design-Based-Research-Ansatz (s. Feulner, Ohl & Hörmann, 2015) über vier Semester unter Einbezug von Studierendenrückmeldungen aus Reflexionssitzungen zyklisch weiterentwickelt und ergänzend begleitend untersucht (Faßbender, 2019). Für die begleitende Untersuchung wurde ein Mixed-Methods-Design gewählt, welches den Einbezug und die gegenseitige Ergänzung qualitativer sowie quantitativer Daten zuließ. In diesem Kontext wurden von Studierenden 39 schriftliche Projektreflexionen zur Verfügung gestellt und 18 Leitfadeninterviews mit Teilnehmenden nach deren Modulabschluss durchgeführt, die mittels qualitativer Inhaltsanalyse nach Kuckartz (2016) unter Nutzung von MAXQDA analysiert wurden. Im induktiv-deduktiv gebildeten Kategoriensystem wurden insbesondere zwei Oberkategorien zur Wahrnehmung der eigenen erlebten Projektarbeit sowie zur Wahrnehmung von Projektarbeit als schulische Methode mit jeweiligen Unterkategorien gebildet. Die schriftlichen Projektreflexionen wurden ergänzend für eine induktive, natürliche Typenbildung (s. Kuckartz, 2016, S. 150f.) herangezogen, die auf der Wahrnehmung der selbst erlebten Projektarbeit sowie der Positionierung gegenüber einer Projektarbeit aus der Sicht einer zukünftigen Lehrperson basiert (s. Faßbender, 2019, S. 228ff.).

Weiterhin wurden jeweils zu Beginn als auch am Ende einer Lehrveranstaltung in allen am Institut angebotenen interdisziplinären Projekten begleitende schriftliche fragebogengestützte Vor- und Nachbefragungen durchgeführt, in denen die Studierenden in geschlossenen Fragen zu verschiedenen seminar- und projektbezogenen Aspekten (u. a. Wahrnehmung der erlebten interdisziplinären Arbeit und der Arbeit mit außeruniversitären Partnerinnen und Partnern) um eine Selbsteinschätzung gebeten wurden. Die Auswertung erfolgte über SPSS.

Das Ziel der übergeordneten Forschungsarbeit war es, herauszufinden, wie eine projektorientierte Lehrveranstaltung sinnvoll für die Lehramtsausbildung gestaltet werden kann, wie diese von den Studierenden wahrgenommen wird und welche Chancen sie für die Lehramtsausbildung und zur Förderung nachhaltiger Entwicklung, insbesondere am Beispiel nachhaltiger Mobilität, bietet (Faßbender, 2019).

Zur Beantwortung der beiden oben genannten Fragestellungen werden im folgenden Artikel ausgewählte Ergebnisse der Forschungsarbeit aufgegriffen, um die Relevanz von eigenen BNE-Erlebnissen und BNE-spezifischen methodischen Erfahrungen von Lehramtsstudierenden im Bachelor für die Umsetzung und Förderung schulischer BNE zu diskutieren. Dazu wird ergänzend eine Analyse zu den ermöglichten Formen der interdisziplinären und außeruniversitären Zusammenarbeit in den am Institut durchgeführten Projekten einbezogen und detaillierter auf daraus resultierende Wahrnehmungen der Studierenden aus allen Projekten eingegangen.

4. Ergebnisse

Nachfolgend wird zunächst der entwickelte Rahmenleitplan zum interdisziplinären Projekt Region vorgestellt, bevor auf Ergebnisse zur interdisziplinären und (außer-)universitären Zusammenarbeit mit Partnerinnen und Partner eingegangen wird. Im Anschluss werden die Potentiale zur Förderung schulischer BNE diskutiert.

4.1 Seminarkonzept zum interdisziplinären Projekt Region

Der folgende, als Ergebnis der zyklischen Weiterentwicklung zu verstehende Seminarablauf, eignet sich zur Planung und Durchführung eines projekt- sowie nachhaltigkeitsorientierten Seminars, welches das fachwissenschaftliche Arbeiten unter Einbezug didaktischer Aspekte ermöglicht (Faßbender, 2019, S. 333ff.). Der Rahmenleitplan orientiert sich an bestehenden Empfehlungen für schulische Projektarbeit (z.B. Gudjons, 2014; Traub, 2012) und integriert ergänzend spezifische Elemente für die universitäre Lehrkräftesausbildung. Somit soll in Anlehnung an das von Keil und Padberg (2015) formulierte Ziel für das Modul ermöglicht werden, die Arbeit an fachwissenschaftlichen Inhalten mit fachdidaktischen und bildungswissenschaftlichen Aspekten zu verbinden und „den eigenen Lernprozess […] als Quelle des Lernens über das Lernen nutzbar zu machen" (Keil & Padberg, 2015, S. 6).

Der individuell je nach Bedingungen, Lerngruppe aber auch Thema anpassbare Rahmenleitplan zur Planung des Seminarverlaufs umfasst eine Projekteinstiegsphase, die Entwicklung von Projektfragestellungen und von Projektarbeitsplänen in Studierendengruppen (max. 4 Personen), deren Bearbeitung unter Einbezug gemeinsamer und individueller Arbeitsphasen sowie einen Projektabschluss mit einer öffentlichen Ausstellung der Ergebnisse, bevor der Kurs mit einer Reflexionssitzung beendet wird (s. Abb. 2).

Explizit als Elemente für die Lehrkräfteausbildung sind dabei ein einführender Block zu theoretischen und methodischen Hintergründen einer Projektarbeit als auch Reflexionselemente im Seminar sowie in der abzugebenden Sammelmappe[3] zum Modulabschluss aus der Lernendenperspektive und mit dem Blick auf eine mögliche Umsetzung von Projektarbeiten in der Schule vorgesehen. Da die Studierenden je nach Studiengang zwei oder drei der interdisziplinären Projekte im Rahmen ihrer Studienordnung absolvieren, erfolgt diese methodische Auseinandersetzung unter Einbezug binnendifferenzierender Texte zu

3 Die Sammelmappe beinhaltet zu jedem belegten Projekt eine Ausarbeitung, ähnlich einer Hausarbeit. Ergänzend werden die belegten Projekte in einer gemeinsamen Einleitung sowie einem zusammenfassenden Fazit auf einer Metaebene von den Studierenden miteinander verknüpft. Darüber hinaus beinhaltet die Sammelmappe eine Reflexion zur Projektarbeit, die sich sowohl auf die eigene erlebte Projektarbeit und den eigenen Projektprozess bezieht, bevor die Chancen und Herausforderungen der Methode aus der Sicht einer zukünftigen Lehrperson diskutiert werden.

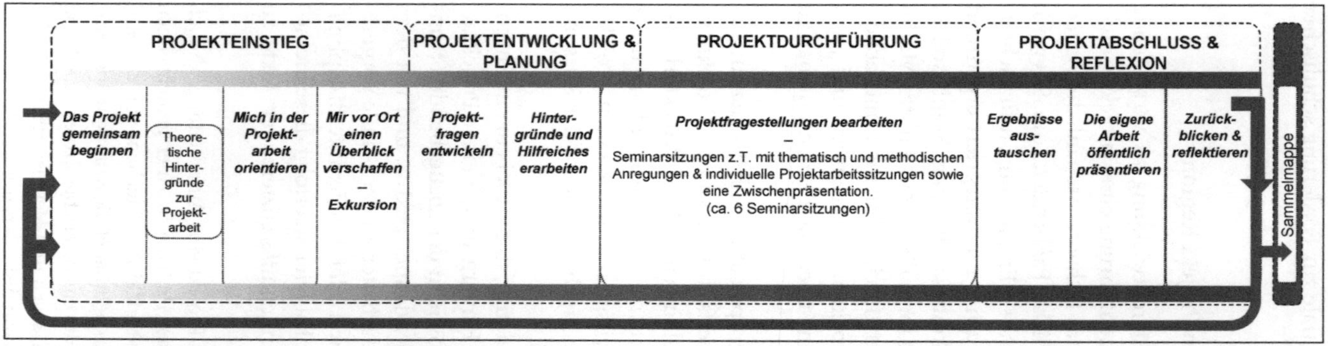

Abb. 2: Konzept des Moduls „Interdisziplinäres Projekt Region“ und Rahmenleitplan zur individuellen Verlaufsplanung und Durchführung eines interdisziplinären Projekts (Grundmodell angelehnt an bestehende Projektkonzepte, s. Traub, 2012, S. 65) (Faßbender, 2019, S. 335, verändert).

Merkmalen einer Projektarbeit, deren schulischen Planung, Durchführung und Nachbereitung[4]. Den Studierenden soll damit eine individuelle Weiterentwicklung ihres Hintergrundwissens zur Projektarbeit ermöglicht werden. Zugleich entwickeln und bearbeiten sie während des Projektverlaufs eigene, aktuelle und reale Fragestellungen. Dies soll zu der von Budke (2014) in Anlehnung an Hard (1982) herausgestellten Relevanz und notwendigen Förderung beitragen, dass Lehramtsstudierende des Fachs lernen, geographisch denken und Fragen stellen zu können (detaillierter zum interdisziplinären Projekt s. Faßbender, 2019, S. 335ff.).

4.2 Formen und daraus resultierende Folgerungen zur Förderung der Öffnung von Bildungsinstitutionen und Zusammenarbeit mit Partnerinnen und Partnern für BNE

Die Zusammensetzung der Seminargruppen im Modul „Interdisziplinäres Projekt Region" ist bereits durch die curriculare Verankerung in der Prüfungsordnung für Geographiestudierende (HRGe & GymGe) sowie für Studierende im Profil Grundschullehramt des Teilstudiengangs Sozialwissenschaften und durch die jeweiligen Hintergründe der Teilnehmenden aus ihrem zweiten gewählten Studienfach interdisziplinär. Zugleich können die Kurse freiwillig von Studierenden im Rahmen des vom Wuppertaler Zentrum für Transformationsforschung und Nachhaltigkeit (TransZent) angebotenen TransZent-Zertifikats belegt werden[5].

Am Institut für Geographie und Sachunterricht in Wuppertal werden in jedem Semester mehrere interdisziplinäre Projekte zu verschiedenen Themen angeboten. Dabei sind je nach inhaltlicher Fokussierung und Anlage des Seminars differenzierte Formen der Zusammenarbeit und des Austauschs mit universitären und außeruniversitären Partnerinnen und Partnern möglich geworden (Schraven & Keil, 2018), die für die Projekte vom SoSe16 bis zum SoSe18 in Abb. 2 skizziert werden[6]. Diese verdeutlicht, dass in unterschiedlichem Ausmaß interdisziplinär oder mit außeruniversitären Institutionen bzw. Partnerinnen und Partnern gearbeitet wurde.

---

4 Hierzu eignen sich zusammenfassende Beiträge zur Projektarbeit, z. B. aus Gudjons (2014) oder Traub (2012).

5 S. https://transzent.uni-wuppertal.de/de/lehre/transzent-zertifikat.html, 16.08.2019.

6 Kurzbeschreibungen zu einzelnen interdisziplinären Projekten sind auf der Homepage des Instituts für Geographie und Sachunterricht der Bergischen Universität Wuppertal einzusehen (https://www.geographie.uni-wuppertal.de/de/geographie-aktiv/interdisziplinaere-projekte.html, Stand 07/2019).

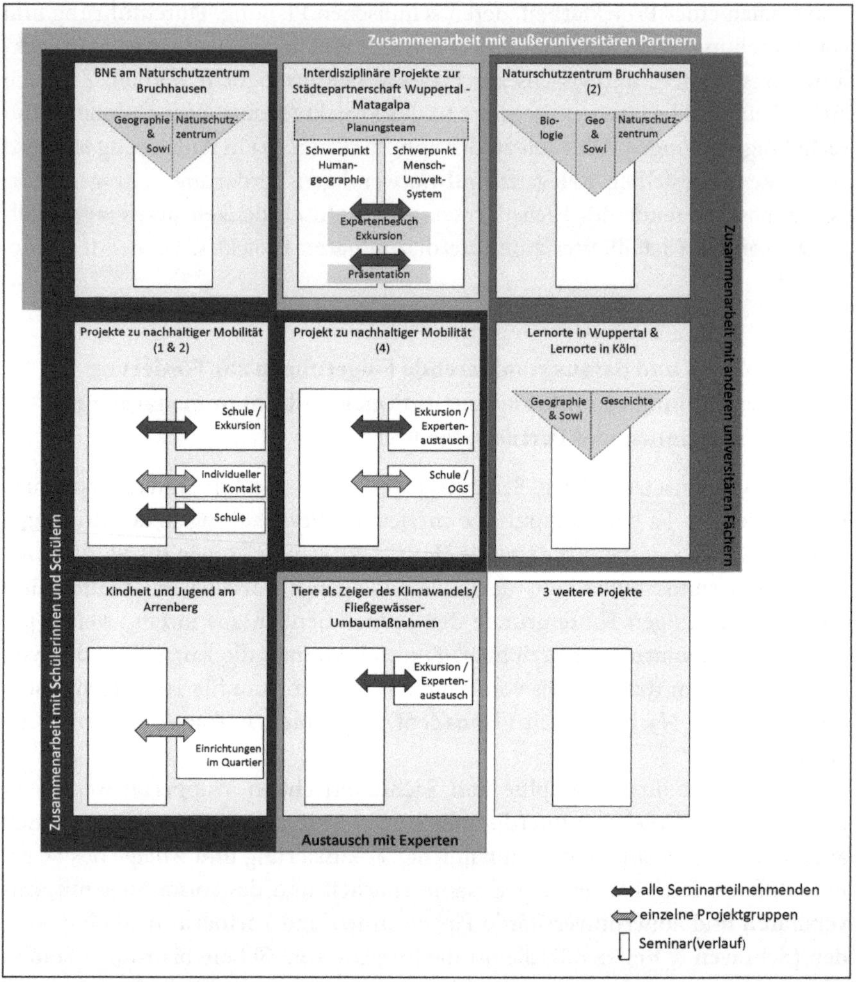

Abb. 3: Von verschiedenen Dozierenden am Institut für Geographie und Sachunterricht angebotene interdisziplinäre Projekte und Formen der Zusammenarbeit mit (außer-)universitären Partnerinnen und Partnern (eigene Darstellung)

Je nach Möglichkeiten und Rahmenbedingungen spiegeln sich diese Varianten zwischen dem individuellen Kontakt einzelner Projektgruppen mit spezifischen Ansprechpartnerinnen und Ansprechpartnern oder einem einmaligen Austausch mit Expertinnen und Experten, der gemeinsamen Arbeit innerhalb einer Seminarsitzung, der einmaligen oder mehrmaligen Zusammenarbeit mit Schülerinnen und Schülern bis hin zur gemeinsamen Durchführung und Planung eines gesamten Seminars durch Dozierende zweier Fächer (z. B. Geographie &

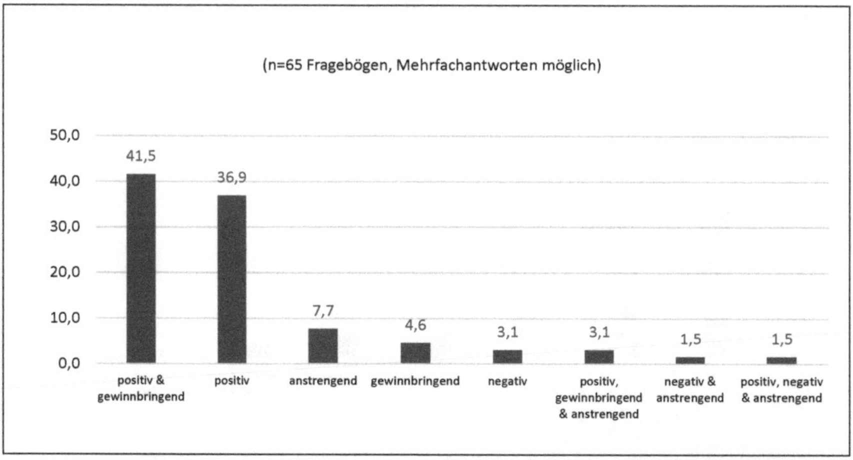

Abb. 4: Wahrnehmung der Zusammenarbeit mit außeruniversitären Partnerinnen und Partnern von Teilnehmenden, die angaben, oft oder sehr oft im Projekt mit diesen gearbeitet zu haben, in Prozent (eigene Darstellung)

Biologie) oder durch die Seminarleitung in Zusammenarbeit mit einem außerschulischen Lernort, wider.[7] Zugleich wurde in einzelnen Seminaren aufgrund der inhaltlichen Fokussierung oder den Rahmenbedingungen kein Austausch und keine Zusammenarbeit mit anderen Fächern, Partnerinnen oder Partnern oder Institutionen möglich oder eingebunden, wobei diese Fälle eine deutliche Minderheit darstellen.

Die begleitende fragebogengestützte Vor- und Nachbefragung ermöglichte einen Überblick über die Wahrnehmung der interdisziplinären Arbeit und der Zusammenarbeit mit außeruniversitären Partnerinnen und Partnern durch die teilnehmenden Studierenden. Unter denjenigen, die ihrer Einschätzung nach oft oder sehr oft mit außeruniversitären Akteurinnen und Akteuren in einem Seminar oder in ihrem Projektvorhaben zusammenarbeiteten, nahmen viele eine solche Zusammenarbeit positiv oder gewinnbringend wahr (Abb. 4, Auswertung der begleitenden Fragebogenerhebung). Auch gibt es einige Fälle, die diese Arbeit als Herausforderung empfanden, die oft gleichzeitig trotzdem gewinnbringend oder positiv wahrgenommen wurde (Abb. 4). Zugleich wurde aber in etwas mehr als einem Viertel der nach Projektabschluss ausgefüllten Bögen angegeben, dass nicht mit außeruniversitären Akteurinnen und Akteuren zusammengearbeitet wurde und in knapp einem Viertel der ausgefüllten Bögen notiert, dass die Arbeit mit außeruniversitären Personen oder Institutionen als

7 An dieser Stelle gilt den verschiedenen Beteiligten und Unterstützenden der einzelnen Projekte ein Dank für die Möglichkeit des Austauschs oder der Zusammenarbeit.

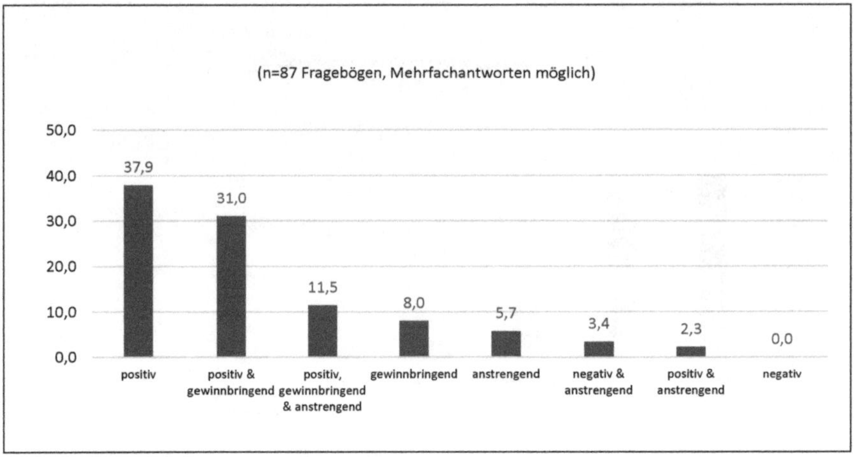

Abb. 5: Wahrnehmung der interdisziplinären Arbeit von den Teilnehmenden, die angaben, oft oder sehr oft interdisziplinär im Seminar gearbeitet zu haben, in Prozent (eigene Darstellung)

gering wahrgenommen wurde. Durch die in Abb. 3 dargestellten unterschiedlichen Varianten der Integration außeruniversitärer Partnerinnen und Partner in den verschiedenen Kursen, wird diese geringere Einbindung in einzelnen Seminaren deutlich und zugleich sichtbar, dass in einigen Kursen der Austausch mit außeruniversitären Akteurinnen und Akteuren nur in einzelnen Studierendengruppen notwendig und eingebunden wurde.

Nach den Projekten wurde mit einem Anteil von mehr als 60% aber deutlich häufiger angegeben, oft oder sehr oft interdisziplinär gearbeitet zu haben. Studierende, die demnach eine interdisziplinäre Arbeit im Seminar erlebten, empfanden diese überwiegend positiv oder gewinnbringend (Abb. 5).

Insgesamt zeigt sich somit, dass die Studierenden, die aus ihrer Sicht eine Zusammenarbeit mit außeruniversitären Institutionen oder die interdisziplinäre Arbeit in einem der Projekte erlebten, diese überwiegend positiv und gewinnbringend in Erinnerung behalten, wobei zum Teil auch Herausforderungen und damit verbundene Anstrengungen wahrgenommen wurden. Mit dem Rückblick auf die in Abb. 1 dargestellten BNE-Kompetenzen nach Hellberg-Rode & Schrüfer (2016) und in Anlehnung an die Empfehlung, dass BNE und BNE-Projekte auch unter Einbezug unterschiedlicher Partnerinnen und Partner ermöglicht werden sollten (Nationale Plattform Bildung für nachhaltige Entwicklung, 2017, S. 25f.; Rieckmann, 2019, S. 89f.; UNESCO, 2014, S. 36f.), kann die eigene Erfahrung einer solchen Zusammenarbeit oder eines Austauschs als Beitrag zur Förderung der Kompetenz zur Öffnung von Schule und Kooperation mit außerschulischen Personen und Institutionen angesehen werden. Dies ist insbesondere damit zu begründen, dass sowohl eigene erste Erfahrungen gesammelt werden konnten und mit der dabei überwiegenden positiven Wahrnehmung eher davon auszugehen ist, dass die zukünftigen Lehrkräfte auch im schulischen Kontext einen Austausch oder eine Zusammenarbeit mit Partnerinnen und Partnern oder Einrichtungen befürworten. Allerdings wäre zu untersuchen, inwiefern sich solche eigenen Erfahrungen zur Zusammenarbeit und zur interdisziplinären Arbeit tatsächlich auf die Gestaltung des eigenen Unterrichts auswirken.

4.3 Projekterlebnisse zur Förderung einer schulischen Umsetzung der BNE-Methode Projektarbeit

Zugleich sollten Lehrpersonen über ein BNE-spezifisches Methodenrepertoire verfügen, zu dem die Projektarbeit zu zählen ist (s. o.). Somit wird im Folgenden Bezug zu den Chancen zur Förderung schulischer Projektarbeit durch das eigene Projekterlebnis genommen (s. Faßbender, 2019, S. 389ff.). Die inhaltsanalytisch ausgewerteten Projektreflexionen und Interviews von Studierenden zeigten, dass die eigene Erfahrung zu einer Vorstellung zum Ablauf eines Projektes beitragen konnte und die Studierenden dabei sowohl Chancen aber auch notwendige Bedingungen und Herausforderungen einer Projektarbeit mit dem Blick auf die Schule wahrnahmen. Besonders das eigenständige bzw. selbstständige Arbeiten und das kooperative Lernen in Gruppen aber auch ein „gutes" bzw. gelungenes sowie ein interessengeleitetes Lernen, welches motivierend ist und Abwechslung bietet, sind aus Studierendensicht Chancen einer schulischen Projektarbeit. In einzelnen wenigen Fällen zeigte sich zugleich, dass die Studierenden die Projektarbeit als Chance zur Förderung von Vielperspektivität und zum Verständnis komplexer Zusammenhänge bewerteten (ebd., S. 392).

Neben den Chancen nahmen Studierende für schulische Projektarbeit notwendige Bedingungen wahr, die besonders in einer guten Einführung in und Vorbereitung der Projektarbeit, aber auch in stärkeren Eingrenzungen, dem Lehrplanbezug und einem notwendigen Vertrauen in die Lerngruppe gesehen werden. Als Herausforderungen werden unter anderem der Lehrplanbezug, die benötigte Zeit, die Schulstruktur, die Leistungsbewertung, die Beteiligung aller Lernenden und die Aufsichtspflicht beschrieben, während insbesondere Studierende des Grundschullehramts auch in der selbstständigen Arbeit der Kinder eine größere Herausforderung sehen (ebd., S. 393ff.).

Insgesamt zeigte die begleitende Untersuchung, dass sich nach dem Modulabschluss viele vorstellen können, später in der Schule mit Schülerinnen und Schülern Projekte durchzuführen und dass sie darin die beschriebenen Chancen, aber auch bestehende Herausforderungen sehen (ebd., S. 390ff.). Diesbezüglich wurde deutlich, dass insbesondere das eigene Erleben als wichtiger Beitrag für diesen Rückblick angesehen werden sollte, wie exemplarisch die folgenden Beschreibungen teilnehmender Personen zeigen:

> „[…] dass ich so was auch in meinen Unterricht einbringen möchte, weil es halt einfach jetzt an uns gezeigt hat, wir waren ja jetzt in dieser Schülerposition eigentlich, dass es einfach viel mehr bringt" (S11: 168).

> „Aber es hat mich auf jeden Fall in die Richtung angeregt, dass ich sagen würde, ich würde es auf jeden Fall auch gerne in [der, M.F.] Schule machen, auch wenn es vielleicht mit viel Arbeit verbunden ist, aber das was man mitnimmt davon, also dafür lohnt es sich auf jeden Fall" (S10: 90).

Auf der Basis, wie die eigene Projektarbeit erlebt wurde und wie die Methode mit dem Blick auf eine mögliche spätere schulische Umsetzung wahrgenommen wird, wurden Projekttypen entwickelt, die als Projektbegeisterte, Projektinspirierte, Projektbegrüßende, Projektskeptiker und Projektherausgeforderte bezeichnet werden können (ebd., S. 397ff.). Die Typisierung weist auf, dass es mehrere Projektskeptiker gibt, dass allerdings eine deutliche Mehrheit der Teilnehmenden den eher positiv auf die Projektarbeit blickenden Typen (Projektbegrüßende, Projektinspirierte und Projektbegeisterte) zugeordnet werden konnten (ebd., S. 397ff.).

Mit dem Blick auf die Förderung schulischer BNE sollten eigene BNE-Methodenerfahrungen in fachwissenschaftlichen Veranstaltungen unter Einbezug theoretischer Hintergründe somit zusammenfassend als sinnvoll und als Beitrag zur Förderung von BNE-Kompetenzen angesehen werden. Aufbauend wäre es im Masterstudium weiterführend, den Lehramtsstudierenden erste Erfahrungen in der schulischen Umsetzung von Projekten im Sinne einer BNE zu ermöglichen (s. ebd., S. 422) und dabei ggf. auch weitere Partnerinnen und Partner einzubeziehen, insbesondere um die Möglichkeiten der schulischen Umsetzung von Projektarbeit aber auch einer Zusammenarbeit mit anderen Einrichtungen und Personen in schulischen Projekten und in schulischer BNE erfahrbar zu machen.

5. Fazit

Die schulische Implementierung von BNE gilt als bedeutsamer Beitrag zur Förderung einer nachhaltigen Entwicklung, zu deren Umsetzung bereits mit dem Weltaktionsprogramm aber auch dem angestrebten Folgeprogramm die Ausbildung der Lehrkräfte als wichtiges Handlungsfeld betont wird. Mit Bezug zu einer vorliegenden Dissertation (Faßbender, 2019) fokussierte der Artikel das Lehr- bzw. Lernveranstaltungsformat „Interdisziplinäres Projekt Region" und stellte verschiedene Formen der Arbeit mit außeruniversitären und universitären Partnerinnen und Partnern vor. Die daraus resultierenden Erkenntnisse lassen folgern, dass die Zusammenarbeit und der Austausch aufgrund der überwiegend positiven und gewinnbringenden Wahrnehmung weiter gefördert und im Rahmen der Möglichkeiten jeden einzelnen Projektthemas angestrebt werden sollte. Dies kann insbesondere aufgrund der im Rahmen von BNE angestrebten Öffnung und Vernetzung von Schule mit anderen Partnerinnen und Partnern als sinnvolles Element der Lehramtsausbildung und als Möglichkeit zur Weiterentwicklung spezifischer BNE-Kompetenzen angesehen werden.

Unter Einbezug der Ergebnisse der begleitenden Untersuchung des Seminarkonzepts konnte zugleich dargestellt werden, dass eigene BNE-Erlebnisse in fachwissenschaftlich zu verortenden Bachelorveranstaltungen in Kombination mit der Auseinandersetzung mit methodischen Hintergründen sowie der Reflexion der eigenen Erfahrungen, als gewinnbringender Beitrag zum Kennenlernen der BNE-Methode Projektarbeit angesehen werden sollten, der in vielen Fällen mit einer überwiegend positiven Einstellung gegenüber der schulischen Umsetzung verbunden ist.

Insgesamt sollte dies den Ansatz unterstützen, Lehramtsstudierenden nicht nur eine Auseinandersetzung mit BNE zu ermöglichen, sondern die im nationalen Aktionsplan geforderte BNE-Orientierung in der Lehrkräfteausbildung aufzugreifen, zugleich unter Einbezug methodischer Hintergründe und Reflexionselementen zur didaktischen Weiterentwicklung nutzbar zu machen und somit bereits im Bachelor und damit auch in fachwissenschaftlich verankerten universitären Veranstaltungen Lehramtsstudierende BNE erleben zu lassen!

Literatur

Budke, A. (2014). Lehrerbildung in einer diffusen Disziplin. *Geographische Revue* (1), 71–78.

DGfG – Deutsche Gesellschaft für Geographie (Hrsg.). (2010). *Rahmenvorgaben für die Lehrerausbildung im Fach Geographie an deutschen Universitäten und Hochschulen.* (2. Aufl.). Bonn: Selbstverlag Deutsche Gesellschaft für Geographie. Verfügbar unter https://geographie.de/wp-content/uploads/2016/06/pub_lehrerausbldg_geo_rahmenvorgaben.pdf [11.03.2019].

DGfG – Deutsche Gesellschaft für Geographie (Hrsg.). (2017). *Bildungsstandards im Fach Geographie für den Mittleren Schulabschluss mit Aufgabenbeispielen.* (9., durchgesehene Auflage). Bonn: Selbstverlag Deutsche Gesellschaft für Geographie. Verfügbar unter http://geographiedidaktik.org/wp-content/uploads/2017/10/Bildungsstandards_Geographie_9.Aufl_._2017.pdf [11.03.2019].

Die Bundesregierung (Hrsg.). (2017). *Deutsche Nachhaltigkeitsstrategie. Neuauflage 2016*. Berlin. Verfügbar unter https://www.bundesregierung.de/Content/DE/_Anlagen/2017/01/2017-01-11-nachhaltigkeitsstrategie.pdf;jsessionid=E278AC6868830F855D91C480FF64ACC3.s3t1?__blob=publicationFile&v=7 [20.01.2017].

DUK – Deutsche UNESCO-Kommission (Hrsg.). (2014). *UNESCO Roadmap – zur Umsetzung des Weltaktionsprogramms „Bildung für nachhaltige Entwicklung". Deutsche Übersetzung*. Bonn. Verfügbar unter https://www.bmbf.de/files/2015_Roadmap_deutsch.pdf [11.03.2019].

DUK – Deutsche UNESCO-Kommission (Hrsg.). (2019). *„Mannheimer Appell": Lernen die Welt zu verändern – das neue UNESCO-Programm für Bildung für nachhaltige Entwicklung und die Agenda 2030 („ESD for 2030")*. Verfügbar unter https://www.unesco.de/sites/default/files/2019-06/DUK_BNE%20Resolution.pdf [09.08.2019].

Faßbender, M. (2019). *Förderung nachhaltiger und aktiver Mobilität von Schülerinnen und Schülern. Möglichkeiten durch urbane infrastrukturelle Handlungsangebote wie die Wuppertaler Nordbahntrasse und daran anknüpfende projektorientierte BNE in der Lehramtsausbildung im Fach Geographie*. Dissertation. Vorgelegt im Juni 2019 in Wuppertal, Veröffentlichung in Vorbereitung.

Feulner, B., Ohl, U. & Hörmann, I. (2015). Design-Based Research – ein Ansatz empirischer Forschung und seine Potenziale für die Geographiedidaktik. *Zeitschrift für Geographiedidaktik, 43* (3), 205–231.

Geiger, M. (2016). Projektunterricht. In A. Brucker (Hrsg.), *Geographiedidaktik in Übersichten* (3. aktualisierte Auflage, S. 122–123). Aulis Verlag.

Gudjons, H. (2014). *Handlungsorientiert lehren und lernen. Schüleraktivierung, Selbsttätigkeit, Projektarbeit* (Erziehen und Unterrichten in der Schule, 8., aktualisierte Auflage). Bad Heilbrunn: Klinkhardt.

Hard, G. (1982): *Lehrerausbildung in einer diffusen Disziplin*. (Karlsruher Manuskripte zur mathematischen und theoretischen Wirtschafts- und Sozialgeographie, Bd. 55). Karlsruhe: Geographisches Institut Universität Karlsruhe.

Hellberg-Rode, G. & Schrüfer, G. (2016). Welche spezifischen professionellen Handlungskompetenzen benötigen Lehrkräfte für die Umsetzung von Bildung für Nachhaltige Entwicklung (BNE)? Ergebnisse einer explorativen Studie. *Zeitschrift für Didaktik der Biologie, 20*, 1–29.

Hemmer, I. & Hemmer, M. (2016). (Bildung für) nachhaltige Entwicklung – ein grundlegendes Konzept für das geographische Lernen. In M. Adamina, M. Hemmer & J. C. Schubert (Hrsg.), *Die geographische Perspektive konkret. Begleitband 3 zum Perspektivrahmen Sachunterricht* (S. 232–238). Bad Heilbrunn: Julius Klinkhardt.

Keil, A. (2018). *Bildung für nachhaltige Entwicklung, Mensch-Umwelt-System und Transformationsforschung – eine Abhandlung zur Fachlichkeit in der Lehramtsausbildung Geographie*. Wuppertal. Verfügbar unter http://elpub.bib.uni-wuppertal.de/servlets/DerivateServlet/Derivate-8222/vg1801_keil.pdf [12.03.2019].

Keil, A. & Padberg, S. (2015). *Projektvorhaben des Fachs Geographie im Rahmen der Qualitätsoffensive Lehrerbildung – Interdisziplinäres Projekt Region. Projektantrag.*

Nicht veröffentlicht. Wuppertal: Institut für Geographie und Sachunterricht der Bergischen Universität.

KMK – Sekretariat der Ständigen Konferenz der Kultusminister der Länder in der Bundesrepublik Deutschland. (2019). *Ländergemeinsame inhaltliche Anforderungen für die Fachwissenschaften und Fachdidaktiken in der Lehrerbildung. Beschluss der Kultusministerkonferenz vom 16.10.2008 i. d. F. vom 16.05.2019.* Berlin, Bonn. Verfügbar unter https://www.kmk.org/fileadmin/Dateien/veroeffentlichungen_beschluesse/2008/2008_10_16-Fachprofile-Lehrerbildung.pdf [04.11.2019].

KMK & DUK – Kultusministerkonferenz & Deutsche UNESCO-Kommission (Hrsg.). (2007). *Empfehlungen der Ständigen Konferenz der Kultusminister der Länder in der Bundesrepublik Deutschland (KMK) und der Deutschen UNESCO-Kommission (DUK) vom 15.06.2007 zur „Bildung für nachhaltige Entwicklung in der Schule".* o.O. Verfügbar unter https://www.kmk.org/fileadmin/Dateien/veroeffentlichungen_beschluesse/2007/2007_06_15_Bildung_f_nachh_Entwicklung.pdf [19.04.2018].

Kuckartz, U. (2016). *Qualitative Inhaltsanalyse. Methoden, Praxis, Computerunterstützung* (Grundlagentexte Methoden, 3. überarbeitete Auflage). Weinheim: Beltz Juventa.

Lena – Deutschsprachiges Netzwerk LehrerInnenbildung für eine nachhaltige Entwicklung. (2014). *LehrerInnenbildung für eine nachhaltige Entwicklung – von Modellprojekten und Initiativen zu neuen Strukturen! Ein Memorandum zur Neuorientierung von LehrerInnenbildung in Deutschland, Österreich und der Schweiz.* Lüneburg. Verfügbar unter https://www.uni-erfurt.de/fileadmin/public-docs/InnovationsnetzwerkBNE/LeNa_Memorandum_2014_09_01.pdf [13.03.2019].

MSB NRW – Ministerium für Schule und Bildung des Landes Nordrhein-Westfalen (Hrsg.). (2019). *Leitlinie Bildung für nachhaltige Entwicklung. Schule in NRW Nr. 9052.* Düsseldorf. Verfügbar unter https://www.schulministerium.nrw.de/docs/Schulsystem/Unterricht/BNE/Kontext/Leitlinie_BNE.pdf [08.08.2019].

Nationale Plattform Bildung für nachhaltige Entwicklung (Hrsg.). (2017). *Nationaler Aktionsplan Bildung für nachhaltige Entwicklung. Der deutsche Beitrag zum UNESCO-Weltaktionsprogramm.* Berlin. Verfügbar unter https://www.bne-portal.de/sites/default/files/downloads/publikationen/Nationaler_Aktionsplan_Bildung_f%C3%BCr_nachhaltige_Entwicklung_neu.pdf [24.04.2019].

Presse- und Informationsamt der Bundesregierung (Hrsg.). (2018). *Deutsche Nachhaltigkeitsstrategie. Aktualisierung 2018.* Berlin. Verfügbar unter https://www.bundesregierung.de/resource/blob/975274/1546450/65089964ed4a2ab07ca8a4919e09e0af/2018-11-07-aktualisierung-dns-2018-data.pdf?download=1 [07.08.2019].

Reinfried, S. (2015). Projekt. In S. Reinfried & H. Haubrich (Hrsg.), *Geographie unterrichten lernen. Die Didaktik der Geographie* (Mensch und Raum, 1. Aufl., S. 176–177). Berlin: Cornelsen.

Rieckmann, M. (2018). Learning to transform the world: key competencies in ESD. In A. Leicht, J. Heiss & W. J. Byun (Hrsg.), *Issues and trends in Education for Sustainable Development* (S. 39–60). Paris.

Rieckmann, M. (2019). Beiträge einer Bildung für nachhaltige Entwicklung zum Erreichen der Sustainable Development Goals – Perspektiven, Lernziele und Forschungsbedarfe. In I. Clemens, S. Hornberg & M. Rieckmann (Hrsg.), *Bildung und Erziehung im Kontext globaler Transformationen* (Ökologie und Erziehungswissenschaft der Kommission Bildung für nachhaltige Entwicklung der DGfE, S. 79–94). Opladen: Barbara Budrich. https://doi.org/10.2307/j.ctvm201r8.6

Schneidewind, U. (2018). *Die Große Transformation. Eine Einführung in die Kunst gesellschaftlichen Wandels.* Frankfurt a.M.: Fischer Taschenbuch.

Schraven, M. & Keil, A. (2018). *Interdisziplinäres Projekt Region – Projektorientiertes Studieren mit Nachhaltigkeitsbezug im Fach Geographie.* Wuppertal. Verfügbar unter https://www.kolbi.uni-wuppertal.de/fileadmin/kolbi/KoLBi_Dateien/QL_Begleitband_IntProjektRegion_BUW.pdf [27.08.2019].

Steiner, R. (2011). *Kompetenzorientierte Lehrer/innenbildung für Bildung für nachhaltige Entwicklung. Kompetenzmodell, Fallstudien und Empfehlungen* (Bildung & Nachhaltige Entwicklung, Bd. 6). Münster: Verlagshaus Monsenstein und Vannerdat.

Thomas, C. (2010). „Wir waren von unserer eigenen Kreativität begeistert." Ein Seminar zur Projektarbeit und Didaktik im Lehramtsstudium. In J. Keuffer & S. Hahn (Hrsg.), *Projektunterricht und Projektkultur in der Schule* (TriOS – Forum für schulnahe Forschung, Schulentwicklung und Evaluation., Bd. 5, S. 147–154). Münster.

Traub, S. (2012). *Projektarbeit erfolgreich gestalten: Über individualisiertes, kooperatives Lernen zum selbstgesteuerten Kleingruppenprojekt* (1. Aufl.). Stuttgart, Bad Heilbrunn: UTB Julius Klinkhardt.

UN (Hrsg.). (2015). *Transformation unserer Welt: die Agenda 2030 für nachhaltige Entwicklung. Resolution der Generalversammlung, verabschiedet am 25. September 2015. Die Generalversammlung.* Verfügbar unter http://www.un.org/Depts/german/gv-70/band1/ar70001.pdf [13.03.2019].

UNCED (Hrsg.). (1992). *Agenda 21. Konferenz der Vereinten Nationen für Umwelt und Entwicklung.* Rio de Janeiro. Verfügbar unter http://www.un.org/depts/german/conf/agenda21/agenda_21.pdf [13.03.2019].

UNESCO. (2014). Weltaktionsprogramm „Bildung für nachhaltige Entwicklung" als Folgeprogramm der UN-Dekade „Bildung für nachhaltige Entwicklung" nach 2014. (Indossiert von den UNESCO-Mitgliedsstaaten durch Verabschiedung der Resolution 12/37 C). In DUK – Deutsche UNESCO-Kommission (Hrsg.), *UNESCO Roadmap – zur Umsetzung des Weltaktionsprogramms „Bildung für nachhaltige Entwicklung". Deutsche Übersetzung.* Bonn. Verfügbar unter https://www.bmbf.de/files/2015_Roadmap_deutsch.pdf.

UNESCO (Hrsg.). (2019). *Education for Sustainable Development: Towards achieving the SDGs (ESD for 2030). ANNEX. A draft framework for the implementation of Education for Sustainable Development beyond 2019. 206 EX/6.II.* Paris. Verfügbar unter https://www.bne-portal.de/sites/default/files/draft_framework_esd_annex_eng.pdf [09.08.2019].

IV
Ausblick

Auf dem Weg zu einem Hochschulnetzwerk BNE in der Lehrkräftebildung in NRW

Annaliesa Hilger und Andreas Keil

1. Einführung

Die Vermittlung von BNE-Kompetenzen an (zukünftige) Lehrkräfte ist sowohl fächerübergreifend als auch fachspezifisch ein Desiderat. Insbesondere in NRW fehlt es an einer systematischen Vernetzung zwischen Fachleuten aus dem Bereich der Lehrkräftebildung, speziell zwischen Hochschullehrenden. Dabei kann ein kontinuierlicher und systematischer Austausch zu BNE in der Lehrkräftebildung einen Beitrag zur Stärkung von BNE leisten (Blom, 2017). Das Institut für Geographie und Sachunterricht der Bergischen Universität Wuppertal arbeitet daher mit fachlicher Unterstützung des Ministeriums für Umwelt, Landwirtschaft, Natur- und Verbraucherschutz des Landes Nordrhein-Westfalen an der landesweiten Vernetzung von BNE-Akteuren in der Lehrkräftebildung in NRW. Dieser Prozess basiert auf dem vom Umweltministerium NRW finanziell geförderten Projekt „Planung und Durchführung der Fachtagung „Bildung für Nachhaltige Entwicklung in der Lehramtsausbildung in Nordrhein-Westfalen" und anschließender Aufbau von Netzwerken der Lehramtsausbildung in NRW".

Der vorliegende Beitrag stellt die Hintergründe zum Konzept eines solchen Netzwerkes vor. Kapitel 2 begründet die Notwendigkeit eines BNE-Hochschulnetzwerkes anhand wesentlicher (bildungs-)politischer Dokumente und empirischer Befunde, während Kapitel 3 eine Verortung des potenziellen Netzwerkes im Zusammenhang mit anderen Netzwerken zu BNE im Hochschulkontext vornimmt. Die Überlegungen zum Konzept des Netzwerkes werden im 4. Kapitel geschildert: Leitend ist hier der Gedanke, dass ein Netzwerk von den Mitgliedern lebt und nur dann erfolgreich ist, wenn es dem Arbeitsalltag sowie den Bedarfen und Interessen der Mitglieder entspricht, also nicht zum Selbstzweck besteht. Daher basieren diese Überlegungen maßgeblich auf den Bedarfen der potenziellen Mitglieder, welche auf der Fachtagung „BNE-Strukturen gemeinsam gestalten" (siehe Kapitel 5.2, im Folgenden als „BNE-Fachtagung" bezeichnet) erfasst wurden. Die Bedarfe setzen sich aus den Ergebnissen der Evaluation der Tagung, aus einer Abfrage der Wünsche der Teilnehmenden an ein potenzielles Netzwerk sowie aus den in den Arbeitsgruppen diskutierten inhaltlichen Schwerpunkten zusammen. Ergänzend wurden Erkenntnisse der Netzwerkforschung und der

Vergleich ähnlicher Hochschulnetzwerke (siehe Kapitel 3) bei der Erstellung des Konzeptes hinzugezogen. Der in Kapitel 5 geschilderte gemeinsame Vernetzungsprozess spiegelt eine gemeinsame Entwicklung wider, welcher zugleich auf den vorläufigen Status des Netzwerk-Konzeptes verweist. Somit wird deutlich, dass das nachfolgend vorgestellte Konzept nicht auf Erfahrungen einer erfolgreichen Netzwerkarbeit basiert, sondern Hintergründe und Entwicklungsschritte eines angestoßenen Prozesses darstellt. Daher endet der Beitrag mit einem Ausblick auf geplante weitere Schritte.

2. Notwendigkeit eines Hochschulnetzwerkes BNE in der Lehrkräftebildung in NRW

Unterziel 4.7 der Sustainable Development Goals benennt die Sicherstellung, „dass alle Lernenden die notwendigen Kenntnisse und Qualifikationen zur Förderung nachhaltiger Entwicklung erwerben, unter anderem durch Bildung für nachhaltige Entwicklung“ (UN, 2015, S. 18). Auch das UNESCO-Weltaktionsprogramm Bildung für nachhaltige Entwicklung (2015–2019) postuliert die Ausarbeitung und Umsetzung von Zielen, Strategien und Maßnahmen zur strukturellen Verankerung von BNE. Angesichts des bisherigen Status quo geht es nunmehr darum, ‚Vom Projekt zur Struktur‘ zu kommen. Eines von fünf bis Ende 2019 zu bearbeitenden Feldern des UNESCO-Weltaktionsprogramms BNE (das als „ESD for 2030“ verlängert wird) ist die Kompetenzentwicklung bei Lehrenden und Multiplikatoren und Multiplikatorinnen (Deutsche UNESCO-Kommission e.V.). Auch der Nationale Aktionsplan Bildung für nachhaltige Entwicklung betont die Bedeutung der Hochschulen und fordert den „Aufbau von systematischen Fort- und Weiterbildungsangeboten für Hochschullehrende [...] und die Entwicklung einer spezifischen Lehrkultur zur Bildung für Nachhaltigkeit“ (Nationale Plattform Bildung für nachhaltige Entwicklung & BMBF, 2017, S. 54).

Auf der Maßstabsebene des Bundeslandes NRW schließlich wird mit der aktuellen „Landesstrategie Bildung für nachhaltige Entwicklung – Zukunft Lernen NRW (2016–2020)“ (kurz: BNE-Landesstrategie NRW) die Lehramtsausbildung explizit und umfassend angesprochen (MKULNV, 2016, 35ff.). Die Strategie betont die bedeutende Rolle von Lehrkräften bei „der Vermittlung und Umsetzung des Bildungsauftrags BNE“ und schlussfolgert, dass das hierfür „notwendige Wissen und die entsprechenden Kompetenzen [...] in beiden Phasen der Ausbildung vermittelt werden“ sollen (MKULNV, 2016, S. 35). Hierfür ist es erforderlich, dass hinreichend viele und qualitativ hochwertige BNE-Inhalte, Methoden

Tab. 1: Zusammenhang von Handlungsbedarf und Beteiligung an BNE-Aktivitäten, n=108 (eigene Darstellung)

Beteiligung BNE-Aktivitäten \ Handlungsbedarf	ja (n=66)	nein (n=42)
ja (n=15)	13	2
nein (n=93)	53	40

und Prinzipien in der Hochschullehre präsent sind sowie die Lehrkräftebildung als solche eine Vermittlung und Umsetzung des Bildungsauftrags BNE fördert.

Die Notwendigkeit eines Netzwerkes zu BNE in der Lehrkräftebildung unterstreichen auch die Ergebnisse einer Online-Umfrage, welche an alle Leitenden eines Lehrstuhls in den Lehramtsstudiengängen in NRW versandt wurde (für eine ausführliche Darstellung siehe Birke et al. in diesem Band). Der Zusammenhang zwischen dem von den Befragten eingeschätzten Handlungsbedarf und ihrer jeweiligen Beteiligung an BNE-Aktivitäten weist auf das bestehende Potential hin: So gaben insgesamt 66 Befragte an, dass Handlungsbedarf besteht, dennoch sind hiervon 53 der Befragten derzeit nicht aktiv an BNE-Aktivitäten beteiligt (siehe auch Tabelle 1).

Die bundes- und landesweiten Netzwerke tragen zu einem Erfahrungsaustausch bei (siehe auch Kapitel 3). Während in einigen Bundesländern bereits landesweite Netzwerke bestehen, fehlt in NRW bisher eine systematische Vernetzung. Folglich nennt die BNE-Landesstrategie NRW als wesentliche Maßnahme die Etablierung von „Netzwerke[n] des gemeinsamen Austausches und der Weiterentwicklung fachlicher Praxis“ (MKULNV, 2016, S. 36). Die Bereitstellung von Beispielen guter Praxis für innovative Lösungen sowie geeigneter Plattformen von Lehr- und Lernformaten zu BNE postuliert auch der Nationale Aktionsplan Bildung für nachhaltige Entwicklung (Nationale Plattform Bildung für nachhaltige Entwicklung & BMBF, 2017, S. 55).

Die genannten (bildungs-)politischen Dokumente, die empirischen Befunde zu dem eingeschätzten Handlungsbedarf ebenso wie das Fehlen eines Netzwerkes auf Landesebene weisen darauf hin, dass ein Hochschulnetzwerk einen Beitrag zur Stärkung von BNE in NRW leisten kann.

3. Vergleich deutschsprachiger Hochschulnetzwerke

Angesichts der vielfältigen bereits vorliegenden Konzepte und Erfahrungen von Hochschulnetzwerken ist eine Analyse bereits etablierter Netzwerke sinnvoll.

Betrachtet werden das „Netzwerk Hochschule und Nachhaltigkeit Bayern“ sowie zwei Hochschulnetzwerke mit Fokus auf die Lehrkräftebildung: Das Netzwerk „LehrerInnenbildung für eine nachhaltige Entwicklung“ (LeNa) und das „BNE-Hochschulnetzwerk Baden-Württemberg“. Die in Kapitel 4 dargestellten Überlegungen zur konzeptionellen Netzwerkarchitektur profitieren zudem auch von einem Erfahrungsaustausch mit weiteren Hochschulnetzwerken, worunter insbesondere das studentische „netzwerk n“ und das „HOCH^{N}-Netzwerk“ zählen.

Die in Tabelle 2 dargestellten Hochschulnetzwerke sind ähnlich organisiert: Alle drei Netzwerke haben die Position eines Sprechers oder einer Sprecherin, teilweise auch als Team oder im Tandem und eine Geschäftsführung; das bayrische Netzwerk hat zudem einen Lenkungskreis. Die Mitglieder der Netzwerke sind größtenteils Hochschulangehörige, einen weiteren Anteil machen studentische und zivilgesellschaftliche Initiativen, Vertretungen von Ministerien sowie weitere Akteure der Lehrkräftebildung wie Zentren für schulpraktische Lehrerausbildung aus. Insbesondere das LeNa-Netzwerk betont die Einbeziehung aller an der Lehrkräftebildung beteiligten Akteure (Stoltenberg & Holz, 2017, S. 2).

Als Motivation für die Gründung eines Hochschulnetzwerkes wird auf die zentrale Rolle der Hochschulen in der Lehrkräftebildung verwiesen sowie allgemeiner die Rolle der Wissenschaft bei der Lösung der globalen Probleme hervorgehoben. Ein Blick auf die Ziele der Netzwerke zeigt Unterschiede: Während LeNa das Ziel verfolgt, „den Prozess der Implementation von BNE in die LehrerInnenbildung […] zu beschleunigen“ (Stoltenberg & Holz, 2017, S. 6), zielt das BNE-Hochschulnetzwerk Baden-Württemberg allgemeiner auf eine Stärkung von BNE an Hochschulen (Pädagogische Hochschule Ludwigsburg, o. J.), während hingegen das Netzwerk Hochschule und Nachhaltigkeit Bayern auf eine Stärkung der Rahmenbedingungen für mehr Nachhaltigkeit in Forschung, Lehre und Betrieb an Hochschulen abzielt (Hemmer, o. J.c).

Die unterschiedlichen Akzente der Zielsetzungen spiegeln sich auch in den Aktivitäten der Hochschulnetzwerke wider (siehe Tabelle 2), wenngleich eine zentrale Aktivität die Durchführung von regelmäßigen Netzwerktreffen ist. Das BNE-Hochschulnetzwerk Baden-Württemberg nennt als erfolgsversprechend für Netzwerktreffen die partizipative Findung von Schwerpunktthemen, ein Programm mit Raum für Austausch sowie die Einladung von Gastreferierenden (BNE-Hochschulnetzwerk Baden-Württemberg, 2016, S. 5). Der seit der Gründung der jeweiligen Netzwerke variierende Umfang ihrer Aktivitäten zeigt jedoch auch, dass die Aktivitäten von Hochschulnetzwerken auch eine Frage der Finanzierung sind.

Tab. 2: Analyse von drei ausgewählten deutschsprachigen Hochschulnetzwerken (eigene Darstellung)

Name	**Deutschsprachiges Netzwerk LeNa – LehrerInnenbildung für eine nachhaltige Entwicklung**	**BNE Hochschulnetzwerk Baden-Württemberg**	**Netzwerk Hochschule und Nachhaltigkeit Bayern**
Gründungsjahr	2013	2012	2012
Organisation & Koordination	Prof. Dr. Ute Stoltenberg und Dr. Verena Holz koordinierten das Netzwerk von 2013–2017, seit Juli 2017 haben diese Position Prof. Dr. Marco Rieckmann und Prof. Dr. Daniel Fischer inne.	Prof. Dr. Armin Lude ist seit 2012 Netzwerksprecher; 2012–2013 in Zusammenarbeit mit Prof. Dr. Werner Rieß, seit 2014 mit Prof. Dr. Silke Bartsch und Prof. Dr. Alexander Siegmund. Die Geschäftsstelle lag von 2012 bis 2016 schwerpunktmäßig bei der PH Ludwigsburg (BNE-Hochschulnetzwerk Baden-Württemberg, 2016, S. 4).	Prof. Dr. Ingrid Hemmer von der KU Eichstätt-Ingolstadt ist Netzwerksprecherin, die Geschäftsführung liegt bei der LMU München. Ergänzend sind in einem Lenkungskreis weitere sechs bayrische Professuren involviert (Hemmer, o. J.b).
Akteure	Mitglied im Netzwerk sind 25 Hochschulen, fünf Fakultäten/Zentren für Lehrerbildung von Hochschulen und fünf weitere Einrichtungen (Lüdemann, 2018).	Das Netzwerk hat mehr als 45 Mitglieder von 23 Institutionen, worunter drei außerhochschulische Kooperationspartner sind (BNE-Hochschulnetzwerk Baden-Württemberg, 2016, S. 3).	An den Netzwerktreffen nehmen Akteure von 27 bayrischen Hochschulen, von drei Staatsministerien sowie weitere Akteure wie u. a. studentische Initiativen teil (Hemmer, o. J.a).
Geographischer Bezugsraum	Deutschland, Österreich, Schweiz	Baden-Württemberg	Bayern

Name	**Deutschsprachiges Netzwerk LeNa – LehrerInnenbildung für eine nachhaltige Entwicklung**	**BNE Hochschulnetzwerk Baden-Württemberg**	**Netzwerk Hochschule und Nachhaltigkeit Bayern**
Motivation	BNE in der LehrerInnenbildung wird als Voraussetzung gesehen, damit BNE in der Schule und im Kindergarten realisiert werden kann (Stoltenberg & Holz, 2017, S. 2).	„Hochschulen gestalten durch ihre Forschung und Lehre von heute die Gesellschaft von morgen in zentraler Weise mit.“ (Pädagogische Hochschule Ludwigsburg, o. J.)	Die Wissenschaften spielen eine zentrale Rolle bei der Lösung globaler Umwelt- und Entwicklungsprobleme (*Positionspapier des Netzwerkes „Hochschule und Nachhaltigkeit Bayern“*, 2015, S. 1).
Ziel	Ziel des Netzwerkes ist es, „den Prozess der Implementation von BNE in die LehrerInnenbildung […] zu beschleunigen“ (Stoltenberg & Holz, 2017, S. 6).	Ziel ist es, BNE an Hochschulen in Baden-Württemberg voranzutreiben (Pädagogische Hochschule Ludwigsburg, o. J.).	„Ziel des Netzwerkes ist es, die Rahmenbedingungen für mehr Nachhaltigkeit in Forschung, Lehre und Betrieb an bayerischen Hochschulen zu stärken.“ (Hemmer, o. J.c)
Aktivitäten	Die Aktivitäten umfassen einen Austausch über unterschiedliche Ansätze der Implementation, (Weiter-)Entwicklung konzeptioneller Ansätze sowie Initiativen gegenüber bildungspolitischen Akteuren und an Hochschulen (Stoltenberg & Holz, 2017, S. 6).	Zu den Aktivitäten zählen regelmäßige Netzwerktreffen (bis 2016), eine Präsentation des Netzwerkes und seiner Arbeit auf nationalen und internationalen Tagungen sowie eine Analyse von BNE in den Studienordnungen von Lehramtsstudiengängen sowie in Forschung und Lehre in Baden-Württemberg (BNE-Hochschulnetzwerk Baden-Württemberg, 2016; Krah & Lude, 2013; Lude, 2016).	Regelmäßige Netzwerktreffen zu unterschiedlichen Schwerpunktthemen, Aufbau von Sammlungen zu Good Practice und Fördermöglichkeiten sowie Verfassen eines Positionspapiers.

Zusammenfassend zeigt der Vergleich der drei Hochschulnetzwerke Unterschiede in der Zielsetzung und folglich auch im Umfang der jeweiligen bildungspolitischen Aktivitäten, während hingegen Ähnlichkeiten in der Netzwerkarchitektur, der Organisation von regelmäßigen Netzwerktreffen und einer Betonung des wesentlichen Beitrags der Hochschulen zu einer nachhaltigen Entwicklung vorliegen.

4. Konzept für das BNE-Hochschulnetzwerk in NRW

Neben engagierten Mitgliedern ist ein Konzept für ein Netzwerk erforderlich, welches die Vernetzung leitet sowie den Austausch und die Zusammenarbeit innerhalb des Netzwerkes fördert und ermöglicht. Das nachstehend beschriebene Konzept spiegelt die Überlegungen der Autorin und des Autors zu dieser konzeptionellen Netzwerkarchitektur wider.

4.1 Grundierung: Die Basis der Zusammenarbeit

Die „Grundierung“ des Netzwerkes beschreibt Grundprinzipien, welche sich förderlich auf ein Netzwerk auswirken können. Dabei sind viele dieser Aspekte

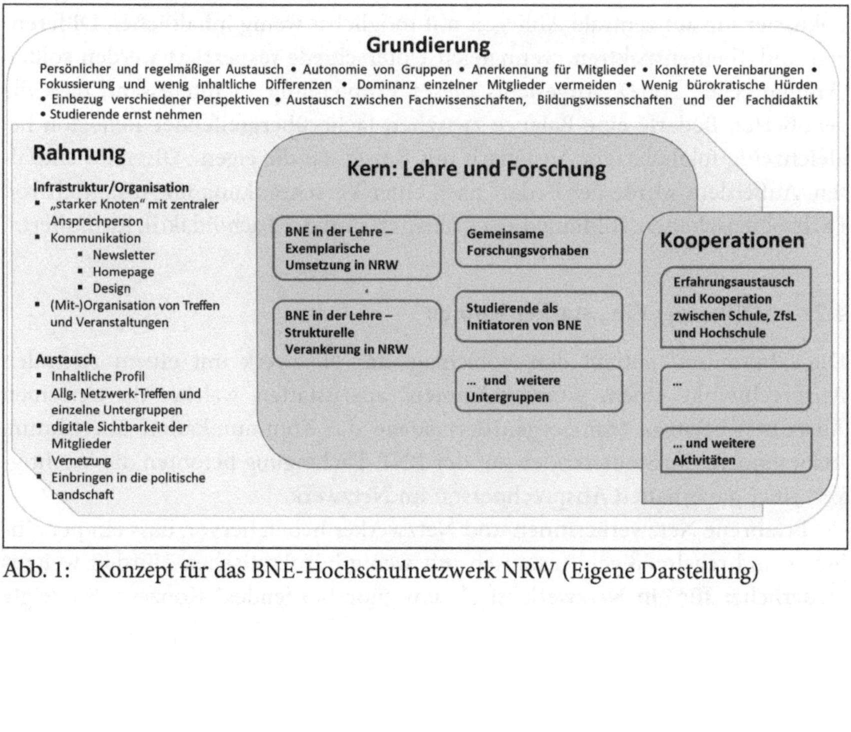

Abb. 1: Konzept für das BNE-Hochschulnetzwerk NRW (Eigene Darstellung)

wie beispielsweise „Einbezug verschiedener Perspektiven“ nur schwer direkt und daher womöglich eher indirekt zu gestalten, wenngleich diese prägend für das Netzwerk sein können.

Die Netzwerkforschung betont, dass diejenigen Netzwerke erfolgreich sind, welche von Mitgliedern getragen werden, die Bereitschaft zur Investition von Zeit und Aufwand mitbringen sowie vertraut und offen arbeiten. Hinderlich sind hingegen die Dominanz einzelner Mitglieder, interne Konkurrenz sowie Partizipation auf Kosten anderer. Bei der Strukturierung des Netzwerkes sind die Autonomie einzelner Gruppen ebenso wie eine Freiwilligkeit der Mitwirkung und Wechselseitigkeit der Leistungen sowie verbindliche und konkrete Vereinbarungen zentral (Franke, Wiesner & Gisela, 2004).

Ein auf der BNE-Fachtagung geäußerter Vorschlag ist es, BNE-Prinzipien wie beispielsweise Perspektivwechsel, Selbstreflexion oder die Formulierung einer positiven Zukunftsvision bei der Arbeit des Netzwerkes ernst zu nehmen. Dies zeigt sich auch in dem Vorschlag, Lehrkräfte, Lehramtsanwärterinnen und -anwärter, Schülerinnen und Schüler sowie Fachleute aus der zivilgesellschaftlichen Praxis einzubeziehen. Eine besondere Rolle nimmt die Einbeziehung von Studierenden ein, welche weit über ein „Mitdiskutieren für die Quote“ hinausgehen sollte.

Hinsichtlich des inhaltlichen Profils empfiehlt die Netzwerkforschung eine Fokussierung auf zentrale Anliegen mit möglichst wenig inhaltlichen Differenzen und Themenspektren, wenngleich Unterschiede respektiert werden sollten (Franke et al., 2004). Angesichts dieser Empfehlung ist interessant, dass die geäußerten Bedarfe eine Balance zwischen fächerübergreifender Reflexion bei gleichzeitig fokussiertem Austausch mit Bezug auf die eigene Disziplin enthalten. Außerdem wurde der Bedarf nach einer Verschränkung im Austausch von Fachwissenschaften, Bildungswissenschaften und der Fachdidaktik formuliert.

4.2 Rahmung: Ein „starker Knoten“

Die „Rahmung“ enthält den Vorschlag, das Netzwerk mit einem zentralen Ansprechpunkt, einem „starken Knoten“, auszustatten, welcher die einzelnen Austausch-Formate (mit-)organisiert sowie die Kommunikation übernimmt. Insbesondere die Studierenden auf der BNE-Fachtagung betonten die Wichtigkeit einer dauerhaften Ansprechperson im Netzwerk.

Erfahrene Netzwerkerinnen und Netzwerker heben hervor, dass ein persönlicher und regelmäßiger Austausch mit wenig bürokratischen Hürden weitaus förderlicher für ein Netzwerk ist als ein „überbordendes“ Konzept. So zeigte auch die Abfrage der Wünsche an ein Netzwerk einen großen Bedarf nach Austausch auf verschiedenen Ebenen und Formaten.

In der Evaluation der BNE-Fachtagung favorisierten die meisten Befragten halbjährliche Treffen. Konkret wurde auch der Wunsch nach regelmäßigen Tagungen und kontinuierlichem Erfahrungsaustausch formuliert. Neben diesen halbjährlichen Netzwerktreffen ist daher denkbar, ergänzend kleinteilige, regionale Vernetzungen oder Treffen am Rande bestehender Veranstaltungen zu realisieren.

Förderlich für das Netzwerk ist sowohl eine Kommunikation „nach außen" als auch „nach innen", wobei sich für Letzteres ein Newsletter anbietet. Außerdem enthielten die erfassten Bedarfe den Vorschlag der digitalen Sichtbarkeit der Mitglieder, welche – sofern diese angereichert ist mit Informationen wie Angabe des Fachs, der BNE-Handlungsfelder und -Aktivitäten, Interessen und Kontaktdaten – nicht nur der Öffentlichkeitsarbeit dient, sondern vor allem ein Tool zur weiteren Vernetzung darstellt. Zentral wird es weiterhin sein, eine Vernetzung mit anderen Netzwerken zu betreiben und weitere Mitglieder zu gewinnen.

Innerhalb der Netzwerkrahmung ist auch die Erstellung und Kommunikation eines inhaltlichen Netzwerkprofils bedeutend, wobei hier die in der Grundierung beschriebene Balance zwischen Fokussierung und Respektieren von Unterschieden entscheidend sein wird.

Zusammenfassend beschreibt die Rahmung einen „zentralen Knoten", welcher die Vernetzung durch Kommunikation innerhalb des Netzwerkes, Öffentlichkeitsarbeit, Organisation von Austauschformaten sowie die Koordination des inhaltlichen Profils ermöglicht und voranbringt.

4.3 Kern: Fokussierung auf Forschung und Lehre

Die wesentliche inhaltliche Arbeit des Netzwerkes findet in Arbeitsgruppen statt. In diesem „Kern" des Netzwerkes treten einzelne Arbeitsgruppen in einen regelmäßigen Austausch zu Schwerpunktthemen und erarbeiten hierzu unterstützende Produkte oder halten Veranstaltungen ab. Die Ergebnisse der Evaluation der BNE-Fachtagung weisen auf einen großen Bedarf in den Bereichen Lehre und Forschung hin und begründen so einen Fokus des Hochschulnetzwerkes auf die beiden zentralen „wissenschaftlichen Spielfelder".

Neben Bemühungen zur „strukturellen Verankerung von BNE in der Lehre in NRW" erarbeitet beispielsweise die Arbeitsgruppe „Exemplarische Umsetzung von BNE in der Hochschullehre in NRW" Formate, die einen Austausch zwischen Hochschuldozierenden über ihre Erfahrungen und ihre jeweiligen Beispiele guten Gelingens ermöglichen; ergänzt durch Coaching- oder Fortbil-

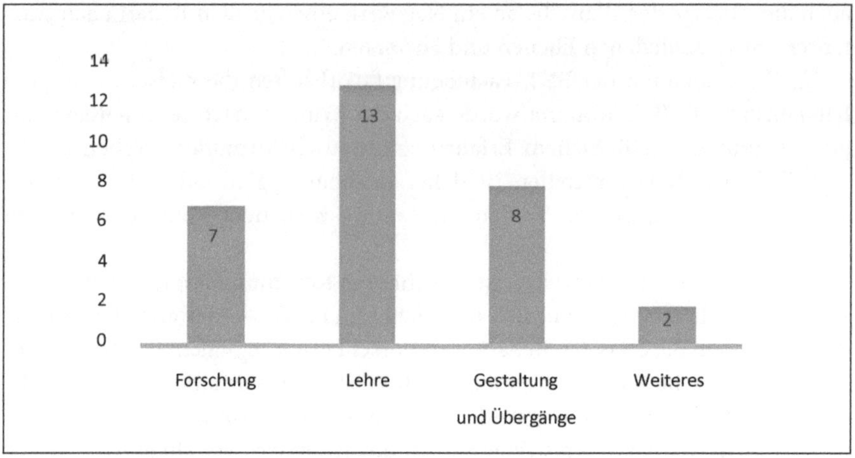

Abb. 2: Antworten auf die Frage „Welche der folgenden Bereiche sind für Sie zur Stärkung von BNE in NRW besonders interessant?" (n = 30)

dungsangebote. Die Arbeitsgruppe zur Vernetzung durch „Gemeinsame Forschungsvorhaben" hat eine Fragebogenerhebung entwickelt, mit der u. a. das Wissen, die Einstellungen und Handlungskompetenzen zu BNE und nachhaltiger Entwicklung von Studierenden in NRW erfasst wird. Weiterhin wird das Angebot von Lehr- und Lernvideos in den sozialen Netzwerken erforscht.

Eine weitere Arbeitsgruppe beschäftigt sich mit „Studierenden als Initiatoren von BNE". Eine separate Arbeitsgruppe mit Studierenden birgt die Chance, studentisches Engagement im Netzwerk zu halten. Zugleich enthält nicht ohne Grund die Grundierung des Netzwerkes den Aspekt der Berücksichtigung verschiedener Perspektiven. Um eine „Quasi-Beteiligung" zu vermeiden, sollte die Perspektive der Studierenden nicht (nur) in eine separate Arbeitsgruppe ausgegliedert werden. Potentiale liegen auch in einer weiterhin engen Zusammenarbeit mit dem Netzwerk „Studierende für nachhaltige Hochschulen in NRW".

Für eine erfolgreiche Arbeit eines Hochschulnetzwerkes ist es wichtig, auch die Schnittstellen zu den weiteren Bereichen wie hier die verschiedenen Phasen der Lehrkräftebildung in den Blick zu nehmen. Daher scheint es sinnvoll, die Arbeit des Netzwerkes auf Kooperationen zwischen den Institutionen auszuweiten, was auch durch die hohe Resonanz zu der Arbeitsgruppe zur Vernetzung durch „Erfahrungsaustausch und Kooperation zwischen Schulen, Zentren für schulpraktische Lehrerausbildung NRW (ZfsL) und Hochschulen" auf der BNE-Fachtagung und den nachfolgenden Netzwerktreffen dokumentiert wurde. Angestrebt wird von dieser Arbeitsgruppe insbesondere ein Austausch und eine bessere Zusammenarbeit zwischen Lehrkräftefortbildungen, Referendariat und der Lehrkräftebildung. Mögliche Aktivitäten sind Kooperationen im Rahmen des Praxissemesters oder gemeinsame Angebote von BNE-Veranstaltungen.

5. Von der Vernetzung zu einem Netzwerk

Die Überlegungen zum Konzept des Netzwerkes werden nachstehend mit Vorschlägen zum Prozess der Vernetzung ergänzt und es werden erste Schritte dieses Prozesses skizziert. Sowohl die Pläne als auch die ersten Aktivitäten dokumentieren das Anliegen, das Netzwerk zwar vor dem Hintergrund konzeptueller Überlegungen aufzubauen, aber dennoch nicht ein überbordendes Konzept den tatsächlichen Vernetzungen vorzuziehen.

5.1 Pläne zur Vernetzung

Unsere Überlegungen zur Vernetzung lassen sich in die vier Säulen „Netzwerken, Konstituieren, Kommunizieren und Umsetzen" differenzieren.

Zu „Netzwerken" zählen Veranstaltungen und Anlässe zum Kennenlernen und Austausch der Mitglieder untereinander sowie eine weitere Festigung und Differenzierung der einzelnen inhaltlichen Arbeitsgruppen.

Fragen zur Konstituierung des BNE-Hochschulnetzwerkes – die Vernetzungsspirale von innen nach außen

- Wer sind wir?
- Welche Werte vertreten wir nach außen und innerhalb des Netzwerkes?
- Warum gibt es das Netzwerk?
- Wie sollten die Ziele erreicht werden?
- Was wollen wir tun?

Übersicht 1: Fragen der Vernetzungsspirale von innen nach außen, angepasst an das BNE-Hochschulnetzwerk in Anlehnung an Steinbrecher, 2018 nach Bachmann, 2018.

Der Prozess des „Konstituierens" enthält die kontinuierliche Überarbeitung und Anpassung des Netzwerk-Konzeptes sowie die Erarbeitung und Abstimmung eines inhaltlichen Profils gemeinsam mit den Mitgliedern des Netzwerkes. Für die Konstituierung eines Netzwerkes empfiehlt Steinbrecher (2018) die sog. Vernetzungsspirale. Diese geht zurück auf Michel Bachmann, der – angesichts seiner

Erfahrungen im Aufbau von Communities – die von Sinek (2011) empfohlenen konzentrischen Kreise mit Fokus auf dem „was“ durch einen spiralförmigen Prozess mit dem Startpunkt „wer“ erweitert (siehe Übersicht 1). Bachmann begründet den Fokus auf das „wer“ folgendermaßen: „People often join a community because they resonate with its vision. But they will stay (or not) because of its people“ (Bachmann, 2018). Idealerweise gewährleistet eine Orientierung an der Vernetzungsspirale, ein Netzwerk nah an der Arbeitsrealität der Mitglieder zu entwickeln und somit zugleich einen Stillstand aufgrund von wünschenswerten, aber entfernten, Zielen und Aktivitäten zu vermeiden. Daher wurde das inhaltliche Profil des Netzwerkes in Orientierung an der Vernetzungsspirale erstellt: Auf zwei Treffen hatten die Teilnehmenden die Möglichkeit, die Fragen der Vernetzungsspirale zu besprechen und zu beantworten. Die in dem Zuge erfassten Informationen bilden die Basis für das inhaltliche Profil des Netzwerkes. Die Konstituierung des Netzwerkes erfolgt ebenfalls anhand einer Verortung und Abgrenzung zu anderen (Hochschul-)Netzwerken sowie einer Verortung des Netzwerkes in der BNE-Akteurslandschaft in NRW.

Die Säule „Kommunizieren“ umfasst Öffentlichkeitsarbeit zu den Planungen des Netzwerkes, eine öffentliche Sichtbarkeit der Mitglieder sowie die Gewinnung weiterer Mitglieder durch Bewerbung der Netzwerk-Aktivitäten. Zuletzt mündet die Vernetzung idealerweise in dem „Umsetzen“ einzelner Netzwerk-Aktivitäten wie beispielsweise Aktivitäten der Arbeitsgruppen (u.a. intensiver Austausch, Erstellung von Materialsammlungen) und separate Veranstaltungen (wie Workshops, Vorträge, Diskussionsrunden o.ä.) für gezielte Bedarfe einzelner Arbeitsgruppen.

5.2 Aktivitäten zur Vernetzung

Das BNE-Hochschulnetzwerk NRW basiert zum bisherigen Zeitpunkt auf der Gründung eines Fachbeirates, einer BNE-Fachtagung als Auftakt für das entstehende BNE-Netzwerk, anschließenden Arbeits- und Netzwerktreffen ebenso wie auf begleitender Öffentlichkeitsarbeit sowie weiterer Vernetzung.

Ziel des Fachbeirates ist es, den Aufbau des Netzwerkes gemeinsam mit ausgewiesenen BNE-Fachleuten vorzubereiten, um so eine fundierte Basis für die weitere Vernetzung zu haben. Mitglieder des Fachbeirates sind Dozierende der universitären Lehrkräftebildung in NRW mit langjähriger BNE-Erfahrung sowie eine Expertin aus Sachsen-Anhalt und eine Vertretung des Umweltministeriums NRW. Der Fachbeirat diskutierte die prinzipielle Ausrichtung der Tagung und formulierte Schwerpunkte einzelner Arbeitsgruppen. Außerdem wirkte der

Fachbeirat sowohl auf der BNE-Fachtagung als auch bei der Vorbereitung der jeweiligen Arbeitstreffen mit.

Die Fachtagung „BNE-Strukturen gemeinsam gestalten" fand am 7. und 8. März 2019 an der Bergischen Universität Wuppertal statt. An ihr nahmen knapp 80 Hochschullehrende (welche 10 Standorte von insgesamt 11 lehramtsausbildenden Universitäten abdeckten), Multiplikatorinnen und Multiplikatoren sowie Studierende und ausgewiesene Referierende teil. Verschiedene Formate ermöglichten den Teilnehmenden die Benennung von Bedarfen an das Netzwerk.

Um die begonnene Vernetzung weiterzuführen sowie die inhaltlichen Aktivitäten der Arbeitsgruppen fortzusetzen und zu konkretisieren, fanden im Juli 2019 sowie im Oktober 2019 an der Bergischen Universität Wuppertal weitere Netzwerktreffen statt. Auf diesen wurden die Überlegungen zur konzeptionellen Netzwerkarchitektur vorgestellt und besprochen sowie Gedanken zu den Fragen der Netzwerkspirale ausgetauscht und erfasst. Zudem tagten vier Arbeitsgruppen und entwickelten konkrete Pläne zu ihrem jeweiligen weiteren Vorgehen.

Um das Hochschulnetzwerk in der BNE-Netzwerklandschaft in NRW zu verorten, fand am 03. Juli 2019 in Bonn auf der NRW-Nachhaltigkeitstagung der Workshop „Gemeinsam für BNE in NRW" statt. Ziel des Workshops war es, Synergien zu erfassen, bestehende Kooperationen zu stärken sowie neue Potentiale zu erschließen. Gemeinsam mit rund 60 Teilnehmenden arbeiteten wir Schnittstellen der Zusammenarbeit von BNE-Akteurinnen und Akteuren wie beispielsweise zivilgesellschaftlichen Organisationen oder außerschulischen Lernorten heraus.

6. Perspektiven des BNE-Hochschulnetzwerkes NRW

Ausgangspunkt und Zielsetzung der Initiierenden des BNE-Hochschulnetzwerkes ist es, BNE in der Lehrkräftebildung in NRW zu stärken. An den bisherigen Netzwerktreffen nahmen Teilnehmende aus unterschiedlichen Fachdisziplinen sowie verschiedenen Phasen der Lehrkräftebildung regelmäßig teil. Fächerübergreifende Netzwerkstrukturen können u. a. einen kontinuierlichen Erfahrungsaustausch über BNE-Lehre und gemeinsame Forschungsvorhaben ermöglichen. Im Jahr 2019 konnten mit dem BNE-Hochschulnetzwerk mehrere konkrete Aktivitäten in den Arbeitsgruppen verabredet werden (s. o.). Aus dem Arbeitsprozess sowie der Fortführung gemeinsamer Überlegungen zur Vernetzung wird sich im weiteren Verlauf ein inhaltliches Profil ergeben, welches auch die Heterogenität der Mitglieder widerspiegelt und dabei einzelne Positionen berücksichtigt.

Erfolgreiche Netzwerke sind solche mit regelmäßigem Austausch, gemeinsamen Aktivitäten und einem „starken Knoten"; es zeichnet sich ab, dass diese Aspekte beim BNE-Hochschulnetzwerk NRW gewährleistet werden können, wenn auch die Frage der finanziellen (Weiter-)Förderung geklärt ist. Dies ist besonders wünschenswert, denn trotz der kurzen Projektlaufzeit sind schon jetzt erfolgreiche Netzwerkeffekte sichtbar, welche Wirkung jenseits der einzelnen Treffen entfalten: Beispielsweise sind dies neue Kontakte zwischen den einzelnen Teilnehmenden, was bereits jetzt in einem verstärkten Austausch zu BNE am eigenen Standort oder der Mitwirkung an weiteren BNE-Veranstaltungen und Aktivitäten führte. Diese Erfolgsbeispiele zeigen, dass die Bemühungen zu dem hier beschriebenen Hochschulnetzwerk für BNE in der Lehrkräftebildung in NRW einen bestehenden Bedarf adressieren.

Literatur

Bachmann, M. (A Medium Corporation, Hrsg.). (2018). *Start with Who.* Zugriff am 04.06.2019. Verfügbar unter https://medium.com/@michelbachmann/start-with-who-15b8857ed718

Blom, S. (2017). *Die Landesstrategie „Bildung für nachhaltige Entwicklung – Zukunft lernen NRW (2016–2020)".* In Leuphana Universität Lüneburg (Hrsg.). (2017). *LENA – Lehrerinnenbildung für eine nachhaltige Entwicklung. Stand und Entwicklungsperspektiven* (S. 45–47). Lüneburg.

BNE-Hochschulnetzwerk Baden-Württemberg. (2016). *Hochschulnetzwerk Bildung für nachhaltige Entwicklung Baden-Württemberg. Bilanz und Schlussfolgerungen der Netzwerkarbeit 2012–2016.* Ludwigsburg.

Deutsche UNESCO-Kommission e.V. *Das Weltaktionsprogramm Bildung für nachhaltige Entwicklung.* Zugriff am 08.08.2018. Verfügbar unter https://www.bne-portal.de/de/bundesweit/weltaktionsprogramm-deutschland

Franke, A., Wiesner & Gisela. (2004). *Vernetzungsprozesse als Synergiegewinn in Weiterbildungseinrichtungen: Erfahrungen der Begleitung konkreter Netzwerkarbeit.* REPORT Literatur- und Forschungsreport Weiterbildung (1), 216–223. Verfügbar unter http://www.die-bonn.de/id/1861

Hemmer, I. (Katholische Universität Eichstätt-Ingolstadt, Hrsg.). (o. J.a). *Netzwerk Hochschule und Nachhaltigkeit Bayern. Akteure des Netzwerkes.* Netzwerk Hochschule und Nachhaltigkeit Bayern. Zugriff am 05.09.2019. Verfügbar unter https://www.nachhaltigehochschule.de/%C3%BCber-uns/akteure/

Hemmer, I. (Katholische Universität Eichstätt-Ingolstadt, Hrsg.). (o. J.b). *Netzwerk Hochschule und Nachhaltigkeit Bayern. Lenkungskreis.* Netzwerk Hochschule und Nachhaltigkeit Bayern. Zugriff am 05.09.2019. Verfügbar unter https://www.nachhaltigehochschule.de/%C3%BCber-uns/lenkungskreis/

Hemmer, I. (Katholische Universität Eichstätt-Ingolstadt, Hrsg.). (o. J.c). *Netzwerk Hochschule und Nachhaltigkeit Bayern. Selbstverständnis.* Netzwerk Hochschule und Nachhaltigkeit Bayern. Zugriff am 05.09.2019. Verfügbar unter https://www.nachhaltigehochschule.de/%C3%BCber-uns/selbstverst%C3%A4ndnis/

Krah, J. M. & Lude, A. (Hrsg.). (2013). *Das Hochschulnetzwerk. „Bildung für eine nachhaltige Entwicklung" Baden-Württemberg – Forschung, Lehre, Betrieb und Transfer.* Heidelberg.

Lude, A. (2016). *Sachbericht des Hochschulnetzwerks „Bildung für nachhaltige Entwicklung" Baden-Württemberg. Jahresbericht zur Projektlaufzeit 01.04.2015–30.06.2016, Abschlussbericht 2012–2016.* Heidelberg.

Lüdemann. (2018). *LeNa. Mitgliedschaft.* Lüneburg. Zugriff am 02.09.2019. Verfügbar unter https://www.leuphana.de/institute/infu/lena/mitgliedschaft.html

MKULNV – Ministerium für Klimaschutz, Umwelt, Landwirtschaft, Natur- und Verbraucherschutz des Landes Nordrhein-Westfalen. (2016). *Landesstrategie Bildung für nachhaltige Entwicklung. Zukunft Lernen NRW (2016–2020)* (Ministerium für Klimaschutz, Umwelt, Landwirtschaft, Natur- und Verbraucherschutz des Landes Nordrhein-Westfalen, Hrsg.). Düsseldorf.

Nationale Plattform Bildung für nachhaltige Entwicklung & Bundesministerium für Bildung und Forschung. (2017). *Nationaler Aktionsplan Bildung für nachhaltige Entwicklung. Der deutsche Beitrag zum UNESCO-Weltaktionsprogramm.* Frankfurt am Main.

Pädagogische Hochschule Ludwigsburg. (o. J.). *BNE-Hochschulnetzwerk. Herzlich Willkommen.* Zugriff am 05.09.2019. Verfügbar unter https://www.ph-ludwigsburg.de/12379.html

Positionspapier des Netzwerks „Hochschule und Nachhaltigkeit Bayern". Hochschulen – Zukunfts gestalten – Nachhaltigkeit strukturell verankern. (2015, 16. Juli). Bamberg.

Sinek, S. (2011). *Start with why. How great leaders inspire everyone to take action* (Paperback ed. with a new preface and new afterword). New York, NY: Portfolio Penguin.

Steinbrecher, W. (Forum agile Verwaltung e.V., Hrsg.). (2018). *Wollt ihr ein Netzwerk gründen? Dann kann die „Vernetzungsspirale" hilfreich sein.* Verfügbar unter https://agile-verwaltung.org/2018/09/10/wollt-ihr-ein-netzwerk-gruenden-dann-fangt-mit-dem-wer-und-den-werten-an/

Stoltenberg, U. & Holz, V. (2017). *LENA – Lehrerinnenbildung für eine nachhaltige Entwicklung. Stand und Entwicklungsperspektiven* (Leuphana Universität Lüneburg, Hrsg.). Lüneburg.

UN – United Nations. (2015). *Transformation unserer Welt: die Agenda 2030 für nachhaltige Entwicklung.* New York: United Nations (UN).

Autorinnen und Autoren

Péter Bagoly-Simó, Prof. Dr.
Humboldt Universität zu Berlin
Lehrstuhl für Geographiedidaktik
Unter den Linden 6
10099 Berlin

Stefan Baumann
Pädagogische Hochschule Zürich
Fachgruppe Didaktik der Natur- und Gesellschaftswissenschaften
Lagerstrasse 2
8090 Zürich

Ricarda Biebricher-Sondermann
Verbraucherzentrale NRW, e.V.
Mintropstraße 27
40215 Düsseldorf

Jonas Birke
Bergische Universität Wuppertal
Fakultät für Human- und Sozialwissenschaften
Institut für Geographie und Sachunterricht
Geographie und ihre Didaktik, Schwerpunkt Sozialgeographie
Gaußstraße 20
42119 Wuppertal

Claudia Bohrmann-Linde, Prof. Dr.
Bergische Universität Wuppertal
Fakultät für Mathematik und Naturwissenschaften
Arbeitsgruppe Didaktik der Chemie
Gaußstraße 20
42119 Wuppertal

Frederik Bub
Martin-Luther-Universität Halle-Wittenberg
Institut für Physik
Didaktik der Physik
Hoher Weg 8
06120 Halle

Marie Döpke
Katholische Universität Eichstätt
Didaktik der Geographie
Ostenstraße 18
85072 Eichstätt

Mira Fassbender
Bergische Universität Wuppertal
Fakultät für Human- und Sozialwissenschaften
Institut für Geographie und Sachunterricht
Geographie und ihre Didaktik, Schwerpunkt Sozialgeographie
Gaußstraße 20
42119 Wuppertal

Rebecca Grandrath, geb. Zückert
Bergische Universität Wuppertal
Fakultät für Mathematik und Naturwissenschaften
Arbeitsgruppe Didaktik der Chemie
Gaußstraße 20
42119 Wuppertal

Cornelia Gräsel, Prof. Dr.
Bergische Universität Wuppertal
Institut für Bildungsforschung in der School of Education
Arbeitsbereich Lehr-, Lern- und Unterrichtsforschung
Gaußstraße 20
42119 Wuppertal

Gesine Hellberg-Rode, PD Dr.
Westfälische Wilhelms-Universität Münster
Zentrum für Didaktik der Biologie
Schlossplatz 34
48143 Münster

Ingrid Hemmer, Prof. Dr.
Katholische Universität-Eichstätt-Ingolstadt
Didaktik der Geographie
Ostenstraße 18
85072 Eichstätt

Claudia Henrichwark, Prof. Dr.
Fachhochschule Südwestfalen
Wissenschaftliches Zentrum Frühpädagogik
Frühpädagogik - Schwerpunkt Medienpädagogik und MINT
Lübecker Ring 2
59494 Soest

Annaliesa Hilger
Bergische Universität Wuppertal
Fakultät für Human- und Sozialwissenschaften
Institut für Geographie und Sachunterricht
Geographie und ihre Didaktik, Schwerpunkt Sozialgeographie
Gaußstraße 20
42119 Wuppertal

Andreas Keil, Prof. Dr.
Bergische Universität Wuppertal
Fakultät für Human- und Sozialwissenschaften
Institut für Geographie und Sachunterricht
Geographie und ihre Didaktik, Schwerpunkt Sozialgeographie
Gaußstraße 20
42119 Wuppertal

Christoph Koch
Katholische Universität-Eichstätt-Ingolstadt
Didaktik der Geographie
Ostenstraße 18
85072 Eichstätt

Annette Kroschewski, Dr.
Bergische Universität Wuppertal
Fakultät für Geistes- und Kulturwissenschaften
Anglistik/Amerikanistik: Didaktik des Englischen
Gaußstr. 20
42119 Wuppertal

Miriam Kuckuck, Jun. Prof. Dr.
Bergische Universität Wuppertal
Fakultät für Human- und Sozialwissenschaften
Institut für Geographie und Sachunterricht
Didaktik des Sachunterrichts
Gaußstraße 20
42119 Wuppertal

Ina Limmer
Katholische Universität Eichstätt-Ingolstadt
Didaktik der Geographie
Ostenstraße 18
85072 Eichstätt

Anne-Kathrin Lindau, Dr.
Martin-Luther-Universität Halle-Wittenberg
Institut für Geowissenschaft und Geographie
Didaktik der Geographie
Von-Seckendorff-Platz 4
06120 Halle (Saale)

Armin Lude, Prof. Dr.
Pädagogische Hochschule Ludwigsburg
Biologie und ihre Didaktik
Reuteallee 46
71634 Ludwigsburg

Petra Maier
Verbraucherzentrale NRW
Mintropstraße 27
40215 Düsseldorf

Nicolas Meintz
Bergische Universität Wuppertal
Fakultät für Human- und Sozialwissenschaften
Institut für Geographie und Sachunterricht
Geographie und ihre Didaktik, Schwerpunkt Sozialgeographie
Gaußstraße 20
42119 Wuppertal

Leif Mönter, Prof. Dr.
Universität Trier
FB VI: Raum- und Umweltwissenschaften
Geographie und ihre Didaktik
Behringstraße 21
54286 Trier

Kai Niebert, Prof. Dr.
Universität Zürich
Institut für Erziehungswissenschaften
Didaktik Naturwissenschaften und Nachhaltigkeit
Kantonsschulstrasse 3
8001 Zürich

Simone Opel
Universität Paderborn
Fakultät für Elektrotechnik, Informatik und Mathematik
Institut für Informatik
Fachgruppe Didaktik der Informatik
Fürstenallee 11
33102 Paderborn

Karl-Heinz Otto, Prof. Dr.
Ruhr-Universität Bochum
Fakultät für Geowissenschaften
Geographisches Institut
Arbeitsgruppe Geographiedidaktik
Universitätsstraße 150
44801 Bochum

Matthias Schaarwächter
Bergische Universität Wuppertal
Fakultät für Human- und Sozialwissenschaften
Institut für Geographie und Sachunterricht
Geographie und ihre Didaktik, Schwerpunkt Sozialgeographie
Gaußstraße 20
42119 Wuppertal

Gabriele Schrüfer, Prof. Dr.
Westfälische Wilhelms-Universität Münster
Institut für Didaktik der Geographie
Heisenbergstraße 2
48149 Münster

Alexander Siegmund, Prof. Dr.
Pädagogische Hochschule & Universität Heidelberg
Abteilung Geographie, AG Physische Geographie und ihre Didaktik
Research Group for Earth Observation – rgeo
Czernyring 22
69115 Heidelberg

Ursula Steffen
Bergische Universität Wuppertal
Fakultät für Human- und Sozialwissenschaften
Institut für Geographie und Sachunterricht
Geographie und ihre Didaktik, Schwerpunkt Sozialgeographie
Gaußstraße 20
42119 Wuppertal

Andreas Stockey, Dr.
Oberstufen Kolleg Bielefeld
Universitätsstr. 23
33615 Bielefeld

Wilhelm Trampe, Dr.
Universität Osnabrück
Berufs- und Wirtschaftspädagogik
Katharinenstr. 24
49078 Osnabrück

Mark Ullrich, Dr.
Goethe-Universität Frankfurt
Institut für Psychologie
Theodor-W.-Adorno-Platz 6
60629 Frankfurt am Main